同济大学研究生教材

AUTOMOBILE TESTING TECHNOLOGY

汽车试验技术

（第2版）

徐 刚 周 鋐 编著

同济大学出版社
TONGJI UNIVERSITY PRESS
·上海·

内容提要

本书全面系统地阐述了汽车试验的各个方面，包括试验基本理论、测试技术、汽车性能试验以及试验数据的处理。书中汇集了同济大学汽车实验室数十年的试验项目案例，并结合我国汽车行业的发展实际和现代汽车试验技术，旨在通过深入阐述试验的基本理论知识、技术方法以及实践能力，帮助读者对汽车试验技术建立一个全面的理解和认识。同时，本书也为开展相关汽车试验实践提供了指导和借鉴。

本书既可作为车辆工程专业“汽车试验技术”课程的教学用书，也可供从事汽车试验的工程技术人员参考。

图书在版编目(CIP)数据

汽车试验技术 / 徐刚，周鋐编著. -- 2 版. --上海：同济大学出版社，2025.7. -- ISBN 978-7-5765-1678-4

Ⅰ. U467

中国国家版本馆 CIP 数据核字第 2025XH0324 号

汽车试验技术(第 2 版)

徐　刚　周　鋐　**编著**

责任编辑 朱　勇　**责任校对** 徐逢乔　**封面设计** 陈益平

出版发行 同济大学出版社　www.tongjipress.com.cn

(地址:上海市四平路 1239 号　邮编:200092　电话:021-65985622)

经　　销 全国各地新华书店

排　　版 南京文脉图文设计制作有限公司

印　　刷 启东市人民印刷有限公司

开　　本 787mm×1092mm　1/16

印　　张 21

字　　数 511 000

版　　次 2025 年 7 月第 2 版

印　　次 2025 年 7 月第 1 次印刷

书　　号 ISBN 978-7-5765-1678-4

定　　价 86.00 元

第2版前言

本书根据同济大学汽车学院的“汽车试验学”教学要求，在多年的教学和实践基础上编写而成。本书可用作车辆工程专业本科及研究生教材，也可供从事汽车试验工作的工程技术人员参考。

全书共分为4篇25章，覆盖汽车试验的基本理论、测试技术、汽车性能试验和数据处理四个方面，结合部分案例分析以有利于学生掌握试验理论知识及提高试验能力。

自2015年第1版问世以来，本书一直被同济大学汽车学院及其他高等院校的车辆工程专业选作教材和主要参考书。在使用过程中，笔者收到了众多宝贵的反馈和建议。随着近年来汽车技术的显著进步，尤其是新能源汽车和智能网联汽车领域的新技术和测试需求不断涌现，本书的性能试验内容主要围绕基本性能试验的阐述，保持了广泛的适用性，并适时更新了部分内容。

本书获得了同济大学研究生教材出版基金资助（项目编号：2023JC25）。在编写和出版过程中，笔者得到了同济大学汽车学院、同济大学研究生院、同济大学出版社及其他相关部门的支持和帮助，在此表示感谢。感谢汽车学院实验室张涛老师、马立英老师、靳畅老师参与本书编辑工作，感谢朱勇编辑在本书出版方面的辛苦工作。对于书中存在的不足之处，希望使用和阅读此书的读者予以批评指正。

编著者

2025年2月

第1版前言

本书根据同济大学汽车学院的“汽车试验技术”教学要求，在多年的教学和实践的基础上编写而成。本书可用作车辆工程专业学生“汽车试验技术”课程的教材，也可供从事汽车试验工作的技术人员参考。

全书共分四篇二十五章，从试验的基本理论、测试技术、汽车性能试验和试验数据处理四个方面较系统地叙述了汽车试验的整个过程。

本书在编写中结合同济大学汽车实验室几十年的试验项目，根据我国汽车行业发展的实际状况，努力反映当代汽车的试验技术，以利于学生掌握试验知识和加强试验能力。

本书由同济大学汽车学院汽车试验技术方向责任教授周鋐编著，汽车学院张涛博士、马立英博士、靳畅博士、徐刚博士协助参与了编写，王欣参与了书稿的编排和整理。

本书在编写和出版过程中得到了同济大学汽车学院和同济大学许多部门的支持和帮助，在此表示感谢。对于书中存在的不足之处，希望使用、阅读此书的师生及相关读者批评指正。

编著者

2014年12月

目　　录

第 2 篇　测试技术

第 3 篇　汽车性能试验

第4篇 试验数据处理

0

绪　论

0.1　汽车试验技术的发展

汽车工业作为综合性工业在国家经济发展中起着重要的支柱作用，是衡量一个国家工业水平的重要标志。随着经济的发展和人民生活水平的提高，在国家政策和社会的支持下，我国汽车工业得到迅速发展且前景广阔。

汽车试验体系是伴随着汽车工业的诞生和发展而逐渐成长起来的。汽车产品在使用或投放到市场以前，都必须经过复杂的试验研究和严格的试验检验，以确保其满足设计和安全的要求，达到预期的使用性能。因此，汽车试验体系与汽车工业的发展紧密地联系在一起，二者相互促进，共同发展。与此同时，汽车试验技术本身也逐步形成一个相对完整的技术领域。

汽车试验技术发展至今大致可以分为四个阶段。

第一阶段，从第一辆汽车问世至福特公司建成“汽车流水生产线”。早期的汽车生产主要利用手工方式进行，产量少、效率低、性能质量差、生产成本高。由于当时人们对汽车的性能和品质要求不高，因此，在早期的汽车生产阶段汽车试验工作一直处于原始阶段。

第二阶段，从第一条“汽车流水生产线”建成到 20 世纪 40 年代第二次世界大战结束。20 世纪初期，汽车工业率先创立了流水作业的生产方式，使劳动生产率大幅度提高，生产成本下降，产量增加。随着汽车使用范围的扩大，汽车产品的性能、质量、可靠性等问题受到越来越多的关注，在客观上促进了汽车的试验研究工作。这期间汽车生产者在借鉴其他行业较为成熟的试验方法和技术的基础上，逐渐形成了自己的试验方法和试验研究体系，同时开发了符合汽车行业发展要求的试验仪器和设备，如典型的测功机、疲劳试验台等，这些设备除了在结构和控制方面逐步改进外，其原理一直沿用至今。

在此阶段，作为汽车试验专门领域的道路试验也得到了足够的重视，道路试验成为汽车试验的基本试验之一，有实力的汽车公司开始建设汽车试验场。

第三阶段，从 20 世纪 40 年代到 70 年代。汽车试验理论、试验设备、试验标准和相关法规都得到了迅速发展，汽车试验技术基本形成了一门较完整、较系统的学科。汽车空气动力学特性、车辆地面力学、车辆结构强度与载荷、车辆实际工作过程等基础性研究工作的进步推动了汽车试验技术的发展。20 世纪 60 年代，随着电子技术、传感器技术的发展，开发了各种自动测试、控制等方面的仪器，使试验设备日趋完善，促进了汽车试验学的进一步发展。

第四阶段，从 20 世纪 70 年代至今。在此阶段，电子计算机在汽车试验中得到广泛的应用。同时，试验理论、标准和法规得到了进一步完善，试验设备和试验方法更加先进。计算机在汽车性能预测、强度计算上提供了快速、准确的运算工具,如操纵稳定性、空气动力学特性、车身以及车架的有限元计算等方面。高度自动化设备——模拟道路状态的电子液压振动试验台、电控汽车底盘测功机试验台,以及风洞、试验场等大型设备设施的应用,使汽车试验技术无论在方法上还是在设备上都达到了空前完善的程度。进入 21 世纪后,随着汽车“新四化”技术的发展,对汽车试验技术也提出了新的需求和挑战,特别是智能网联汽车的相关测试技术,已经不再是单车测试技术范畴,甚至扩展到基础设施的配套建设的车路协同测试等内容。

0.2 汽车试验技术研究对象

研究工程技术问题的基本方法通常可以分为理论分析方法和试验研究方法。二者的关系,即理论以试验为基础,试验需理论作指导。应正确认识、明确二者关系,使二者密切结合,相互依赖,相辅相成,更好地完成工程技术问题的研究。

汽车试验技术是以汽车为研究对象讨论汽车性能的试验方法,主要是整车试验方法、各种参数的测量方法、用于汽车整车或零部件试验的试验设备及数据分析处理方法。

1. 试验的基本理论

(1) 试验系统特性分析方法:用于了解汽车试验系统的静态、动态特性,合理选择和使用试验系统。

(2) 试验误差理论:用于了解在汽车试验中可能产生的各类误差、各类误差的分类特点及减小误差的方法。

(3) 模型设计理论:在对某些产品不能进行整车或实物试验的条件下,以模型为研究对象,用于了解模型和实际研究对象的关系,从而通过对模型的研究来反映实物。

(4) 正交试验设计:在有众多参数影响的试验中如何选择最优的试验方法,对试验对象进行有效的试验。

2. 测量技术

在汽车试验中测量各种试验参数时,会涉及很多物理量,如速度、加速度、位移、力、荷重、扭矩、转速及应力等。将这些物理量转换成可方便测量、记录、计算的电量,是测量技术的研究内容。具体为:

(1) 各类传感器(一次仪表):将各类非电量转换成电量的器件。

(2) 各类调理器(二次仪表):对于一次仪表转换成的电量,在要求高精度的测量时,还需进行放大、调制、检波及滤波等处理。

(3) 记录分析仪器(三次仪表):经二次处理后的信号还需根据要求保存、分析和处理。

3. 汽车试验方法与试验设备

汽车试验技术的发展与汽车试验方法的更新及试验仪器设备的进步和完善密切相关。汽车试验设备通常分为两大类,即室内台架试验设备和室外道路试验设备。由于道路试验设备所处的环境十分恶劣,因此对防尘、防振、防潮及抗环境老化的能力要求高。对于室内台架试验设备,需要搭建一个台架模拟汽车整车及总成部件的运动与所需的外界环境,以实现其有关参数的测量。因此,汽车道路试验设备与室内台架试验设备的功能、构成等方面均存在较大的差异。

4. 试验数据处理和分析

试验数据处理就是要从原始数据中找出能反映被测对象的一般规律或统计规律，以便对被测对象进行分析研究。对汽车试验所得数据分析一般可以分为时域分析、幅值域分析、相关域分析及频率域分析。

时域分析用来分析被测参数随时间变化的规律，如操纵稳定性、弯道制动过程等。幅值域分析用来分析被测参数的幅值和出现频次的关系，如轿车车身和零部件的疲劳强度测试等。相关域分析用来分析试验过程中不同试验点的试验参数之间的相互关系，如车轮、悬架、车身、座椅之间的振动传递关系。频率域分析一般分析被测参数随频率变化的规律，如车辆振动时，在不同频率下，分析所关心零部件的响应，或对汽车面板进行扫频，找出共振点频率后，在共振频率下进行耐久性试验。

0.3 学习本课程的目的及意义

1. 验证合理设计的需要

由于假设与近似的存在，复杂问题未被充分认识，往往需要依赖试验方法才能得到解决。例如：用动力转向系统取代一般转向系统时，需要分析转向系统中的一些假设是否合理；大卡车为满足日益发展的高速公路运行的需要，提高发动机转速和功率，原传动系统的设计是否合理；制作各类信号加载谱用于评价产品设计是否合理；进行耐久性试验评价车辆的疲劳强度；在汽车改进时（如制动器小盘换大盘、加感载阀、加大车厢等）进行各类性能试验评价汽车各类性能。

2. 为评价与改进产品提供技术依据

目前国内不少汽车都是引进国外技术制造生产的，通过试验可以检测其各种性能指标是否达到要求；零部件国产化后是否满足要求的技术条件，如结构强度、结构刚度及振动噪声等；已生产的整车和零部件的性能是否满足使用条件；等等。

3. 实现汽车操纵自动化、电子监控、故障诊断等新技术的必要手段

汽车使用 ABS 需要对轮速进行实时测量；电喷发动机需要对进气量、转速等参数进行测量；汽车故障诊断系统（报警系统）需要对多个参数进行测量。

4. 发展新理论，创造新方法的重要基础

在现有的理论基础上，使用试验手段，理论联系试验，探索未被认识的自然规律。一切新的定律、发明和突破都是建立在试验基础上的，如虎克定律、库仑定律、万有引力、气态方程等。工程技术人员掌握一定的试验技能是必不可少的。汽车设计的过程就是反复试验、反复修改的过程。

习 题

1. 汽车试验学的研究对象有哪些？
2. 请简述汽车试验学的目的。

第 1 篇

试验的基本理论

第 1 章

测量系统的基本特性

随着测试技术的不断进步，汽车试验涉及的范围越来越广泛，已经渗透到汽车产品的研发、试制、生产及售后的各个环节。由于试验目的、试验要求和试验对象的不同，各个试验系统存在很大的差异。一个较完整的现代汽车试验测试系统往往包含了传感器、信号调理器、显示仪、数据记录器、数据处理器等设备。为了保证经过信号采集、记录、处理之后，测试结果能与被测量保持一致，就必须深入地了解测量系统的特性。

1.1　测量系统

1.1.1　测量的基本概念

1. 测量

测量是将被测物理量与所规定的参考标准进行比较的过程。例如：机械外形尺寸，就是用米尺与其比较；物体的重量，就是用标准砝码与其比较；而仪表、仪器的标定就是为测量提供比较标准。

测量方法通常分为直接测量和间接测量。直接测量是将被测量与标准量直接进行比较。例如，用米尺测长度、拉力计测拉力、油耗仪测油耗、压电晶体加速度传感器测加速度。间接测量与直接测量不同，被测物理量不能或不易直接与标准量进行比较，而是通过另外几个可以直接测得的其他物理量与其构成某种函数关系计算求得。例如，某一发动机或传动系统输出轴的功率为

$$P=\frac{TN}{9\,549}\ (\mathrm{kW}) \tag{1-1}$$

式中，扭矩 $T(\mathrm{N\cdot m})$、转速 $N(\mathrm{r/min})$ 均可通过直接测量获得，而功率 P 则通过 T、N 两个直接测量构成的函数关系来测得。

2. 被测量

汽车试验技术中通常需要测量的被测量可分为电量和非电量。电容、电感、电阻、电压、电流、电功率等都是电量。除电量外，均为非电量。汽车试验中常见的非电量被测量有机械量、热工量、声学量和光学量。其中，机械量包括线位移、角位移、速度、角速度、加速度、角加速度、力、应力、力矩等，热工量包括温度、压力、压差、流量、流速、液位等，声学量包括声压、声强、声功率等，光学量包括照度、光通量等。

1.1.2　测量系统的基本组成

测量系统的基本组成如图 1-1 所示。

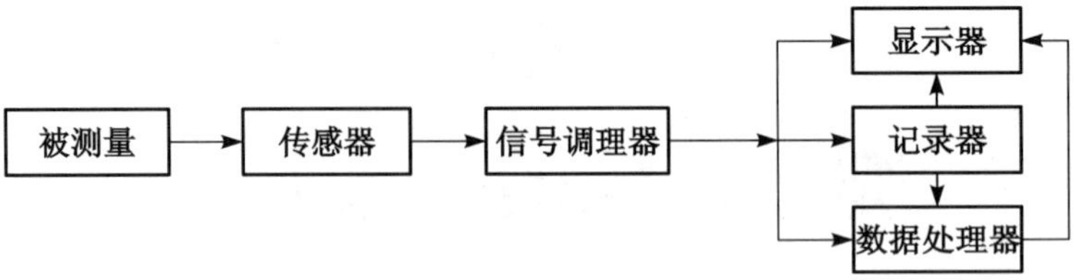

图1-1　测量系统的基本组成

(1) 传感器:将非电量转换成电量的装置。

(2) 信号调理器:能将传感器输出的电信号变换成易于指示、记录和处理的信号。通常可实现阻抗变换、放大、衰减、滤波等功能。

(3) 记录器:用数字或曲线来存储信号的设备。

(4) 显示器:用数字或曲线表达信号的设备。常用的显示方式包括模拟显示、数字显示、图像显示及数组显示等。

(5) 数据处理器:对数据进行分析和运算。汽车试验常用的数据处理仪器包括频谱分析仪、波形分析仪、实时信号分析仪、快速傅里叶变换仪等。

1.1.3　现代测量系统的特点

数字化的现代测量系统的强大功能使得传统的模拟测试技术不能与其同日而语,主要体现在以下几个方面。

1. 灵敏度高,测量精度高

利用现代电子技术可将目标信号进行成千上万倍的放大,即将其灵敏度成千上万倍的提高,这样就可以去测量那些用其他方法难以测量的微弱量,同时测量精度也相应地提升。

2. 动态性能好

动态性能好是指电气化测量使得仪器可以具有极小的惯性,即可以在很宽的频域内进行有效的测量。既可以测量缓慢变化的量,也可以测量随时间做快速变化的量,甚至冲击量。

3. 自动化程度高

现代测量系统可以较容易地实现多点、同步、连续的测量,自动化程度很高。目前有些仪器可以做到几百点甚至上千点同时测量,并且如地震测量那样利用传感器进行多点连续一年365天不间断地测量。

4. 信息传输方便

通信技术的进步使得测量系统可以使用长导线和无线电技术来传递信号,甚至通过网络长距离传输试验数据,方便快捷。

5. 能直接进行数据运算

测量系统不仅可以将测量信号记录下来,还可以根据需要将信号通过转换器或接口电路送入计算机进行各类在线计算和处理,方便测试人员实时确认实验数据的有效性。

1.2　测量系统的基本特性

测量系统可以简化成图1-2所示的数学模型,被测量即系统的输入(或激励)用$x(t)$表示，测试结果即系统的输出（或响应）用 $y(t)$ 表示。测试系统的特性就是指输出 $y(t)$ 与输入 $x(t)$ 之间的关系。

图 1-2　测量系统的数学模型

当输入 $x(t)$ 不随时间变化而变化或者随时间缓慢变化时，系统的输出 $y(t)$ 与输入 $x(t)$ 之间的关系称为测量系统的静态特性；当输入 $x(t)$ 随时间变化而变化时，系统的输出 $y(t)$ 与输入 $x(t)$ 之间的关系称为测量系统的动态特性。良好的静态特性要求测试系统的输入、输出呈线性关系；良好的动态特性要求测试系统除满足静态要求外，输出要能如实地跟随输入。

1.2.1　测量系统的静态特性

测量系统的静态特性是指被测物理量处于稳定状态时的输入与输出的关系。衡量测量系统静态特性的主要指标是线性度、灵敏度和滞环误差（或称回程误差）。

1. 线性度

式（1-2）是任意静态系统的数学表达式：

$$y = a_0 + a_1 x + a_2 x^2 + a_3 x^3 + \cdots + a_n x^n \tag{1-2}$$

式中：y 为系统的输出量；x 为系统的输入量；a_0，a_1，…，a_n 为与系统相关的常数。

（1）理想的静态系统的输入与输出呈线性关系，其数学表达式可以写成

$$y = a_0 + a_1 x \tag{1-3}$$

若式中 $a_0 \neq 0$，则表示即使没有输入也有输出，故 a_0 是测量系统的零点漂移。显然不希望测量系统存在零点漂移现象，测试中常通过调整仪器使 a_0 为 0，故理想的静态系统 $a_0 = 0$，x 的高次项为 0，其线性方程为

$$y = a_1 x \tag{1-4}$$

测量系统的静态特性如图 1-3 所示。

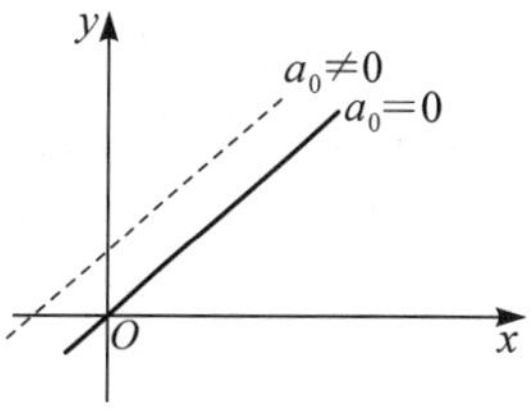

图 1-3　测量系统的静态特性

（2）当只有 x 奇次项时，静态测量系统的数学表达式为

$$y = a_1 x + a_3 x^3 + a_5 x^5 + \cdots + a_{2n-1} x^{2n-1} \quad (n = 1, 2, 3, \cdots) \tag{1-5}$$

其静态特性如图 1-4 所示，在原点附近一定范围内输入与输出基本呈线性关系，且在这个范围内 $y(x) = -y(-x)$。在实际使用时，如果非线性方程的 x 幂次不高，则在输入量变化范围不大的条件下，可以把实际曲线中的某一段用切线来近似代替。具体在使用和设计仪器时，常把测量范围控制在小段接近直线的区域。这样就可以“以直代曲”地进行近似测量。

但这样的测量总会有误差，为了表征测量的真实程度，可以用“非线性误差”来描述近似线性所带来的误差。

1）非线性误差

非线性误差是指实际特性函数相对于理想特性函数的偏差。

在分析非线性误差时涉及的基本概念有：

(1) 真值：客观存在的值，用 A_0 表示。

(2) 测量值(示值)：通过测量仪器得到的值(测量仪器所指示的值)，用 X 表示。

(3) 约定真值：将信号平均后得到的数学期望值或高一级仪器的测量值，用 A 表示(由于真值是不可能得到的，所以一般用约定真值来近似代表真值)。

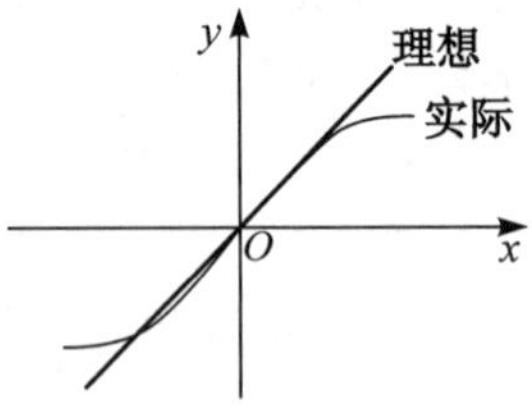

图 1-4　静态特性的线性近似

(4) 绝对误差：示值与约定真值的差值。

绝对误差能否衡量测量的精确度呢？可看以下例子。

例：当对长度为 100 mm 的物体进行测量时，误差 $\Delta_x=0.5$ mm，显然测量误差很小。

当对长度为 1 mm 的物体进行测量时，误差 $\Delta_x=0.5$ mm，说明测量误差很大。

因此，同样的绝对差 $\Delta_x=0.5$ mm，并不能反映测量的精确度。

(5) 相对误差：一般用相对误差描述测量的精确度。根据不同的使用方式，分以下三种表达形式：

实际相对误差　$$\delta_1=\frac{X-A}{A}\times 100\%=\frac{\text{绝对误差}}{\text{约定真值}}\times 100\%$$

示值(标称)相对误差　$$\delta_2=\frac{X-A}{X}\times 100\%=\frac{\text{绝对误差}}{\text{测量值}}\times 100\%$$

引用相对误差　$$\delta_3=\frac{X-A}{X_{\max}}\times 100\%=\frac{\text{绝对误差}}{\text{满刻度值}}\times 100\%$$

2) 非线性误差的计算

已知静态特性方程，在理论上可计算出非线性误差，此方法通常用于系统的设计中。一般静态特性方程表示为 $y=f(x)$，如经常用的振弦传感器，其特性方程为 $y=k\sqrt{x}$；电容传感器，其特性方程为 $y=k/x$；等等。这些传感器的特性曲线都不是直线，如果假设成理想线性就会有非线性误差产生。通常，用泰勒级数来分析其非线性误差。

对于 $y=f(x)$，其泰勒展开式为

$$\begin{aligned} y&=f(x)\\ &=f(x_0)+f'(x_0)\Delta x+\frac{f''(x_0)}{2!}\Delta x^2+\frac{f'''(x_0)}{3!}\Delta x^3+\cdots \end{aligned} \tag{1-6}$$

$$\Delta y=f(x)-f(x_0)=f'(x_0)\Delta x+\frac{f''(x_0)}{2!}\Delta x^2+\frac{f'''(x_0)}{3!}\Delta x^3+\cdots \tag{1-7}$$

从式(1-7)可以看出，输出量 Δy 可用泰勒级数展开，右边第一项是线性项，之后是非线性项。如果将其看成是理想的线性，则

$$\Delta y\approx f'(x_0)\Delta x \tag{1-8}$$

式中，$f'(x_0)$ 为确定值。那些忽略的后项就是近似理想线性所带来的误差，即绝对误差 Δ。

$$\Delta = \frac{f''(x_0)}{2!}\Delta x^2 + \frac{f'''(x_0)}{3!}\Delta x^3 + \cdots \tag{1-9}$$

若 Δx 是一个微小量，则高次项则更小，可以忽略，只看前 2 项，其误差为

$$\begin{aligned}\delta_2 &= \frac{\text{绝对误差}}{\text{示值}} \times 100\% = \frac{f''(x_0)\dfrac{1}{2!}\Delta x^2 + f'''(x_0)\dfrac{1}{3!}\Delta x^3}{f'(x_0)\Delta x} \times 100\% \\ &\approx \frac{f''(x_0)}{f'(x_0)} \cdot \frac{\Delta x}{2!} \times 100\% \end{aligned} \tag{1-10}$$

如果精度要求高的话，Δ 可以取更多高次项。

3）非线性误差的减少和消除

减少或消除非线性误差主要有以下几种方法：

（1）小区域工作法：控制测量范围，使其工作在近似直线段，此方法比较消极。

（2）非线性刻度法：按非线性的规律来定标尺（刻度），如图 1-5 所示，指针式万用表的电阻挡刻度“前松后紧”。

图 1-5　非线性刻度法

（3）反函数补偿法：利用校正环节进行补偿，如图 1-6 所示。

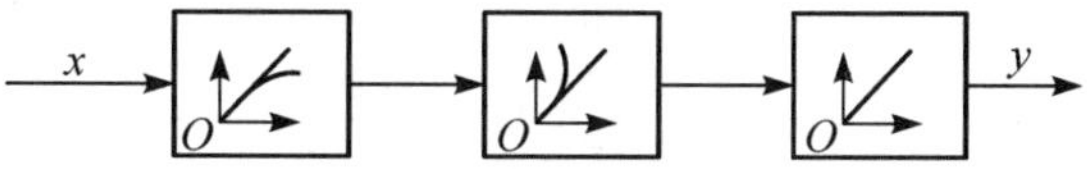

图 1-6　反函数补偿法

（4）差动补偿法（推挽补偿法）：使用两个具有相同特性方程的装置，使其中一个装置输入端作用一个正变量的输入信号时，另一个装置的输入端作用一个绝对值与前一个输入相等的负变量输入信号，其总输出为这两个装置的输出之差。

例 1-1　有一变压器，原边有一个线圈，副边有两个线圈，原边与副边线圈之间有可移动的铁芯。当一般串联连接时，如图 1-7(a)所示，其输出 $e=e_1+e_2$；当接成差动形式时，如图 1-7(b)所示，其输出 $e=e_1-e_2$。当铁芯位于两个副边线圈中心时，总输出为 0。当铁芯向上或向下移动时，就有一不为 0 的输出，此线圈就工作在差动连接形式。

从特性方程来看，如设某一传感器的特性方程为 $y=\sqrt[n]{x}$，$y_0=\sqrt[n]{x_0}$，则当 x_0 产生微小变化 Δx 时：

$$y_1 = \sqrt[n]{x_0+\Delta x} = \sqrt[n]{x_0\left(1+\frac{\Delta x}{x_0}\right)} = y_0\sqrt[n]{1+\frac{\Delta x}{x_0}}$$

$$y_2 = \sqrt[n]{x_0-\Delta x} = \sqrt[n]{x_0\left(1-\frac{\Delta x}{x_0}\right)} = y_0\sqrt[n]{1-\frac{\Delta x}{x_0}}$$

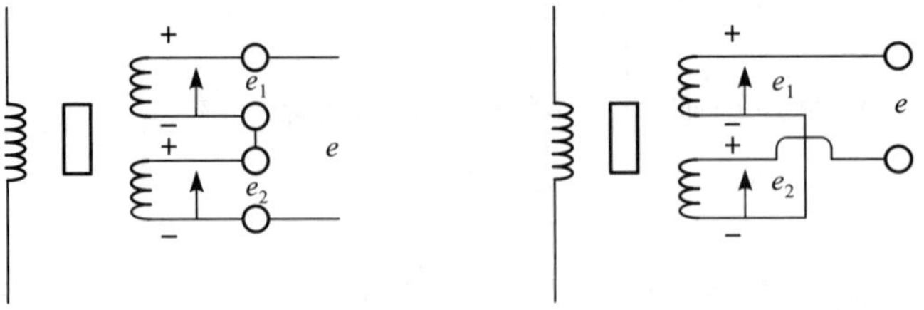

(a)串联连接 $e=e_1+e_2$　　(b)差动连接 $e=e_1-e_2$

图 1-7　差动补偿法

x_0 的微小变化 Δx 引起的 y 的变化为

$$\begin{aligned}\Delta y&=y_1-y_2\\&=y_0\left\{\left[1+\frac{1}{n}\frac{\Delta x}{x_0}+\frac{1}{n}\left(\frac{1}{n}-1\right)\frac{1}{2!}\left(\frac{\Delta x}{x_0}\right)^2+\frac{1}{n}\left(\frac{1}{n}-1\right)\left(\frac{1}{n}-2\right)\frac{1}{3!}\left(\frac{\Delta x}{x_0}\right)^3+\cdots\right]-\right.\\&\left.\left[1-\frac{1}{n}\frac{\Delta x}{x_0}+\frac{1}{n}\left(\frac{1}{n}-1\right)\frac{1}{2!}\left(\frac{\Delta x}{x_0}\right)^2-\frac{1}{n}\left(\frac{1}{n}-1\right)\left(\frac{1}{n}-2\right)\frac{1}{3!}\left(\frac{\Delta x}{x_0}\right)^3-\cdots\right]\right\}\\&=y_0\left[\frac{2}{n}\frac{\Delta x}{x_0}+\frac{1}{3}\frac{(1-n)(1-2n)}{n^3}\left(\frac{\Delta x}{x_0}\right)^3+\cdots\right]\end{aligned}\tag{1-11}$$

做理想线性近似时,有

$$\Delta y'=y_0\frac{2}{n}\cdot\frac{\Delta x}{x_0}\tag{1-12}$$

线性近似的误差为

$$\Delta=\Delta y-\Delta y'=\frac{y_0}{3}\frac{(1-n)(1-2n)}{n^3}\left(\frac{\Delta x}{x_0}\right)^3+\cdots\tag{1-13}$$

忽略高次项,由此引起的非线性误差为

$$\delta_2=\frac{\Delta}{\Delta y'}=\frac{\frac{1}{3}\left[\frac{(1-n)(1-2n)}{n}\right]\left(\frac{\Delta x}{x_0}\right)^3}{\frac{2}{n}\frac{\Delta x}{x_0}}\times100\%=\frac{(1-n)(1-2n)}{6n}\left(\frac{\Delta x}{x_0}\right)^2\times100\%\tag{1-14}$$

而非差动连接时,有

$$\Delta y=y_1-y_0=\frac{1}{n}\frac{\Delta x}{x_0}+\frac{1}{n}\left(\frac{1}{n}-1\right)\frac{1}{2!}\left(\frac{\Delta x}{x_0}\right)^2+\frac{1}{n}\left(\frac{1}{n}-1\right)\left(\frac{1}{n}-2\right)\frac{1}{3!}\left(\frac{\Delta x}{x_0}\right)^3\tag{1-15}$$

做理想线性近似时，有

$$\Delta y' = \frac{1}{n} \cdot \frac{\Delta x}{x_0} \tag{1-16}$$

忽略高次项，由此引起的非线性误差为

$$\delta_2 = \frac{\Delta}{\Delta y'} = \frac{\frac{1}{n}\left(\frac{1}{n}-1\right)\frac{1}{2!}\left(\frac{\Delta x}{x_0}\right)^2}{\frac{1}{n}\frac{\Delta x}{x_0}} \times 100\% = \frac{(1-n)}{2n}\frac{\Delta x}{x_0} \times 100\% \tag{1-17}$$

比较两种连接形式的误差：因为 Δx 远远小于 x_0，所以 $\left(\frac{\Delta x}{x_0}\right)$ 是一个微小量，$\left(\frac{\Delta x}{x_0}\right)^2$ 是一个非常小的量，故差动连接的非线性误差大大地减少了。

差动的非线性补偿是目前最有效减少非线性误差的方法，在实际工程中被广泛地应用，并且对于一些不利因素（如温度影响、零点漂移、电源波动等）都可以进行补偿抵消。

2. 灵敏度

1）定义

测量系统或装置在稳态下输出量的变化相对于输入量的变化的比值称为灵敏度，即

$$S = K = \frac{输出量的变化量}{输入量的变化量} = \frac{\Delta y}{\Delta x} \tag{1-18a}$$

$$S = K = \frac{输出量的变化率}{输入量的变化率} = \frac{\Delta y / y_0}{\Delta x / x_0} = \frac{x_0}{y_0}\frac{\Delta y}{\Delta x} \tag{1-18b}$$

式中，$\frac{x_0}{y_0}$ 为常数。

灵敏度的几何含义为特性曲线的斜率或变化率，物理含义为输出对输入的敏感程度。对于线性测量系统或装置，灵敏度就是它的传递函数，如图 1-8(a)所示；非线性测量系统或装置的灵敏度是可变的，故其传递函数是一个变量，如图 1-8(b)所示。

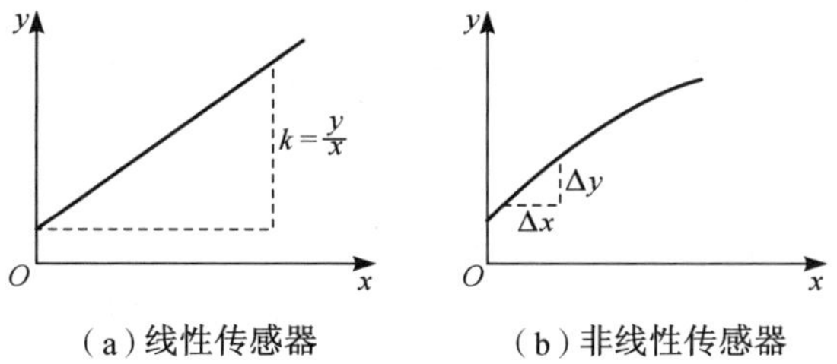

图 1-8　灵敏度定义

例 1-2　位移传感器变化 1 mm 时，输出电压为 300 mV，则 $S = 300\ \text{mV/mm}$。

2）灵敏度的获得

（1）标定法：用已知标准量作为输入，实际测定测量系统或装置的输入与输出关系。如秤标定，用标准砝码挂在秤钩上，定下刻度，之后就可以用它测量其他物体的重量。

(2) 增量法:在实际应用中,测量系统特性往往是曲线,存在非线性,但一般通过线性化处理来获得灵敏度,并且求得其误差。

$$\Delta y = f'(x_0)\Delta x + \frac{f''(x_0)}{2!}(\Delta x)^2 + \cdots \tag{1-19}$$

$$\frac{\Delta y}{\Delta x} = f'(x_0) + \frac{f''(x_0)}{2!}\Delta x + \cdots \tag{1-20}$$

由增量法得,第一项 $f'(x_0)$ 为理想线性时的灵敏度;通过其之后几项可获得理想线性化处理所带来的灵敏度误差。

3. 滞环误差

滞环是指测量系统或装置在正向变化(输入量由小到大)和反向变化(输入量由大到小)时,系统的特性曲线不一致的现象,如图1-9所示。滞环误差是由此现象产生的误差,可由试验确定。滞环误差为

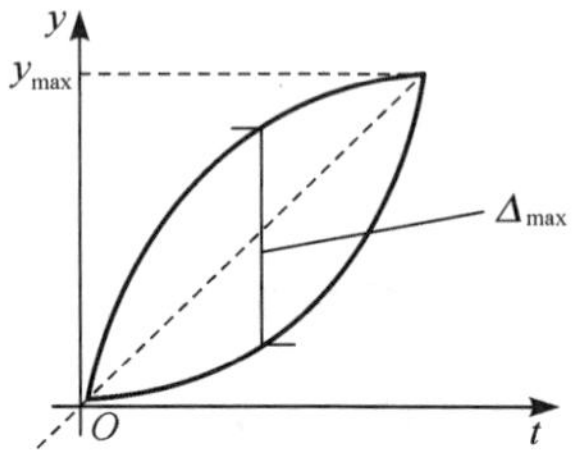

图1-9 滞环特性

$$\delta = \frac{\text{正向和反向的最大绝对误差}}{\text{满量程输出量}} \times 100\% = \frac{\Delta_{max}}{y_{max}} \tag{1-21}$$

1.2.2 测量系统的动态特性

测量系统的动态特性是指测量系统对于随时间变化的输入量的响应特性。动态特性中输入量与输出量的关系并不是一个定值,而是关于时间的函数,随输入信号的频率变化而变化。

在理想的测量系统动态特性中,输出能够如实地跟随输入。常用的测量系统分析方法有瞬态响应法和频率响应法。

1. 瞬态响应法(时域响应)

瞬态响应法是用已知标准时变信号(如单位阶跃信号、脉冲信号等)作为输入信号,在时域内观察输出的波形,特点是比较直观。下面主要讨论一阶和二阶系统的瞬态响应。

1) 零阶系统

零阶系统是比例系统,在前文的静态特性中已经讨论过。

2) 一阶系统

在已知的单位阶跃信号输入下,一阶系统的单位阶跃响应如图1-10所示,x 轴表示时间,y 轴表示相应函数 $y(t)$, $y(t)=1$ 为输入信号,观察系统的瞬态响应,分别为输入信号下面的三条曲线。

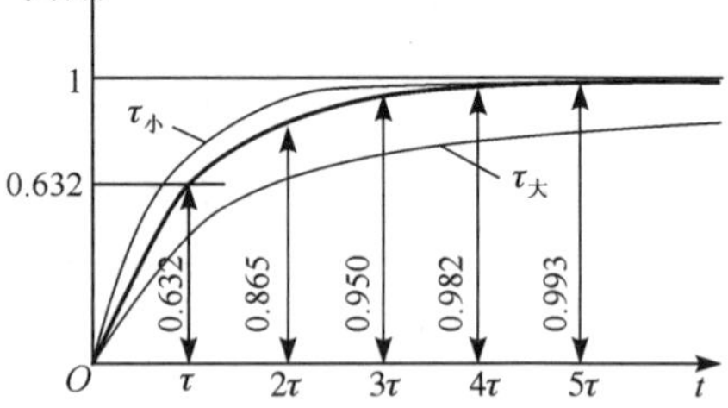

图1-10 一阶系统的单位阶跃响应

对于中间的响应曲线 $y(t)=1-e^{(1-t/\tau)}$,系统的时间常数为 τ,输出值上升至输出稳态值的0.632倍时对应的时刻为 τ,上升至输出稳态值的0.865倍时对应的时刻为 2τ,上升至输出稳态值的0.950倍时对应的时刻为 3τ,上升至输出稳态值的0.982倍时对应的时刻为 4τ。4τ 时系统输出值与系统稳态响应值之差已不足

2%，故工程上将 0～4τ 时间系统的输出定为系统的瞬态响应。

从图 1-10 可以看出，时间常数 τ 越小（上面的曲线），系统响应就快；时间常数 τ 越大（下面的曲线），系统响应就慢。实际工程试验中，当 $t=3\tau\sim4\tau$ 时，其误差能达到 2%～5%。故时间常数 τ 越小越好。

3）二阶系统

在已知的单位阶跃信号输入下，二阶系统的单位阶跃响应如图 1-11 所示，观察系统的瞬态响应曲线，其特征值定义如下：

上升时间 t_r——单位阶跃响应曲线从起始值（取 5%～10%）到最终值（90%～95%）的时间；

迟滞时间 t_d——单位阶跃响应曲线达到其终值 50%所需的时间；

峰值时间 t_p——单位阶跃响应曲线从零开始超过其稳态值而达到第一个峰值所需要的时间；

响应时间 t_s——单位阶跃响应曲线达到并保持在响应曲线终值允许的误差范围内所需要的时间，该误差取终值的±2%～±5%；

超调量 $M\%$——单位阶跃响应曲线的最大值与响应曲线终值的差值对终值之比的百分数。

$$M\%=\frac{y_{\max}-y_{\infty}}{y_{\infty}}\times100\%$$

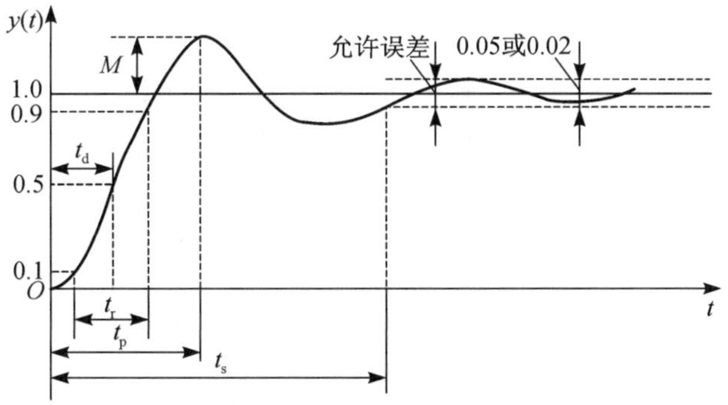

图 1-11　二阶系统的单位阶跃响应

2. 频率响应法(频域响应)

函数 $f(t)$由许多个正弦频率分量叠加而成，系统只要能够真实反映各个频率的正弦量，就能真实反映 $f(t)$。这样就将反映 $f(t)$时间函数问题转换成真实反映各个频率分量的问题，此转换分析的方法就是傅里叶分析方法。傅里叶分析是把时间函数从时间域转换到频率域来进行分析的有力工具。

1）周期函数的傅里叶级数

设 $x_T(t)$为周期函数，区间为 $\left[-\frac{T}{2},\frac{T}{2}\right]$。若满足：①连续或只有有限个第一类间断点，②只有有限个极值点，则

$$x_T(t)=\frac{a_0}{2}+\sum_{n=1}^{\infty}[a_n\cos(2\pi nf_0t)+b_n\sin(2\pi nf_0t)] \tag{1-22}$$

其中,

$$a_0=\frac{2}{T}\int_{-\frac{T}{2}}^{\frac{T}{2}}x_T(t)\mathrm{d}t$$

$$a_n=\frac{2}{T}\int_{-\frac{T}{2}}^{\frac{T}{2}}x_T(t)\cos(2\pi nf_0t)\mathrm{d}t \quad (n=1,\ 2,\ 3,\ \cdots)$$

$$b_n=\frac{2}{T}\int_{-\frac{T}{2}}^{\frac{T}{2}}x_T(t)\sin(2\pi nf_0t)\mathrm{d}t \quad (n=1,\ 2,\ 3,\ \cdots)$$

式中:a_o、a_n、b_n 称为 $x_T(t)$的傅里叶系数;f_0 称为基频;$\frac{a_0}{2}$为直流分量。

当 $n=1$ 时,傅里叶级数展开为基波:$x_T(t)=a_1\cos(2\pi f_0t)+b_1\sin(2\pi f_0t)$;

当 $n=2$ 时,傅里叶级数展开为两次(阶)谐波:$x_T(t)=a_2\cos(4\pi f_0t)+b_2\sin(4\pi f_0t)$;

当 $n=n$ 时,傅里叶级数展开为 n 次谐波:$x_T(t)=a_n\cos(2\pi nf_0t)+b_n\sin(2\pi nf_0t)$。

这时 f_n 称为谐频,$f_n=nf_0$,振幅 $A_n=\sqrt{a_n^2+b_n^2}$。总之,周期函数的傅里叶级数展开,就是把它展成直流分量与所有 n 次谐波的叠加。

例 1-3 一周期方波,在区间 $\left[-\frac{T}{2},\ \frac{T}{2}\right]$ 上的函数表示为

$$x_T(t)=\begin{cases}-1 & \left(-\frac{T}{2}\leqslant t\leqslant 0\right)\\ 1 & \left(0\leqslant t\leqslant \frac{T}{2}\right)\end{cases}$$

展开后

$$a_0=\frac{2}{T}\int_{-\frac{T}{2}}^{\frac{T}{2}}x_T(t)\mathrm{d}t$$

$$a_n=\frac{2}{T}\int_{-\frac{T}{2}}^{\frac{T}{2}}x_T(t)\cos(2\pi nf_0t)\mathrm{d}t \quad (n=1,\ 2,\ 3,\ \cdots)$$

$$b_n=\frac{2}{T}\int_{-\frac{T}{2}}^{\frac{T}{2}}x_T(t)\sin(2\pi nf_0t)\mathrm{d}t \quad (n=1,\ 2,\ 3,\ \cdots)$$

将其代入 $x_T(t)$中,表达式为

$$x_T(t)=\frac{4}{\pi}\left[\sin(2\pi f_0t)+\frac{1}{3}\sin(3\times 2\pi f_0t)+\frac{1}{5}\sin(5\times 2\pi f_0t)+\cdots\right]$$

方波 $x_T(t)$的展开波形如图 1-12 所示。方波 $x_T(t)$的频谱如图 1-13 所示。

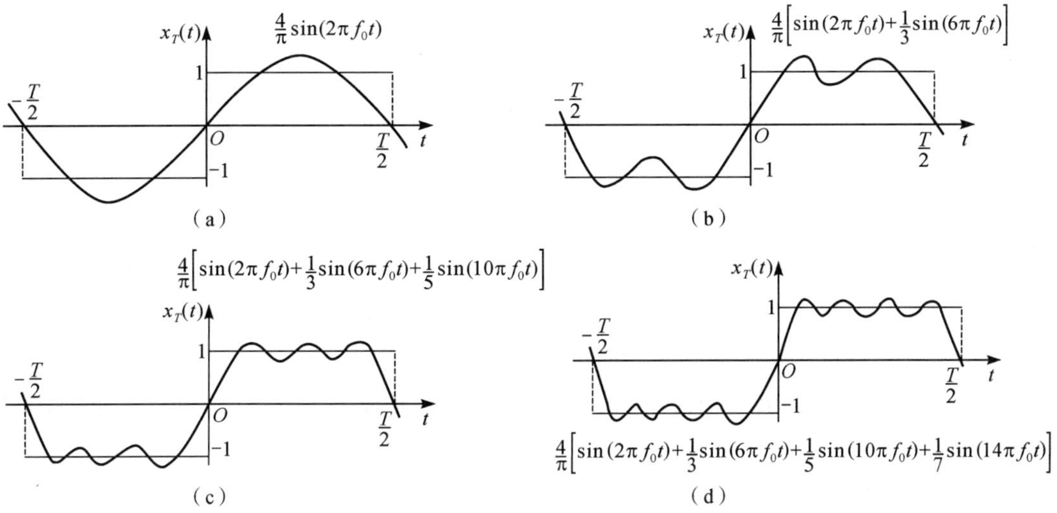

图 1-12　方波 $x_T(t)$ 的展开波形

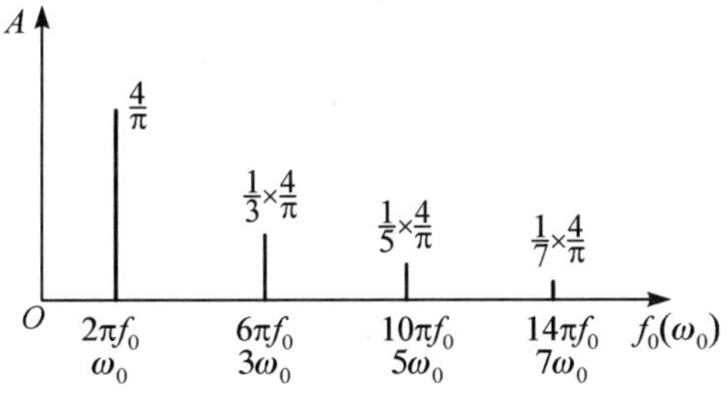

图 1-13　方波 $x_T(t)$ 的频谱

2）傅里叶级数的复指数形式

周期函数傅里叶级数常采用复指数的形式来表达。由欧拉公式 $\cos\theta=\frac{1}{2}(e^{j\theta}+e^{-j\theta})$，$\sin\theta=\frac{1}{2j}(e^{j\theta}-e^{-j\theta})$ 可得

$$x_T(t)=\frac{a_0}{2}+\sum_{n=1}^{\infty}\left(\frac{a_n-jb_n}{2}e^{j2\pi nf_0t}+\frac{a_n+jb_n}{2}e^{-j2\pi nf_0t}\right)$$

令

$$c_0=\frac{a_0}{2}=\frac{1}{T}\int_{-\frac{T}{2}}^{\frac{T}{2}}x_T(t)dt$$

$$c_n=\frac{a_n-jb_n}{2}=\frac{1}{T}\int_{-\frac{T}{2}}^{\frac{T}{2}}x_T(t)e^{-j2\pi nf_0t}dt\quad(n=1,2,3,\cdots)$$

$$c_{-n}=\frac{a_n+jb_n}{2}=\frac{1}{T}\int_{-\frac{T}{2}}^{\frac{T}{2}}x_T(t)e^{j2\pi nf_0t}dt\quad(n=1,2,3,\cdots)$$

$$f_n = nf_0$$

则

$$x_T(t) = c_0 + \sum_{n=1}^{\infty}(c_n e^{j2\pi f_n t} + c_{-n} e^{-j2\pi f_n t})$$
$$= \sum_{n=-\infty}^{\infty} c_n e^{j2\pi f_n t} \qquad (n=0, \pm 1, \pm 2, \cdots) \tag{1-23}$$

或表示成傅里叶级数的复指数形式

$$x_T(t) = \frac{1}{T}\sum_{n=-\infty}^{\infty}\left[\int_{-\frac{T}{2}}^{\frac{T}{2}} x_T(t) e^{-j2\pi f_n t} dt\right] e^{j2\pi f_n t} \tag{1-24}$$

在式(1-24)中,由于求和公式是对 $n=-\infty$ 到 $+\infty$ 累加的,而 f 为"负频率"时无意义,仅是为了数学运算方便。

3) 傅里叶变换

实践中常遇到有些信号是只在有限区间内满足的非周期函数,此时不能直接用傅里叶级数展开式展开。我们可以将非周期函数 $x(t)$ 看成是由某个周期函数 $x_T(t)$ 在当 $T\to\pm\infty$ 时转化而来的,如图 1-14 所示。作一周期函数 $x_T(t)$ 使得:

(1) 在 $\left[-\frac{T}{2}, \frac{T}{2}\right]$ 内,$x_T(t)$ 等于非周期函数 $x(t)$。

(2) 在 $\left[-\frac{T}{2}, \frac{T}{2}\right]$ 之外,$x_T(t)$ 按周期拓展。

T 越大,$x_T(t)$ 与 $x(t)$ 相等的范围也越大,当 $T\to\pm\infty$ 时,周期函数 $x_T(t)$ 转化为 $x(t)$,即 $\lim\limits_{T\to 0} x_T(t) = x(t)$。根据傅里叶级数的复指数形式:

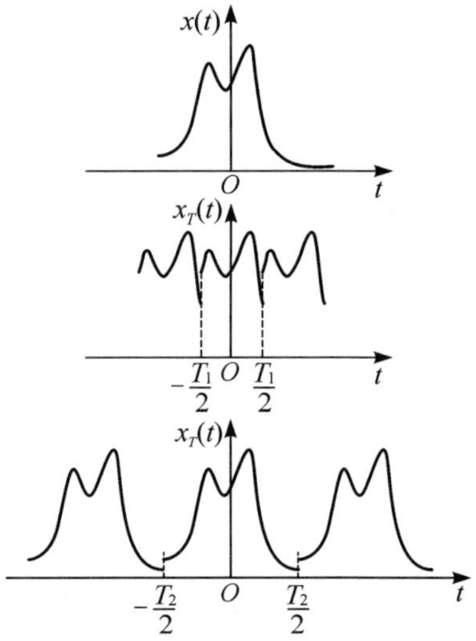

图 1-14　$x_T(t)$ 转化为 $x(t)$ 的示意图

$$x_T(t) = \frac{1}{T}\sum_{n=-\infty}^{\infty}\left[\int_{-\frac{T}{2}}^{\frac{T}{2}} x(t) e^{-j2\pi f_n t} dt\right] e^{j2\pi f_n t}$$

于是,

$$x(t) = \lim_{T\to\infty}\frac{1}{T}\sum_{n=-\infty}^{\infty}\left[\int_{-\frac{T}{2}}^{\frac{T}{2}} x(t) e^{-j2\pi f_n t} dt\right] e^{j2\pi f_n t}$$

若记 $\Delta f = f_n - f_{n-1} = \frac{1}{T}$,当 $T\to\infty$ 时,$\Delta f\to 0$,则上式为

$$x(t) = \lim_{\Delta f\to 0}\sum_{n=-\infty}^{\infty}\left[\int_{-\frac{T}{2}}^{\frac{T}{2}} x(t) e^{-j2\pi f_n t} dt\right] e^{j2\pi f_n t}\Delta f \tag{1-25}$$

观察式(1-25):① 当 $T=\infty$ 时,积分上、下限变为 $-\infty$、$+\infty$,$x_T(t)\to x(t)$;

② 由于 Δf 离散频率 f_n 密布整个 f 轴,成为连续频率。

当 $T\to\infty$ 时，式(1-25)中方括弧内的积分 $X(f)=\int_{-\infty}^{\infty}x(t)e^{-j2\pi ft}dt$，此式代入式(1-25)，得

$$x(t)=\int_{-\infty}^{\infty}\left[\int_{-\infty}^{\infty}x(t)e^{-j2\pi ft}dt\right]e^{j2\pi ft}df=\int_{-\infty}^{\infty}X(f)e^{j2\pi ft}df \tag{1-26}$$

通常称式(1-26)为函数 $x(t)$ 的傅里叶变换。从上可看出，具备一定条件的非周期函数，可由频率为 f 的波 $X(f)e^{j2\pi ft}$ 通过 f 从 $-\infty$ 到 $+\infty$ 连续变化的无限叠加而构成。

在满足 $\int_{-\infty}^{\infty}|x(t)dt|<\infty$ 的条件下，$x(t)$ 与 $X(f)$ 构成一对傅里叶变换对，即

$$\begin{cases}X(f)=\int_{-\infty}^{\infty}x(t)e^{-j2\pi ft}dt\text{—— 函数 }x(t)\text{ 的傅里叶变换}\\ x(t)=\int_{-\infty}^{\infty}X(f)e^{j2\pi ft}df\text{——}X(f)\text{ 的傅里叶逆变换}\end{cases}$$

4) 频谱

$x(t)$ 经过傅里叶变换后得到 $X(f)$，工程上称 $X(f)$ 为 $x(t)$ 的频谱函数。$X(f)$ 的振幅和频率关系图称为频谱图，图形不连续的频谱图称为离散图。

例 1-4　有一宽为 τ、高为 h、周期为 T 的矩形脉冲，其在 $\left[-\frac{T}{2},\frac{T}{2}\right]$ 的函数式为

$$x_T(t)=\begin{cases}0 & \left(-\frac{T}{2}\leqslant t<-\frac{\tau}{2}\right)\\ h & \left(-\frac{\tau}{2}\leqslant t\leqslant\frac{\tau}{2}\right)\\ 0 & \left(\frac{\tau}{2}<t\leqslant\frac{T}{2}\right)\end{cases}$$

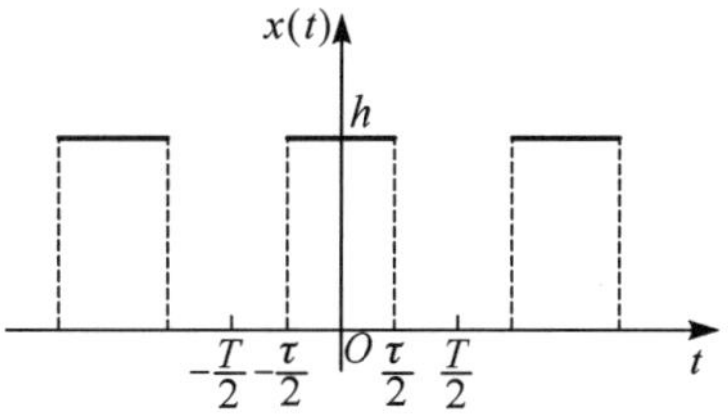

图 1-15　周期型矩形脉冲

用傅里叶级数表示

$$C_0=\frac{1}{T}\int_{-\frac{T}{2}}^{\frac{T}{2}}x_T(t)dt=h\tau f_0$$

$$C_n=\frac{h}{n\pi}\sin(\pi nf_0\tau)$$

复指数形式表达

$$x_T(t)=h\tau f_0+\sum_{n=-\infty}^{+\infty}\frac{h}{n\pi}\sin(\pi nf_0\tau)e^{j2\pi nf_0t}$$

当 $T=4\tau$ 时，$|C_0|=\frac{h}{4}$，$|C_n|=\left|\frac{h}{n\pi}\sin\frac{n\pi}{4}\right|$，$f_n=\frac{n}{4\tau}$ $(n=\pm1,\pm2,\cdots)$。

例 1-5　单个矩形非周期函数

$$x(t)=\begin{cases}h & (|t|\leqslant T)\\ 0 & (|t|>T)\end{cases}$$

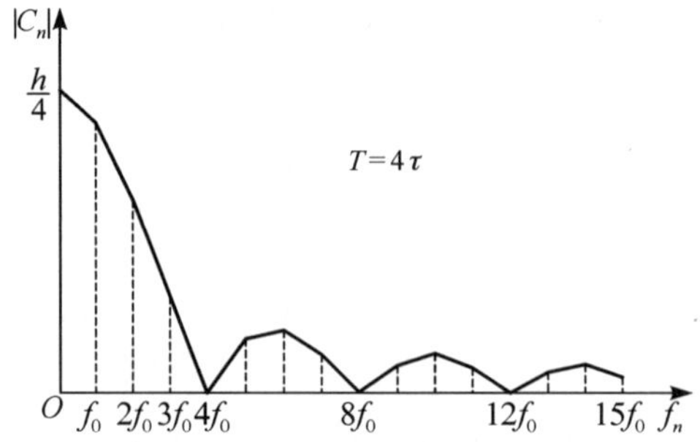

图 1-16 矩形脉冲的频谱

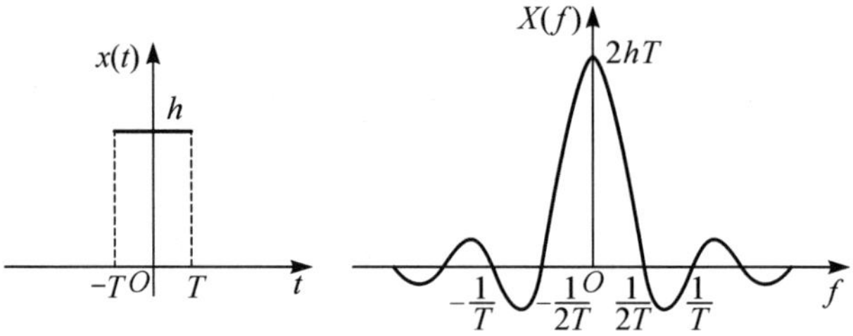

图 1-17 单个矩形脉冲及其频谱

经傅里叶变换后得

$$X(f)=\int_{-\infty}^{\infty}x(t)\mathrm{e}^{-\mathrm{j}2\pi ft}\,\mathrm{d}t=\int_{-T}^{T}h\,\mathrm{e}^{-\mathrm{j}2\pi ft}\,\mathrm{d}t$$

$$=2hT\,\frac{\sin(2\pi fT)}{2\pi fT}\quad(f\neq 0)$$

当 $f=0$ 时,有

$$X(f)=2hT$$

从以上函数图形中可看出,单个周期函数连续频谱中间最大的凸起波称之为主瓣(主导频率)。周期 T 大,主瓣高而窄;周期 T 小,主瓣低而宽。

习 题

1. 简述典型的测量系统的基本组成。
2. 测量系统包括哪些静态特性指标?
3. 如何进行测量系统动态特性分析?

第2章

相似理论

人们研究自然现象的方法分为理论分析方法和实验方法。理论分析方法以数学为主要工具，通过对自然现象建立数学模型，再利用微分方程求解得到表征自然现象各个参量之间的关系，是人们探索自然的一种有力工具。然而，对于复杂的实际工程问题，单靠数学工具求解尚不能全部解决或根本无法解决。因此，需要依靠实验研究来解决，通常可分为直接实验法和模型实验法。

当测量汽车风阻系数、桥梁的风载、大型机械的传动系统等工作装置和大楼等的抗震性能时，采用直接实验法可以解决一些比较直观的问题，推动了生产的发展。但它常常只能得出个别量之间的规律性关系，难以发现或抓住现象的本质或整体规律，从而无法向实验条件范围以外的同类现象推广。

对于重要的、大型的、复杂的设备，直接实验法无法进行时，可采用模型实验法，即将所研究的对象简化或等效为适合于分析研究的模型。在实验室再现工程应用中的现象，采用条件是要求模型实验的结果能够真正反映实物规律。

通过人们长期的实践和总结，一种用于指导自然规律研究的理论——“相似理论”便应运而生了。它是把理论分析方法和实验方法的优点结合起来，用来研究和解决生产和工程中的问题。这是科学研究的主要方法之一，也是解决生产和工程问题的一种有效方法，它扩展了人们探索自然奥秘的领域。

2.1 相似定理

2.1.1 相似的概念

两个同类物理量对应时刻的对应点成比例，称为相似。相似可以分为几何相似、时间相似、运动相似、动力相似、应力场相似等。

1. 几何相似

几何相似，也称空间相似，是指对应空间尺寸成比例。图2-1所示为相似三角形。

两个三角形相似，对应边成比例，表达式如下：

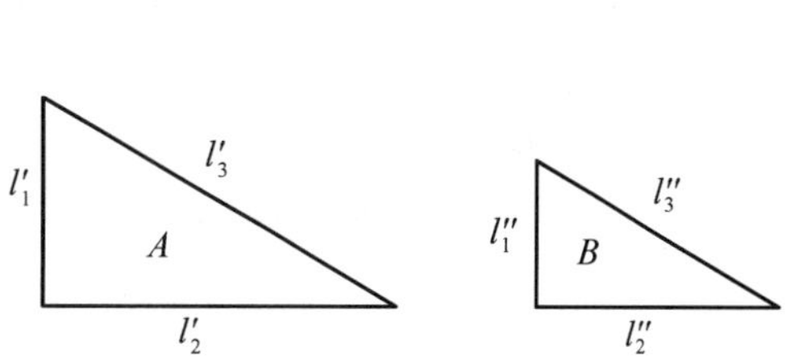

图2-1 相似三角形

$$\frac{l''_1}{l'_1}=\frac{l''_2}{l'_2}=\frac{l''_3}{l'_3}=C_l \tag{2-1}$$

式中,C_l 为几何相似常数。

2. 时间相似

时间相似是指对应的时间间隔互成比例。图 2-2 所示为某系统压力和时间的关系。

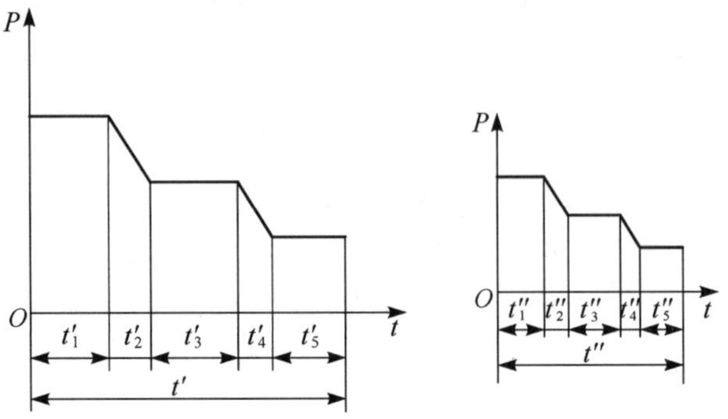

图 2-2 时间相似的压力变化过程

$$\frac{t''_1}{t'_1}=\frac{t''_2}{t'_2}=\cdots=\frac{t''_5}{t'_5}=C_t \tag{2-2}$$

式中,C_t 为时间相似常数。

3. 运动相似

运动相似是指速度场及加速度场两个系统中对应点、对应瞬时速度(加速度)方向一致,大小互成一定比例。不同直径圆管中做层流运动的流体就是运动相似,如图 2-3 所示。

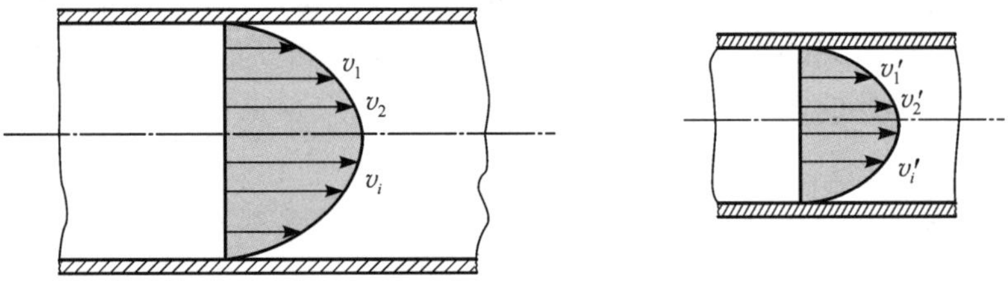

图 2-3 速度相似

$$\frac{v'_1}{v_1}=\frac{v'_2}{v_2}=\cdots=\frac{v'_i}{v_i}=C_v \tag{2-3}$$

式中,C_v 为运动相似常数。

4. 动力相似

动力相似是指两个系统中,在对应时刻、对应点,所受的力方向一致,大小互成一定比例,即

$$\frac{F''}{F'}=\frac{m''a''}{m'a'}=\frac{m''}{m'}C_a \tag{2-4}$$

从式(2-4)可看出,在加速度互成比例 C_a 的运动相似系统间,只要对应质量互成一定比例,则两个系统动力相似。

5. 应力场相似

应力场相似是指两个系统中，在对应时刻、对应点，应力方向一致，大小互成比例，即

$$\frac{\sigma''_1}{\sigma'_1}=\frac{\sigma''_2}{\sigma'_2}=\cdots=C_\sigma \tag{2-5}$$

除上述之外，还有温度场相似、电磁场相似等。下面将讨论彼此相似的现象具有什么样的性质，满足什么条件才能相似。

2.1.2 相似第一定理

相似第一定理指凡彼此相似现象，必定具有数值相同的相似准则。相似第一定理又叫作相似正定理。

例 2-1 几何相似的相似准则。

以上小节中几何相似为例，若两三角形相似，则有

$$\frac{l''_1}{l'_1}=C_{l1},\quad \frac{l''_2}{l'_2}=C_{l2},\quad \frac{l''_3}{l'_3}=C_{l3} \tag{2-6}$$

其中

$$C_{l1}=C_{l2}=C_{l3} \tag{2-7}$$

式中，C_{l1}、C_{l2}、C_{l3}为相似倍数。

再看同一三角形两边之比：

$$\frac{l'_1}{l'_2}=K'_{12} \quad 或 \quad \frac{l''_1}{l''_2}=K''_{12} \tag{2-8}$$

由式(2-6)和式(2-7)，得

$$\frac{l''_1}{l''_2}=\frac{C_{l1}\cdot l'_1}{C_{l2}\cdot l'_2}=\frac{l'_1}{l'_2}=\frac{l_1}{l_2} \tag{2-9}$$

或

$$K''_{12}=K'_{12}=K_{12} \tag{2-10}$$

由上述可知，同一三角形中两边之比，在各相似的三角形中该比值也相等，称同一三角形某两边长之比$\frac{l_1}{l_2}$为相似准则，凡彼此相似的三角形，必定具有数值相同的相似准则。

此外，同一三角形的两边长有三个：

$$\frac{l'_1}{l'_2},\quad \frac{l'_1}{l'_3},\quad \frac{l'_2}{l'_3}$$

但其中独立的只有两个，因此相似三角形的相似准则有两个(这是由所讨论的现象本质规律所决定的)。

可以看出，相似准则是无量纲的(零因次)不变量，而非常量，因为相似准则这一综合数

群只有在相似现象的对应点和对应时刻上才相等,有些地方用 Ⅱ 表示;相似准则的个数取决于所研究现象的内在规律。

相似准则为研究问题提供了方便,如三角形 A 中的 l_1'边,高度较大不能直接量出时,如果已知三角形 B 与三角形 A 相似,则可以通过三角形 B 求出相似准则,即

$$\frac{l_1''}{l_2''}=K_{12}=\frac{l_1'}{l_2'} \tag{2-11}$$

由于相似三角形中相似准则相同,式中只要 l_2'已知,就可求出:

$$l_1'=K_{12}\cdot l_2' \tag{2-12}$$

此外,相似准则 K_{12} 不仅适用于三角形 A,而且适用于一切与三角形 B 相似的三角形。

例 2-2 运动相似的相似准则。

以运动系统 A 和 B 为例,任何系统运动的瞬间速度为

$$v=\frac{\mathrm{d}l}{\mathrm{d}t} \tag{2-13}$$

在系统 A 中为

$$v_{\mathrm{A}}'=\frac{\mathrm{d}l'}{\mathrm{d}t'} \tag{2-14}$$

在系统 B 中为

$$v_{\mathrm{B}}''=\frac{\mathrm{d}l''}{\mathrm{d}t''} \tag{2-15}$$

若两系统相似,则各个对应量互成比例,即

$$\frac{v''}{v'}=C_v,\quad \frac{t''}{t'}=C_t,\quad \frac{l''}{l'}=C_l \tag{2-16}$$

式中,C_v、C_t、C_l 为相似倍数。

以上关系,可进一步改写成:

$$C_v\cdot v'=\frac{\mathrm{d}l''}{\mathrm{d}t''}=\frac{C_l\cdot \mathrm{d}l'}{C_t\cdot \mathrm{d}t'} \tag{2-17}$$

即

$$\frac{C_v\cdot C_t}{C_l}\cdot v'=\frac{\mathrm{d}l'}{\mathrm{d}t'} \tag{2-18}$$

因为

$$v'=\frac{\mathrm{d}l'}{\mathrm{d}t'} \tag{2-19}$$

所以

$$\frac{C_v \cdot C_t}{C_l}=1 \tag{2-20}$$

式(2-20)左端称为相似指标,它标志着两个运动系统是否相似。换言之,彼此相似的现象,其相似指标等于 1。(相似第一定理另外一种表达)

式(2-20)可再改写为

$$\frac{\frac{v''}{v'} \cdot \frac{t''}{t'}}{\frac{l''}{l'}}=1 \tag{2-21}$$

即

$$\frac{v''t''}{l''}=\frac{v't'}{l'}=\frac{vt}{l}=\text{不变量}=\Pi \tag{2-22}$$

称两个运动相似系统间数值相同的综合量$\frac{vt}{l}$为相似准则,在模型中测出 v''、t''、l'',则可以还原到原型系统中,获得 v'、t'、l'。

同样地,动力相似的相似准则为

$$\frac{ft}{mv}=\Pi=\text{不变量} \tag{2-23}$$

相似指标

$$\frac{C_f C_t}{C_m C_v}=1 \tag{2-24}$$

上述$\frac{ft}{mv}$也称牛顿准则,并用 Ne 表示,即

$$Ne=\frac{ft}{mv} \tag{2-25}$$

例 2-3 汽车风洞中空气流动、管路中液体流动等属于不可压缩流体稳定等温运动的物理现象。根据质量守恒定律,黏性不可压缩流体稳定等温运动现象有三个相似准则:

$$\Pi_1=Re=\frac{\rho vl}{\eta} \quad \text{(雷诺准则)} \tag{2-26}$$

$$\Pi_2=Fr=\frac{gl}{v^2} \quad \text{(弗劳德准则)} \tag{2-27}$$

$$\Pi_3=Eu=\frac{\Delta p}{\rho v^2} \quad \text{(欧拉准则)} \tag{2-28}$$

从上面的讨论可得到以下几点:

(1) 各相似倍数不能是任意的,它们受相似指标式的制约。

(2) 将相似倍数代入相似指标式得综合量——相似准则。

(3) 无量纲是相似准则的主要属性。

(4) 相似准则的个数取决于现象的物理本质。

相似准则与相似常数是不同的,它是综合地而不是个别地反映单个因素的影响,能更清楚地显示过程的内在联系。当用相似第一定理指导模型研究时,首先重要的是导出相似准则,然后在模型实验中测量所有与相似准则有关的物理量。当微分方程较简单时,找出相似准则并不困难。但当方程未知或是很复杂时,应采用其他的方法。当现象的相似准则数超过1个时,问题便进入了相似第二定理的范畴。

2.1.3 相似第二定理

相似第二定理是指凡具有同一特性的现象(即被同一关系方程式或完整的关系方程组所描述的现象),当单值条件彼此相似,且由单值条件所包含的物理量组成的相似准则在数值上相等时,则这些现象必须相似。相似第二定理又叫作相似逆定理。此定理阐明了两个现象相似的充分条件,也是模型实验必须遵守的条件和法则。

以前述黏性不可压缩流体的稳定等温运动现象为例,当满足以下条件时,现象就彼此相似。

1. 单值条件相似

1) 几何条件相似

空间条件所有具体现象都发生在一定的几何空间内,且

$$\frac{d''}{d'}=\frac{l''}{l'}=C_l \tag{2-29}$$

式中:d 为管径;l 为管长,则管径和管长的相似倍数应相等。

2) 物理条件相似

物理条件即所具有具体现象都在具有一定物理性质的介质下进行。

$$\frac{\rho''}{\rho'}=C_\rho,\quad \frac{\eta''}{\eta'}=C_\eta,\quad \frac{g''}{g'}=C_g \tag{2-30}$$

式中:ρ 为密度;η 为黏度;g 为重力加速度。

3) 边界条件相似

边界条件即所有具体现象都受到与其直接相邻的周围情况影响,尤其是在入口及出口处。

$$C_v=\frac{v''_x}{v'_x}=\frac{v''_y}{v'_y}=\frac{v''_z}{v'_z} \tag{2-31}$$

4) 初始条件相似

初始条件即现象的演变与初始状态有关。由于是稳定流动,所以不计此条件。

2. 由单值条件所包含的物理量所组成的相似准则相等

$$\text{(弗劳德准则)}\quad Fr=\frac{g''l''}{v''^2}=\frac{g'l'}{v'^2}=\text{不变量} \tag{2-32}$$

$$\text{(雷诺准则)}\quad Re=\frac{\rho''v''l''}{\eta''}=\frac{\rho'v'l'}{\eta'}=\text{不变量} \tag{2-33}$$

以运动为例,已知两个运动的相似准则数值相等,即

$$\frac{vl}{t}=\frac{v'l'}{t'}=\frac{v''l''}{t''} \tag{2-34}$$

$$\frac{\dfrac{v''}{v'}\cdot\dfrac{t''}{t'}}{\dfrac{l''}{l'}}=\frac{C_v\cdot C_t}{C_l}=1 \tag{2-35}$$

式中,$\dfrac{C_vC_t}{C_l}$为相似指标。

设

$$v''=\frac{\mathrm{d}l''}{\mathrm{d}t''} \tag{2-36}$$

将对应量(相似倍数)

$$\frac{l''}{l'}=C_l,\quad \frac{t''}{t'}=C_t,\quad \frac{v''}{v'}=C_v \tag{2-37}$$

代入式(2-36),得

$$\frac{C_vC_t}{C_l}v'=\frac{\mathrm{d}l'}{\mathrm{d}t'} \tag{2-38}$$

$$v'=\frac{\mathrm{d}l'}{\mathrm{d}t'} \tag{2-39}$$

因此,当$\dfrac{C_vC_t}{C_l}=1$(即相似指标=1)时,表明两个运动能用完全相同的方程表示。

从以上讨论中可以看出:

(1) 若两个运动的单值条件完全相同,则两个运动是完全相同的同一运动。

(2) 若两个运动的单值条件相似,则两个运动彼此相似。

(3) 若两个运动的单值条件既不相同也不相似,则得到的仅是服从同一自然规律的两个互不相同也不相似的运动。

总之,如果现象的相似准则数值相同,且单值条件相似,那么它们相似。因此,相似第二定理是构成相似的充要条件,严格地说,这也是一切模型实验应遵循的理论基础。

如何整理实验结果,怎样把在模型上得到的实验结果推广到实物上去,这就要牵涉相似第三定理。

2.1.4 相似第三定理(也称Π定理)

设一个物理现象如果含有 n 个物理量 $\varphi(x_1, x_2, x_3, \cdots, x_n)=0$,其中,有 m 个为基本物理量(其量纲是相互独立的),那么这 n 个物理量可表示成是 $(n-m)$ 个相似准则 $\Pi_1, \Pi_2, \cdots, \Pi_{n-m}$ 之间的函数关系。这就是相似第三定理,也称Π定理。准则关系式可表达为

$$F(\Pi_1, \Pi_2, \cdots, \Pi_n)=0 \tag{2-40}$$

式中,1, 2, …, n 为正整数。它提供了一种由模型实验研究来揭示原型内在规律的方法,尤其在预先不知道系统的微分方程时更有意义。也就是说,只要用适当的方法求出相似准则,再用模型实验数据拟合出 $F(\Pi_1, \Pi_2, \cdots, \Pi_n)=0$,就可获知原型的内在规律。

例 2-4 在 $\Pi_1, \Pi_2, \Pi_3, \cdots, \Pi_n$ 中只由单位条件的物理量(定性量)组成的相似准则称为定性准则,包含非单值条件的物理量(非定性量)所组成的相似准则称为非定性准则。这样相似第三定理可表示成

$$F(\Pi_1, \Pi_2, \Pi_3, \cdots, \Pi_n, \Pi_{非1}, \Pi_{非2}, \Pi_{非3}, \cdots, \Pi_{非m})=0 \tag{2-41}$$

也可表示成

$$\Pi_{非}=f(\Pi_{定}) \tag{2-42}$$

即 $\Pi_{非}$ 是 $\Pi_{定}$ 的函数。

例 2-5 讨论图 2-4 所示系统的动力相似问题。

由已知,设系统的动力相似准则为

$$\begin{cases} \Pi_1=kt^2/m \\ \Pi_2=at^2/x \\ \Pi_3=\dfrac{x}{v}\sqrt{\dfrac{k}{m}} \end{cases} \tag{2-43}$$

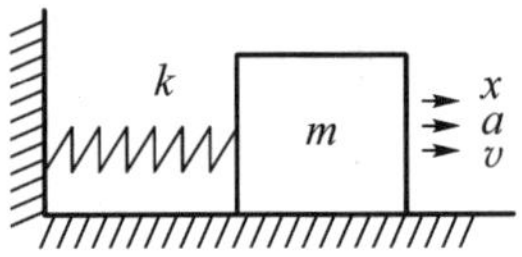

图 2-4 动力相似

2.1.5 相似定理的用途

1. 用相似第二定理获得模型实验应遵守的条件

由相似第二定理知,模型与原型相似,其相似准则必定相等,即

$$\frac{k''}{m''}t''^2=\frac{k'}{m'}t'^2 \tag{2-44}$$

$$\frac{x''}{v''}\sqrt{\frac{k''}{m''}}=\frac{x'}{v'}\sqrt{\frac{k'}{m'}} \tag{2-45}$$

式中:″为模型;′为原型。

(1) 若希望时间相似倍数 $C_t=1$,即 $t''=t'$,位移相似倍数 $C_x=\dfrac{x''}{x'}=\lambda$,则代入

式(2-44)、式(2-45)得

$$\begin{cases} k''=\dfrac{m''}{m'}k' \\ v''=\lambda v' \\ a''=\lambda a' \end{cases} \tag{2-46}$$

注意：其中模型的弹性元件刚度系数 k'' 必须由 $\dfrac{m''}{m'}k'$ 决定(不可任意选取)，该模型具有与原型相同的振动周期，且两个系统的 a、v、x 倍数都为 λ。

(2) 假如原型运动周期太大或太小，希望改变模型的周期，则令时间的相似倍数为

$$C_t=\frac{t''}{t'}=\eta \tag{2-47}$$

C_x 仍为 λ，代入式(2-46)得

实际条件

$$\begin{cases} k''=\dfrac{1}{\eta^2}\dfrac{m''}{m'}k' \\ v''=\dfrac{\lambda}{\eta}v' \\ a''=\dfrac{\lambda}{\eta^2}a' \end{cases} \tag{2-48}$$

总之，借助动力相似第二定理可以得出模型实验必须遵循的条件。

2. 应用相似第三、第一定理获得实物中各物理量的函数关系式

在系统的动力相似准则式中，各量的性质如下：

$$\begin{cases} \Pi_1=kt^2/m & (\text{定性量}) \\ \Pi_2=at^2/x & (\text{非定性量}) \\ \Pi_3=\dfrac{x}{v}\sqrt{\dfrac{k}{m}} & (\text{非定性量}) \end{cases} \tag{2-49}$$

将 $F(\Pi_1, \Pi_2, \Pi_3)=0$ 改写成：

$$\Pi_2=f_2(\Pi_1)$$
$$\Pi_3=f_3(\Pi_1) \quad (\text{第三定理})$$

将每组 t''、x''、v''、a'' 的试验数据代入相似准则式，有

$$\begin{cases} \Pi_1=\dfrac{k''}{m''}t''^2 \\ \Pi_2=\dfrac{a''t''^2}{x''} \\ \Pi_3=\dfrac{x''}{v''}\sqrt{\dfrac{k''}{m''}} \end{cases} \tag{2-50}$$

可求得许多组 Π_2、Π_3 与 Π_1 对应值,即

$$\Pi_2 = \frac{a''m''}{x''k''}\Pi_1 \tag{2-51}$$

$$\Pi_3 = \frac{x''}{v''t''^2}\sqrt{\frac{m''}{k''}}\Pi_1 \tag{2-52}$$

将其拟合成曲线(图 2-5),获得函数关系:

$$\begin{cases}\Pi_2 = f_2(\Pi_1) \\ \Pi_3 = f_3(\Pi_1)\end{cases} \tag{2-53}$$

式(2-53)也反映实物动力特性的函数关系式。

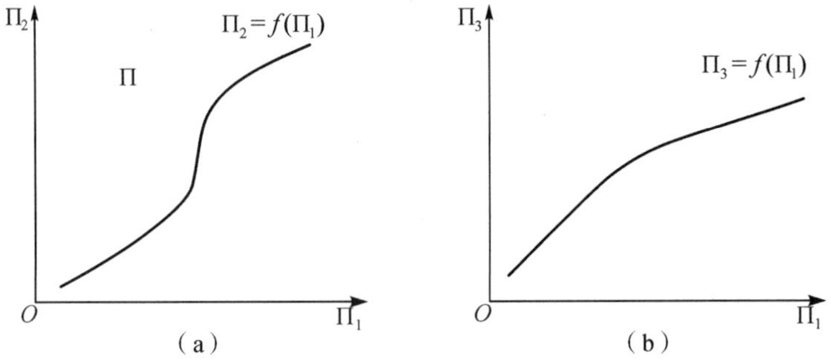

图 2-5　相似第三定理

从本节讨论中可以看出,相似第一定理、第二定理、第三定理在分析解决问题的过程中扮演着不同的角色。根据相似第一定理,彼此相似的现象,相似准则必具有同样数值,因此它们的准则函数关系也必是相同。由此可推广到实物中去,可展开得到 $v-t$, $a-t$ 其他函数形式;根据第二定理(模型与原型相似准则相等的关系式),可以求出模型实验遵守的条件;根据第三定理,可以求模型实验结果整理成相似准则间的函数式,以便把模型实验结果推广到原型中去。

2.2　相似准则的求法

2.2.1　方程分析

1. 相似转换法

以简单运动为例,给出相似转换的步骤。

(1) 写出现象(运动的基本微分方程组和全部单值条件)。

任何系统的瞬时速度可用微分方程描述为

$$v = \frac{\mathrm{d}l}{\mathrm{d}t}$$

则在原型中为

$$v'=\frac{\mathrm{d}l'}{\mathrm{d}t'}$$

在模型中为

$$v''=\frac{\mathrm{d}l''}{\mathrm{d}t''}$$

单值条件为初始速度和几何条件。

(2) 写出相似倍数的表示式。

原型与模型方程中对应量之比为

$$\frac{v''}{v'}=C_v,\quad \frac{t''}{t'}=C_t,\quad \frac{l''}{l'}=C_l$$

(3) 将相似倍数表示式代入方程组进行相似转换,从而得出相似指标式。

$$C_v v'=\frac{C_l\mathrm{d}l'}{C_t\mathrm{d}t'} \tag{2-54}$$

因为

$$\frac{C_vC_t}{C_l}=\frac{\mathrm{d}l'}{\mathrm{d}t'}/v' \tag{2-55}$$

所以

$$\frac{C_vC_t}{C_l}=1 \tag{2-56}$$

(4) 将相似倍数表示式代入相似指标式中,求得相似准则。

$$\frac{\frac{v''}{v'}\cdot\frac{t''}{t'}}{\frac{l''}{l'}}=1 \tag{2-57}$$

其中

$$\frac{v't'}{l'}=\frac{v''t''}{l''}=\frac{vt}{l}=\text{不变量}$$

(5) 用与步骤(3)、步骤(4)同样方法,从单值条件方程中获得相似准则。

2. 积分类比法

积分类比法较相似转换法简单,因而得到更多应用。仍以简单运动为例,给出积分类比法的步骤。

(1) 写出现象的基本微分方程组和全部单值条件。

对于任何系统,在原型中和模型中的瞬时速度可以表示为

$$v'=\frac{dl'}{dt'}$$

$$v''=\frac{dl''}{dt''}$$

(2) 用方程式中的任何一项除以其他各项。

由于相似现象为文字上完全相同的方程组所描述,所以模型方程中任意两项的比值与原型方程中相应的两项的比值相等,即

$$\frac{v'}{\frac{dl'}{dt'}}=1$$

$$\frac{v''}{\frac{dl''}{dt''}}=1$$

得

$$\frac{v'}{\frac{dl'}{dt'}}=\frac{v''}{\frac{dl''}{dt''}} \tag{2-58}$$

(3) 所有的导数用相应量的比值代替,即去掉所有微分符号,各轴向投影分量用量本身代替,坐标用基本量长度代替,便得出准则。

对于两相似现象,其中某量 l 的相似倍数为

$$\left.\begin{aligned}&\frac{l''}{l'}=C_l=\text{常数}\\&v=\frac{dl}{dt}\end{aligned}\right. \tag{2-59}$$

也可写成

$$\frac{l''_1}{l'_1}=\frac{l''_2}{l'_2}=C_l=\text{常数}$$

则有

$$\frac{l''_2-l''_1}{l'_2-l'_1}=\frac{\Delta l''}{\Delta l'}=C_l=\text{常数}$$

由于常数的极限等于它本身,即

$$\lim\left(\frac{\Delta l''}{\Delta l'}\right)=\frac{dl''}{dl'}=C_l \tag{2-60}$$

比较式(2-59)和式(2-60),得

$$\frac{\mathrm{d}l''}{\mathrm{d}l'}=\frac{l''}{l'}$$

同理

$$\frac{\mathrm{d}t''}{\mathrm{d}t'}=\frac{t''}{t'}$$

两式相除得

$$\frac{\mathrm{d}l''}{\mathrm{d}t''}\Big/\frac{\mathrm{d}l'}{\mathrm{d}t'}=\frac{l''}{t''}\Big/\frac{l'}{t'} \tag{2-61}$$

这就是所谓的积分类比，表明导数可以用相应量的比值代替。将式(2-57)中的导数用积分类比来代替，即可得出相似准则：

$$\frac{v't'}{l'}=\frac{v''t''}{l''}=\frac{vt}{l}=\text{不变量}$$
$$f=m\frac{\mathrm{d}v}{\mathrm{d}t} \tag{2-62}$$

可表达成

$$\frac{f'}{m'\dfrac{\mathrm{d}v'}{\mathrm{d}t'}}=\frac{f''}{m''\dfrac{\mathrm{d}v''}{\mathrm{d}t''}}=\frac{ft}{mv}=\Pi \tag{2-63}$$

其结果与相似转换法完全一致。

从以上方程分析法推导相似准则的过程发现：只有当已知描述现象的方程式的具体形式时，才能用这种方法导出形式相似准则。那么，当无法列出描述现象的方程式时，怎样导出相似准则呢？下面我们介绍量纲分析法(因次分析法)。

2.2.2　量纲分析法

1. 基本知识

(1) 因次(量纲)：物理量测量单位的种类。如米、厘米、毫米是不同的测量单位，但都属长度单位，用符号[L]表示长度各单位的因次。

(2) 基本量：在国际单位制(SI)中，当研究力学和机械运动现象时，取长度、质量和时间为基本量。

(3) 基本因次：基本量相应的因次，如[L] [M]和[T]。

(4) 导出量：由上述基本量根据该物理量的定义或相应的物理定律导出的量。

例如，

$$\text{速度}=\text{距离}/\text{时间}$$
$$v=l/t$$

其因次公式为

$$[v]=\frac{[L]}{[T]}=[LT^{-1}] \tag{2-64}$$

对于

$$力=质量\times加速度$$

$$f=ma=m\frac{d^2l}{dt^2}$$

其因次公式为

$$[F]=[M]\frac{[L]}{[T]^2}=[LMT^{-2}] \tag{2-65}$$

2. 量纲分析法的一般步骤

以物体受力运动为例,给出量纲分析的一般步骤。

(1) 考察物理现象,决定表征该现象的所有物理量,写成一般函数关系式。

表征受力运动现象的物理量有力 f、质量 m、时间 t、速度 v。一般函数式为

$$F(f, t, m, v)=0 \tag{2-66}$$

(2) 写出一般 Π 项的式子。

由于上面的函数可以展开为幂级数,用幂级数中任一项除以幂级数中各项,于是形成无量纲 Π 项,其中一般的 Π 次形式为

$$\Pi=f^{X_1}\cdot m^{X_2}\cdot v^{X_3}\cdot t^{X_4}$$

(3) 写出 Π 项中各物理量的量纲

$$[f]=[LMT^{-2}] \qquad (kg\cdot\frac{m}{s^2})$$

$$[m]=[M] \qquad (kg)$$

$$[t]=[T] \qquad (s)$$

$$[v]=[LT^{-1}] \qquad (m/s)$$

(4) 把各物理量的量纲代入

$$[\Pi]=[LMT^{-2}]^{X_1}[M]^{X_2}[LT^{-1}]^{X_3}[T]^{X_4}$$

$$[\Pi]=[L]^{X_1+X_3}[M]^{X_1+X_2}[T]^{X_4-X_3-2X_1}$$

(5) 根据量纲齐次原则,列出物理量指数间的联立方程组

$$\begin{cases}x_1+x_3=0 & [L]\\ x_1+x_2=0 & [M]\\ -2x_1-x_3+x_4=0 & [T]\end{cases} \tag{2-67}$$

(6) 解联立方程。

物理量数 $n=4$，基本量纲数 $m=3$，根据相似第三定理，独立Π项数为 $4-3=1$ 个，令

$$x_1=1$$

则

$$x_2=-1,\quad x_3=-1,\quad x_4=1$$

得

$$\Pi=fm^{-1}v^{-1}t=\frac{ft}{mv}=Ne\quad（牛顿准则）\tag{2-68}$$

3. 矩阵法

为使量纲分析法有条理，常用规格化的矩阵法。以液体做稳定流动现象为例，说明矩阵法的步骤。

(1) 写出表征液体流动有关的物理量的一般函数式。

$$f(p,\eta,g,v,l,\rho)=0\tag{2-69}$$

式中：v 为流速；l 为管道定性尺寸；p 为压力；ρ 为介质；η 为黏度；g 为重力加速度。

(2) 由函数式写出(成)Π项的指数式。

$$\Pi=p^{X_1}g^{X_2}\eta^{X_3}v^{X_4}l^{X_5}\rho^{X_6}$$

(3) 列出量纲矩阵。

$$\begin{aligned}
&[p]=[ML^{-1}T^{-2}]\\
&[g]=[LT^{-2}]\\
&[\eta]=[L^{-1}MT^{-1}]\\
&[v]=[LT^{-1}]\\
&[l]=[L]\\
&[\rho]=[L^{-3}M]
\end{aligned}$$

	x_1	x_2	x_3	x_4	x_5	x_6
	p	g	η	v	l	ρ
M	1	0	1	0	0	1
L	−1	1	−1	1	1	−3
T	−2	−2	−1	−1	0	0

用量纲矩阵便可一目了然地根据量纲齐次原则写出各指数间的联立方程组。

$$\begin{cases}x_1+x_3+x_6=0\\-x_1+x_2-x_3+x_4+x_5-3x_6=0\\-2x_1-2x_2-x_3-x_4=0\end{cases}$$

(4) 列出Π矩阵。

变换上式，用 x_1、x_2、x_3 来表示 x_4、x_5、x_6。

$$\begin{cases} x_4 = -2x_1 - 2x_2 - x_3 \\ x_5 = x_2 - x_3 \\ x_6 = -x_1 - x_3 \end{cases} \tag{2-70}$$

解上述联立方程。令 $x_1=1$, $x_2=x_3=0$,则 $x_4=-2$,$x_5=0$, $x_6=-1$;令 $x_2=1$, $x_1=x_3=0$,则 $x_4=-2$, $x_5=1$, $x_6=0$;令 $x_3=1$, $x_2=x_3=0$,则 $x_4=-1$,$x_5=-1$,$x_6=-1$。

由上可得到三组独立解,可排出以下 Π 矩阵:

	x_1	x_2	x_3	x_4	x_5	x_6
	p	g	η	v	l	ρ
Π_1	1	0	0	−2	0	−1
Π_2	0	1	0	−2	1	0
Π_3	0	0	1	−1	−1	−1

注意:Π 矩阵中的数字为各 Π 项中所含的物理量的方次。

从以上矩阵可看出:

① 第 1、2、3 列中主对角线上数为“1”,其余为“0”。

② 第 4、5、6 列分别为式(2-70)中各方程右边各项的系数。

③ Π 矩阵的第 4 列与式(2-70)中 x_4 方程式内各项系数相符。

④ Π 矩阵的第 5 列与式(2-70)中 x_5 方程式内各项系数相符。

⑤ Π 矩阵的第 6 列与式(2-70)中 x_6 方程式内各项系数相符。

⑥ 在实际推导中,可以由式(2-70)按上述规律直接写出以上 Π 矩阵。

⑦ 矩阵中虚线以右的列数等于式(2-70)中方程数,即物理量中包含基本量纲数。

⑧ 虚线以左的列数等于物理量数减基本量纲数,即$(n-m)$个,令矩阵这一部分只有主对角线为“1”,其余为“0”,则得到$(n-m)$个独立解。

(5) 由 Π 矩阵直接写出获得的相似准则。

$$\begin{cases} \Pi_1 = pv^{-2}\rho^{-1} = \dfrac{p}{\rho v^2} = Eu & \text{(欧拉准则)} \\ \Pi_2 = gv^{-2}l = \dfrac{gl}{v^2} = Fr & \text{(弗劳德准则)} \\ \Pi_3 = \eta v^{-1}l^{-1}\rho^{-1} = \dfrac{\eta}{vl\rho} = (Re)^{-1} & \text{(雷诺准则)} \end{cases}$$

可看出 p 仅出现在 Π_1 中,g 仅出现在 Π_2 中,η 仅出现在 Π_3 中,因而得到的相似准则 Π_1、Π_2、Π_3 是三个独立的相似准则。

由于排列在虚线左面的物理量不同,获得的相似准则也不同,所以对物理量的排列规定以下法则:

① 在量纲矩阵中,应把被研究的物理量排列为第一个物理量。

② 将要和被研究物理量建立函数关系的物理量排列为第二、第三……个物理量。

③ 在倒数第一至第四个位置上,从后数应先排列几何线性长度,然后是表征模型材料

的物理量，以及需要它表示相似准则的物理量。

由于上述排列的结果会给我们带来很大的好处，所获得的每个相似准则都一定由材料、长度和欲用的物理量构成，这些量在实验中一般都是确定不变的。在第一个相似准则 Π_1 之中包含被研究的物理量，并在 Π_2（Π_3…）中包含欲建立函数关系的物理量。这样，在实验和数据综合时，能方便地建立 Π_3…不同值时 Π_1 与 Π_2 关系曲线。

综上所述，当研究对象过于复杂，不能列出微分方程时，量纲分析法往往成为获得相似准则的唯一方法。用此方法（量纲分析法）获得的相似准则，有着一定的普遍性，但有时不易显示出它的物理定理，还需转化为熟知的或标准的形式。

注意：利用此方法之前，需要弄清所研究的现象究竟包括哪些物理量。表征现象的物理量若决定不正确或在决定中缺少其中某一项，则利用此方法建立的相似关系也会不正确，会得出错误的试验结果。

习题

1. 简述相似第一准则的含义。
2. 如何判定两个物理现象相似？
3. 试叙述相似指标、相似准则与相似倍数的关系。
4. 请简述相似第三定理的应用。
5. 如何求相似准则？

第3章

测量误差理论

在汽车的各项性能试验中，获得大量的时间记录曲线和观察数据形式的试验结果。由于试验方法、仪器、环境等条件对上述结果产生影响，使得所获得的时间记录曲线和观察数据含有误差。研究误差的目的是了解、分析误差的种类、性质和产生的原因及表现的规律，以便消除或减少误差，保证所测数据具有一定的可信度。

3.1 概述

3.1.1 测量误差及其分类

真值是客观存在的真实值，无法测量。通过测量只能得到一定程度上接近于真值的测量值。误差是测量值与真值之差，用 Δ 表示误差，X 表示测量值，A 表示真值，误差公式如下：

$$\Delta = X - A$$

国际上公认的某些基准量值，称为约定真值。例如，1983 年第 17 届国际计量大会重新定义了“米”：米是光在真空中 1/299 792 458 s 内所经路经的长度。相对真值是指把上一级仪器的测量值作为下一级的真值。

误差通常分为系统误差、随机误差和过失误差。

系统误差为固定或按一定规律变化的误差，其产生原因有测量仪器不准、测量方法本身错误（如读数斜视、零点漂移、温度漂移等），在反复测量情况下具有保持一定数值或有规律变化的特性，如应变测量中应变片的灵敏系数比标定值大。变动的系统误差有仪器的零点漂移、灵敏度变化、示波器振子随信号频率变化等。

随机误差为无法严格控制的许多复杂因素综合影响所造成的误差，从表面个体上看，其数值和符号无确定性，总体却可以用概率统计的方法加以描述和分析。产生原因有温度、湿度、空气振动、电网电压波动、电磁场干扰等瞬间变化。其特点是在个体上观察无规律、无法预先估计、不可控制，而在总体上符合统计规律，重复测量次数越多规律越明显。

变动的系统误差与随机误差具有完全不同的性质，但在具体工作中遇到时，却经常难以区分。随着人们对误差来源及其变化规律认识的加深，可以对此两项误差加以区别，如用完善的测量方法和高精度的仪器。

过失误差为测量人员操作不当、疏忽大意等主观原因引起的误差。观测时看错数字、记录时点错小数点、操作时拧错旋钮或打错开关等都会导致过失误差。过失误差具有偶然性、数值特别大的特点。

误差按产生原因和性质可分类如下：

- 测量误差
  - 产生原因
    - 仪器误差（工具误差）
    - 人为误差（个人误差）
    - 环境误差（条件误差）
  - 性质
    - 过失误差
    - 系统误差
    - 随机误差

3.1.2　测量的精密度与准确度

测量中误差不可避免，测量值只是被测参数真实值的某个近似值。误差性质不同，对测量值的影响也不同。

在测量过程中，过失误差会导致测量结果严重失真，因此这些数据是不可信的，需要被舍弃。测量数据的可信度是由过失误差的影响来决定的。

系统误差则会导致测量结果偏离被测参数的真实值。因此，我们将测量结果与被测参数真实值的符合程度称为测量的准确度，有时也称为正确度。系统误差越大，准确度就越低。

随机误差则会导致测量值具有一定的不确定性，使得测量值在某个范围内围绕着某个数值波动。我们将测量值的密集性或重复性称为精密度。随机误差越大，测量值的离散程度就越高，测量精密度也就越低。

图 3-1 所示为系统误差、随机误差对测定值的影响。图中，A 为被测参量真实值，X 为测量结果，θ 为由系统误差产生的偏离量，Δ 为由于随机误差产生的偏离量。

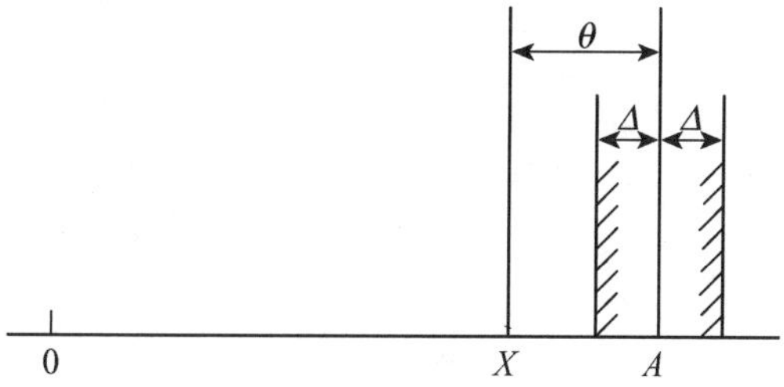

图 3-1　系统误差、随机误差对测定值的影响

测量精密度和准确度是两个独立的概念。系统误差不消除，测量精度再高也是不准确的。通常情况下，要求测量既精密又准确。精确度综合考虑系统误差和随机误差的影响（既考虑精密又考虑准确），反映测定值与被测参数真实值相符的程度。

3.1.3　研究测量误差理论的任务

（1）研究过失误差的性质和规律，主要研究和确定过失误差和巨大的随机误差之间的界限，以便舍弃含过失误差的测量值。

（2）研究系统误差的规律，把系统误差从随机误差中分离出来，设法消除它所带来的影响。

（3）研究随机误差的分布规律，分析和确定测量精密度。

3.2　随机误差

3.2.1　统计直方图

例如，用 300 mm 的钢尺测量已知长度为 836 mm 的钢材，在相同的观察条件下，共测量了 150 次,测得中心值为 x_i,对应的误差 Δ_i,各误差出现的次数为 m_i,相对次数(频率)为 f_i,如表 3-1 所示。

表 3-1　钢尺测量结果

区间号	中心值 x_i(mm)	误 差 Δ_i(mm)	次数 m_i	频率 f_i(%)
1	831	−5	1	0.66
2	832	−4	3	2.00
3	833	−3	8	5.33
4	834	−2	18	12.00
5	835	−1	28	18.66
6	836	0	34	22.66
7	837	+1	29	19.33
8	838	+2	17	11.33
9	839	+3	9	6.00
10	840	+4	2	1.32
11	841	+5	1	0.66

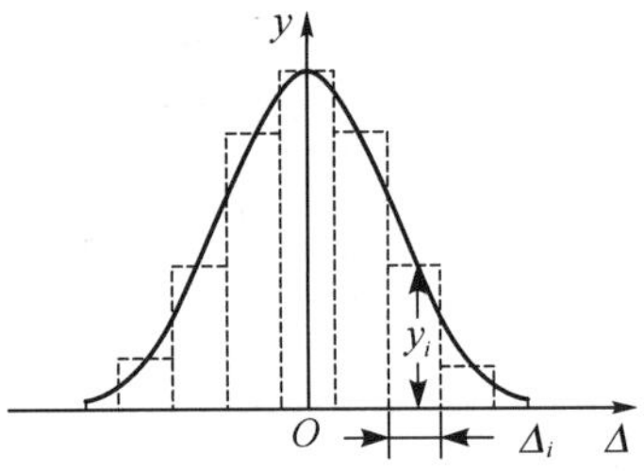

图 3-2　高斯误差分布曲线

以误差的幅值(Δ)为横坐标,间距 $\Delta_i = 1$ mm,以 $y_i = f_i/\Delta_i$ 为纵坐标作图,如图 3-2 所示。图中,$y_i = f_i/\Delta_i$,表示频率密度,对应区间为单位长度时的频率。由此可得,误差落在 Δ_i 区间中的频率为 $f_i = y_i\Delta_i$,即图中矩形面积。统计直方图的总面积等于 1,如果测量次数 $n \to \infty$,区间$\Delta_i \to 0$,则无限个直方图连线成一条光滑连续曲线。此光滑曲线称为随机误差的概率密度分布曲线,也称高斯误差分布曲线或误差正态分布曲线。

3.2.2　随机误差的特性

从图 3-2 可见,误差分布曲线可表达为误差的函数 $y = f(\Delta)$,用解析法可推导出正态分布曲线的解析方程:

$$f(\Delta) = y = \frac{1}{\sigma\sqrt{2\pi}} e^{-\frac{\Delta^2}{2\sigma^2}} \quad \text{或} \quad f(\Delta) = y = \frac{h}{\sqrt{\pi}} e^{-h^2\Delta^2} \tag{3-1}$$

式中:h 为精密度指数;σ 为标准误差或均方根误差;h 与 σ 的关系为 $h = \frac{1}{\sigma\sqrt{2}}$。

根据上述实例和图形,可见随机正态分布的误差函数具有下述一些特性。

1. 单峰性

小误差比大误差出现的机会多,当 $\Delta = 0$ 时,$f(\Delta) = \frac{1}{\sigma\sqrt{2\pi}}$ 为最大值。

2. 对称性

$f(\Delta)=\dfrac{1}{\sigma\sqrt{2\pi}}e^{-\frac{\Delta^2}{\sigma^2}}$ 是偶函数，故 $f(+\Delta)=f(-\Delta)$，即绝对值相等的正负误差，出现的概率相同。

3. 有界性或有限性

虽然 $f(\Delta)$ 中误差区间为 $[-\infty,\ +\infty]$，但实际上 Δ 误差绝大多数出现在 $[-3\sigma,\ +3\sigma]$。可以证明，当随机误差 $\Delta>\pm3\sigma$ 时的概率 $P=0.27\%$，即 1 000 次测量只有 3 次误差超过 $\pm3\sigma$ 范围。因此，可把 $\pm3\sigma$ 作为测量随机误差的界限。

4. 相互补偿性或抵偿性

由对称性可知，$n\to\infty$（测量次数增加至无穷时），随机误差的算术平均值趋于零，即

$$\lim_{n\to\infty}\frac{1}{n}\sum_{i=1}^{n}\Delta_i=0$$

3.2.3　标准误差与概率积分

1. 标准误差

标准误差 σ 的定义是各个误差 Δ_i 平方和的平均值的平方根（均方根），即

$$\sigma=\sqrt{\frac{1}{n}\sum_{i=1}^{n}\Delta_i^2} \tag{3-2}$$

式中：Δ_i 为各次测量值的误差；n 为测量次数。标准误差 σ 的大小取决于具体的测量条件，不同的 σ 值，其正态分布曲线各不相同，如图 3-3 所示。

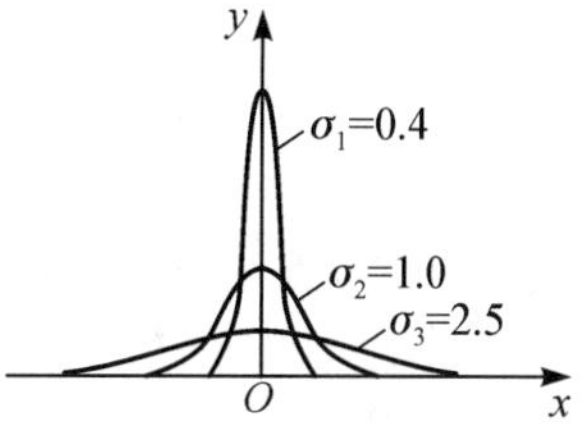

图 3-3　不同 σ 值的高斯曲线

由图 3-3 可知，$\sigma_1<\sigma_2<\sigma_3$，$\sigma$ 值越小，分布曲线越陡，即小误差出现的概率大，大误差出现的概率小；σ 增大，则与之相反，分布曲线越平坦，即小误差出现的概率小，大误差出现的概率大。因此，常用标准误差 σ 值来表征测量的精密度，σ 值越小，测量精密度越高。

2. 概率积分

由概率分布密度函数

$$y=f(\Delta)=\frac{1}{\sigma\sqrt{2\pi}}e^{-\frac{\Delta^2}{2\sigma^2}}$$

可知，随机误差落在 $d\Delta$ 区间内的概率为 $f(\Delta)d\Delta$（前例为 $y_i\Delta_i$ 小矩形面积）。若设误差落在 $[-\Delta,\ +\Delta]$ 的概率为 $P[-\Delta,\ +\Delta]$，则

$$P[-\Delta,\ +\Delta]=\int_{-\Delta}^{+\Delta}\frac{1}{\sigma\sqrt{2\pi}}e^{-\frac{\Delta^2}{2\sigma^2}}d\Delta \tag{3-3}$$

令 $t=\dfrac{\Delta}{\sqrt{2}\sigma}$，代入式(3-3)，将式(3-3)变换成一般概率积分形式，得

$$P=\frac{1}{\sqrt{\pi}}\int_{-t}^{+t}\mathrm{e}^{-t^2}\mathrm{d}t \tag{3-4}$$

将 e^{-t^2} 按级数展开,得

$$\mathrm{e}^{-t^2}=1-\frac{t^2}{1!}+\frac{t^4}{2!}-\frac{t^6}{3!} \tag{3-5}$$

将式(3-5)代入式(3-4)后,积分得

$$P=\frac{2}{\sqrt{\pi}}\left(t-\frac{t^3}{3\times 1!}+\frac{t^5}{5\times 2!}-\frac{t^7}{7\times 3!}+\cdots\right) \tag{3-6}$$

对于 $t=\frac{\Delta}{\sqrt{2}\sigma}$,计算误差 Δ 介于$[-K\sigma,\ +K\sigma]$的概率时,由于

$$t=\frac{\Delta}{\sqrt{2}\sigma}=\frac{K\sigma}{\sqrt{2}\sigma}=\frac{K}{\sqrt{2}}$$

将 $t=\frac{K}{\sqrt{2}}$ 代入式(3-6)得

K	3	2.58	2	1.96	1
P	0.997 3	0.99	0.954 5	0.95	0.682 7

式中:K 为置信系数;$K\sigma$ 为置信限;$[-K\sigma,\ +K\sigma]$为置信区间;P 为置信概率(置信度)。

从上述概率积分结果可知,当一组测量值其标准为 σ 时,对任一测量值的误差 Δ 落在 $\pm 1.96\sigma$ 的概率为 95%,落在 $\pm 3\sigma$ 的概率为 99.73%。

3.3 测量列与测量结果的精密度

3.3.1 测量列的精密度参数

1. 标准误差 σ(均方根误差)

各随机误差的均方值的正平方根称为标准误差,也称均方根差,即

$$\sigma=\sqrt{\frac{1}{n}(\Delta_1^2+\Delta_2^2+\Delta_3^2+\cdots+\Delta_n^2)}=\sqrt{\frac{1}{n}\left(\sum_{i=1}^{n}\Delta_i^2\right)}\quad (n\to\infty) \tag{3-7}$$

标准误差 σ 是随机误差正态分布的一个参数;σ^2 为测定值的方差(等于随机误差平方的数学期望);σ 越小,测量列的精密度越高;σ 是随机误差平方(Δ_i^2)的函数,对绝对值大的误差较敏感,能较好地反映测量列的精密度。

2. 概然误差 γ(概率误差、或然误差)

概然误差也称概率误差、或然误差,指绝对值小于 γ 的随机误差出现的概率为 0.5。根

据此定义，有

$$P=0.5 \xrightarrow{\text{查表}} K=0.6745$$

$$\gamma=0.6745\sigma \quad \text{或} \quad \gamma \approx \frac{2}{3}\sigma$$

由此可见，它也可以表示测量列的精密度。

3. 平均算术误差 $\boldsymbol{\delta}$（平均误差、算术平均误差）

各随机误差的绝对值的算术平均值称为平均算术误差，也称平均误差、算术平均误差，即

$$\delta=\frac{1}{n}(|\Delta_1|+|\Delta_2|+\cdots+|\Delta_n|)=\frac{1}{n}\sum_{i=1}^{n}|\Delta_i|$$

$$\delta=\sigma\sqrt{\frac{2}{\pi}}=0.7979\sigma \quad \text{或} \quad \delta \approx \frac{4}{5}\sigma$$

4. 极限误差 $\boldsymbol{\Delta_{\lim}}$（最大可能误差）

极限误差也称最大可能误差，指随机误差不超过的最大可能范围，即绝对值大于 $\Delta_{\lim}$ 的随机误差，出现的概率接近于 0。由概率积分表可见，$K=3$ 时，$P=0.9973$，也就是绝对值大于 3σ（$|\Delta|>3\sigma$）的随机误差出现的概率仅为 0.0027，出现的概率很小，实际上不会出现，所以人们规定 $\Delta_{\lim}=3\sigma$。

3.3.2　有限次测量时测量列精密度的估计

前面讨论是围绕总体无限长数据（$n\to\infty$，无限次测量），实际测量总是有限的，因此一般测量只是总体中的某个样本或样子。

根据定义，误差 Δ 是测量值与真值之差，在测量过程中真值是未知量，则误差 Δ_i 也无法得知，标准差 σ 也无法计算，但可以对总体参数进行估计。以下就其估计方法进行讨论。

1. 贝塞尔（Bessel）法——标准法

对同一被测量，经一系列等精度测量后，有测量值 $x_1, x_2, x_3, \cdots, x_n$，先求该测量列的算术平均值

$$\bar{x}=\frac{x_1+x_2+x_3+\cdots+x_n}{n}=\frac{1}{n}\sum_{i=1}^{n}x_i$$

计算出各个测量值 x_i 与算术平均值 $\bar{x}$ 之差，并用符号 v_i 表示，即

$$v_i=x_i-\bar{x}$$

式中，v_i 为残余误差（残差）。残差和标准差的总体估计值关系为

$$\hat{\sigma}=\sqrt{\frac{1}{n-1}\left(\sum_{i=1}^{n}v_i^2\right)} \tag{3-8}$$

式(3-8)为贝塞尔公式。根据该式，可由残差求得一系列测量值中任一次测量的标准差。此

式也称样本的残差,表示总体的总体标准差的无偏估计,用 $\hat{\sigma}$ 表示。求得 $\hat{\sigma}$ 后,按前讨论:

$$\hat{\gamma}=0.674\,5\hat{\sigma}\quad 概然误差的无偏估计$$

$$\hat{\delta}=0.797\,9\hat{\sigma}\quad 平均算术误差的无偏估计$$

$$\Delta_{\lim}=3.000\hat{\sigma}\quad 极限误差的无偏估计$$

2. 佩特斯(Peters)法——绝对差法

利用贝塞尔公式求标准差时,要多次平方求平均后再开方,当数据较多时比较麻烦,因此可利用较简单的算术平均误差来估算标准差,即

$$\delta=\frac{1}{n}(|\Delta_1|+|\Delta_2|+\cdots+|\Delta_n|)=\frac{1}{n}\sum_{i=1}^{n}|\Delta_i|\quad (n\to\infty)$$

用残余误差 v_i 代替随机误差 Δ_i,通过计算可得佩特斯公式:

$$\hat{\delta}=\frac{\sum_{i=1}^{n}|v_i|}{\sqrt{n(n-1)}}\tag{3-9}$$

按前讨论,得

$$\hat{\sigma}=\frac{1}{0.797\,9}\hat{\delta}=1.253\,3\hat{\delta}$$

$$\hat{\gamma}=0.845\,3\hat{\delta}$$

$$\Delta_{\lim}=3.759\,9\hat{\delta}$$

3. 极差法

极差法是一种估算标准差的快速简便方法。所谓极差,是指在一系列测量值 x_1, x_2, x_3, …, x_n 中的最大值与最小值之差,一般符号记为

$$R=x_{\max}-x_{\min}$$

利用极差估算标准的公式为

$$\hat{\sigma}=\frac{R}{d_n}\tag{3-10}$$

式中,d_n 为极差系数,与测量次数 n 有关,如表 3-2 所示。

表 3-2　极差系数

n	2	3	4	5	6	7	8	9	10	11
d_n	1.13	1.69	2.06	2.33	2.53	2.79	2.85	2.97	3.08	3.17
n	12	13	14	15	16	17	18	19	20	21
d_n	3.26	3.34	3.41	3.47	3.53	3.59	3.64	3.69	3.74	3.78

用此方法估算 σ,测量次数 n 不能太大(一般 $n<15$),如 n 太大,可把数据分成几个组,分别对每组求极差,然后求极差平均值。若有 k 组,则

$$\overline{R}=\frac{1}{k}\sum_{j=1}^{k}R_j\tag{3-11}$$

标准差估计值

$$\hat{\sigma}=\frac{\overline{R}}{d(n, k)} \tag{3-12}$$

式中，$d(n, k)$为分组极差系数，分组级差系数可查表 3-3。

表 3-3　　分组级差系数

k \ n	1	2	3	4	5	6	7	8	9	10	15	20
2	1.41	1.28	1.23	1.21	1.19	1.18	1.17	1.17	1.16	1.16	1.15	1.14
3	1.91	1.81	1.77	1.75	1.74	1.73	1.73	1.72	1.72	1.72	1.71	1.70
4	2.24	2.15	2.12	2.11	2.10	2.10	2.09	2.08	2.08	2.08	2.08	2.06
5	2.48	2.40	2.38	2.37	2.36	2.35	2.35	2.35	2.34	2.34	2.33	2.33
6	2.67	2.60	2.58	2.57	2.56	2.56	2.55	2.55	2.55	2.55	2.54	2.54
7	2.83	2.77	2.75	2.74	2.73	2.73	2.72	2.72	2.72	2.72	2.71	2.71
8	2.96	2.91	2.89	2.88	2.87	2.87	2.86	2.86	2.86	2.86	2.85	2.85
9	3.08	3.02	3.01	3.00	2.99	2.99	2.99	2.98	2.98	2.98	2.98	2.98
10	3.18	3.13	3.11	3.10	3.10	3.10	3.09	3.09	3.09	3.09	3.08	3.08

4. 最大误差法

若被测量的真值(约定真值)已知，可利用最大绝对误差$|\Delta_i|_{max}$来确定。标准差为

$$\hat{\sigma}=\frac{|\Delta_i|_{max}}{k_n}$$

式中，k_n 为最大误差系数，一般可查 $1/k_n$ 表(表 3-4)。若被测量的真值(约定真值)为未知，可用最大残差$|V_i|_{max}$代替最大误差$|\Delta_i|_{max}$，即

$$\hat{\sigma}=\frac{|V_i|_{max}}{k'_n}$$

式中，k'_n为最大残差系数，可查 $1/k'_n$表(表 3-5)。

表 3-4　　$1/k_n$ 表

n	1	2	3	4	5	6	7	8	9	10	15	20	25	30
$1/k_n$	1.25	0.88	0.75	0.68	0.64	0.61	0.58	0.56	0.55	0.53	0.49	0.46	0.44	0.43

表 3-5　　$1/k'_n$表

n	2	3	4	5	6	7	8	9	10	15	20	25	30
$1/k'_n$	1.77	1.02	0.83	0.74	0.68	0.64	0.61	0.59	0.57	0.51	0.48	0.46	0.44

由上讨论可知，贝塞尔法估计标准差，精度较高，但计算麻烦。佩特斯法估计标准差，计

算速度快,计算精度低。极差法估计标准差,计算方便迅速,当测量次数 $n<10$ 时,计算精度与贝塞尔法相当。最大误差法估计标准差,计算更迅速,容易掌握,当 $n=1$ 时,只能用此方法。注意:前面讨论的 σ 是总体参数,无法直接获得,从而讨论了总体参数的估计值 $\hat{\sigma}$,用 $\hat{\sigma}$ 来估计总体参数 σ。

3.3.3 有限次测量时测量结果的精密度

所谓测量结果,正如前面讨论的那样,是指测量数据的算术平均值。算术平均值的精密度参数是表征其 $\overline{X}$ 偏离客观真值 μ 的程度。因为

$$\lim_{n\to\infty}\overline{X}=\mu$$

当测量次数 $n\to\infty$ 时,则算术平均值 $\overline{X}$ 即客观真值 μ。但在实际测量中,n 总有一个有限量,因此,$\overline{X}$ 与 μ 间总存在偏差,而且这偏差不是一个确定值,而是一个随机变量。当测量条件不变,并且有限次测量的次数 n 相同,则每次所测量的 n 个数据的 $\overline{X}$ 都不同。说明 $\overline{X}$ 本身是随机变量,含有随机误差。因此,$\overline{X}$ 与 μ 间的偏差也是一个随机变量,这与一个等精度测量所得各个数据与 $\overline{X}$ 的偏差性质完全一样,同样可以用标准差等作为精确度的参数。

由于算术平均值的偏差与测量数据的偏差都是由同一测量条件下的随机误差所决定的,因此存在下列关系

$$\hat{\sigma}_{\bar{x}}=\frac{\hat{\sigma}}{\sqrt{n}}=\sqrt{\frac{\sum_{i=1}^{n}v_i^2}{n(n-1)}} \tag{3-13}$$

测量列的精密度参数是表示测量数据偏离它的算术平均值 $\overline{X}$ 的程度,而测量结果的精密度参数是表示 $\overline{X}$ 与真值 μ 间的偏离程度。二者所表征的对象不同,性质也不同。

算术平均值的标准差可以评定多组重复测量的不可靠性,它与 $\hat{\sigma}$ 有下述关系

$$\hat{\sigma}_{\bar{x}}=\frac{\hat{\sigma}}{\sqrt{n}} \tag{3-14}$$

由式(3-14)可知,测量结果的算术平均值的标准差和测量数据(测量列)的标准量成正比,并且小 $\sqrt{n}$ 倍;$\hat{\sigma}_{\bar{x}}\propto\frac{1}{\sqrt{n}}$,算术平均值的标准差和测量次数的平方根成反比,随 n 增大而减少,如图 3-4 所示,当 $n>10\sim15$ 时,$\frac{1}{\sqrt{n}}$ 减小缓慢。但并不是实际测量次数越多越好,增加测量次数增加了工作量,测量次数越多越难保证测量条件的一致,反而带来新的误差。但测量次数太少,无法确定整个测量数据的性质。因此,一般测量中重复测量次数以 10~15 次为宜。

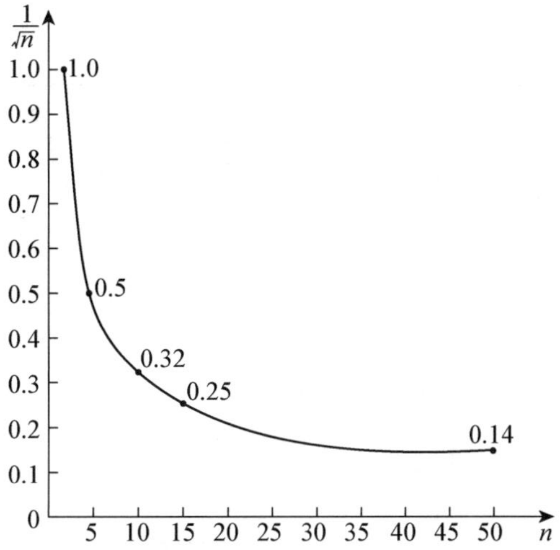

图 3-4　一定测量条件下，测量结果精密度与测量次数的关系

3.4　测量结果误差分析

3.4.1　直接测量参数测定值处理

直接测量参数测定值处理是要确定被测量的数值。

（1）当不需要指出误差时，则可直接用测量值的算术平均值表示，即

$$A = \overline{X}$$

（2）工程测量需要考虑到测量的最大误差时，有

$$A = \overline{X} \pm \hat{\lambda}_{\lim(L)} \quad (P = 0.997)$$

表示当 $X = \overline{X}$ 时，确信概率为 99.7%，且误差不超过 $3\hat{\sigma}_L$。

（3）当需要指出其他误差时，则可用下式：

$$\begin{cases} A = \overline{X} \pm \hat{\gamma}_{\overline{X}} \quad (P = 0.50) \\ A = \overline{X} \pm \hat{\sigma}_{\overline{X}} \quad (P = 0.68) \\ A = \overline{X} \pm \hat{\delta}_{\overline{X}} \quad (P = 0.58) \end{cases} \tag{3-15}$$

式(3-15)表示，用测量值 X 代替真值 A 时，确信概率分别为 50%、68%、58%，且误差分别不超过 $\hat{\gamma}_{\overline{X}}$、$\hat{\sigma}_{\overline{X}}$、$\hat{\delta}_{\overline{X}}$。

例 3-1　某发动机处于稳定工作情况下，对输出轴扭矩进行 10 次测量，测量结果如

表3-6所示。

表3-6　　拖拉机发动机输出轴扭矩测量结果

测量次序	测量值 x_i(N·m)	残差 V_i(N·m)	V_i^2
1	143	+0.6	0.36
2	143	+0.6	0.36
3	145	+2.6	6.76
4	143	+0.6	0.36
5	138	−4.4	19.36
6	140	−2.4	5.76
7	144	+1.6	2.56
8	145	+2.6	6.76
9	143	+0.6	0.36
10	140	−2.4	5.76
合计	1 424	0	48.40

(1) 其算术平均值 $\overline{X}=\frac{1}{n}\sum_{i=1}^{n}x_i=142.4(\text{N}\cdot\text{m})$。

(2) $\sum_{i=1}^{n}V_i=0$ 可以验证算术平均值 $\overline{X}$ 计算无误。

(3) 测量列标准误差 $\hat{\sigma}=\sqrt{\frac{\sum_{i=1}^{n}V_i^2}{n-1}}=2.32(\text{N}\cdot\text{m})$。

(4) 测量列极限误差 $\Delta_{\text{lim}}=3\hat{\sigma}=6.96(\text{N}\cdot\text{m})$,测量列中残差不超过此值。

(5) 算术平均值的标准误差

$$\hat{\sigma}_{\overline{X}}=\frac{\hat{\sigma}}{\sqrt{n}}=0.73(\text{N}\cdot\text{m})$$

$$\hat{\gamma}_{\overline{X}}=0.674\,5\hat{\sigma}_{\overline{X}}=0.49(\text{N}\cdot\text{m})$$

(6) 测量结果表达(按正态分布)

$$A=\overline{X}\pm\hat{\lambda}_{\text{lim}}=\overline{X}\pm3\sigma_{\overline{X}}=142.4\pm2.2(\text{N}\cdot\text{m})\quad(P=0.997\,3)$$

$$A=\overline{X}\pm\hat{\gamma}_{\overline{X}}=142.4\pm0.5(\text{N}\cdot\text{m})\quad(P=0.50)$$

3.4.2　间接测量的误差分析

间接测量的误差分析是指根据直接测量的结果与误差来计算出间接测量的结果和误差。

1. 间接测量结果的求取

间接测量的步骤：①找出与被测物理量有一定函数关系并能够直接测量的参数(相对于被测的量而言，这些参量均是自变量)；②确定函数关系建立计算公式；③进行各参量的直接测量；④将直接测量得到的各参量的算术平均值代入函数关系式，求得间接测量结果。

例 3-2　测电动机输出功率 P，则将直接测得的扭矩算术平均值 $\overline{T}$ 和相应的转速的算术平均值 $\overline{N}$ 代入公式，得

$$\overline{P}=\frac{\overline{T}\,\overline{N}}{9\,549}\ (\mathrm{kW})$$

式中，$\overline{P}$ 为电动机输出功率 P 的算术平均值。

用直接测量的结果计算间接测量结果，直接测量的误差导致间接测量误差，因此必须分析间接测量的误差和研究其精密度参数计算。研究方法是以直接测量的误差来计算间接误差或预先规定好间接测量误差，然后定出各直接测量的参数所允许的误差值。

2. 直接测量的误差求间接测量的误差

设各直接测量参数为 $x_1,\ x_2,\ \cdots,\ x_m$，间接测量值为

$$y=f(x_1,\ x_2,\ \cdots,\ x_m)$$

若间接测量各参数的误差为 $\Delta x_1,\ \Delta x_2,\ \cdots,\ \Delta x_m$，而间接测量误差为 Δy，则二者之间的关系式可按泰勒级数展开：

$$y+\Delta y=f(x_1,\ x_2,\ \cdots,\ x_m)+\frac{\partial f}{\partial x_1}\Delta x_1+\frac{\partial f}{\partial x_2}\Delta x_2+\cdots+\frac{\partial f}{\partial x_m}\Delta x_m+\Delta \tag{3-16}$$

式中，Δ 为代表二阶和二阶以上各项之和，由于 Δ 中各项都是高阶微量，可以忽略不计，

则
$$\Delta y=\frac{\partial f}{\partial x_1}\Delta x_1+\frac{\partial f}{\partial x_2}\Delta x_2+\cdots+\frac{\partial f}{\partial x_m}\Delta x_m \tag{3-17}$$

式(3-17)就是间接测量误差的传递表达式，式中 $\frac{\partial f}{\partial x_i}$ 是各直接测量误差的传递函数。

$$(\Delta y)^2=\left(\frac{\partial f}{\partial x_1}\right)^2(\Delta x_1)^2+\left(\frac{\partial f}{\partial x_2}\right)^2(\Delta x_2)^2+\cdots+\left(\frac{\partial f}{\partial x_m}\right)^2(\Delta x_m)^2+$$
$$2\frac{\partial f}{\partial x_1}\frac{\partial f}{\partial x_2}\Delta x_1\Delta x_2+2\frac{\partial f}{\partial x_1}\frac{\partial f}{\partial x_3}\Delta x_1\Delta x_3+\cdots \tag{3-18}$$

若对 x_i 进行 n 次重复测量，可得类似的 n 个方程式。若 $n\to\infty$，由于正负误差可以抵消，式(3-18)中非平方项相加等于 0，设 j 为重复量的序号，则

$$\sum_{j=1}^{n}\Delta y_j^2=\left(\frac{\partial f}{\partial x_1}\right)^2\sum_{j=1}^{n}(\Delta x_1)_j^2+\left(\frac{\partial f}{\partial x_2}\right)^2\sum_{j=1}^{n}(\Delta x_2)_j^2+\cdots+\left(\frac{\partial f}{\partial x_m}\right)^2\sum_{j=1}^{n}(\Delta x_m)_j^2 \tag{3-19}$$

式(3-19)两边同乘$\frac{1}{n}$,则

$$\sigma_y^2=\left(\frac{\partial f}{\partial x_1}\right)^2\sigma_1^2+\left(\frac{\partial f}{\partial x_2}\right)^2\sigma_2^2+\cdots+\left(\frac{\partial f}{\partial x_m}\right)^2\sigma_m^2=\sum_{j=1}^{m}\left(\frac{\partial f}{\partial x_i}\right)^2\sigma_i^2 \tag{3-20}$$

间接测量的标准差为

$$\sigma_y=\sqrt{\left(\frac{\partial f}{\partial x_1}\right)^2\sigma_1^2+\left(\frac{\partial f}{\partial x_2}\right)^2\sigma_2^2+\cdots+\left(\frac{\partial f}{\partial x_m}\right)^2\sigma_m^2} \tag{3-21}$$

以下列举几种简单函数关系的标准误差计算公式。

1）和与差的标准误差

若$Y=c_1X+c_2Z$ （c_1，c_2 为常数），则

$$\hat{\sigma}_y=\sqrt{c_1^2\cdot\hat{\sigma}_x^2+c_2^2\cdot\hat{\sigma}_2^2} \tag{3-22}$$

2）乘积的标准误差

若 $y=c\cdot x\cdot z$（c 为常数），则

$$\hat{\sigma}_y=\sqrt{(cz)^2\cdot\hat{\sigma}_x^2+(cx)^2\cdot\hat{\sigma}_z^2}=c\sqrt{z^2\hat{\sigma}_x^2+x^2\hat{\sigma}_z^2} \tag{3-23}$$

3）商的标准误差

若 $y=c\,\frac{x}{z}$（c 为常数），则

$$\hat{\sigma}_y=\sqrt{\left(\frac{c}{z}\right)^2\hat{\sigma}_x^2+\left(\frac{cx}{z^2}\right)^2\hat{\sigma}_z^2}=\frac{c}{z}\sqrt{\hat{\sigma}_x^2+\frac{x^2}{z^2}\hat{\sigma}_z^2} \tag{3-24}$$

4）指数或方根的标准误差

若 $y=b+cx^n$ （b、c、n 为常数），则

$$\hat{\sigma}_y=ncx^{n-1}\hat{\sigma}_x \tag{3-25}$$

5）对数标准误差

若 $y=c+\ln x$（c、n 为常数），则

$$\hat{\sigma}_y=\frac{\hat{\sigma}_x}{x} \tag{3-26}$$

6）汽车或工程机械测试中常用的标准误差计算公式

(1) 扭矩和。若 $T=T_1+T_2$，则

$$\hat{\sigma}=\sqrt{\hat{\sigma}_{T_1}^2+\hat{\sigma}_{T_2}^2} \tag{3-27}$$

(2) 功率。因为 $\overline{P}=\frac{\overline{T}\,\overline{N}}{9\,549}$,则

$$\hat{\sigma}_P = \frac{1}{9\ 549}\sqrt{N^2\hat{\sigma}_T^2 + T^2\hat{\sigma}_N^2} \tag{3-28}$$

(3) 运行速度。因为 $v=\dfrac{s}{t}$,则

$$\hat{\sigma}_v = \frac{1}{t}\sqrt{\hat{\sigma}_s^2 + \frac{s^2}{t^2}\hat{\sigma}_t^2} \tag{3-29}$$

(4) 打滑速度。因为 $v=v_k-v_r$,则

$$\hat{\sigma}_x = \sqrt{\hat{\sigma}_{v_k}^2 + \hat{\sigma}_{v_r}^2} \tag{3-30}$$

例 3-3 测量某汽车传动轴功率 P,共进行 9 次测量,其中测得 $\overline{T}=500\ \mathrm{N\cdot m}$, $\overline{N}=2\ 000\ \mathrm{r/min}$, $\hat{\sigma}_T=0.5$, $\hat{\sigma}_N=10$,试求转动轴功率的标准误差和可能取值范围及置信度。

解 轴上平均功率

$$\overline{P} = \frac{\overline{T}\,\overline{N}}{9\ 549} = \frac{500\times 2\ 000}{9\ 549} = 104.7(\mathrm{kW})$$

$$\hat{\sigma}_P = \frac{1}{9\ 549}\sqrt{N^2\hat{\sigma}_T^2 + T^2\hat{\sigma}_N^2} = \frac{1}{9\ 549}\sqrt{(2\times 10^3)^2\times 0.5^2 + 500^2\times 10^2} \approx 0.53$$

$$P = \overline{P} \pm 3\frac{\hat{\sigma}_P}{\sqrt{n}} = 104.7 \pm \frac{3\times 0.53}{\sqrt{9}} = 104.7 \pm 0.53(\mathrm{kW}) \qquad (P=0.997\ 3)$$

3. 规定间接测量误差求直接测量参数的允许值

预先规定间接测量误差范围,再计算各个直接测量值的允许误差。这是一个在数学上多解的问题,也就是各个直接测量值的允许误差可以有多种分配组合方案来满足要求。这使人们有了选择余地,即可根据试验的要求、试验条件和所使用的仪器等情况合理地确定各测量参数的精度。一般为了使问题简化,大多采用等效方法,即假设各个直接测量参数的误差对间接测量的影响是相同的,使得

$$\left(\frac{\partial f}{\partial x_1}\right)^2\sigma_1^2 = \left(\frac{\partial f}{\partial x_2}\right)^2\sigma_2^2 = \cdots = \left(\frac{\partial f}{\partial x_n}\right)^2\sigma_n^2 = \left(\frac{\partial f}{\partial x}\right)^2\sigma_x^2$$

则

$$\sigma_y = \sqrt{n\left(\frac{\partial f}{\partial x}\right)^2\sigma_x^2} = \sqrt{n}\left(\frac{\partial f}{\partial x}\right)\sigma_x$$

由此可得以给定间接测量误差 σ_y 表示的直接测量参数误差的计算公式如下:

$$\sigma_{x_1} = \frac{\sigma_y}{\sqrt{n}\left(\dfrac{\partial f}{\partial x_1}\right)} \tag{3-31}$$

$$\sigma_{x_2} = \frac{\sigma_y}{\sqrt{n}\left(\dfrac{\partial f}{\partial x_2}\right)} \tag{3-32}$$

$$\sigma_{x_n}=\frac{\sigma_y}{\sqrt{n}\left(\frac{\partial f}{\partial x_n}\right)} \tag{3-33}$$

式中，n 为直接测量参数的个数。

3.5 系统误差与疏失误差

前面讨论的随机误差是以概率统计方法来分析处理的,其前提是认为误差的出现纯属随机(即完全排除系统误差和疏失误差的影响)。

系统误差与随机误差不同,它是固定不变或按一定规律变化的,不能依靠概率统计。因此,其处理方法不能像随机误差那样用普遍通用的方法处理,应针对不同的情况采取不同的技术措施。如果存在系统误差没有处理,会严重影响测量结果。

3.5.1 系统误差及其分类

系统误差可以分为固定的系统误差和变化的系统误差。固定的系统误差是在测量过程中数值和符号都不改变的误差,如图 3-5(a)所示。固定的系统误差产生的原因有仪器标尺的刻度(或标定)误差、仪器使用温度和标定温度不同、安装不当等。

变化的系统误差是指在测量过程中数值大小或正负号变化的系统误差。它又可分为累进(积)误差,即随时间递增或递减的误差,如图 3-5(b)所示;周期性误差,是指周期性改变符号和数值的误差,如图 3-5(c)所示;变化复杂的误差,是指改变规律较复杂的误差(需要公式或曲线来表述其变化规律的误差),如图 3-5(d)所示。

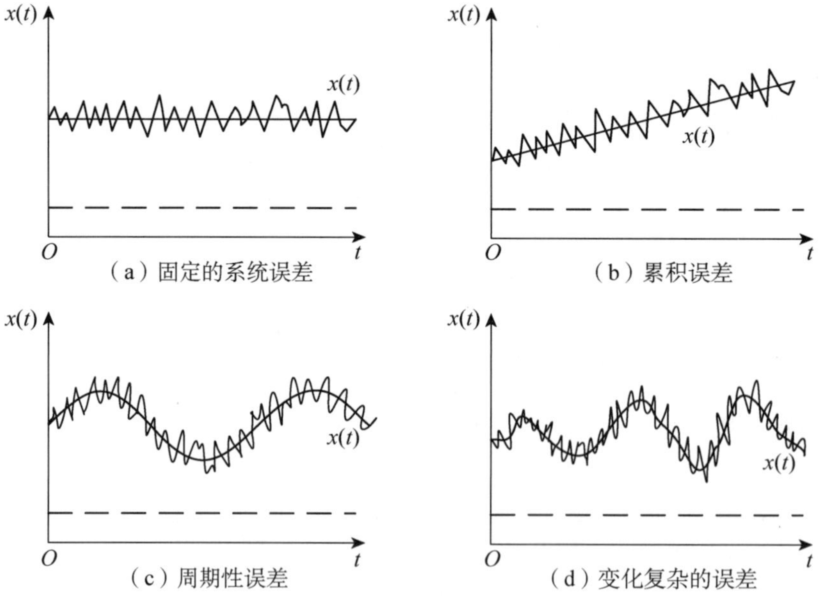

图 3-5 系统误差判别

3.5.2　系统误差的判别方法

1. 观察偏差的趋势

无误差时，若测量条件不变（测量数据应为确定值），记录曲线是一条直线，仅有随机误差，测量数据围绕平均值上下变化，记录曲线始终在某一水平上下波动。若存在系统误差（且大于随机误差），测量数据大小和符号变化趋势取决于系统误差变化规律。通常，可用以下方法判别。

（1）把测量值数值对应的残差，按测量的先后次序排列，若发现偏差有规则地向一个方向变化，如前段为负号、后段为正号（－、－、－、－、－、＋、＋、＋、＋、＋）或前段为正号、后段为负号（＋、＋、＋、＋、＋、－、－、－、－、－），则测量值必定含有累积的系统误差。

（2）把测量值对应的残差，按测量的先后次序排列，若发现残差符号做周期变化（＋、＋、＋、－、－、－、＋、＋、＋、－、－、－、＋、＋、＋），则测量值含有周期性系统误差。

（3）当测量次数不是太少时，将测量值按先后次序排列，求出前半段测量值的残差和与后半段测量值的残差和，若这两段残差和差值显著不接近零，则存在累积的系统误差。

（4）当存在某些测量条件时，测量列中测量值的残差基本上保持相同符号，而不存在该条件（或条件改变）时，残差均变号，则此测量列含有随测量条件改变而出现的固定的系统误差。

（5）当测量次数不是很少（较多）的情况下，在一个测量列中，如条件改变前测量值的残差和与条件改变后测量值的残差和显著不接近于零，则此测量列含有随测量条件改变而出现的固定的系统误差。

（6）对于动态测试，作一水平线与记录信号做比较。

2. 正态分布判别方法

1）用正态概率纸来判别

随机误差服从正态分布，包含随机误差的测量值也服从正态分布。如测量值不服从正态分布，可怀疑测量值中含有系统误差。把测量值按被动范围分成若干组，列成表。

在正态概率纸上作图（描点），横坐标为数据，纵坐标为累积频率，如图 3-6 所示。若各点在一直线上（尤其是中间点），则表明测量值只含有随机误差；若各点显著不在一直线上，则测量值中含有系统误差。

2）公式判别法

若测量数据只含有随机误差时，则测量精密度参数 σ（标准误差）和平均算术误差 δ 间存在关系：$\delta=0.797\,9\sigma$。根据上文求出 $\hat{\sigma}$ 和 $\hat{\delta}$，若计算出的结果不符合 $\hat{\delta}=0.797\,9\hat{\sigma}$，则说明测量的数据中含有系统误差。

3）变化条件方法

当某些测量条件存在时，数据残差基本为一种符号；当上述条件消失或出现新的条件时，偏差均改变符号，则说明测量值（数据）含有随测量条件而变化的固定系统误差，如接触电阻。

为了判断此类误差是否存在，可在测量记录前人为地改变测量条件，观察其数据信号的变化情况。如活动一下电源插座、导线，转动集流环，突然打开或关闭某台仪器等，均是判定固定的系统误差的有效措施。

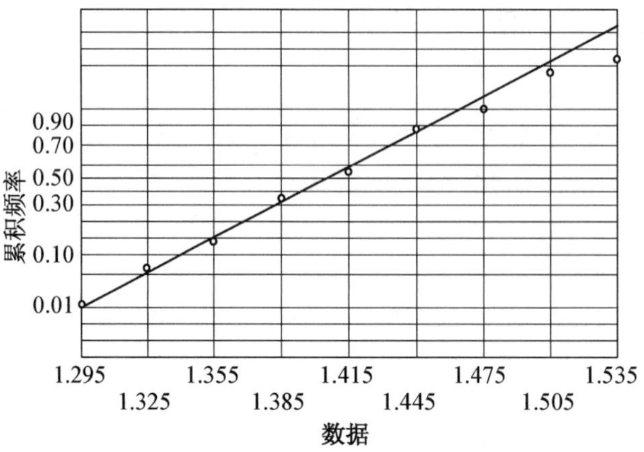

图 3-6 正态概率值检验

3.5.3 疏失误差及处理准则

疏失误差是指由测试人员主观因素和测量条件产生突然变化所造成的测量误差。一旦出现疏失误差，测量结果会明显歪曲。操作仪器不当、读错仪表刻度、计算失误，或仪器灵敏度、电源电压、频率、环境温度等突然改变等都会导致疏失误差。

观察发现，测量值中某个别数值与大多数相比相差很大，则认为此数据存在疏失误差，应将其剔除。

如何判断是否存在疏失误差?

准则判断：若数据中有一个残差 $\Delta>3\sigma$，则可认定此数据含有疏失误差。根据误差正态分布定律，若 $\Delta>3\sigma$ 者，出现的概率仅为 0.3%，若 $\Delta>4\sigma$ 者，出现的概率只有 0.004%，因此可肯定有疏失误差。根据此准则判定含有疏失误差的数据或记录曲线的点，将其剔除，不参加正式数据处理。

习 题

1. 随机误差有什么特点?
2. 如何正确表达有限次测量时的测量结果的精密度?
3. 如何判别系统误差? 系统误差有哪些特点?
4. 如何判别疏失误差? 请简述处理准则。

第 4 章

正交试验设计简介

在工程实践中经常会遇到多因素、多水平系统测试的需求。在传统的试验设计中，需要对系统的每一个因素的每一个水平进行组合，从而得到完整的测试集合。然而，随着系统复杂度的增加，测试数量呈指数级增长，测试成本也随之增加。正交试验法通过科学筛选代表性试验组合，结合数据分析与验证步骤，可高效确定最优试验方案、配方及工艺参数等。

4.1 正交试验设计所要解决的问题

为寻找最优生产条件或进行最优设计，往往需要进行试验。而此类围绕验证最优生产和设计的试验是一项周期长、费用高的工作，而且影响试验结果的因素很多，有些因素单独起作用，有些因素之间互相制约联合起作用。

如果试验安排好，通过少数几次试验获得所需要的信息便可得到明确结论。如果试验安排不好，花费大量的人力、物力、财力，进行大量的试验，却得不到所需的结论。因而，如何合理地安排试验，科学分析数据，以尽可能少的试验次数得到正确的优化结论，这就是正交试验设计所要解决的问题。

对单因素的优选法，大多较熟悉，如 0.618 法、对分法等。双因素常用平行线法、交替法、调优法等。但三因素以上的问题就要更复杂。正交试验法是一种安排多因素试验的数学方法，其基本目的是用较少的试验次数找到正确的方案和结果。

例 4-1 讨论座椅舒适性问题。

不同路面：柏油路、土路、石块路……

不同车速：低速、中速、高速……

不同负荷：空载、中载、满载……

何种组合情况下舒适性最好？

例 4-2 合理选择热处理和喷丸工艺，提高汽车少片钢板弹簧在台架上做试验的疲劳寿命。

淬火温度(℃)：820、840。

回火温度(℃)：460、500。

喷丸残余压应力(kPa)：60、80。

1. 常用术语

在进一步讨论此章内容前介绍以下几个常用的技术术语。

(1) 试验指标：表征试验研究对象的指标(例 4-1 中的舒适性)。

(2) 因素：对试验指标可能会产生影响的原因(例 4-1 中 3 个原因：路面、车速、负荷)，也称试验因素。

(3) 水平：试验因素在试验中所选取的具体状态(例 4-1 中路面 3 个水平，车速 3 个水平,负荷 3 个水平),也称位级或等级数。

例 4-1 中共有 3 个因素,每个因素都是 3 个水平,称为三水平三因素试验,记为 33 型试验。例 4-2 中共有 3 个因素,每个因素都是 2 个水平,称为二水平三因素试验,记为 23 型试验。

2. 解决的问题

正交试验设计可解决以下问题:

(1) 找出较好的组合方案。如上面例子中,3 个因素中各取什么水平时,通过性、舒适性或寿命最好。

(2) 分析因素的主次关系。如上面例子中,3 个因素哪个是主要的,哪个是次要的和甚微的。

(3) 指标与因素的关系。如上面例子中,通过性指标、舒适性指标和寿命指标,随着每个因素取不同水平时是怎样变化的。

(4) 确定最优组合,明确进一步试验的方向。

4.2 正交试验设计的基本工具——正交表

1. 正交表的概念

正交表是已经制作好的规格化的表格。

例 4-3 $L_9(3^4)$正交表(三水平四因素表,见表 4-1)。

表 4-1 $L_9(3^4)$正交表

试验号 \ 因素	1	2	3	4
1	1	1	3	2
2	2	1	1	1
3	3	1	2	3
4	1	2	2	1
5	2	2	3	3
6	3	2	1	2
7	1	3	1	3
8	2	3	2	2
9	3	3	3	1

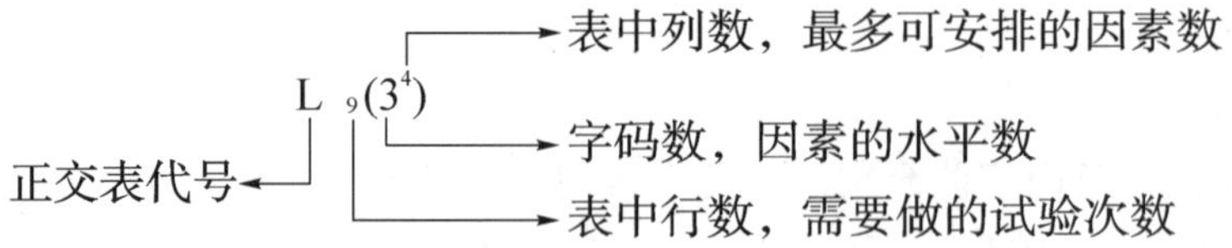

2. 正交表的特点

以 $L_9(3^4)$为例说明正交表的特点。

(1) 每纵列中的数字“1”“2”“3”出现的次数相同都是 3 次,即每个因素的各个不同水平在试验中出现次数相同，都是 3 次。

(2) 任意两纵列数字“1”“2”“3”间搭配均衡（都出现 1 次，不重复），即任何两个因素的各个不同水平的搭配，在试验中都出现，并只出现 1 次。

横向形成几个数字对：

(1, 1)、(1, 2)、(1, 3)、(2, 1)、(2, 2)、(2, 3)、(3, 1)、(3, 2)、(3, 3)

这种“搭配均衡”的特性正是正交表“正交性”含义。

总之，由于以上两个特点，用正交表安排的试验方案是有代表性的，能够较全面地反映各因素、各水平对指标影响的大致情况。所以，用正交试验设计安排的试验就能够减少试验次数，获得理想的结果。

3. 常用正交表

二水平表：$L_4(2^3)$、$L_8(2^7)$、$L_{16}(2^{15})$、$L_{32}(2^{31})$等；

三水平表：$L_9(3^4)$、$L_{27}(3^{13})$等；

混合型正交表：$L_{16}(4^2\times 2^9)$（2 个四水平因素和 9 个二水平因素混合）、$L_{18}(2\times 3^7)$（1 个二水平因素和 7 个三水平因素）等。

4.3　试验设计的基本过程

(1) 确定试验目的，确定试验指标。

借助专业知识，注意有些指标需要借助多个参数反映，如反映舒适性的有垂向、纵向、侧向多个方向。这时，往往采用加权法提出综合指标（综合评分）。

(2) 确定因素与选择水平，列出因素水平表。

借助专业知识和经验，找出一切对指标有影响的因素，并分类，注意可测性。在实际可能范围内适当选择水平（取 2 个或取 3 个水平就可看出变化规律）。

排因素水平表，排列顺序应是随机的，不要都按大小顺序排列。

例 4-4　座椅舒适性因素水平表（表 4-2）。

表 4-2　**座椅舒适性因素水平表**

因素 / 水平	车速(km/h)	负荷	路面
水平 1	30	空载	水泥路
水平 2	60	中载	土路
水平 3	90	满载	石块路(砂石路)

例 4-5　弹簧钢板台架疲劳寿命因素水平表（表 4-3）。

表 4-3　**弹簧钢板台架疲劳寿命因素水平表**

因素 / 水平	淬火温度(℃)	回火温度(℃)	喷丸残余压应力(kPa)
水平 1	820	460	60
水平 2	840	500	80

(3) 根据实际要求，选择合适的正交表，排表头，确定试验方案(表 4-4)。

例 4-4 可选 $L_9(3^4)$表，例 4-2 可选 $L_4(2^3)$表。

表 4-4　　座椅舒适性正交试验表 $L_9(3^4)$

因素 试验号	车速(km/h)	负荷	路面	指标(垂向加速度)
1	30	空载	石块路	Z1
2	60	空载	水泥路	Z2
3	90	空载	土路	Z3
4	30	中载	土路	Z4
5	60	中载	石块路	Z5
6	90	中载	水泥路	Z6
7	30	满载	水泥路	Z7
8	60	满载	土路	Z8
9	90	满载	石块路	Z9

该表特点：

① 每个因素的各个不同水平在试验中出现相同次数。

例如：因素车速中第一水平(30 km/h)在第 1、4、7 号试验中；

第二水平(60 km/h)在第 2、5、8 号试验中；

第三水平(90 km/h)在第 3、6、9 号试验中。

每个水平出现 3 次。

因素负荷中第一水平(空载)在第 1、2、3 号试验中；

第二水平(中载)在第 4、5、6 号试验中；

第三水平(满载)在第 7、8、9 号试验中。

每个水平出现 3 次。

在因素路面中也一样，每个水平各出现 1 次。

② 任何两个因素的各种不同水平的搭配，在试验中都出现了，并且出现相同的次数。

例如：车速和载荷两个因素的各个水平的全部搭配：

30—空载、60—空载、90—空载；

30—中载、60—中载、90—中载；

30—满载、60—满载、90—满载。

各搭配分别出现在 1～9 号试验里，每种搭配各出现 1 次。

同样，载荷和路面全部搭配：

空载—石块路、空载—水泥路、空载—土路；

中载—土路、中载—石块路、中载—水泥路；

满载—水泥路、满载—土路、满载—石块路。

各搭配分别出现在 1～9 号试验里，每种搭配只出现 1 次，就任意两列来说是进行了全面试验。

由于以上两个特点，用正交表安排的试验方案是有代表性的，能够较全面地反映各因素、各水平对指标影响的大致情况，因此用正交试验设计安排的试验能够减少试验次数。

同样，弹簧钢板的正交试验按 $L_4(2^3)$表（表 4-5），比全面试验 8 次少一半。

表 4-5　　弹簧钢板正交试验表 $L_4(2^3)$

试验号＼因素	淬火温度(℃)	回火温度(℃)	喷丸残余压应力(kPa)
1	820　(1)	460　(1)	60　(1)
2	820　(1)	500　(2)	80　(2)
3	840　(2)	460　(1)	80　(2)
4	840　(2)	500　(2)	60　(1)

同样是均衡搭配，具有很强的代表性，能全面反映各因素和各水平对指标的影响。

(4) 按正交表试验，填入试验结果。

按所选正交表中的试验组合做试验，其结果就是试验指标，用 y_i 表示，结果如表 4-6 所示。

表 4-6　　弹簧钢板正交试验指标

试验号＼因素	淬火温度(℃)	回火温度(℃)	喷丸残余压应力(kPa)	试验指标 y_i(万次)
1	820　(1)	460　(1)	60　(1)	50
2	820　(1)	500　(2)	80　(2)	47
3	840　(2)	460　(1)	80　(2)	60
4	840　(2)	500　(2)	60　(1)	55

(5) 计算试验结果。

对各种组合的试验结果进行计算，用计算结果了解因素和水平对指标的影响，其计算用表格形式列出，如表 4-7 所示。

表 4-7　　弹簧钢板正交试验结果计算

试验指标	淬火温度(万次)	回火温度(万次)	喷丸残余压应力(万次)
y_{i1}(一水平) y_{i2}(二水平)	50+47=97 60+55=115	50+60=110 47+55=102	50+55=105 47+60=107
$\bar{y}_{i1}$(平均) $\bar{y}_{i2}$(平均)	48.5 57.5	55 51	52.5 53.5

y_{i1} 代表各因素在一水平下试验次数；y_{i2} 代表各因素在二水平下试验次数。$\bar{y}_{i1}$ 和 $\bar{y}_{i2}$ 的差异反映了每个因素两个水平对试验的影响。

(6) 结果分析。

用极差分析法分析(最大值减去最小值),它反映每个因素各水平变动时试验指标的变动幅值,极差大说明这个因素对指标的影响大,因此根据极差的大小就可排出因素主次关系。弹簧钢板正交试验结果分析如表 4-8 所示。

表 4-8　弹簧钢板正交试验结果分析

极差	57.5−48.5=9	55−51=4	53.5−52.5=1
最优水平	A_2	B_1	C_2

表 4-8 表明对指标影响的主次因素顺序为 A、B、C,即淬火温度(A)起主要作用,回火温度(B)其次,喷丸后的残余压应力(C)影响最小。

对指标影响最理想即台架疲劳寿命最长的最优组合为 A_2、B_1、C_2,即淬火温度 840 ℃、回火温度 460 ℃和喷丸后的残余压应力 80 kPa 时疲劳寿命最长。

习题

1. 简述正交试验设计可以解决哪些问题。
2. 简述正交表的特点。
3. 请试举例一个正交试验在工程中的应用。

第2篇

测 试 技 术

第 5 章

应变测试技术

应变测试技术主要解决汽车结构件及零部件的强度问题和利用此技术制作成各类测量用传感器。本章主要介绍应变测量系统,包括应变片、应变仪及测量方法等内容。

5.1 应变片

5.1.1 应变片基本概念

1. 应变片基本结构

应变片的种类繁多,但其基本结构大体相似。现以电阻丝应变片结构为例加以说明,其结构示意图如图 5-1 所示。

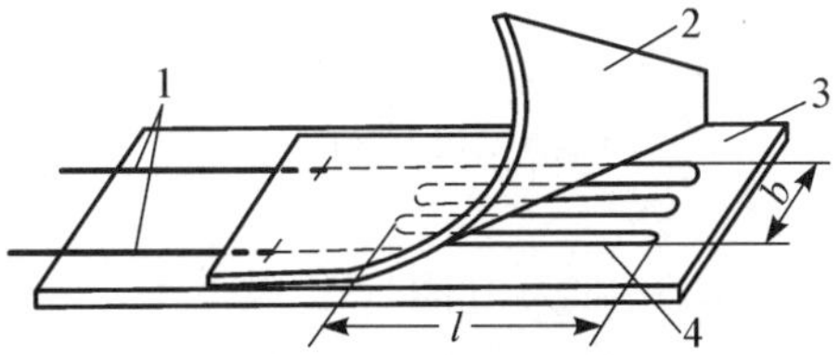

图 5-1 电阻丝应变片结构示意图

1—引出线; 2—覆盖层; 3—基底; 4—敏感元件

应变片由敏感元件、基底、覆盖层和引出线四部分组成。敏感元件可以感受试件的变形,将机械变形转换成电阻变化,其材料一般为电阻丝或半导体材料。基底及覆盖层可以固定和保护敏感元件;通过胶粘剂传递机械变形到敏感元件,同时基底起绝缘作用。焊接于敏感栅两端的引出线起连接测量导线之用。

根据不同的温度要求,应变片有纸质基底应变片、胶质基底应变片和合金基底应变片。

2. 用应变片反映试体受力的原理

如图 5-2 所示,应变片粘贴或点焊在试件表面,一端引出连线到接线过渡片上,过渡片再引出导线至接桥盒将信号传入采集设备。

应变片用粘贴或点焊方式使其贴在试件上,当试件受力变形时,贴在试件上的应变片敏感栅随之获得同样的变形,从而使敏感栅的电阻发生变化,该电阻变化与试件变形有一定的规律,因此可用受力后应变片电阻的变化来反映试件的受力。

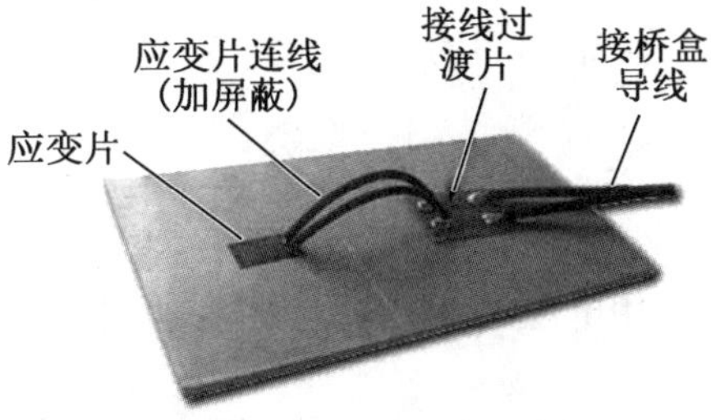

图 5-2 应变片的安装及连接

3. **应变片的基本功用**

直接通过应变片可测量结构件或零部件的应力或应变。用应变片配合各类不同的弹性元件,如梁、柱、筒、环等构成能测量各种机械参数的传感器,如力、压力、荷重、加速度、流量、扭矩等传感器。

4. **应变片测量的特点**

用应变片测量机械试件的形变参数,具有以下特点:①分辨率高;②误差小;③尺寸小;④重量轻;⑤测量附加影响小;⑥测量范围大,利用各种应变片可进行材料的弹性区→塑性区→断裂的测量;⑦静、动态性能好;⑧具有电气测量的优点,测量结果便于传递、记录、综合计算等;⑨利用特种应变片能在严酷的环境条件下工作;⑩价格低廉,品种多样,便于选择和使用。

综上所述,应变片在机械参数的测量中得到广泛的应用。

5.1.2 工作原理

金属电阻应变片的工作原理是利用金属材料的电阻特性,当应变片的结构尺寸发生变化时,其电阻也发生相应的变化。圆截面的金属导体(图 5-3)的电阻为

$$R=\rho\frac{l}{A}=\rho\frac{l}{\pi r^2} \tag{5-1}$$

式中:R 为导线电阻值(Ω);l 为导线长度(m);A 为导线横截面面积(m^2);r 为导线半径(m);ρ 为材料的电阻率(Ω·m)。

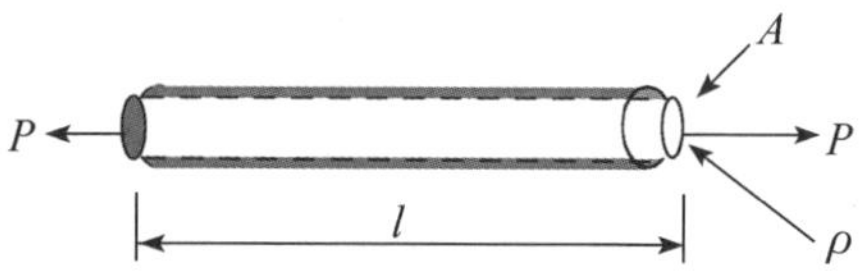

图 5-3 金属丝拉伸后的电阻变化

在测量中所用应变片的工作基础为电阻应变效应。所谓电阻应变效应,指金属导体的电阻随着它所受的机械变形(伸长或缩短)的大小而发生变化的现象。由物理知识可知,当导线受力后会产生机械变形,导线的 l、A、r、ρ 都会随之变化,从而引起 R 的变化,此变化可用函数方式表达为

$$R=f(l, A, \rho) \quad 或 \quad R=f(l, r, \rho) \tag{5-2}$$

受力后的电阻变化可表达为

$$\mathrm{d}R=\frac{l}{A}\mathrm{d}\rho+\frac{\rho}{A}\mathrm{d}l-\frac{\rho l}{A^2}\mathrm{d}A \tag{5-3}$$

经整理后为

$$\mathrm{d}R=R\,\frac{\mathrm{d}\rho}{\rho}+R\,\frac{\mathrm{d}l}{l}-R\,\frac{\mathrm{d}A}{A} \tag{5-4}$$

用电阻的相对变化量表达

$$\frac{\mathrm{d}R}{R}=\frac{\mathrm{d}\rho}{\rho}+\frac{\mathrm{d}l}{l}-\frac{\mathrm{d}A}{A} \tag{5-5}$$

因为 $A=\pi r^2$，$dA=2\pi r dr$，所以

$$\frac{dA}{A}=2\frac{dr}{r} \tag{5-6}$$

又因为 $\frac{dr}{r}=-\mu\frac{dl}{l}$，而 $\frac{dl}{l}=\varepsilon$（式中：μ 为材料的泊松比；ε 为导线的相对长度变化量），所以

$$\frac{dR}{R}=\varepsilon+2\mu\varepsilon+\frac{d\rho}{\rho} \tag{5-7}$$

从上述表达式可以看出，受力后材料的电阻相对变化与材料的尺寸变化有关；与电阻率的相对变化率有关。通常，测量使用的应变片中，金属电阻应变片的工作以几何变形为主，即主要取决于 $\varepsilon+2\mu\varepsilon$；半导体应变片则以电阻率的相对变化为主，即主要取决于 $\frac{d\rho}{\rho}$。这样，材料受力的灵敏度可用下式表达

$$K_0=\frac{\frac{dR}{R}}{\varepsilon}=1+2\mu+\frac{\frac{d\rho}{\rho}}{\varepsilon} \tag{5-8}$$

式(5-8)只能定性地表达机械变形和电阻变化的关系，真正所使用的制作应变片的材料都经过大量的试验获得其关系。从试验中可以知道金属电阻应变丝的 K_0 值是一常数，因此通常在使用中将应变与电阻的关系式表示成

$$\frac{\Delta R}{R}=K_0\varepsilon \tag{5-9}$$

式(5-9)就是金属应变丝的输出特性方程式。从该方程式可以看出：应变丝电阻的相对变化量与应变（长度相对变化量）成正比；应变丝可将机械变化转换成电阻变化。

5.2　应变片的特性

5.2.1　应变片的基本特性

1. 应变片传递应变的特性

应变片在使用时粘贴在试件上，它以剪切形式传递试件变形，其剪应力分布如图 5-4 所示，两端剪应力大，中间剪应力小，而轴向力则两端小中间大。因此，在粘贴应变片时要注意，不但应变片中部要粘住，而且两端也必须粘住。不能任意裁剪应变片的基底，以保证其传递性能。

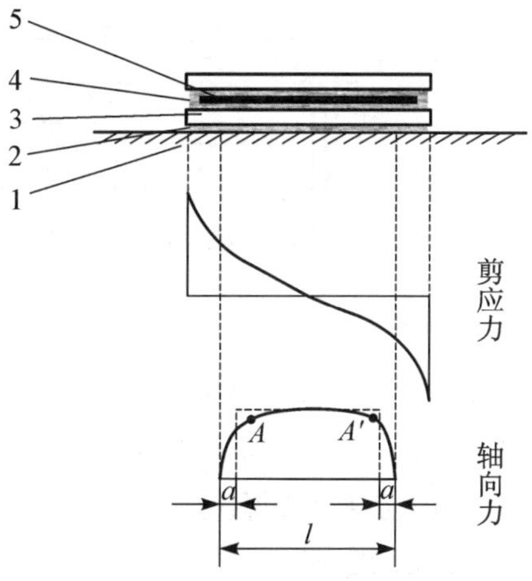

图 5-4　试件上应变片示意图

1—试件；2，4—胶粘剂；3—基底；5—金属丝

2. 应变片的灵敏系数

前文已讨论了应变丝的灵敏系数 K_0，为了保证应变片具有一定的阻值，将其在基底上以栅状形式制成，其灵敏度可表达为

$$\frac{\Delta R}{R}=K\varepsilon \quad 或 \quad K=\frac{\frac{\Delta R}{R}}{\varepsilon} \tag{5-10}$$

因为用应变丝制成粘贴在基底上的应变片存在应变丝和基底间胶体传递变形失真的现象，存在应变丝制成栅状后横向段不敏感的现象，所以应变片的灵敏系数 K 总是小于应变丝的灵敏系数 K_0。

应变片的灵敏系数 K 值是通过从一批应变片中抽样，并在专用测量装置上进行试验获得的。获得的条件为：单向应力状态，应变片的轴向与主应力方向一致(即沿主应力方向贴片)，试件的泊松比 μ 为 0.285。

获得 K 值后，就可以简单地用电阻变化量 $\frac{\Delta R}{R}$ 的测量来反映机械的变形 ε 了。但在实际的应变片使用中，往往不能满足以上对 K 值标定的条件，这样就会给测量带来误差。因此，在实际应用中应尽可能满足和接近应变片的标定条件。如不能满足条件，则应采取修正措施；如修正也不能解决问题，则需重新考虑试验条件。

3. 应变片的横向效应

如图 5-5 所示，理想的电阻应变片输出应该完全是片长方向上的变形，但由于电阻应变片是制成栅状的，它存在横向段，所以会产生横向效应。所谓横向效应，即电阻应变片在按片长方向进行测量时，由于横向段的存在，感受到横向应变而使电阻变化率减少并降低灵敏度的现象。

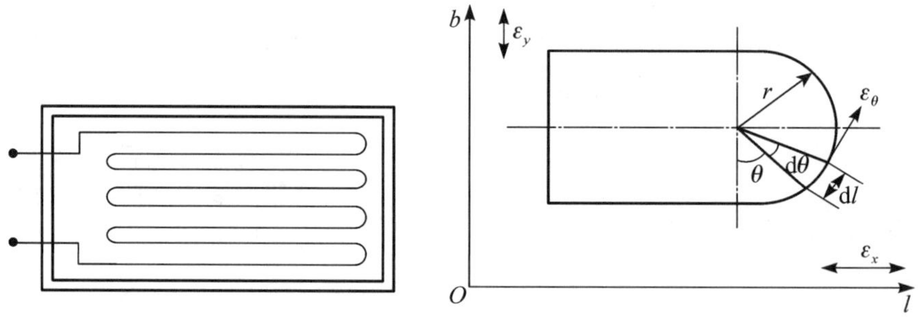

图 5-5 应变片的横向效应

横向效应随各种应变片形式不同而不同，目前广泛应用的箔式应变片的横向效应要大大地小于线绕式的应变片。在使用应变片时应注意此项指标。

4. 应变片的温度特性

如果把电阻应变片贴在一个可以自由膨胀的试件上，此试件不受任何外力的作用，在环境温度的影响下应变片的阻值会发生变化，也就是说，应变片会有输出。通常，此类输出称为应变片的热输出，它会给测量带来误差。

应变片产生热输出的原因主要有两个：一个是制成应变片敏感栅材料的电阻本身随温度发生变化；另一个是由于试件与应变片敏感栅材料的膨胀系数不一致，产生电阻变化。

敏感栅电阻本身随温度发生变化，其表达式为

$$R_\gamma = R_0 + R_0 \gamma_f \Delta t \tag{5-11}$$

式中：R_0 为应变片在温度为 t_0 时的阻值；R_γ 为温度为 t 时应变片本身的阻值。

$$\Delta R_\gamma = R_\gamma - R_0 = R_0 \gamma_f \Delta t \tag{5-12}$$

式中：ΔR_γ 为温度变化 Δt 时应变片的电阻变化量；Δt 为环境温度变化量；γ_f 为敏感栅的电阻温度系数。

试件与应变片敏感栅材料的膨胀系数不一致时，会对试验结果产生影响。

下面先讨论敏感栅的膨胀情况。

初始时的敏感栅长度为 l_0，环境温度变化使其膨胀后的长度为 l_{ft}，其膨胀量为 Δl_f，如图 5-6 所示。

$$\Delta l_f = l_{ft} - l_0 = l_0 \alpha_f \Delta t \tag{5-13}$$

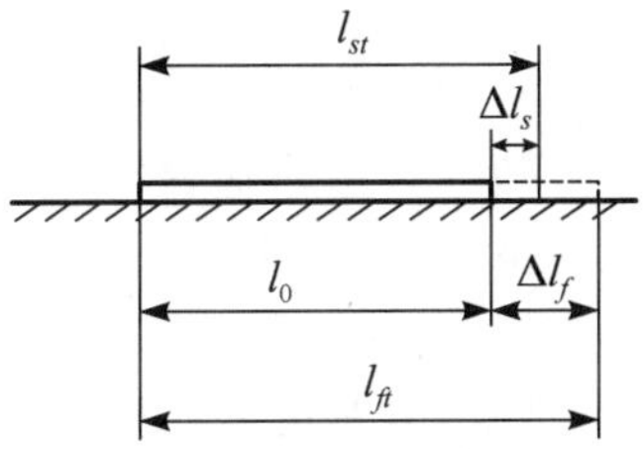

图 5-6　应变片的温度误差

式中：l_0 为温度为 t_0 时的敏感栅初始长度；l_{ft} 为敏感栅在温度 t 时的自由膨胀长度；Δl_f 为敏感栅的膨胀量；α_f 为敏感栅的线膨胀系数；Δt 为温度变化量。同样，试件在初始的长度也为 l_0，温度变化后也自由膨胀为 l_{st}，其膨胀量为 Δl_s，如图 5-6 所示。也可用下式表达为

$$\Delta l_s = l_{st} - l_0 = l_0 \alpha_s \Delta t \tag{5-14}$$

式中：l_{st} 为试件材料在温度 t 时的自由膨胀长度；Δl_s 为试件材料的膨胀量；α_s 为试件材料的线膨胀系数。在一般情况下，敏感栅和试件膨胀系数是不一致的，即

$$\alpha_f \neq \alpha_s \tag{5-15}$$

其自由膨胀量也不一致

$$\Delta l_f \neq \Delta l_s \tag{5-16}$$

但在用电阻应变片的测量中，应变片和试件用胶粘剂粘贴在一起，因此应变片的敏感栅被迫从 Δl_f 伸长到 Δl_s，使应变片产生附加变形 $\Delta l_s - \Delta l_f$，引起一个由膨胀系数不同产生的 ε_α，从而使应变片产生电阻的变化量 ΔR_α。

如果由于膨胀系数不同引起的应变片敏感栅被迫伸长量用 Δl_t 表示，则

$$\Delta l_t = \Delta l_s - \Delta l_f = (\alpha_s - \alpha_f)\Delta t l_0 \tag{5-17}$$

如用应变表示，则

$$\varepsilon_\alpha = \frac{\Delta l_t}{l_0} = (\alpha_s - \alpha_f)\Delta t \tag{5-18}$$

用电阻相对变化表示，则

$$\frac{\Delta R_\alpha}{R_0} = K\varepsilon_\alpha \tag{5-19}$$

综上所述,由温度引起的总电阻变化 ΔR_t 为

$$\begin{aligned}\Delta R_t &= \Delta R_\gamma + \Delta R_\alpha = R_0\gamma_f\Delta t + R_0K(\alpha_s - \alpha_f)\Delta t \\ &= R_0\Delta t[\gamma_f + (\alpha_s - \alpha_f)K]\end{aligned} \tag{5-20}$$

这样,由温度引起的总的电阻相对变化量为

$$\frac{\Delta R_t}{R_0} = [\gamma_f + K(\alpha_s - \alpha_f)]\Delta t \tag{5-21}$$

以上的表达式即应变片贴在试件上不受任何外力时的“热输出”。此“热输出”的存在为应变测量带来误差和麻烦,有时甚至导致试验的失败。如何消除此影响就是下文要讨论的内容。

5. 应变片温度影响的消除

1) 恒温试验法

将试件放置在一个严格控制温度的恒温室内进行试验,使之在整个试验过程中,环境温度不变,即 $\Delta t=0$,从而使 $\Delta R_t=0$。此方法只适用于小试件,而且恒温室的建设费用昂贵。

2) 自补偿法

将应变片的敏感栅按以下的规律设计,即

$$\gamma_f + (\alpha_s - \alpha_f)K = 0 \tag{5-22}$$

温度自补偿应变片是一种特殊设计的应变片,能够抵消由于温度引起的敏感栅自身的影响和由于膨胀系数不同引起的影响,从而提高了测量精度。目前市场已有此类应变片供应,但价格比一般应变片高,使用时要注意使用条件,不同的试件材料要选择不同的自补偿应变片。

3) 电桥补偿法

应变测量通常通过电桥方式进行,利用电桥的特性可以进行温度补偿。此方法使用非常广泛,效果好、成本低。具体如何实现温度补偿,详见 5.3.2。

4) 热敏电阻补偿法

热敏电阻补偿通常与电桥补偿结合使用,在电桥补偿的基础上,对某一特定范围进行“精补”。该方法一般应用于传感器中,而在一般的结构应力测量中较少采用。

6. 应变片的线性问题

由于在应变片的表达式中 $\frac{\Delta R/R}{\varepsilon}$ 是非线性项,所以在应变片的实际使用中应变片敏感栅材料可能超过弹性范围,胶粘剂在试件应变增大的情况下不能很好地传递变形等,可能引起应变片的非线性,如图 5-7 所示。为了保证使用中不产生过大的非线性误差影响,厂商通常会给出一个控制线性的指标,称之为极限应变 $\varepsilon_{\mathrm{lim}}$。

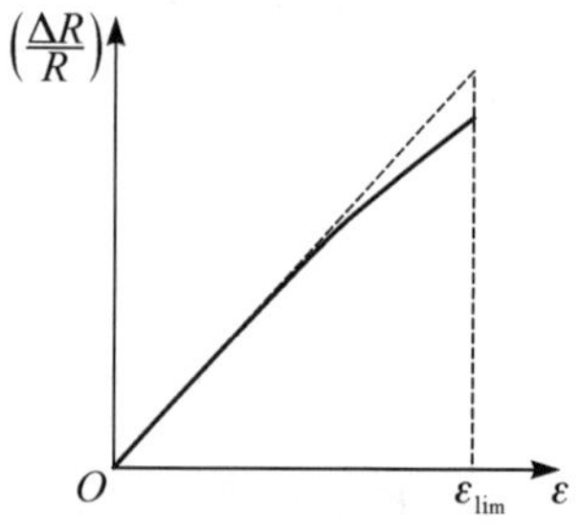

图 5-7 应变片的极限应变

极限应变 $\varepsilon_{\mathrm{lim}}$ 是在理想测量值和实际测量值之间相对误差达到 10%时应变值,即

$$\varepsilon_{\lim} = \frac{\text{实际测量值}(X) - \text{理想测量值}(A)}{\text{理想测量值}(A)} \times 100\% = 10\% \tag{5-23}$$

在实际使用时,应严格控制在小于 10%范围内工作。

5.2.2　应变片的动态特性

动态应变测量时,试件的动态应变是以波的形式在材料中传播,其传播的速度对钢材来说,$v \approx 5\ 000$ m/s。

当测量按正弦规律变化的应变波时(图 5-8),由于应变片反映出来的应变波是应变片纵栅长度内所感受应变量的平均值,因此应变片所反映的波幅将低于真实应变波,从而带来一定的测量误差。显然,这种误差将随应变片基长的增加而加大。图 5-8 所示为应变片处于应变波达到最大幅值时的瞬时情况,此时 $x_1 = \frac{\lambda}{4} - \frac{l}{2}$,$x_2 = \frac{\lambda}{4} + \frac{l}{2}$。应变片长度为 l,测得基长 l 内的平均应变 ε_ρ 达到最大值,其值如式(5-24)所示。

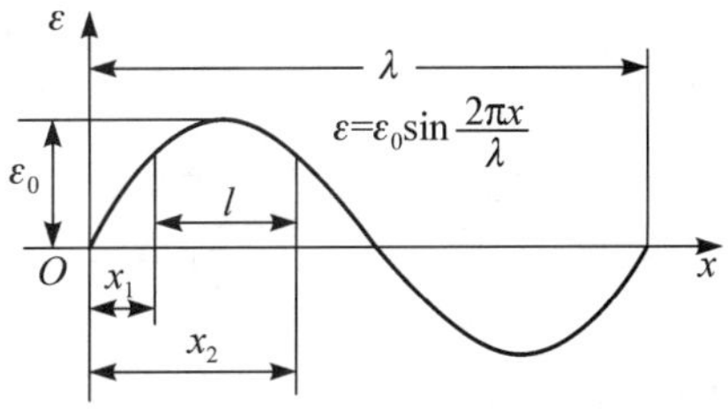

图 5-8　应变片对正弦应变波的响应特性

图 5-8 中,应变片所反映的应变为

$$\varepsilon_\rho = \frac{\int_{x_2}^{x_1} \varepsilon_0 \sin\left(\frac{2\pi x}{\lambda}\right) \mathrm{d}x}{x_2 - x_1} = \frac{\lambda \varepsilon_0}{\pi l} \sin \frac{\pi l}{\lambda} \tag{5-24}$$

式中:λ 为应变波的波长;ε_0 为应变波的最大幅值。

故应变片在进行动态测量时的误差为

$$\delta = \left| \frac{\varepsilon_\rho - \varepsilon_0}{\varepsilon_0} \right| \times 100\% = \left| \frac{\lambda}{\pi l} \sin \frac{\pi l}{\lambda} - 1 \right| \times 100\% \tag{5-25}$$

从以上的误差表达式中可以看出,动态误差与波长和应变片片长有关。根据此关系,可绘出误差和波长片长关系曲线,具体如图 5-9 所示。

从这关系中可以看出,当 $\lambda / l = 16 \sim 20$ 时,误差 $\delta < 1.6\% \sim 0.4\%$。因此,如何根据工作频率(波长)选用不同长度的应变片是控制误差的重要手段。

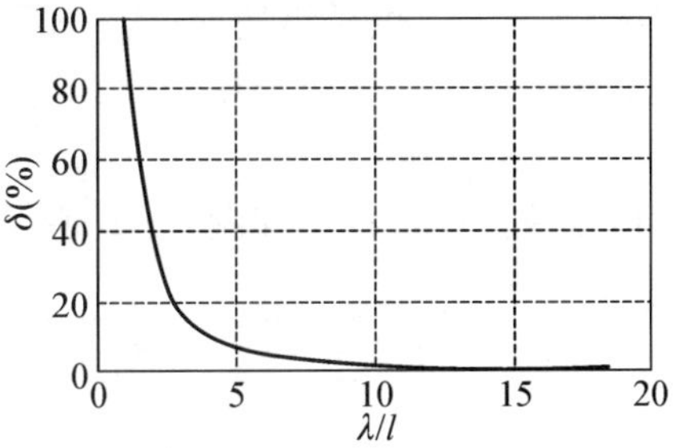

图 5-9　正弦应变波幅值测量误差 δ 与 $\frac{\lambda}{l}$ 关系曲线

由物理学知识可知,波长 $= \frac{\text{波速}}{\text{波率}}$,即

$$\lambda = \frac{v}{f} \tag{5-26}$$

为便于讨论,令 $n = \frac{\lambda}{l}$,$\lambda = nl$ (n 为常数)。因此,被测试件的频率与材料传播动态应变的速

度和应变片基长的关系可表达为

$$f=\frac{v}{nl} \tag{5-27}$$

通过此关系式就可以得到不同材料为满足动态应力测量时所选应变片的长度。例如，对于钢材，其波速 $v=5\ 000\ \mathrm{m/s}$，为满足误差 $\delta<0.4\%$，取 $n=20$，可以得到各应变片基长 l 下的最高工作频率，如表 5-1 所示。

表 5-1　应变片基长和最高工作频率的关系

应变片基长 λ(mm)	1	2	3	5	10	15	20
最高工作频率 f(kHz)	250	125	83.3	50	25	16.6	12.5

5.3　应变仪

5.3.1　应变仪的组成

电阻应变片可以将试件上受力的机械变形 ε 转换成可以进行测量的电阻变化量，但其量值非常微弱，如测量 1 个微应变($1\mu\varepsilon$)，$1\mu\varepsilon=1\times10^{-6}$。通常，电阻应变片的 K 值取 2，电阻应变片阻值常用的为 120 Ω，则

当测量值为 $1\mu\varepsilon$ 时，$\Delta R=RK\varepsilon=120\times2\times1\times10^{-6}=2.4\times10^{-4}(\Omega)$。

当测量值为 $1\ 000\mu\varepsilon$ 时，$\Delta R=120\times2\times1\ 000\times10^{-6}=0.24(\Omega)$。

从上可以看出，应变片所反映的电阻变化非常微弱，即使测量 $1\ 000\mu\varepsilon$ 时，应变片也只有 0.24 Ω 的电阻变化量。因此，就需要一种仪器能将如此微弱的电阻变化量转换成足以推动显示和记录仪器的电量输出。

目前工程测量中所使用的应变仪就能够完成此功能。它能够将应变片的输出 ΔR 转换成相应的电压变化量 Δu 或电流变化量 Δi，以供放大器放大；具有足够的放大能力将 Δu 或 Δi 电信号放大以供后级处理；具有适当的输出形式以方便信号的记录和运算分析；能按后级仪器输入的需要提供电压输出、电流输出；根据数据处理的需要有数字输出和模拟曲线输出等。

应变仪的组成框图如图 5-10 所示。

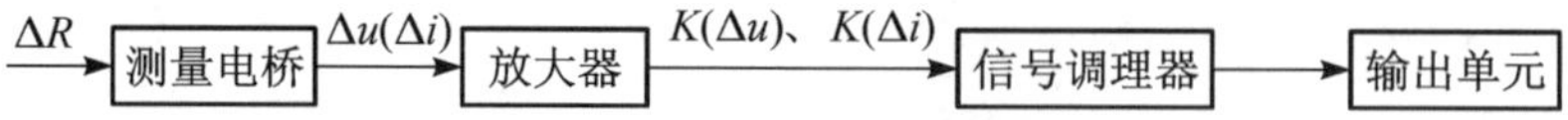

图 5-10　应变仪的组成框图

下面对应变仪各组成部分加以介绍。

1. 测量电桥

测量电桥是一个将电阻变化量转换成电压变化量 Δu 或电流变化量 Δi，以供后级放大的单元。通常用于应变仪测量的电桥有直流电桥、交流电桥、方波电桥等。根据不同的放大器配置不同的前级测量电桥。

2. 放大器

放大器是一个能将微弱的电桥输出信号放大几万倍至几十万倍的单元。由于直流放大器的信号漂移是一个关键问题，不易解决，因此目前比较经典的放大器都为交流放大器。随着电子器件的高速发展，低漂移的放大器的出现，直流放大器也较多地用于应变仪中，但其价格较贵。除此之外还有调制放大器等。

3. 信号调理器

如前级为交流放大器，则此单元配置解调器和相敏检波器；如前级的高频噪声较大，则此单元配置低通滤波器。总之，根据前单元的要求配置不同功能的调理器。

4. 输出单元

输出单元为测量结果的显示单元。它根据不同的输出要求配置不同的环节，如后级配用模拟曲线记录显示器，则需直流模拟电压输出环节；后级配用数字记录器或数字计算机，则需配置 A/D 转换接口；后级配用光线振子记录仪，则需配置电流驱动环节。

总之，应变仪形式多样，但基本的功能不外乎以上几种。各类不同的组合各有特点，可按需选用。目前市场上所供应的应变仪有静态应变仪、动态应变仪和超动态应变仪，应按不同的试验要求选用。

5.3.2　测量电桥

在应变仪中为了将电阻变化量转换成电压变化量，需要采用电桥来完成。因为电桥的测量范围较宽，利用电桥可对多种测量中的不利因素进行补偿，并且其测量精度高，所以在应变仪中广泛应用。

1. 直流电桥

电桥的电路形式如图 5-11 所示，由 R_1、R_2、R_3、R_4 四个桥臂组成。

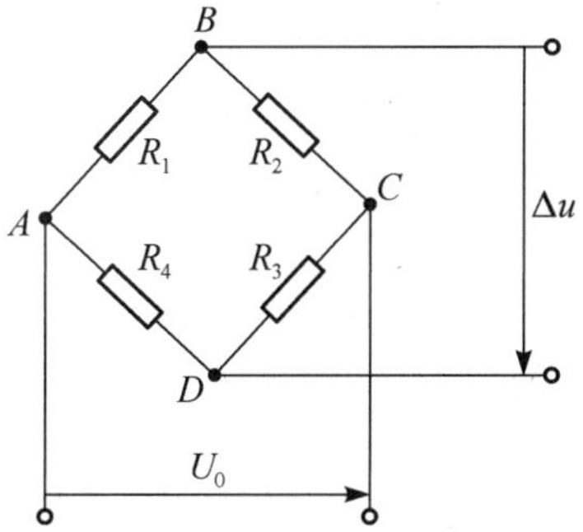

图 5-11　电桥的电路形式

全等臂电桥：$R_1=R_2=R_3=R_4$；

输出对称电桥：$R_1=R_2$；$R_3=R_4$；

电源对称电桥：$R_1=R_4$；$R_2=R_3$。

1/4 桥接法：电桥 4 个桥臂电阻中 1 个桥臂为测量用应变片，其他桥臂为精密无感电阻。

半桥接法：电桥 4 个桥臂电阻中 2 个桥臂为测量用应变片，其他 2 个桥臂为精密无感电阻。

全桥接法：电桥 4 个桥臂均由测量用应变片组成。

1）工作原理

由电工原理知识可知，电桥的输出电压 U_{DB} 的表达式为

$$U_{DB}=U_{DC}-U_{BC}=\frac{U_0}{R_4+R_3}R_3-\frac{U_0}{R_1+R_2}R_2=U_0\frac{R_1R_3-R_2R_4}{(R_1+R_2)(R_3+R_4)} \quad (5\text{-}28)$$

从该电桥电压输出表达式中可以得出：若 $R_1R_3=R_2R_4$，则 $U_{DB}=0$，此时电桥无输出，称为电桥平衡。故 $R_1R_3=R_2R_4$ 也称电桥的平衡条件，一般测量前测量电桥总是预调平衡的。

U_{DB} 是一个 R_1、R_2、R_3、R_4 的函数，而且是一个多元函数，可表达为

$$U_{DB}=f(R_1, R_2, R_3, R_4) \tag{5-29}$$

R_1、R_2、R_3、R_4 中只要有 1 个桥臂的电阻产生变化，就会使原先平衡的电桥输出一个电压变化量 Δu。

因为电桥输出电压是一个电阻的多元函数，而且是非线性的，所以要考虑其电压输出特性方程非线性的误差。

2）测量电桥电压输出特性方程

测量电桥由 4 个桥臂电阻组成，当 1 个或多个桥臂电阻产生变化 ΔR 时，就有 1 个随 ΔR 变化的电压 Δu 产生，它们之间的关系讨论如下：

若设 U_{DB} 初始时平衡，则 $R_1R_3=R_2R_4$，$U_{DB}=0$，或用 $\Delta u=0$ 代替。当 $R_1\to R_1+\Delta R_1$，$R_2\to R_2+\Delta R_2$，$R_3\to R_3+\Delta R_3$，$R_4\to R_4+\Delta R_4$ 时，将产生 Δu。如果满足 $\frac{\Delta R}{R}\ll 1$，则可用全微分式来导出电桥的电压输出特性方程。通常，$\frac{\Delta R}{R}\ll 1$ 的条件总能满足，之前已经指出 1 000$\mu\varepsilon$ 时，$\Delta R=0.24$，即 $\frac{\Delta R}{R}=\frac{0.24}{120}$。因为

$$\Delta u=U_{DB}=U_0\left(\frac{R_3}{R_3+R_4}-\frac{R_2}{R_1+R_2}\right) \tag{5-30}$$

所以

$$\mathrm{d}u=\frac{\partial U}{\partial R_1}\mathrm{d}R_1+\frac{\partial U}{\partial R_2}\mathrm{d}R_2+\frac{\partial U}{\partial R_3}\mathrm{d}R_3+\frac{\partial U}{\partial R_4}\mathrm{d}R_4 \tag{5-31}$$

$$U_0=\left[\frac{R_2}{(R_1+R_2)^2}\mathrm{d}R_1-\frac{R_1}{(R_1+R_2)^2}\mathrm{d}R_2+\frac{R_4}{(R_3+R_4)^2}\mathrm{d}R_3-\frac{R_3}{(R_3+R_4)^2}\mathrm{d}R_4\right] \tag{5-32}$$

从平衡条件可知，$R_1R_3=R_2R_4$ 或 $\frac{R_2}{R_1}=\frac{R_3}{R_4}$。

如令 $\frac{R_2}{R_1}=\frac{R_3}{R_4}=\alpha$，代入式(5-32)，得

$$\begin{aligned}\mathrm{d}u&=U_0\left[\frac{\alpha\mathrm{d}R_1}{R_1(1+\alpha)^2}-\frac{\mathrm{d}R_2}{R_{2}\alpha\left(1+\frac{1}{\alpha}\right)^2}+\frac{\mathrm{d}R_3}{R_{3}\alpha\left(1+\frac{1}{\alpha}\right)^2}-\frac{\alpha\mathrm{d}R_4}{R_4(1+\alpha)^2}\right]\\&=\frac{U_0\alpha}{(1+\alpha)^2}\left(\frac{\mathrm{d}R_1}{R_1}-\frac{\mathrm{d}R_2}{R_2}+\frac{\mathrm{d}R_3}{R_3}-\frac{\mathrm{d}R_4}{R_4}\right)\end{aligned} \tag{5-33}$$

(1) 全等臂电桥。因为 $R_1=R_2=R_3=R_4$，$\alpha=1$，所以其电桥电压输出特性方程为

$$du=\frac{U_0}{4}\left(\frac{dR_1}{R_1}-\frac{dR_2}{R_2}+\frac{dR_3}{R_3}-\frac{dR_4}{R_4}\right) \tag{5-34}$$

如用测量中习惯的增量式表示，则

$$\Delta u=\frac{U_0}{4}\left(\frac{\Delta R_1}{R_1}-\frac{\Delta R_2}{R_2}+\frac{\Delta R_3}{R_3}-\frac{\Delta R_4}{R_4}\right) \tag{5-35}$$

(2) 输出对称电桥。因为 $R_1=R_2$，$R_3=R_4$，$\alpha=1$，所以其电桥电压输出特性方程和全等臂的一样。

$$\Delta u=\frac{U_0}{4}\left(\frac{\Delta R_1}{R_1}-\frac{\Delta R_2}{R_2}+\frac{\Delta R_3}{R_3}-\frac{\Delta R_4}{R_4}\right) \tag{5-36}$$

(3) 电源对称电桥。因为 $R_1=R_4$，$R_2=R_3$，$\alpha=\frac{R_2}{R_1}=\frac{R_3}{R_4}$，所以其电压输出特性方程为

$$\Delta u=\frac{U_0\alpha}{(1+\alpha)^2}\left(\frac{\Delta R_1}{R_1}-\frac{\Delta R_2}{R_2}+\frac{\Delta R_3}{R_3}-\frac{\Delta R_4}{R_4}\right) \tag{5-37}$$

由前面的讨论可以得到，全等臂电桥和输出对称电桥的电压输出方程实际上是电源对称电桥的特例。

如何选用电桥，主要从电桥的电压灵敏度出发，可将输出特性方程表达成电压灵敏度的关系式

$$K_v=\frac{\Delta u}{\frac{\Delta R_1}{R_1}-\frac{\Delta R_2}{R_2}+\frac{\Delta R_3}{R_3}-\frac{\Delta R_4}{R_4}}=\frac{U_0\alpha}{(1+\alpha)^2} \tag{5-38}$$

对 K_v 求极值后可以得到，选用 $\alpha=1$ 时，即全等臂电桥或输出对称电桥作为实际测量电桥时其电压灵敏度最高，此两种电桥最具有实用价值。

3) 电桥误差

讨论电桥误差一般采用增量法。为了方便起见，采用全等臂 1/4 桥接法，即 1 个工作应变片，3 个精密无感电阻，$R_1=R+\Delta R$，$R_2=R_3=R_4=R$。

$$\begin{aligned}\Delta u&=U_0\frac{R_1R_3-R_2R_4}{(R_1+R_2)(R_3+R_4)}=U_0\frac{\Delta R}{4R\left(1+\frac{\Delta R}{2R}\right)}=\frac{U_0}{4}\cdot\frac{\Delta R}{R}\cdot\frac{1}{R\left(1+\frac{\Delta R}{R}\right)}\\&=\frac{U_0}{4}\cdot\frac{\Delta R}{R}\left[1-\frac{1}{2}\frac{\Delta R}{R}+\frac{1}{4}\left(\frac{\Delta R}{R}\right)^2-\frac{1}{8}\left(\frac{\Delta R}{R}\right)^3+\cdots\right]\end{aligned} \tag{5-39}$$

从以上讨论中可以看到，如果 1 个应变片工作，理想情况下应是 $\Delta u=\frac{U_0}{4}\cdot\frac{\Delta R}{R}$，但实际后面有一个多项式。因此，若从理想角度出发，表达式为

$$\Delta u = \frac{U_0}{4} \cdot \frac{\Delta R}{R} \tag{5-40}$$

但其带来的误差为

$$\delta_2 = \frac{-\frac{1}{2}\frac{\Delta R}{R} + \frac{1}{4}\left(\frac{\Delta R}{R}\right)^2 - \frac{1}{8}\left(\frac{\Delta R}{R}\right)^3 + \cdots}{1} \times 100\% \tag{5-41}$$

因为 $\frac{\Delta R}{R} \ll 1$，所以将高阶小量忽略，误差表达式为

$$\delta_2 = \frac{1}{2}\frac{\Delta R}{R} \times 100\% \tag{5-42}$$

又因为 $\frac{\Delta R}{R} = K\varepsilon$，所以误差又可表达为

$$\delta_2 = \frac{1}{2}K\varepsilon \times 100\% \tag{5-43}$$

若设测量试件的应变值为 2 000$\mu\varepsilon$，应变片灵敏系数 $K=2$，$U_0=2$ V 时，其误差为

$$\delta_2 = 2\,000 \times 10^{-6} \times 2 \times \frac{1}{2} \times 100\% = 0.2\%$$

从以上讨论可以表明，测量电桥在用于应变测量时存在着非线性误差，但其值非常小，用全微分得出的电压输出特性方程完全适用应变测量，要求高时可以加以修正或限制。

4）电桥的加减特性

在讨论电桥的电压输出特性时得到了其表达式

$$\Delta u = \frac{U_0}{4}\left(\frac{\Delta R_1}{R_1} - \frac{\Delta R_2}{R_2} + \frac{\Delta R_3}{R_3} - \frac{\Delta R_4}{R_4}\right)$$

如果测量中所用的电阻应变片灵敏系数 K 值和阻值 R 相同，则可表达为

$$\Delta u = \frac{U_0}{4}K(\varepsilon_1 - \varepsilon_2 + \varepsilon_3 - \varepsilon_4) \tag{5-44}$$

这就是所谓的加减特性表达式，从这表达式中可以看出：总输出为各桥臂输出的代数和（表达式中各项有正、有负，各变量也各自有正、有负）；表达式的符号规律为相邻桥臂异号、相对桥臂同号；在测量中可通过各种方式组成电桥以提高输出，消除测量中的不利因素影响；全桥输出或半桥输出可以减小非线性误差，改善线性。

为了对电桥加减特性的应用加深了解，下面介绍几种应用。

（1）利用测量电桥进行温度补偿。如要利用测量电桥进行温度补偿，首先要满足温度补偿的条件，即试件和用于温度补偿的材料同处一个温度场；试件和用于温度补偿的材料同用一种材料；试件和用于温度补偿的材料上贴同一种应变片。在一般的结构件和零部件的

试验中实现以上 3 个条件并不困难。满足以上条件组成半桥工作如图 5-12 所示，电桥的第一桥臂 R_1 是贴在试件上的应变片，第二个桥臂 R_2 是贴在温度补偿材料上的应变片，第三、第四桥臂为精密无感电阻。

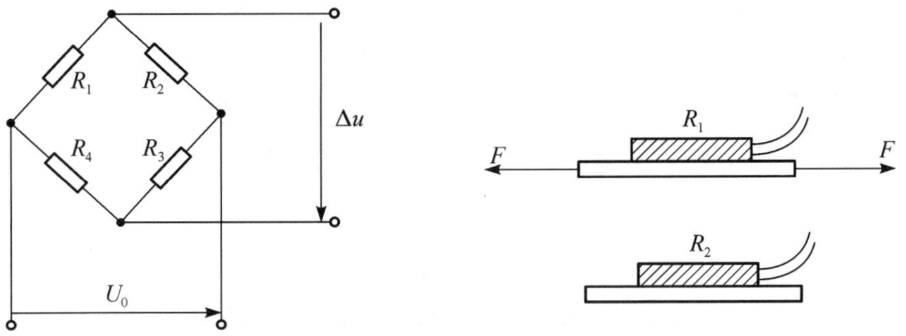

图 5-12　电桥温度补偿法

工作片 R_1 上既感受试件受力 F 后变形，又感受温度影响：

$$\frac{\Delta R_1}{R_1}=\varepsilon_F K+\frac{\Delta R_{1t}}{R_1} \tag{5-45}$$

补偿片 R_2 只感受材料上的温度影响

$$\frac{\Delta R_2}{R_2}=\frac{\Delta R_{2t}}{R_2} \tag{5-46}$$

其电桥总输出为

$$\Delta u=\frac{U_0}{4}\left(\varepsilon_F K+\frac{\Delta R_{1t}}{R_1}\right)-\frac{\Delta R_{2t}}{R_2} \tag{5-47}$$

因为满足以上 3 个温度补偿条件

$$\frac{\Delta R_{1t}}{R_1}=\frac{\Delta R_{2t}}{R_2} \tag{5-48}$$

所以输出为

$$\Delta u=\frac{U_0}{4}K\varepsilon_F \tag{5-49}$$

这样，电桥的最终输出只与试件受力 F 后的变形 ε_F 有关，而由温度引起的那部分输出通过电桥的连接(电桥的加减特性)互相抵消，从而达到温度补偿的目的。

(2) 提高输出灵敏度。一个试件在受到同样一个载荷的情况下，通过电桥的不同组桥形式使其输出提高，此方法用于传感器较多。如图 5-13 所示测量试件的拉应力，如果单片工作，则电桥输出为

$$\Delta u = \frac{U_0}{4} \cdot \frac{\Delta R_1}{R_1} = \frac{U_0}{4} K\varepsilon_F \tag{5-50}$$

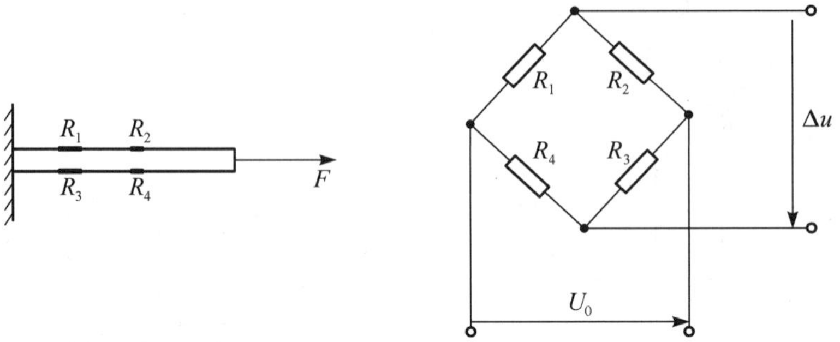

图 5-13　电桥加减特性(提高输出灵敏度)

如果在试件梁上贴 2 个纵向片(顺梁长度方向)和 2 个横向片(垂直梁长度方向),并按图 5-13 组合成全桥。其总输出为

$$\begin{aligned}\Delta u &= \frac{U_0}{4} K\left(\frac{\Delta R_1}{R_1} - \frac{\Delta R_2}{R_2} + \frac{\Delta R_3}{R_3} - \frac{\Delta R_4}{R_4}\right) \\ &= \frac{U_0}{4} K(\varepsilon_1 - \varepsilon_2 + \varepsilon_3 - \varepsilon_4) \\ &= \frac{U_0}{4} K[\varepsilon_F - (-\mu\varepsilon_F) + \varepsilon_F - (-\mu\varepsilon_F)] \\ &= \frac{U_0}{4} K\varepsilon_F(2 + 2\mu)\end{aligned} \tag{5-51}$$

由以上讨论中可以看出,采用 4 个应变片组成全桥测量,测得的 ε_F 比原来提高了 $2+2\mu$ 倍。而且由于满足温度补偿的 3 个条件,因此温度影响也可在此消除。

(3) 实现载荷分离。在测量过程中,有时需要从多个同时作用的载荷中分离出某一个特定载荷的效应。这可以通过巧妙地配置电桥的组桥方式来实现,这种方法被称为载荷分离。例如,在一个同时受到拉伸和弯曲作用的梁上,我们可以利用电桥的加减特性来测量拉伸的影响,同时消除弯曲的影响,如图 5-14 所示。

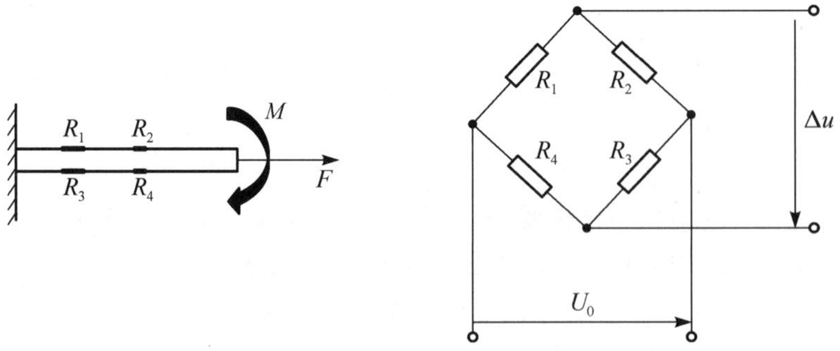

图 5-14　电桥加减特性(实现载荷分离)

此梁的弯矩 M 作用下：

$$\frac{\Delta R_1}{R_1}=K\varepsilon_M,\qquad \frac{\Delta R_2}{R_2}=K(-\mu\varepsilon_M),$$
$$\frac{\Delta R_3}{R_3}=K(-\varepsilon_M),\qquad \frac{\Delta R_4}{R_4}=K(\mu\varepsilon_M) \tag{5-52}$$

同样在拉力的作用下：

$$\frac{\Delta R_1}{R_1}=K\varepsilon_F,\qquad \frac{\Delta R_2}{R_2}=K(-\mu\varepsilon_F),$$
$$\frac{\Delta R_3}{R_3}=K\varepsilon_F,\qquad \frac{\Delta R_4}{R_4}=K(-\mu\varepsilon_F) \tag{5-53}$$

电桥总输出为

$$\begin{aligned}\Delta u&=\frac{U_0}{4}K\{[\varepsilon_M-(-\mu\varepsilon_M)+(-\varepsilon_M)-(+\mu\varepsilon_M)]+[\varepsilon_F-(-\mu\varepsilon_F)+\varepsilon_F-(-\mu\varepsilon_F)]\}\\&=\frac{U_0}{4}K\varepsilon_F(2+2\mu)\end{aligned} \tag{5-54}$$

通过以上的讨论看出，可以采用不同的组桥形式，利用电桥的加减特性，使得在测量中由弯矩产生的影响相互抵消，由拉伸产生的影响保留下来，并且输出提高了 $2+2\mu$ 倍。同样，也可以通过不同的接桥测得弯矩影响，消除拉伸影响。

2. 交流电桥

因为电桥的输出信号相当微弱，经典的电阻应变仪一般都采用交流电桥。例如，当应变片的灵敏系数 $K=2$，通常应变仪电桥的供桥工作电压都用 2 V，即 $U_0=2$ V，这时试件上 $1\mu\varepsilon$ 的机械变形所产生的电桥输出为

$$\Delta u=\frac{U_0}{4}K\varepsilon=1\,\mu\text{V}$$

在应变测量中，通常所测对象的应变范围为 $1\sim2\,000\mu\varepsilon$，对应电桥的输出信号在微伏到毫伏之间。由于这些信号非常微弱，因此需要通过多级放大器放大几万至几十万倍，以便能够驱动后级的仪器和仪表。在放大过程中，直流漂移、噪声、接触电势等因素都可能对测量信号产生显著影响。在过去，由于直流放大技术不够成熟，直流放大器件也不够发达，应变仪通常采用交流电桥。然而，随着电子技术的进步，直流放大器也开始较多地应用于应变仪，尽管其价格相对较高。

在经典的应变仪设计中，通常采用交流电压作为电桥的工作电压，并通过载波放大技术来放大信号。通过各级交流放大器的耦合电路，可以有效地隔断直流漂移和接触电势的影响，从而提高测量的准确性和稳定性。

1）交流电桥的特点

在理想情况下，测量电桥一般由电阻应变片与精密无感电阻组成，形成一个纯电阻的电桥。在这种情况下，电桥的每个桥臂阻抗为 $Z=R$。

实际上由于应变片贴在试件上，试件的应变片连接到应变仪的电桥上的引线电缆往往比较长，有些大型试验的测量引线电缆往往有几十米长，这样引线电缆的分布电容对测量电桥有很大影响，相当于在电桥桥臂上并联上电容，如图 5-15 所示。这样的测量电桥实际上不是一个纯电阻电桥，而是一个如图 5-16 所示由电阻 R 和电容 C 组成的阻抗电桥，其 4 个桥臂的桥臂阻抗分别为

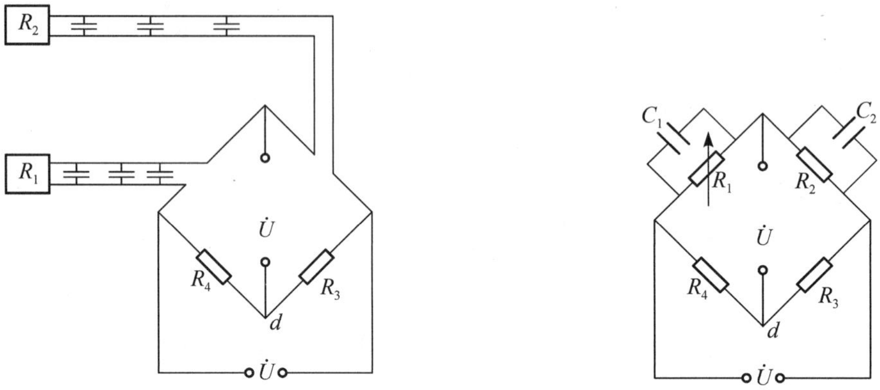

图 5-15　导线分布电容的影响

$$Z_1=\frac{1}{\dfrac{1}{R}+\mathrm{j}\omega C_1},\quad Z_2=\frac{1}{\dfrac{1}{R}+\mathrm{j}\omega C_2},\quad Z_3=\frac{1}{\dfrac{1}{R}+\mathrm{j}\omega C_3},\quad Z_4=\frac{1}{\dfrac{1}{R}+\mathrm{j}\omega C_4} \tag{5-55}$$

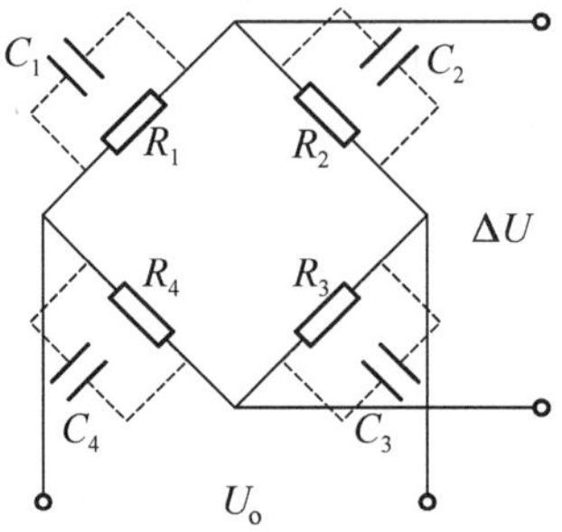

图 5-16　阻抗电桥

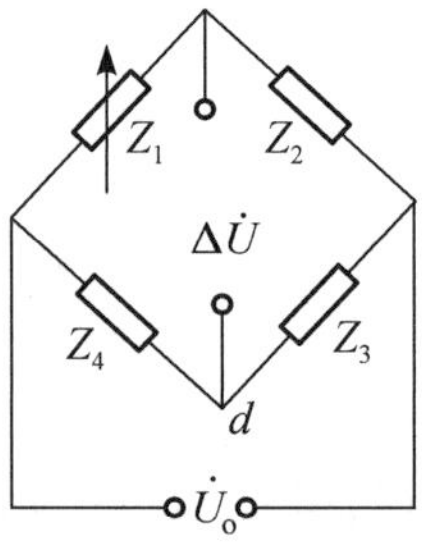

图 5-17　交流电桥的一般形式

从以上表达式可以看出，与直流电桥讨论不一样，因为采用了交流电桥工作电压，多了交流电压引起的 $\mathrm{j}\omega C$ 这一项。直流时 $\omega=0$，$Z=R$。

2) 交流电桥的电压输出方程及平衡条件

同直流电桥讨论一样，讨论交流电桥时采用复数形式。其电桥的形式如图 5-17 所示，表达方程式为

$$\Delta\dot{U}=\frac{\dot{U}_o}{Z_3+Z_4}Z_3-\frac{\dot{U}_o}{Z_1+Z_2}Z_2 \tag{5-56}$$

$$\dot{U}_o = \frac{Z_1 Z_3 - Z_2 Z_4}{(Z_1 + Z_2)(Z_3 + Z_4)} \tag{5-57}$$

当电桥平衡时，电桥输出为0。其平衡条件为 $Z_1 Z_3 = Z_2 Z_4$。因为是复数形式表达，所以具体表达成

$$|Z_1||Z_3| e^{j(\varphi_1+\varphi_3)} = |Z_2||Z_4| e^{j(\varphi_2+\varphi_4)} \tag{5-58}$$

平衡条件为

模相等　　$|Z_1||Z_3| = |Z_2||Z_4|$　或　$\dfrac{|Z_1|}{|Z_2|} = \dfrac{|Z_4|}{|Z_3|}$

幅角相等　　$\varphi_1 + \varphi_3 = \varphi_2 + \varphi_4$

以上讨论还不能较直观地表达电阻电容和平衡条件之间的关系，下面具体用半桥形式来讨论平衡条件。其中 Z_1、Z_2 为应变片，Z_3、Z_4 为应变仪中精密无感电阻，即

$$Z_1 = \frac{1}{\frac{1}{R_1} + j\omega C_1}, \qquad Z_2 = \frac{1}{\frac{1}{R_2} + j\omega C_2},$$

$$Z_3 = R_3, \qquad Z_4 = R_4 \tag{5-59}$$

平衡条件为

$$\frac{R_1 R_3}{1 + j\omega C_1 R_1} = \frac{R_2 R_4}{1 + j\omega C_2 R_2} \tag{5-60}$$

$$R_1 R_3 (1 + j\omega C_2 R_2) = R_2 R_4 (1 + j\omega C_1 R_1)$$

平衡时，

实部相等　　$R_1 R_3 = R_2 R_4$

虚部相等　　$C_2 R_3 = C_1 R_4$

从以上讨论就可以看出，交流电桥的平衡条件和直流电桥的平衡条件相比，多了虚部相等这一条件，即实部、虚部同时相等时电桥才能平衡。

3）交流电桥电调幅特性

交流电桥的工作电压为

$$u_0 = U_m \sin \omega t \tag{5-61}$$

交流电桥的输出为

$$\Delta u = \frac{u_0}{4} K\varepsilon = \frac{1}{4} K\varepsilon U_m \sin \omega t \tag{5-62}$$

式中：U_m 为电桥工作交流电压的最大值；u_0 为电桥工作交流电压的瞬时值；ω 为电桥工作交流电压的角频率；t 为时间。

当测量试件的 $\varepsilon = 0$ 时，有

$$\Delta u = 0$$

当测量试件的 ε 大于 0,且为一常数时,即 ε=常数,且 ε>0(图 5-18),有

$$\Delta u = \frac{1}{4} K \varepsilon U_{\mathrm{m}} \sin \omega t \tag{5-63}$$

当测量试件的 ε 小于 0,且为一常数时,即 ε=常数<0(图 5-18),有

$$\Delta u = \frac{1}{4} K(-\varepsilon) U_{\mathrm{m}} \sin \omega t = \frac{1}{4} K \varepsilon U_{\mathrm{m}} \sin(\omega t + \pi) \tag{5-64}$$

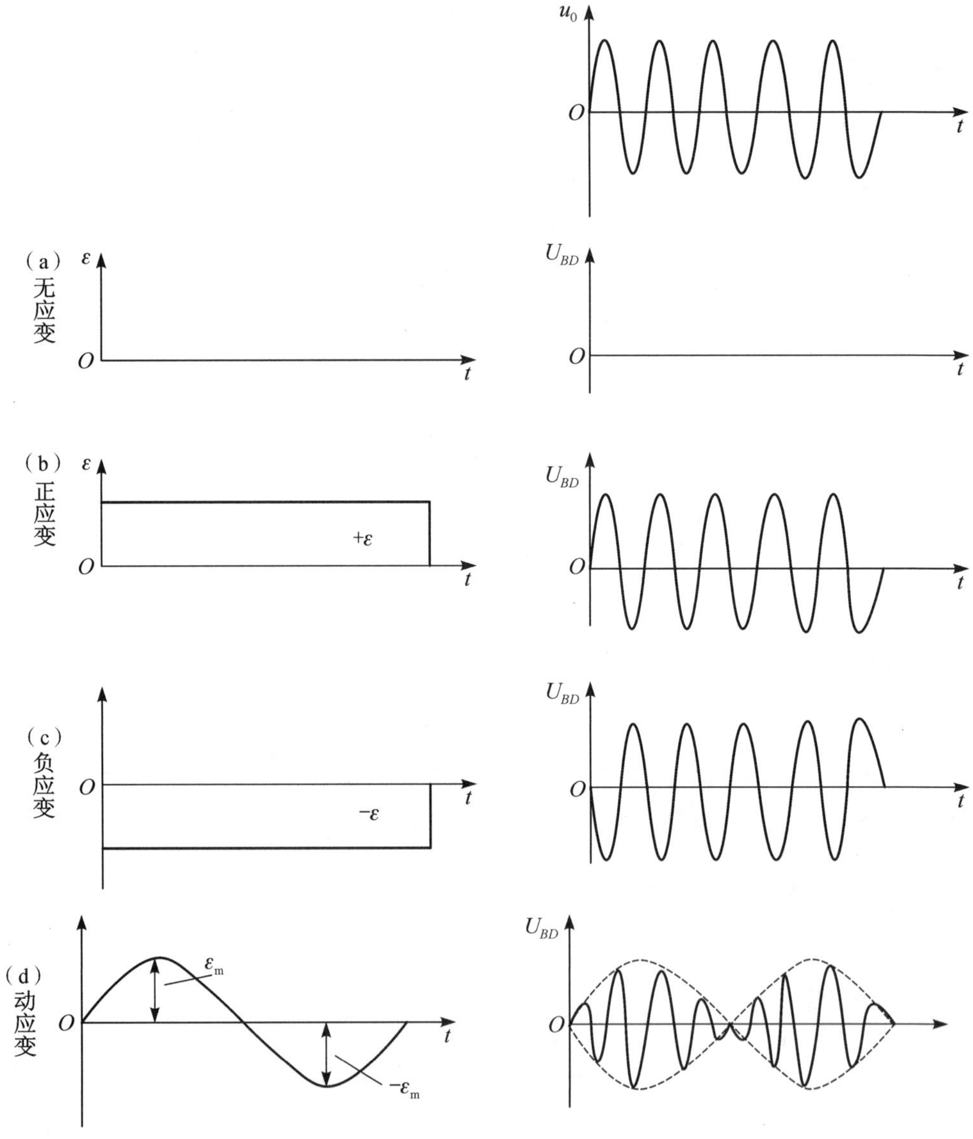

图 5-18　交流电桥的调幅作用

u_0—载波电压;U_{BD}—输出电压

当测量试件的 ε 为一个按正弦变化的函数，即 $\varepsilon=\varepsilon_m \sin \Omega t$ 时，有

$$\begin{aligned}\Delta u &= \frac{1}{4}K\varepsilon U_m \sin \Omega t \sin \omega t \\ &= \frac{1}{4}K\varepsilon U_m \frac{1}{2}[\cos(\omega-\Omega)t-\cos(\omega+\Omega)t] \\ &= \frac{1}{8}K\varepsilon U_m \cos(\omega-\Omega)t-\frac{1}{8}K\varepsilon U_m \cos(\omega+\Omega)t \end{aligned} \tag{5-65}$$

从以上的讨论可以看出，交流电桥有以下几点特征：

(1) 所有形式的输出均以交流调制形式输出，真正的信号是其包络线。

(2) 电桥输出波形的幅度反映了被测应变的大小。

(3) 电桥输出波形的相位反映了被测应变的正负。

(4) 要获得理想的包络线，交流电桥电压的频率 f_ω 必须远大于被测试件的频率 f_Ω。

(5) 电桥输出的调制波形还需经相敏检波和滤波后才能还原。

5.3.3　应变仪的一些其他装置

由于应变片的制造很难保证每个应变片的初始电阻完全相等，而且粘贴引出线等因素也可能使应变片阻值不等，此外，各桥臂的分布电容也可能不相等。这些因素使得在测量时往往无法满足交流电桥的平衡条件。为了解决这个问题，应变仪需要配备一套调整电桥电阻和电容平衡的装置。

1. 电阻调平衡装置

1) 串联调零法

因为平衡条件为 $R_1R_3=R_2R_4$，$\dfrac{R_1}{R_2}=\dfrac{R_4}{R_3}$，所以通过在桥臂 R_1、R_2 间调整可变电阻器 R_W 的电刷滑动，使一边电阻值增大，另一边减小，也相当于改变串联电阻值，改变$\dfrac{R_1}{R_2}$的比值使之与$\dfrac{R_4}{R_3}$相等，由此来进行电阻平衡，如图 5-19(a)所示。

2) 并联调零法

如图 5-19(b)所示，此方法通过在电桥 A、C 点并联一可变电阻 R_b 和在可变电阻 R_b 与 B 点间连接一固定电阻 R_v，构成调零回路。R_b 和 R_v 可通过 Y-△(星-三角)等效变换后成为两个并联在桥臂 R_1、R_2 上的可调的等效电阻，以此来满足电阻的平衡条件。

两个等效并联电阻可表达为

$$R'_B=R_v+R'_b+R_v\frac{R'_b}{R''_b} \tag{5-66}$$

$$R''_B=R_v+R''_b+R_v\frac{R''_b}{R'_b} \tag{5-67}$$

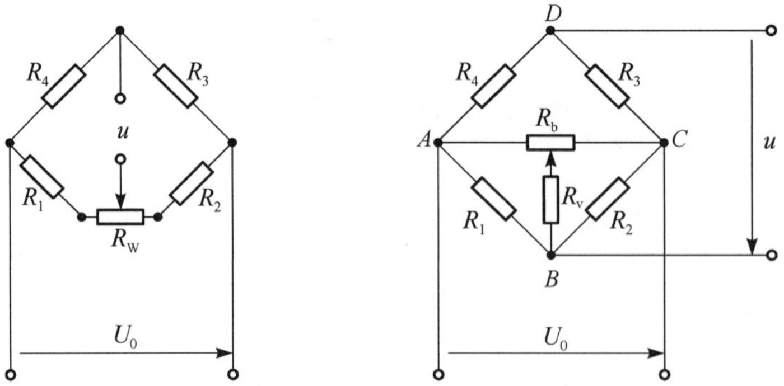

(a) 串联调零法　　(b) 并联调零法

图 5-19　电阻平衡装置原理

2. 电容调平衡装置

用电阻电容法进行交流电桥的调平衡,与电阻调平衡装置中并联调零法相似。用同样的方法,将图 5-20(a)中电容 C 和可调电阻 R_W 经过 Y-△等效变换后,相当于并联在电桥桥臂 R_1、R_2 上的两个可调的等效阻抗,如图 5-20(b)所示。

其表达式为

$$Z'_1=\frac{1}{j\omega C\dfrac{R''_W}{R_W}}+R'_W \tag{5-68}$$

$$Z'_2=\frac{1}{j\omega C\dfrac{R'_W}{R_W}}+R''_W \tag{5-69}$$

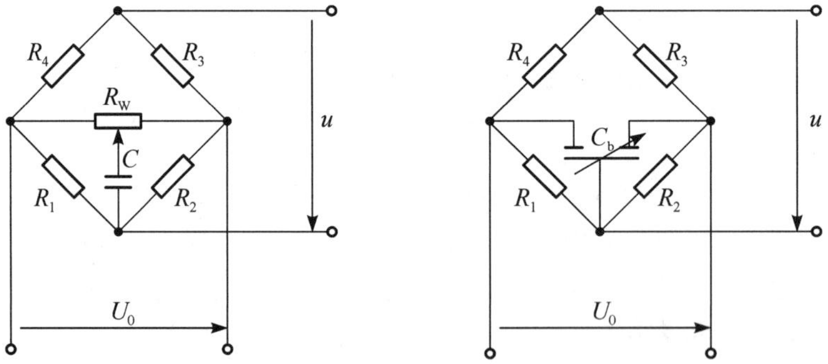

(a) 电阻电容连接　　(b) 等效阻抗

图 5-20　电容平衡装置原理

5.3.4　动态应变的标定

动态应变测量中,被测量是随时间变化的量,不可能直接读数,故动态应变仪采用将动态变化的信号时间历程直接送入记录或显示仪器进行处理。但记录下来的曲线的量值为多少？以什么为基准？这些问题就是所要讨论的动态应变的标定。

在应变测量中有对应变片进行标定（灵敏度 K），也有对仪器进行标定（线性、频宽等），在这里是对记录曲线进行标定，给一个已知标准应变，对测量量进行应变换算。

1. 一般标定法

给出标定应变，实现应变的换算。通过一个已知标准应变 $\varepsilon_{标}$（如采用等强度梁等）可以推算出动态应变 ε_x。

$$\varepsilon_x = \frac{\varepsilon_{标}}{H} \cdot h_x \tag{5-70}$$

式(5-70)可以表达为被测应变是单位高度的应变乘上曲线的高度。这高度可以是所记录曲线的尺寸值，也可以是模拟曲线的电量值。动应变记录曲线如图 5-21 所示。

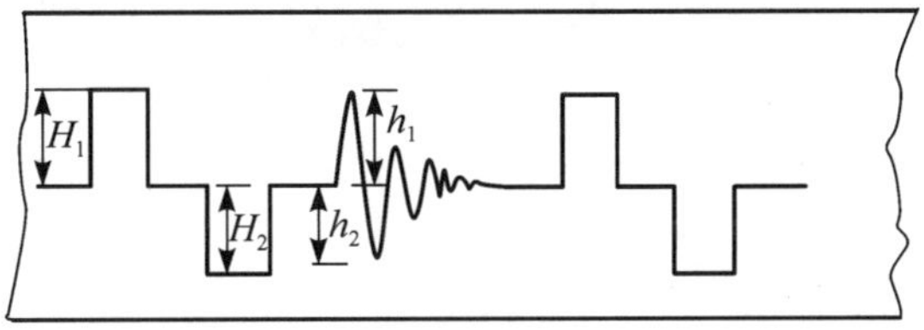

图 5-21　动应变记录曲线

2. 电模拟标定法

利用在桥臂上并联已知标定电阻 $R_{标}$，产生当量的标准应变 $\varepsilon_{标}$，并联后产生

$$|\Delta R| = \left|\frac{R_{标} - R}{R_{标} + R} - R\right| = \left|\frac{-R^2}{R + R_{标}}\right| \tag{5-71}$$

$$\frac{\Delta R}{R} = K\varepsilon_{标} = \frac{-R}{R + R_{标}} \tag{5-72}$$

$$\varepsilon_{标} = \frac{1}{K} \cdot \frac{R}{R + R_{标}} \tag{5-73}$$

或

$$R_{标} = \frac{R}{K\varepsilon_{标}} - R = R\left(\frac{1}{K\varepsilon_{标}} - 1\right) \tag{5-74}$$

根据上式，可以根据不同要求的 $\varepsilon_{标}$ 配上不同的 $R_{标}$ 经过电模拟标定来实现。因为电桥的相邻桥臂符号相异，所以在 R_1、R_2 两个桥臂上并电阻，就会有“＋”“－”的 $\varepsilon_{标}$ 输出，以此来实现对动态的信号标定。

5.3.5　测点位置确定

测点位置确定是应变测量的基础，合理选择测点是应变测量的关键。

1）常用的选点方法

（1）计算法：通过力学计算获得危险部位。此方法应用广泛，利用计算指导布点，利用测量结果校核计算。

（2）脆性涂层法：适用于复杂的结构系统，可进行定性的布点指导。

（3）逼近法：靠多点布片、逐步逼近，此方法较全面，但工作量很大。

（4）模型法：适用于新设计、破坏性试验、不易改动的地方（如造桥先用模型做试验）。

2）确定应变测点时的注意点

（1）充分利用对称性（大大减少测点数）。

（2）灵活运用电桥的加减特性（力学关系一定要明确）。

（3）要适当布置几片校核片（用于校核测量系统和结构的对称性）。

（4）点数少而精（每点都有其用）。

习题

1. 请简述应变测量原理及特点。
2. 如何消除温度对应变测量的影响？
3. 请简述应变桥路的输出特性。
4. 试列举应变桥路的几种典型应用。
5. 试叙述应变测量的测点选取原则。

第 6 章

拉（压）力和荷重的测量

拉(压)力和荷重测量是汽车和机械测量的一个重要参数，其测量的应用非常广泛，如汽车的总重、轮荷、轴荷、重心、牵引力等都属此类测量。

6.1 概述

6.1.1 测力的基本方法

测量方法可分为直接测量法和间接测量法。直接测量法是借助于测量工具或测量仪器把被测量与同性质的标准量进行比较。间接测量法是对与被测量有确定函数关系的其他物理量(即原始参数)进行直接测量，然后根据函数关系计算出被测量。以下为几种常用的测力方法。

1. 静力比较法

采用标准质量与外力进行平衡比较。此法为直接测量法，测量时多用于传感器的标定。

2. 加速度比较法

用测量已知质量的加速度，利用 $F=ma$，求得力。此法属于间接测量法，使用此法不直观。

3. 流体压力比较法

利用流体在气缸或油缸中的压力 p 来反映外力 F，即 $F=pA$，气缸或油缸尺寸一定，力作用的面积 A 确定，用测量缸中的压力 p 来求得力。此法也属于间接测量法，使用此法不直观。

4. 利用特定的弹性元件测力

测力常用特定的弹性元件，如柱、梁、环、筒等配合一些传感器件构成测力传感器。通常有：

(1) 利用弹性元件上贴应变片，用应变反映力。

(2) 弹性元件配合位移测量反映力。

(3) 利用弹性元件在不同力作用下频率的改变反映力。

(4) 利用弹性元件在力的作用下导磁率改变反映力。

6.1.2 压力测量

压力测量用于测量液压系统或气压系统关键的压力特性，通常可用电测的方法进行测量。其原理为：一个系统中的压力与作用在系统上的力 F 以及受力的面积有关，其表达式为

$$p=\frac{F}{A} \tag{6-1}$$

当 A 恒定时,p 与 F 一一对应,这样测压力可归结为测 F 的问题。

压力的测量有多种方法:

(1) 用测弹性元件的位移 Δs 来反映压力 p。

(2) 用测应变 ε 配合弹性元件来反映压力 $p(F)$。

(3) 用测频率 f 配合弹性元件来反映压力 p。

(4) 还可用其他压敏元件(压电、压磁、压阻等)反映压力 $p(F)$。

6.2 电阻应变式测力传感器

测力传感器的种类非常多,而在各类测力传感器中电阻应变片式测力传感器应用最广泛。因此,着重介绍此类传感器。

6.2.1 电阻应变式测力传感器的原理和特点

电阻应变式测力传感器是在弹性元件上,如柱、梁、环、筒等受力后的变形敏感部位贴电阻应变片组成的。

1. 工作原理

由外力的作用,使弹性元件某些敏感部位有较大的变形产生应变 ε。弹性元件的变形引起贴在这些敏感部位的电阻应变片相应地产生电阻变化 ΔR。通过电阻应变仪将此电阻变化转换、放大,最后输出。

2. 特点

此类电阻应变片式测力传感器适用于静态、动态甚至冲击力的测量;测量的非线性误差小,因为此类传感器属纯电阻元件,一般选用的弹性元件的线性好;测量范围大,选用不同的弹性元件配合应变片,测量范围可从克到成百上千吨。

6.2.2 常用的弹性元件和贴片方式

测力传感器的弹性元件有多种形式,根据结构形式可分为柱型、薄壁环型、梁型弹性元件。

1. 柱型弹性元件

柱型弹性元件有圆柱形、方柱形、圆筒形等,如图 6-1 所示。当拉(压)力或荷重沿中心线对其作用时,受力后的应变值为

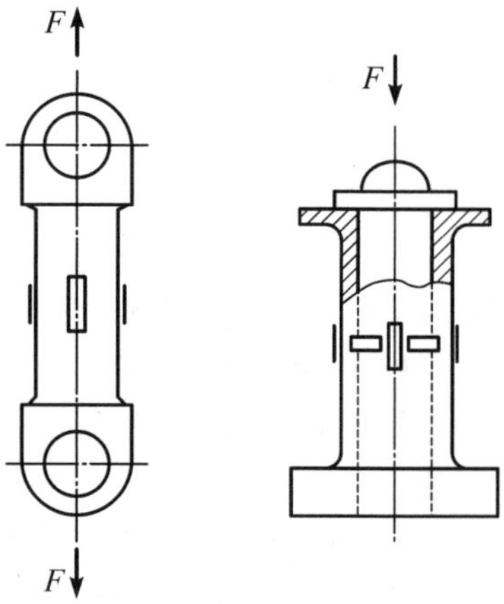

图 6-1 柱型弹性元件

$$\varepsilon=\frac{F}{AE} \tag{6-2}$$

式中:F 为压力或荷重;A 为弹性元件横截面面积;E 为材料的弹性模量。

2. 薄壁环型弹性元件

根据工作的需要可做成各种形状,在外力的作用下,其受力状态如图 6-2 所示。各截面

所承受的弯矩为

$$M = FR_0(0.318 - 0.5\cos\varphi) \tag{6-3}$$

式中：φ 为面的角度；M 为对角度 φ 的截面处的弯矩；R_0 为环的平均半径；F 为拉(压)力。

从弯矩分布图可见，A、B 截面处出现最大弯矩，其弯矩和相应的应变可表达为

$$\begin{cases} M_A = 0.318FR_0,\ \varepsilon_A = \dfrac{1.908FR_0}{bh^2E} \\ M_B = 0.182FR_0,\ \varepsilon_A = \dfrac{1.092FR_0}{bh^2E} \end{cases} \tag{6-4}$$

式中：b 为薄壁环的宽度；h 为薄壁环的厚度；E 为材料的弹性模量。

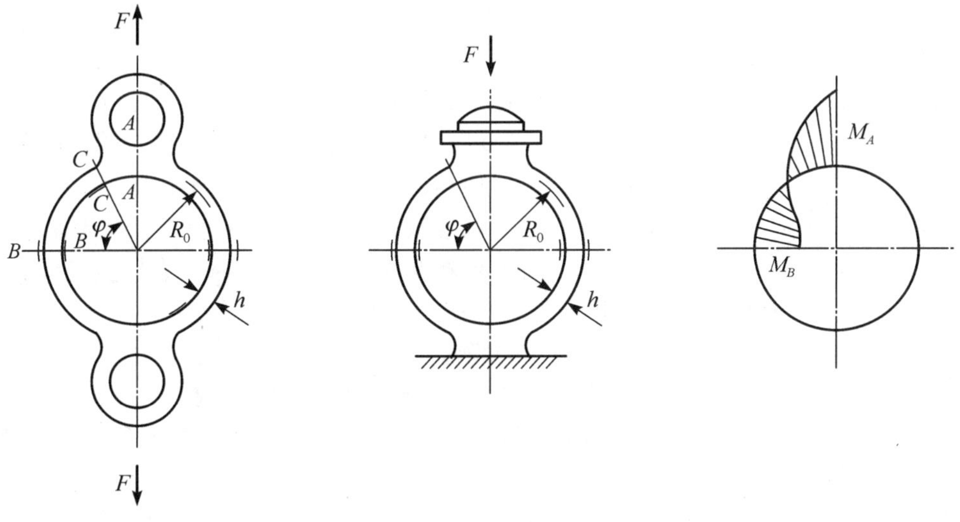

图 6-2　薄壁环型弹性元件

3. 梁型弹性元件

梁型弹性元件常用的有悬臂等强度梁和两端固定梁两种，如图 6-3 所示。其受力后的应变表达式为

悬臂等强度梁
$$\varepsilon = \frac{6Fl}{Ebh^2} \tag{6-5}$$

两端固定梁
$$\varepsilon = \frac{3Fl}{4Ebh^2} \tag{6-6}$$

式中：l 为梁的长度；b 为梁的宽度；h 为梁的厚度。

对于弹性元件柱、环、梁、筒来说，一般梁式结构非常灵敏，适用于微小量的测量；筒和环变形较为灵敏，用于一般力的测量较多；柱式结构多用于非常大的加载力的测量，如桥、大型机械等。

以上列的计算公式只反映外力和弹性元件变形的关系，作为传感器使用时必须通过标定来确定其当量关系。

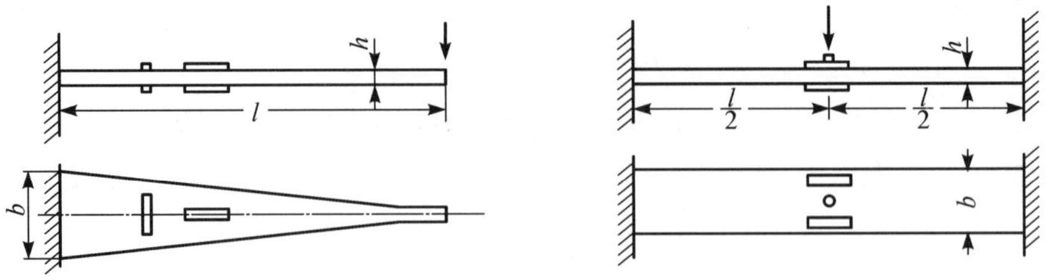

（a）悬臂等强度梁

（b）两端固定梁

图 6-3 梁型弹性元件

6.2.3 电阻应变式压力传感器

1. 压力弹性元件

1）弹簧管（波登管）

弹簧管的结构形式有C形、螺线形、螺旋形和扭管等。它的工作原理是在压力 p 的作用下截面由扁变圆产生伸展。计算和实验表明，在一定范围内位移（或变形后得圆心角）与压力成正比（$S \propto p$）。它的特点是灵敏度高、位移输出大，一般用它直接推动机械仪表；测量范围大，可测量真空、微压和高压等；动态性能较差，即固有频率低。图 6-4 所示为C形弹簧管。

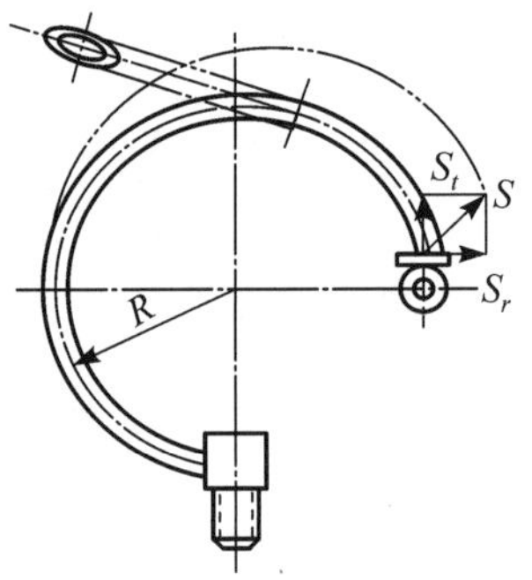

图 6-4 C形弹簧管

2）膜片与膜盒

膜片的结构形式有平膜片和波纹膜片，膜盒的结构形式有膜盒和膜盒组，如图 6-5 所示。它们的工作原理是在压力 p 作用下，膜片产生位移和应变，在一定的范围内，位移与压力成正比（$S \propto p$）。它们的特点是不同的波纹形状可改变输出特性；平膜片的固有频率较高，适宜静态、动态中高压测量；膜盒的灵敏度大于波纹膜片的灵敏度，波纹膜片的灵敏度大于平膜片的灵敏度；膜盒和膜盒组的线性输出范围较大。平膜片常以应变作为输出，一般径向正应力、切向正应力正比于压

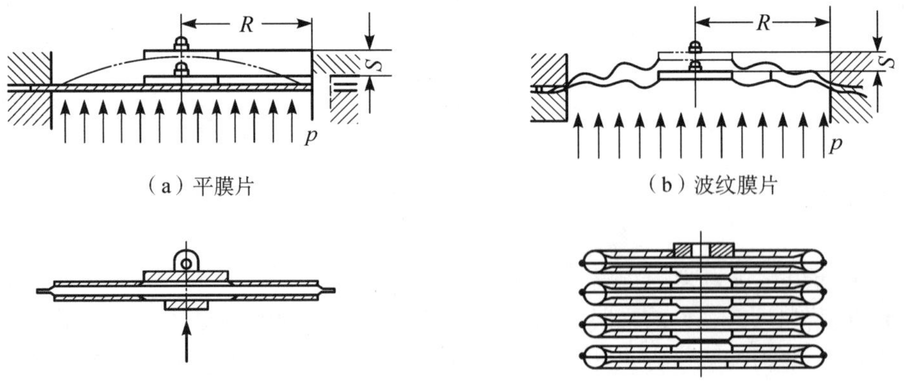

（a）平膜片

（b）波纹膜片

（c）膜盒

（d）膜盒组

图 6-5 膜片和膜盒

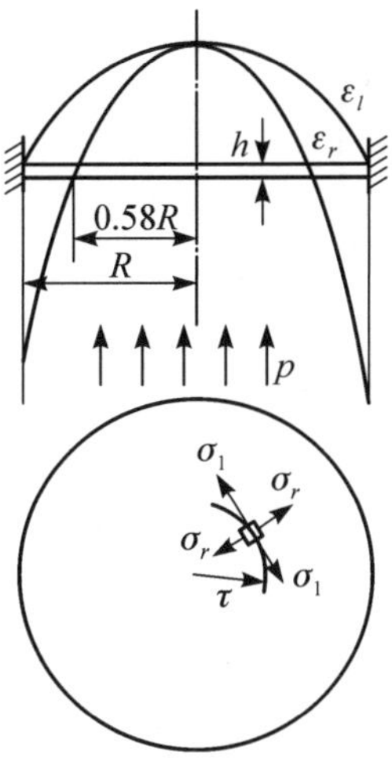

图 6-6　平膜片应变分布图

力，其应力分布如图 6-6 所示。

3）波纹管

波纹管的结构形式类似于膜盒组，表面上有许多同心环状波形皱纹的薄壁圆管，如图 6-7 所示。波纹管分单层和多层两种，多层波纹管内部应力小，能承受更高的应力，耐久力也有所增加，但各层之间的摩擦，使多层波纹管的滞后误差增大。

图 6-7　波纹管

波纹管的工作原理也是由于位移与压力成正比（$S \propto p$）。它的特点是灵敏度高，适用于低中压测量；动态响应较差，即固有频率低；能隔离两种液体介质并传递压力。

2. 常用电阻应变式压力传感器

电阻应变式压力传感器由应变计、弹性元件、传感器体及一些附件组成。其工作原理是利用弹性元件将压力信号转变为弹性元件的变形，再由应变计将这种变形量转变为电信号从而实现压力测量。在应变式压力传感器中，弹性元件按其结构和形式不同，可分为应变筒式、膜片式和应变梁式三种结构，如图 6-8 所示。

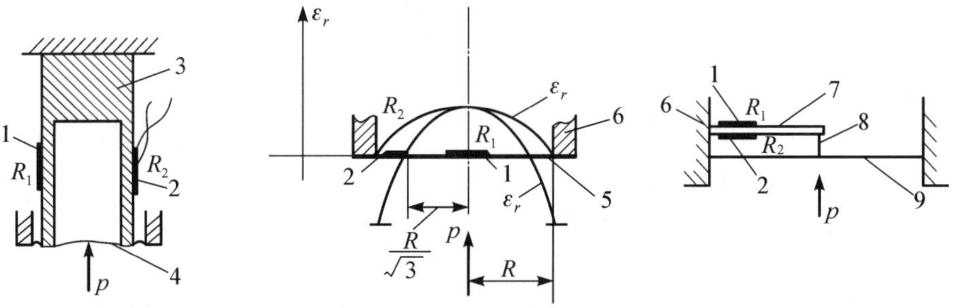

（a）应变筒式　（b）膜片式　（c）应变梁式

图 6-8　应变式压力传感器弹性元件结构形式

1，2—应变片；3—应变筒；4—锤炼式膜片；5—平膜片；6—传感器体；7—悬臂梁；8—传压杆；9—膜片

1）应变筒式

应变筒式传感器结构如图 6-9 所示。其工作原理是，压强作用在材料的轴向和径向，然后通过安装在材料上的应变片把信号传到应变仪上，从而测得压力信号。计算公式为

$$\sigma_1=\frac{2p}{\left(\frac{R_1}{R_2}\right)^2-1},\ \varepsilon_1=\frac{p(2-\mu)}{E\left[\left(\frac{R_1}{R_2}\right)^2-1\right]} \tag{6-7}$$

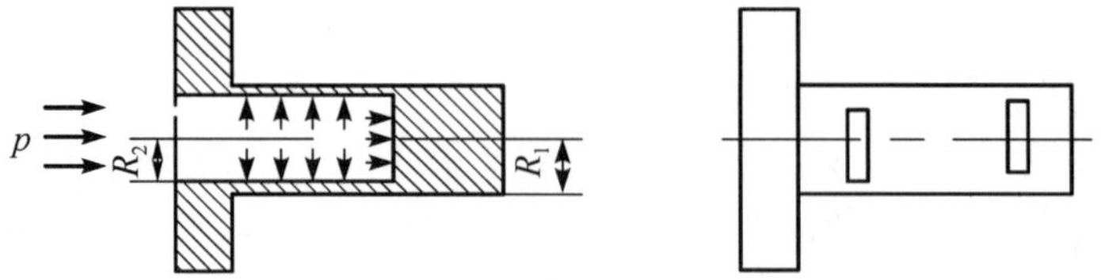

图 6-9　应变筒式传感器的结构

$$\sigma_2=\frac{p}{\left(\frac{R_1}{R_2}\right)^2-1},\ \varepsilon_2=\frac{p(1-2\mu)}{E\left[\left(\frac{R_1}{R_2}\right)^2-1\right]} \tag{6-8}$$

式中:σ_1 为圆周方向的应力;ε_1 为圆周方向应变;σ_2 为轴向应力;ε_2 为轴向应变;E 为材料的弹性模量;μ 为材料的泊松比。

如果是薄壁圆筒时,$R_1\approx R_2$,则 $\varepsilon\approx\varepsilon_1\approx\varepsilon_2$,即

$$\varepsilon=\frac{pR_2}{Eh}\left(1-\frac{\mu}{2}\right) \tag{6-9}$$

式中,$h=R_2-R_1$。因为 p 后面的量都为常数,所以 $\varepsilon\propto p$。

应变片式压力传感器的布片采用周向工作片和温度补偿片。它的特点是结构最简单、制作方便、动态响应适中,适用于中高压测量。

2) 膜片式

膜片式压力传感器的工作原理是,压强作用在已知材料上,然后通过粘贴在材料上的应变片把信号传到应变仪上,从而测得压力信号。

膜片式压力传感器的特点是经过二次转换组合结构,适用于中、高压测量,精度 1%左右,动态响应较好(f_0 高)。

3) 应变梁式

应变梁式压力传感器的工作原理是,压强作用在已知材料上,然后通过粘贴在材料上的应变片把信号传到应变仪上,从而测得压力信号。

应变梁式压力传感器的特点是经过二次转换组合结构,适用于中高压测量,精度 0.3%左右,灵敏度较高,频响较差。

以上几种形式的压力传感器(电阻应变片式)都是用应变仪来完成测量的。

6.3　霍尔效应式压力计等

6.3.1　霍尔效应及霍尔电势

1. 霍尔效应

霍尔效应是一种物理现象,它发生在金属或半导体薄片上。当薄片两端通以控制电流 I,并在薄片的垂直方向施加磁场 $\boldsymbol{B}$,则在垂直于电流和磁场的方向 AA' 上将产生电势的现象。由霍尔现象而产生的电势称为霍尔电势,用 U_H 表示。霍尔效应原理图如图 6-10 所示。

2. 霍尔电势的形成

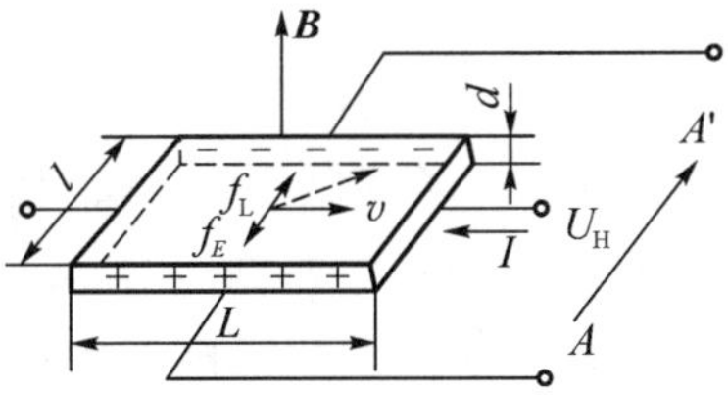

图 6-10　霍尔效应原理图

如图 6-10 所示，导电薄片的长、宽、厚分别为 L、l 和 d。设导电薄片的载流子(参与导电的带电粒子)电量为 e，当载流子 e 是正电荷时，其运动速度 v 与电流 I 同方向，这些带正电荷的载流子在磁场 $\boldsymbol{B}$ 中将受到洛伦兹力的作用。$f_L=+e\cdot v\times\boldsymbol{B}$ 右手定则(叉乘)，f_L 方向为 $A'A$；当载流子 e 是负电荷时，其运动速度与电流相反方向，所受洛伦兹力方向大小表示为 $f_L=-e\cdot v\times\boldsymbol{B}$(叉乘往下)，但是由于是负电荷，所以 f_L 方向还是 $A'A$。因此，不论载流子是正电荷还是负电荷，都将受到向上方向的洛伦兹力的作用。如设载流子为正电荷，由于洛伦兹力的作用，正电荷在 A 侧堆积，负电荷在 A' 侧堆积，并由此产生由 A 指向 A' 的横向电场。

然而，电场 E_H 也要对电荷产生一个作用力(电场力) $f_E=eE_H$ 方向与 f_L 相反。当 $f_E=f_L$ 时(也就是定向运动的载流子所受合外力为零时)，载流子回到与磁场 $\boldsymbol{B}$ 不存在时相同的运动状态，同时 AA' 两侧停止电荷的继续堆积，从而在 AA' 建立起一个稳定的电位差 $U_{AA'}$，这 $U_{AA'}$ 称之为霍尔电势 U_H，则有

$$U_H=U_{AA'}=\int_A^{A'}E_H\mathrm{d}l=\int_0^l v\boldsymbol{B}\mathrm{d}l=v\boldsymbol{B}l \tag{6-10}$$

又因为 $I=n\cdot e\cdot v\cdot l\cdot d$($n$ 为单位体积载流子数；$l\cdot d$ 为电流流过的截面)，所以电流以某速度流过一定截面的电荷量为

$$U_H=U_{AA'}=\frac{I}{n\cdot e\cdot l\cdot d}\cdot\boldsymbol{B}l=\frac{I\boldsymbol{B}}{n\cdot e\cdot d}=\frac{1}{n\cdot e}\cdot\frac{I\boldsymbol{B}}{d} \tag{6-11}$$

从以上霍尔电势表达中可以看出，材料厚度 d 越小，U_H 越大，故霍尔元件通常为薄片；一般金属的载流子浓度非常大(即 ne 很大)，霍尔效应不明显(即 U_H 小)，故霍尔材料都用半导体材料。

3. 霍尔元件的特点与用途

霍尔元件的特点是对磁场敏感、结构简单、频响宽、动态范围大、寿命长。根据

$$U_H=\frac{1}{n\cdot e\cdot d}\cdot I\boldsymbol{B}\cos\theta=K_H\cdot I\boldsymbol{B}\cos\theta \tag{6-12}$$

式中，K_H 为霍尔系数。

霍尔元件的应用有：①由 $U_H\propto\boldsymbol{B}$，可测磁场强度 $\boldsymbol{B}$(电工测量中的高斯计)；②$\boldsymbol{B}$ 固定，$U_H\propto I$ 可测电流 I(电流计)；③I、$\boldsymbol{B}$ 同时变化，$U_H\propto I\cdot\boldsymbol{B}$，相当于模拟乘法器；④I、$\boldsymbol{B}$ 固定，$U_H\propto\cos\theta$，可测转角 θ。

4. 霍尔式压力计的工作原理

实际上霍尔式压力计测量的是位移量 x，使用时电流 I 固定，U_H 正比于磁场 $\boldsymbol{B}$，而磁场 $\boldsymbol{B}=f(x)$，磁场 $\boldsymbol{B}$ 正比于位移 x，因此 U_H 正比于位移 x，测位移时使位移正比于压力 p。此过程表达为

$$\Delta p \rightarrow \Delta x \rightarrow \Delta \boldsymbol{B} \rightarrow \Delta U_{\mathrm{H}}$$

霍尔式压力计如图 6-11 所示,将霍尔元件放在上、下两个磁钢中间,两个磁钢在霍尔元件的两半边分别产生一磁感强度相等、方向相反的两个磁场,当通入电流后,所产生的总的霍尔电势为零。在测压时,先将压力流体通入弹簧管,弹簧管 1 的变形带动霍尔片 2 移动,从而使霍尔片感受到的左半边的磁场的磁感应强度(上 S 下 N 部分)比右半边的(上 N 下 S 部分)小(极靴间磁感应强度沿 y 方向的分布如图 6-12 所示)。这样,霍尔片所感受的方向相反的两个磁场作用不能相互抵消,因此便有一霍尔电势输出。

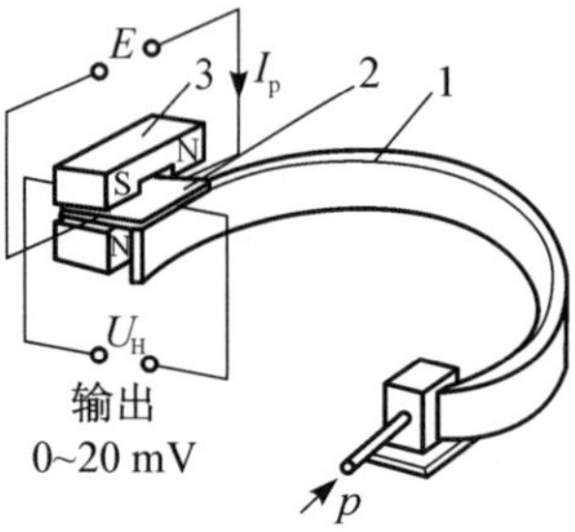

图 6-11 霍尔式压力计

1—弹簧管;2—霍尔片;3—磁钢

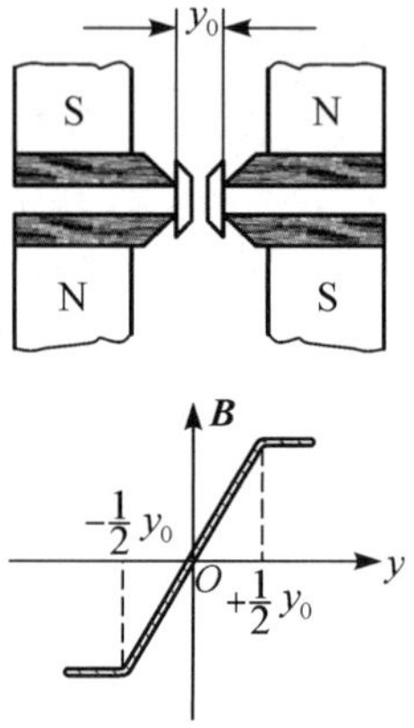

图 6-12 极靴间磁感应强度沿 y 方向的分布

使用中必须满足磁场正比于位移,电流恒定(采用恒流稳压电源)。测读时要求配置良好的稳定电流,以供产生恒定电流;直接配置毫伏表或电位差计测 U_{H}。

霍尔式压力计的特点是精度较高,适用于低压(微压)的测量;动态响应受弹性元件的影响。霍尔元件的应用并不局限于压力测量,它还可测量转速、压力、应变、加速度、微位移和磁场,或作为函数发生器、分析器。

6.3.2 活塞式压力计及其压力传感器的标定

活塞式压力计是一种高精度的标准压力计,主要用于各种压力传感器的标定。虽然它不属于电测的手段,但试验中却离不开它。无论自制还是标准产品,都需要用它来进行标定。

活塞式压力计工作原理是静压传递符合帕斯卡定律,由砝与已知截面产生标准压力供给被测传感器。它的特点是精度高、测量范围广,主要用于低一级小压力仪表静压标定(为减小摩擦阻力影响,工作时使其旋转)。

压力传感器标定方法是:安装传感器,连接测量仪器;根据量程大小合理分级加载并记录读数(逐级卸载,观察适合性迟滞);描绘出传输特性,求出灵敏度和线性度。

习 题

1. 请简述测力有哪些测试方法。
2. 常用的测力用弹性元件有哪些?

第 7 章

扭 矩 测 量

汽车试验中，若要研究动力传动系统的特性，扭矩总是一个不可少的机械量，尤其是动态扭矩，对其测量十分重要。

车辆的发动机、工作油泵、液压马达、变速器、传动轴和前后桥半轴等部件都涉及扭矩的测量。

7.1 测量扭矩的基本途径

1. 直接比较法

用已知阻力矩与被测扭矩进行静、动态平衡的比较，如杠杆式扭矩标定装置（静态）、水力测功器（动态）等。

2. 测应力或应变来反映扭矩

根据测量受扭弹性元件中应力 $\tau \propto M_n$ 或应变 $\gamma \propto M_n$，即

$$\tau = \frac{M_n}{W_n}, \quad \gamma = \frac{\tau}{G} = \frac{M_n}{GW_n} \tag{7-1}$$

式中：G 为弹性元件剪切弹性模量；W_n 为弹性元件抗扭断面模量。

3. 测相对转角

根据受扭杆件 $\Delta\theta \propto M_n$，即

$$\theta = \frac{L}{GJ_n}M_n \tag{7-2}$$

式中：J_n 为断面的极惯性矩；L 为元件受扭轴上两个确定断面间的距离；G 为弹性元件剪切弹性模量。

7.2 测量扭矩中的几个基本问题

(1) 灵活地应用一些物理效应，适当地进行机电转换，如应变式、磁电式、钢弦式等。

(2) 信息的传输（主要指转轴）。

- 反绕法：利用信号传送导线与测扭矩等转动方向相反绕多圈来传送信号。
- 集流环：利用电刷滑环、磁电感应线圈等来传送信号。
- 遥测式：用无线电发射器、接收器来传送信号。
- 非接触式传感器：磁电感应、光电照射等传输信号。

(3) 标定时,静态标定采用平衡比较法。

以上几点属测量扭矩的共性问题,各种测扭仪都要考虑。

7.3 常用扭矩仪

常用扭矩仪一般分为两类,一类是应变式扭矩仪,包括电阻应变式扭矩传感器等;另一类是相对转角式扭矩仪,包括相位差式(磁电脉冲、光电脉冲)扭矩传感器、钢弦式扭矩传感器等。

7.3.1 电阻应变片式扭矩仪

1. 工作原理

电阻应变片式扭矩仪利用应变片将弹性轴上因扭矩产生的剪应变转化成电量而进行测量。应变片可以直接贴在需要测量扭矩的传动轴上,也可以在特制的弹性元件上贴片,制成应变式扭矩传感器,其结构如图 7-1 所示。

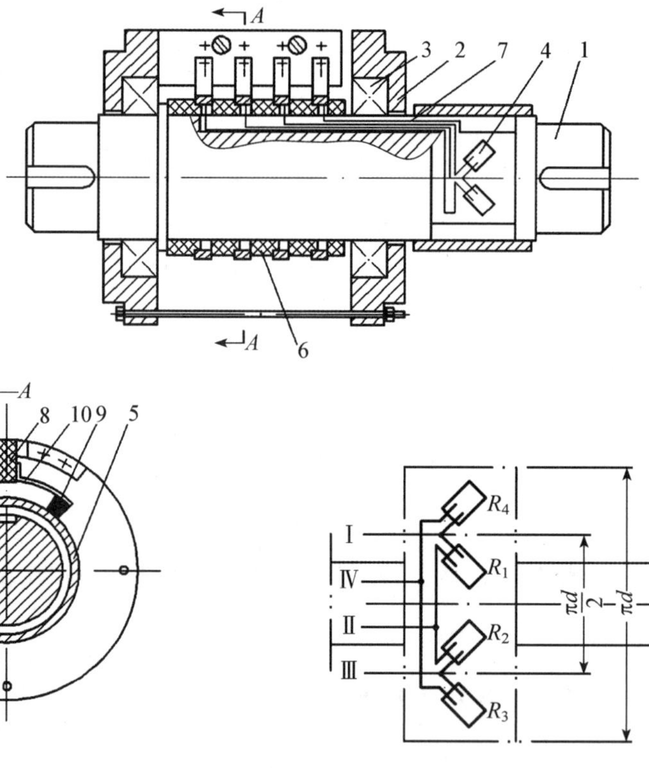

图 7-1 某型应变式扭矩传感器的结构

1—弹性轴;2—轴承座;3—轴承;4—应变片;5—铜环;6—绝缘环;7—引出线;8—电刷支架;9—电刷;10—弹簧钢片

其工作原理为用单元体表示被测轴承受扭矩时产生的切应力,两个主应力与轴线成 45°和 135°夹角。因此,应变片按 45°、135°贴片分别测出应变值 $\varepsilon_{45°}$、$\varepsilon_{135°}$,其剪应变 $\gamma=\varepsilon_{45°}-\varepsilon_{135°}$,其与扭矩的关系式如式(7-3)所示。具体贴片如图 7-2 所示。

$$\tau=\frac{M_n}{W_n}=G\gamma=\frac{E}{2(1+\mu)}(\varepsilon_{45^\circ}-\varepsilon_{135^\circ}) \quad (7-3)$$

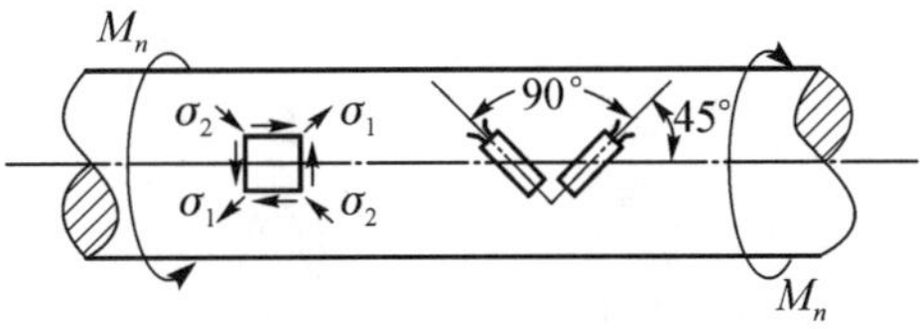

图 7-2　纯扭转传动轴的主应力方向和测量方向

2. 布片与接桥

从原理上来看，1 片、2 片、4 片应变片都能测量扭矩 M_n，但从性能上来看，4 片应变片最好，不仅能提高灵敏度，还能消除拉、压、弯、温度等不良因素的影响。其布片方式如图 7-3 所示。

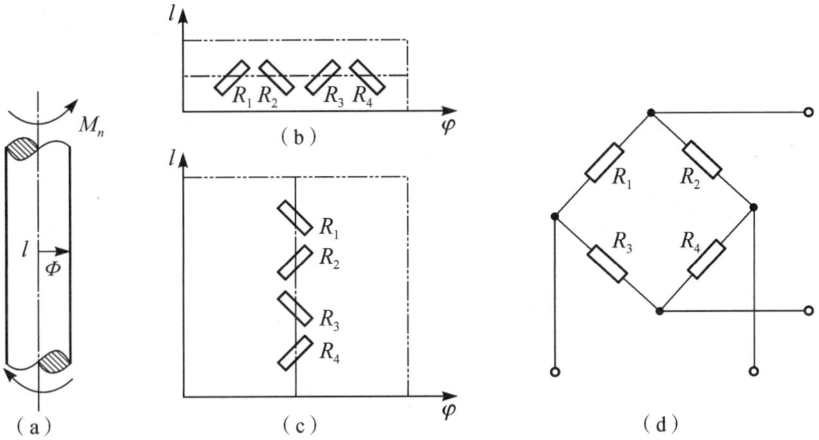

图 7-3　应变式扭矩传感器贴片展开图

电桥信号的输出一般采用集流环。带有集流环的扭矩传感器都在轴上结成桥后，用电刷、滑环输出。如采用遥测式，将应变片在轴上按 45°、135°方向贴完后，接入发射器，发射器固定在转轴上，由接收机接收发射机发出的扭矩信号，从而实现无接触测量。

测量电路则直接采用应变仪。应变仪实际上就是一个配合应变片的专用放大器，使用应变片制成的传感器都可用应变仪进行测量。

电阻应变片式扭矩仪可测静态、动态扭矩，其结构简单、操作方便、精度较高，但输出受集流装置的转速和摩擦等影响。为了克服此影响，目前有些传感器采用在定子和转子上装感应线圈的方式，通过电磁感应原理实现无摩擦的信号传输。

7.3.2　相位差式扭矩仪

1. 磁电式相位差扭矩仪

1) 机电转换原理

空载转动时，磁通 Φ 变化产生感应电势，即

$$e=\frac{\mathrm{d}\Phi}{\mathrm{d}t} \quad (7-4)$$

如图 7-4 所示，如果齿轮加工时使其磁场按正弦规律变化，这样在转轴转动时就感应出两个正弦的感应电势 e_A、e_B。作用扭矩 M 后，引起相对转角 $\theta=\frac{Ml}{GJ}$。式中：G 为材料弹性

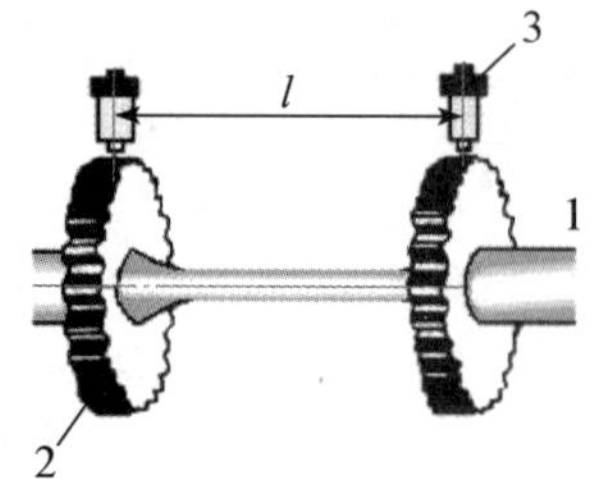

图 7-4 磁电型信号发生器

1—轴；2—齿轮；3—信号发射器

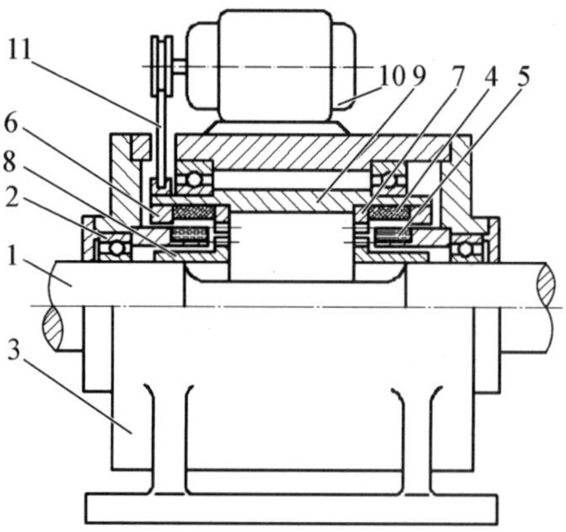

图 7-5 某型磁电式相位差扭矩传感器

1—弹性轴；2—滚动轴承；3—壳体；4—磁钢；5—导磁环；6—线圈和线圈架；7—内齿圈；8—外齿轮；9—套筒；10—电机；11—三角皮带传动装置

模量；J 为轴的转动惯量。θ 使两列电信号产生相对电气上的相位差角 ϕ。由于 M 在转轴上产生一个机械角 θ，使得两列电脉冲之间产生电气角 $\phi=z\cdot\theta$，式中，z 为齿轮的齿数。这样，只要测出 ϕ 值，就可以得到扭矩值。

此类扭矩传感器工作的必要条件是在转轴与检测器之间必须存在相对运动，否则 $\frac{\mathrm{d}\Phi}{\mathrm{d}t}=0$。为了解决静态扭矩的测量，采用检测器相对被测轴反转，使之产生一个 e_A 或 $e_B=\frac{\mathrm{d}\Phi}{\mathrm{d}t}$。因此，当静态扭矩时需开动专门电机使得检测器对静止的轴有相对运动才能进行测量。同样，在低速时由于 $e=\frac{\mathrm{d}\Phi}{\mathrm{d}t}$ 较小，其幅值较低时需要开动电机进行相对运动。图 7-5 所示为 JSC 型磁电式相位差扭矩传感器。

2）相位角 ϕ 的测读原理

如图 7-6 所示，测读采用逻辑电路进行。初始检测且安装时，两齿轮错开一定角度，使它们的电气角相差 180°，以便于计算。对两列正弦脉冲进行放大整型，使得脉冲高低电平分界明确，便于处理，并能推动下一个门。通过门控电路使两列脉冲实现逻辑乘积(与运算)获得一列其相位差与机械相对转角 θ 对应成比例的脉冲。此列脉冲宽度代表扭矩信号。采用计数法测脉冲宽度也就是由填充法填上一定数量的计数脉冲。此计数脉冲频率为 f_c。定时装置采用一个时钟脉冲控制计数，也就是数在 Δt 单位时间内的脉冲数 $N_{\Delta t}$，如式(7-5)所示。

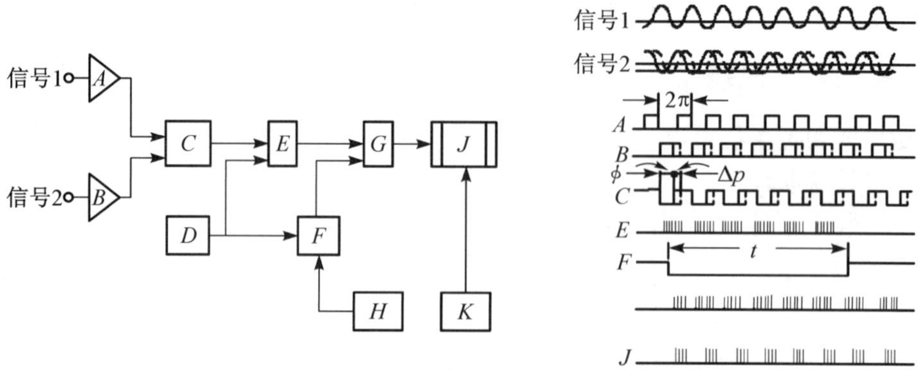

图 7-6 数字式测量电路的方框图和波形图

$$N_{\Delta t}=\frac{f_c\cdot\Delta t}{2\pi\cdot n}\cdot(n\cdot\phi)=\frac{f_c\cdot\Delta t}{2\pi}z\cdot\theta=\frac{f_c\cdot\Delta t\cdot z}{2\pi}\cdot\frac{l}{GJ}M \tag{7-5}$$

式中：$f_c\cdot\Delta t$ 为 Δt 时间内的脉冲数；$\frac{f_c\cdot\Delta t}{2\pi\cdot n}$ 为单位角度内的脉冲数；$n\cdot\phi$ 为 t 时间内的实际 ϕ。

令 $K=\frac{f_c\cdot z\cdot l}{2\pi GJ}\Delta t$，则

$$N_{\Delta t}=KM \quad 或 \quad M=\frac{1}{K}N_{\Delta t} \tag{7-6}$$

由式(7-6)推导已得脉冲数 $N_{\Delta t}$，可以用以线性表示 M；$N_{\Delta t}$ 与 Z 有关，使用时要注意，$N_{\Delta t}$ 与轴的转速无关（工作条件仍需保证相对运动）。对每根轴来说，$\frac{l}{GJ}$ 为常数，但没有互换性，均通过标定来确定每根轴的常数。

3）基本特点

虽是数字传输，但能通过数模变换电路得到模拟量的输出；可用于测量静态扭矩、稳态动扭矩和缓变动扭矩，但由于是等间隔采样（显示），反映的数值是采样时间内的平均值，所以不适用于测量冲击等瞬态扭矩；测量精度较高，测量精度与 Δt、转速、齿轮等有关，转速越高，精度越高，当 $Z=60$，$\Delta t=1$ s，$n>500$ r/min 时，精度可达 0.2%。

2. 光电式相位差扭矩仪

光电式相位差扭矩仪利用机电转换原理，空载时，分度盘和光栅盘转动，利用遮光和光照现象产生光电效应，光电管因得到间歇光照而输出电脉冲信号 I_A、I_B。在力矩 M 作用下使两个盘之间产生相对转角 θ，因而便得光电脉冲产生相位差 ϕ。与磁电式相比较，其他部分完全类似于磁电式相位差扭矩仪。

3. 钢弦（振弦）式扭矩仪

1）钢弦的力频特性

所谓弦必不可压，反之为杆。从乐器中的弦乐（二胡、提琴等）均可引出弦的力频现象。图 7-7 所示为钢弦转矩测量传感器结构。

钢弦的固有频率为

$$f_0=\frac{1}{2l}\sqrt{\frac{F}{\rho_v}} \tag{7-7}$$

从式(7-7)可知，$f_0\propto\sqrt{F}$ 是一种非线性的传感器，f_0 反比于弦的长度 l，即 $f_0\propto\frac{1}{l}$。ρ_v 为弦的线密度。上两个关系不难理解，$f_0\propto\sqrt{F}$，则 F 增大，f_0 增大，用于调整乐弦；$f_0\propto\frac{1}{l}$，二胡奏乐就是利用手指控制 l，则 l 增大 f_0 减小，l 减小 f_0 增大。

钢弦的输出特性为在输入的力为 F 时，$f_0=\frac{1}{2l}\sqrt{\frac{F}{\rho_l}}$。当外力作用产生 ΔF 时，

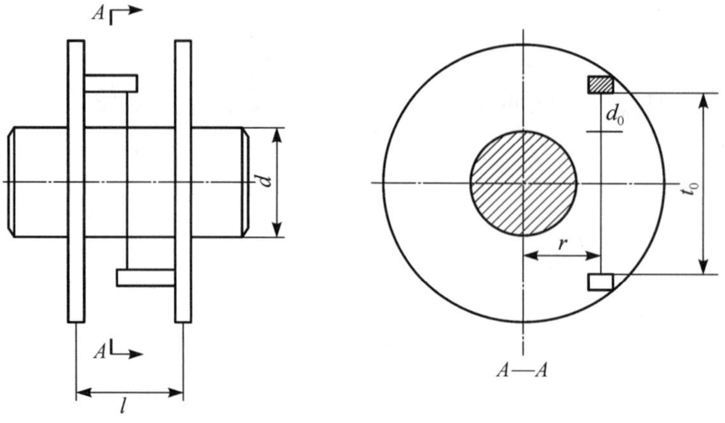

图 7-7　钢弦转矩测量传感器结构

$$f_1=\frac{1}{2l}\sqrt{\frac{F+\Delta F}{\rho_l}}=\frac{1}{2l}\sqrt{\frac{F}{\rho_l}\left(1+\frac{\Delta F}{F}\right)}=f_0\left(1+\frac{\Delta F}{F}\right)^{\frac{1}{2}}$$
$$=f_0\left[1+\frac{1}{2}\frac{\Delta F}{F}-\frac{1}{8}\left(\frac{\Delta F}{F}\right)^2+\frac{1}{16}\left(\frac{\Delta F}{F}\right)^3+\cdots\right] \tag{7-8}$$

$$\Delta f=f_1-f_0=f_0\left[\frac{1}{2}\frac{\Delta F}{F}-\frac{1}{8}\left(\frac{\Delta F}{F}\right)^2+\frac{1}{16}\left(\frac{\Delta F}{F}\right)^3+\cdots\right] \tag{7-9}$$

当 $\frac{\Delta F}{F}\ll 1$ 时,忽略高次项,有 $\Delta f\approx\frac{1}{2}\frac{\Delta F}{F}f_0$, $\Delta f\propto\Delta F$, 则

$$\delta_2=\frac{\frac{1}{8}\left(\frac{\Delta F}{F}\right)^2}{\frac{1}{2}\frac{\Delta F}{F}}\times 100\%=\frac{1}{4}\frac{\Delta F}{F}\times 100\% \tag{7-10}$$

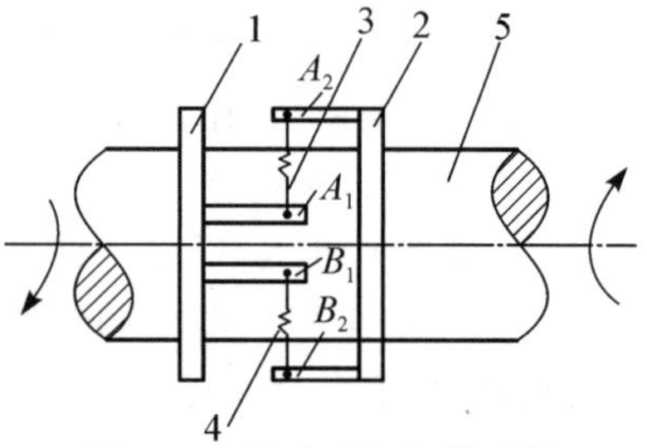

图 7-8　振弦式扭矩传感器

1, 2—卡环; 3, 4—振弦变换器;
5—传动轴

如何改善钢弦的非线性?选取适当小的工作段,由图 7-8 可知,因为工作是要有一定的张紧力,所以工作点不在零。从图中可以看出,可通过牺牲工作范围来改善非线性。

采用差动结构,根据差动原理,如果两根弦中一根增加 ΔF 拉紧,另一根减小 ΔF 放松,这样就可以组成差动形式,从而改善非线性。

拉紧时:

$$f_1=f_0\left(1+\frac{\Delta F}{F}\right)^{\frac{1}{2}}=f_0\left[1+\frac{1}{2}\frac{\Delta F}{F}-\frac{1}{8}\left(\frac{\Delta F}{F}\right)^2+\frac{1}{16}\left(\frac{\Delta F}{F}\right)^3+\cdots\right] \tag{7-11}$$

放松时：

$$f_2=f_0\left(1-\frac{\Delta F}{F}\right)^{\frac{1}{2}}=f_0\left[1-\frac{1}{2}\frac{\Delta F}{F}-\frac{1}{8}\left(\frac{\Delta F}{F}\right)^2-\frac{1}{16}\left(\frac{\Delta F}{F}\right)^3-\cdots\right] \tag{7-12}$$

采用差动形式，输出为

$$\Delta f=f_1-f_2=f_0\left[\frac{\Delta F}{F}+\frac{1}{8}\left(\frac{\Delta F}{F}\right)^3+\cdots\right] \tag{7-13}$$

此时，当 $\frac{\Delta F}{F}\ll 1$ 时，$\Delta f\approx\frac{\Delta F}{F}f_0$，则

$$\delta_2=\frac{1}{8}\cdot\frac{\Delta F}{F}\times 100\% \tag{7-14}$$

和非差动形式比较，灵敏度增加了1倍，非线性误差大大减小。

以上讨论的是弦的力频特性。用钢弦测量时，如测力，使用一根弦一端固定，另一端装在一根两端固定梁或悬臂梁上，使其有一定的张紧力。在梁上作用力以后，就可以通过频率变化把所测的力反映出来。

2）钢弦式扭矩仪

机电转换过程如下：

$$M\rightarrow\Delta\theta\rightarrow\Delta p\rightarrow\Delta f(\xrightarrow{i_1 i_2}\Delta e)$$

一般采用差动形式消除非线性。

钢弦式扭矩仪工作需要一定的条件，因为是弦，$+\Delta F$、$-\Delta F$ 只能是在张紧条件下的松紧程度，所以需要一定的张紧力。传感器的输出是靠频率的变化，如果没有激振措施，弦是静止的，没有振动就是把弦拉断也不会产生频率信号，因此需要将弦激振。测频电路的作用是把由力产生的频率信号取下来进行处理。

3）激振方法

激振方法一般分为间歇激振和连续激振。

（1）间歇激振：用电脉冲送到输入线圈，使其成为一电磁铁，把振弦吸一下，然后振弦以固有频率振动，由于空气阻力作用使其为一衰减振动，这样间歇地输入一脉冲使弦不断地做衰减振动。虽然其是衰减振动而我们所关心的是频率，后面的测量电路也是对频率进行处理，所以问题不大。

（2）连续激振：初始时，给线圈1通一电流后产生电磁力实现振动，通过线圈2感应出输出电势 e，经放大后从放大器输出，引入正反馈再送入线圈1，使其维持振荡。

这两种方法都是线圈通过钢弦组成一个磁回路来进行激振和测量的。对钢弦式扭矩仪，都是以这两种激振方法激振。另外，对于钢弦式测力计，常利用钢弦作为电回路形成 LC 振荡进行工作。

4）频率测量方法

频率测量方法有两种，一种是计数法，另一种是频率比较法。计数法测频是累计在时间

Δt 内的脉冲数，与在相位差中讨论的一样；频率比较法又称李萨如法，将被测频率 f_x 输入示波器的 x 轴，用一台标准频率发生器发送一个标准频率 f_y 到 y 轴。这样，在示波器上就出现李萨如图形。当 $f_x=f_y$ 时，出现椭圆图形，以此来得到所测频率。

5）基本特点

钢弦式扭矩仪只适用于测量静扭矩和稳态动扭矩（由方法、原理所定）；测量误差±1%；钢弦的材料要求较高（强度、磁性、温度）；一般用 0.08 mm 左右的高强度冷拉钢丝、钛丝、钨丝或提琴弦；信号传输大多采用集流环方法，此扭矩仪抗干扰能力强，由于其为频率输出而不是幅度输出，因此不受温度等条件的影响。

习题

1. 请简述扭矩测量的测量方法。
2. 试列举常用的扭矩传感器并简述其测量原理。

第 8 章

流体流量测量

流量就是在单位时间内流体通过一定截面积的量。这个量用流体的体积来表示，称为瞬时体积流量（Q_v），简称体积流量；用流体的质量来表示，称为瞬时质量流量（Q_m），简称质量流量。

对在一定通道内流动的流体的流量进行测量，统称为流量计量。流体的流量在机械和汽车的试验中经常出现，为了控制生产过程能定态进行，就必须经常了解操作条件，如空气流量、特种车辆中液压系统的流量等，并加以调节和控制。进行科学实验时，也往往需要准确测定流体的流量。流量测量的基本方法有容积法、流速法和节流法。本章主要对流量测量进行详细的介绍。

8.1　流量测量的基本方法

1. 容积法

从定义出发，若测得 ΔV、Δt，则 $\overline{Q}=\dfrac{\Delta V}{\Delta t}$。式中，$\Delta V$ 为体积增量，Δt 为时间增量。例如，油耗测量，只能是平均流量。

2. 流速法

基于 $A\overline{V}$，只要测出 $\overline{V}$，就解决了 $Q=A\overline{V}$，式中，A 为液体在管道中流动时其管道的截面，$\overline{V}$ 为平均流速。

3. 节流法

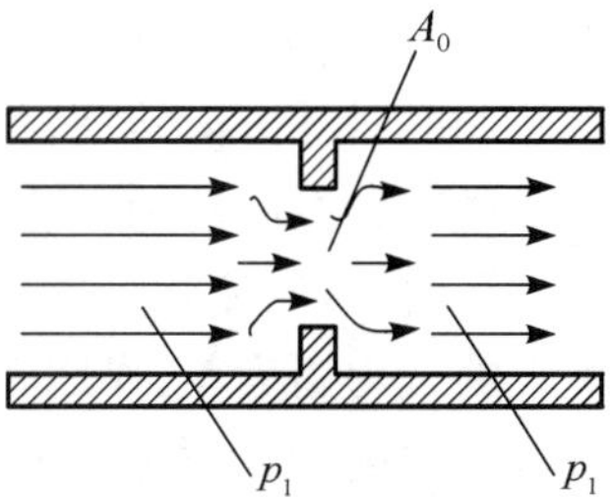

图 8-1　节流法

根据图 8-1，流体的节流特性 $Q=K'A_0\sqrt{\Delta p}=K\sqrt{\Delta p}$，测出 Δp，可获得 Q；固定 Δp，$Q\propto A_0$，由改变 A_0 测得 Q。此两种方法可制成两种形式的流量计。式中，K'为常数，A_0 为节流口处截面积，p_1、p_2 为节流前后的管道中的流体压力，Δp 为管道中流体的压差。

8.2　测量仪器

8.2.1　容积式流量计

容积式流量计的特点是具有一个计量容积腔（累计排出液体的腔数）。油泵就是一种典型的容积式流量计，把活塞移到头，打开流入口，把油装满，由流出口排出。容积式流量计的种类有椭圆齿轮式、腰轮式（罗茨流量计）、刮板式、往复活塞式、旋转活塞式等。

1. 椭圆齿轮流量计工作原理

椭圆齿轮流量计的工作原理如图 8-2 所示。

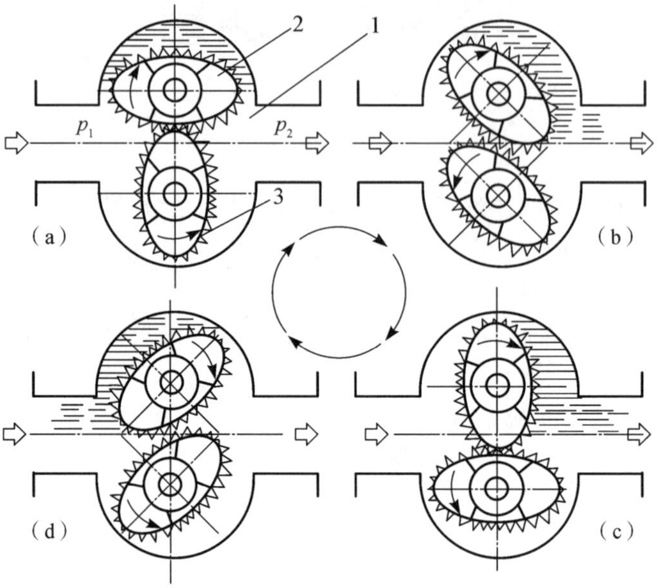

图 8-2　椭圆齿轮流量计的工作原理

1—腔室；2，3—椭圆齿轮

椭圆齿轮流量计由两个相互啮合的椭圆齿轮 2 和 3 及外壳所构成。流体流过时，由于有摩擦阻力存在，就有压力损失，使进口侧流体压力 p_1 大于出口侧压力 p_2。在此压力差作用下，产生作用力矩而使其转动。在图 8-2(a)所示的位置时，由于 $p_1 > p_2$，产生的合力矩使齿轮 2 顺时针方向转动，把齿轮 2 和壳体间的半月形容积内的介质排至出口，并带动齿轮 3 做逆时针方向转动。这时，齿轮 2 是主动齿轮，齿轮 3 为从动齿轮。在图 8-2(b)所示为中间位置时，齿轮 2 和齿轮 3 均为主动齿轮。而在图 8-2(c)所示位置时，p_1 和 p_2 作用在齿轮 2 上的合力矩为零，作用在齿轮 3 上的合力矩使齿轮 3 做逆时针方向转动，并把已吸入的半月形容积内的介质排至出口，这时齿轮 3 为主动齿轮，齿轮 2 为从动齿轮，与图 8-2(a)所示的情况刚好相反。如此往复循环，齿轮 2 和齿轮 3 互相交替地由一个带动另一个转动，将被测介质以半月形容积为单位一次一次地由进口排至出口。图 8-2 所示仅仅表示椭圆齿轮转动了 1/4 周的情况，所排出的被测介质为一个半月形容积。因此，椭圆齿轮每转一周所排出的被测介质量为半月形容积的 4 倍。如果知道每个半月形容积的大小，只要测出齿轮的转速 n，就可以知道这时体积流量的大小了。

椭圆的面积为 πab，则每腔的容积为

$$\Delta V = \frac{1}{2}\pi R^2 C - \frac{1}{2}\pi ab\delta = \frac{\pi}{2}(R^2 - ab)C \tag{8-1}$$

式中，C 为齿轮厚度。则体积流量为

$$Q = 4\Delta V \cdot n \ (\mathrm{L/min}) \tag{8-2}$$

2. 活塞流量计工作原理

此形式流量计是由十字形配置的四个活塞和旋转机械组成的，故通常称为四活塞流量计。其工作原理如图 8-3 所示。当被测燃油在泵油压力作用下推动活塞运动，则活塞运动推动曲轴运动，曲轴旋转一周即四个活塞各往复运动一次，完成一个进排油循环。具体过程如下：

(1) 燃料从 P_3 进入，腔 3 推动活塞 3 上行，曲轴顺时针旋转，腔 2 处进油终止，活塞 1 将原来油经 P_1 至 E_1 排出，腔 4 处排油终止。

(2) 活塞 1 排油终止，活塞 2 处在排油行程，腔 3 进油终止，活塞 4 处进油推动活塞顺时针右行，活塞 2 腔油经 P_2、E_2 排出。

(3) 同理轮流进排油。

曲轴旋转一周，各缸分别排油一次，其排油量可用下式表达

$$V = 4\frac{\pi d^2}{4}2h = 2h\pi d^2 \tag{8-3}$$

式中：V 为旋转一周体积；4 为 4 个油缸；$\frac{\pi d^2}{4}$ 为某一活塞截面积；$2h$ 为 2 倍的曲轴偏心距(活塞行程)。

只要测得曲轴系统的转速 n，就可获得流量。

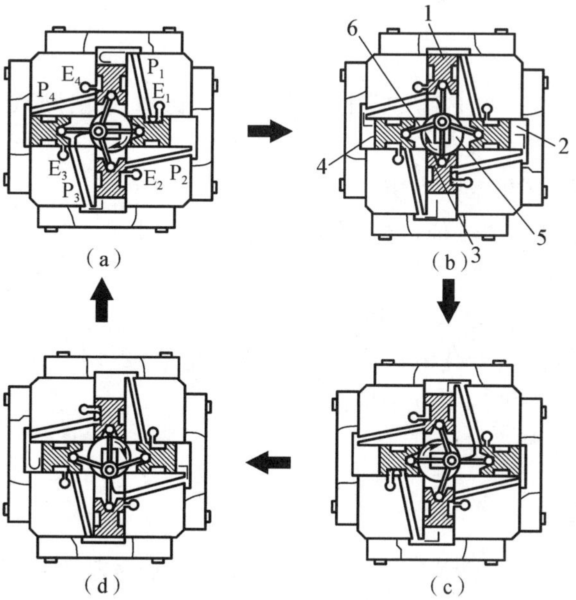

图 8-3 行星活塞式油耗传感器原理图

1，2，3，4—活塞；5—曲轴；6—连杆；P_1，P_2，P_3，P_4—油道；E_1，E_2，E_3，E_4—排油口

3. 容积式流量计的基本特点

椭圆齿轮流量计适宜于高黏度油量测量，容积式油耗计一般用于燃油测量，此两类油耗计适宜于测量平均流量。

8.2.2 速度式流量计

速度式流量计有叶轮式和涡轮式两种。下面仅以涡轮式流量计为例进行介绍,其结构如图 8-4 所示。

1. 涡轮式流量计工作原理

当流体以一定流速流入时,涡轮以角速度 ω 旋转,涡轮转动的规律为

$$\omega = \frac{\tan\theta}{r_0}\bar{v} \tag{8-4}$$

式中,θ 为涡轮轴线与叶片的夹角。

$$Q = A\bar{V} \tag{8-5}$$

式中,$\tan\theta$ 为与涡轮叶片有关的常数。设 $C=1/A$ 为比例常数,故

$$\omega = C\frac{\tan\theta}{r_0}Q \tag{8-6}$$

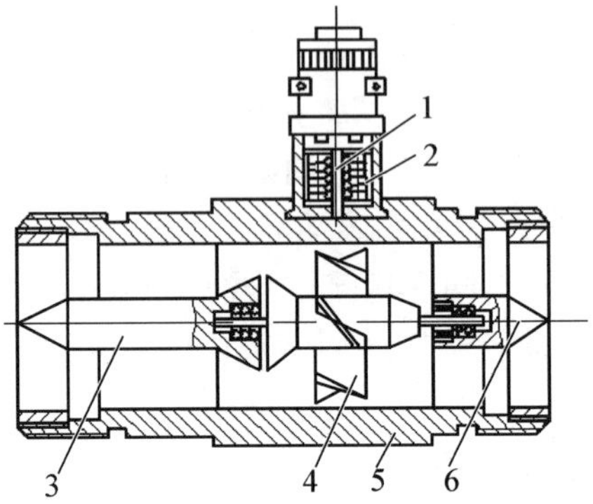

图 8-4 涡轮式流量计的结构

1—磁钢;2—线圈;3—后导流架;4—涡轮;5—壳体;6—前导流架

结构一定时,C、$\tan\theta$、r_0、A 均是常数,则

$$\omega \propto Q$$

故只要测出 ω,即可获得 Q。在工程实践中,人们常采用磁电式测速装置来测涡轮的角速度 ω。

2. 涡轮式流量计的基本特点

(1) 小流量特性差(存在摩擦力矩)。

(2) 由层流变紊流时出现峰值(层流黏滞摩擦的力矩小)。

(3) 受黏度影响较大。

(4) 最好工作在流量上限的 50%以上,精度 0.15%。

(5) 动态响应好(对流量变化的反应迅速,反应时间为 2~12 ms)。

(6) 耐高压(工作压力可达 160 个标准大气压)。

(7) 结构轻巧,体积小,重量轻。

8.2.3 节流式流量计

节流式流量计是根据节流法制成的各类传感器,可分为差压式、靶式、转子式等。这里仅以靶式流量计为例进行介绍。

1. 靶式流量计工作原理

图 8-5 所示为应变片靶式流量计结构,图中的靶用螺钉紧固于杆上。因靶的节流作用,前后产生压差

$$\Delta p = p_1 - p_2 = \xi\frac{\rho u^2}{2} \tag{8-7}$$

式中：ρ、u 分别为管道中流体的密度和流速；ξ 为流体的阻力系数。作用于靶上的力为

$$F = A\Delta p = \frac{\pi}{4} d^2 \xi \frac{\rho u^2}{2} \tag{8-8}$$

式中，d、A 分别为靶的直径和面积。则流体流量可表示为

$$Q = \frac{\pi}{4}(D^2 - d^2)\, u = \sqrt{\frac{\pi}{2\xi}}\, \frac{D^2 - d^2}{d} \sqrt{\frac{F}{\rho}}$$

$$= K \frac{D^2 - d^2}{d} \sqrt{\frac{F}{\rho}} \tag{8-9}$$

式中：D 为管道直径；K 为流量系数，$K = \sqrt{\frac{\pi}{2\xi}}$。

从式(8-9)可见，流量与靶上受力的平方根成正比，只要知道了 F 就知道了流量。

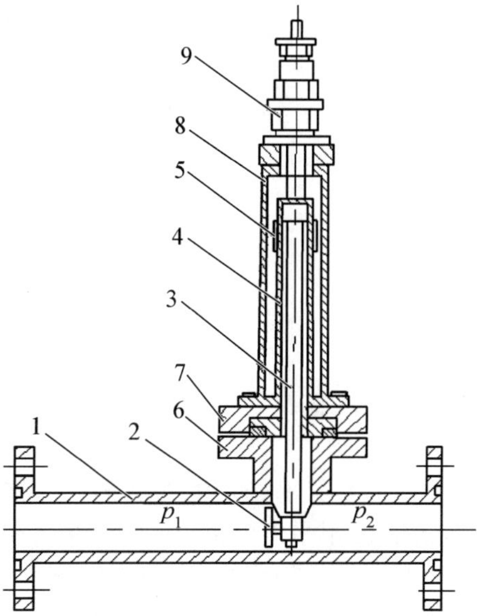

图 8-5　应变片靶式流量计结构

1—管道；2—靶；3—杆件；4—弹性圆筒；5—应变片；6—底座；7—压盖；8—套筒；9—接线座

2. 靶式流量计的基本特点

(1) 输出是非线性的，可采用电路补偿。

(2) K_a 受 Re、D/d、温度、D 的影响。

(3) 存在界限雷诺数(层流时，$Q = K\sqrt{\Delta p}$ 不成立)。

(4) 压力损失较大(与涡轮式流量计等相比)，小流量特性差(需要修正)。

(5) 能测量稳态和瞬态流量($f_0 = 70 \sim 200$ Hz)。

(6) 用实际气压标定，精度可达±1%。

习　题

1. 请简述流量测量的基本方法。
2. 请简述靶式流量计的工作原理。

第 9 章

位移与转速的测量

9.1 位移测量

工程上常要求精确地测量油缸行程和转角、机械结构的伸缩量和倾斜角、底架大梁的刚度、金属表面不平度、轴的不圆度等。在汽车的参数测量中，也经常会测悬架弹簧压缩量、各种压力下的轮胎静力半径、车身的测绘、侧偏量、制动踏板位移、大梁刚度、路面不平度、转向盘转角、轮胎转角、加速踏板位移等。这类问题均归结为位移测量问题。位移测量包括测静位移和动位移。

位移可以分为线位移、角位移(大位移、小位移)等。车身刚度、大梁刚度、路面不平度、悬架刚度等参数的测量，以及转向盘转角、制动踏板位移、车身侧倾角、车身俯仰角、转向角、车轮转角等测量都属于位移测量。

测量位移常用的测量方法有：用电阻变化量 ΔR 反映位移 S(电阻式位移计)；用电感变化量 ΔL 反映位移 S(电感式位移计)；用电容变化量 ΔC 反映位移 S(电容式传感器)；用感应电势 e 反映位移 S[变压器式、互感式(感应式)传感器]；用同位素辐射反映位移 S(同位素传感器)等。

下面分别介绍应用较为广泛的电阻式位移计和电感式位移计两种传感器。

9.1.1 电阻式位移计

1. 结构组成

电阻式位移计结构及原理如图 9-1 所示。由电阻膜片或者绕线电阻加上一电刷组成直线式电位器或圆弧式电位器。

2. 工作原理

图 9-2 所示为电位计式位移计的原理。从图 9-2 可以得到输出电阻为

$$R_S = \frac{R}{l} \cdot \Delta S \tag{9-1}$$

$$\Delta S \propto R_S$$

输出电压为

$$u = \frac{u_0}{R} \cdot R_S = \frac{u_0}{l} \cdot \Delta S$$

$$\Delta S \propto u \tag{9-2}$$

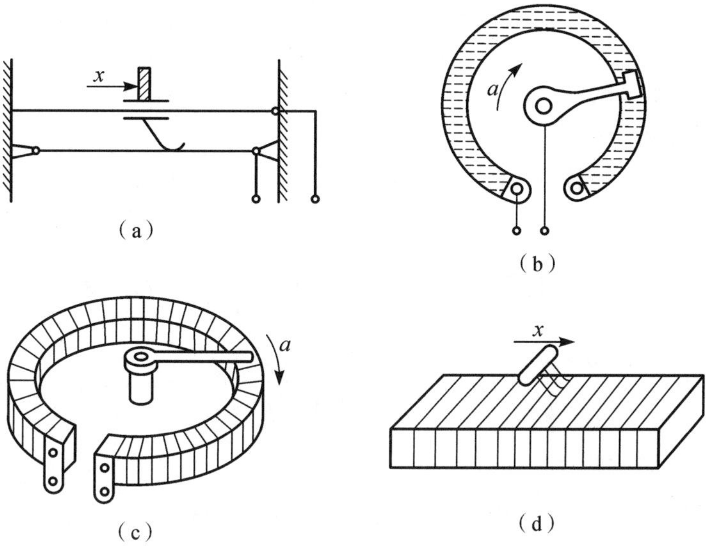

图 9-1　电阻式位移计结构及原理

被测位移带动电刷 $\Delta S(\Delta\theta)$ 在电阻上移动，使其输出端的 ΔR 改变，也可使其对应的输出电压 Δu 改变。这样，就完成了从机械量（位移）到电量（电压或电阻）的转换。式(9-2)就是电位器的输出特性方程。

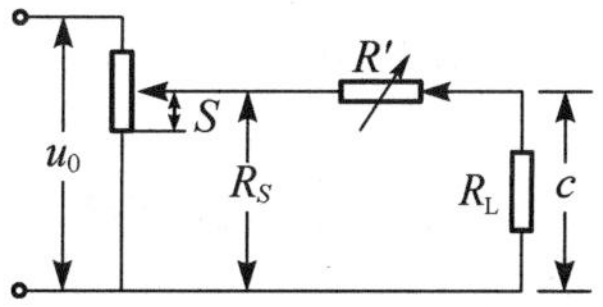

图 9-2　电位计式位移计的原理

由灵敏度的定义，可知

电阻灵敏度为
$$K_R = \frac{R_S}{\Delta S} = \frac{R}{l} \tag{9-3}$$

电压灵敏度为
$$K_V = \frac{u_0}{\Delta S} = \frac{u_0}{l} \tag{9-4}$$

不论从输出特性方程和电压、电阻灵敏度都可以看出其是线性传感器。但是以上的讨论都是在理想条件下，即输出为开路而不考虑负载影响，如接上负载就会有负载的影响。

3. 电位器的实际输出

$$u = \frac{u_0 \cdot R_S \mathbin{/\!/} R_L}{(R - R_S) + R_S \mathbin{/\!/} R_L} = u_0 \frac{R_S R_L}{RR_L + R_S(R - R_S)} \tag{9-5}$$

分子分母同除以 RR_L

$$u = u_0 \frac{R_S/R}{1 + \dfrac{R_S R}{RR_L}\left(1 - \dfrac{R_S}{R}\right)} \tag{9-6}$$

令 $\dfrac{R_S}{R} = x$，$\dfrac{R}{R_L} = m$

$$u=u_0\frac{x}{1+x\cdot m(1-x)} \tag{9-7}$$

不接负载时 $u=u_0\dfrac{R_S}{R}=u_0x$，u 与 x 呈线性。

式(9-7)表明，接上负载 R_L 后，输出变为复杂的非线性函数(不接负载时 $x\propto u$)，势必产生由负载带来的误差。

未接负载时，$u=u_0x$，接上负载时 $u'=u_0\dfrac{x}{1+mx(1-x)}$，故误差为

$$\delta_2=\frac{u'-u}{u'}100\%=\left[1-\frac{1}{1+mx(1-x)}\right]\times 100\% \tag{9-8}$$

式中：u'为带负载时的输出值(示值)；u 为不带负载时的输出值(真值)。按 δ_2 画出误差曲线，如图 9-3 所示。

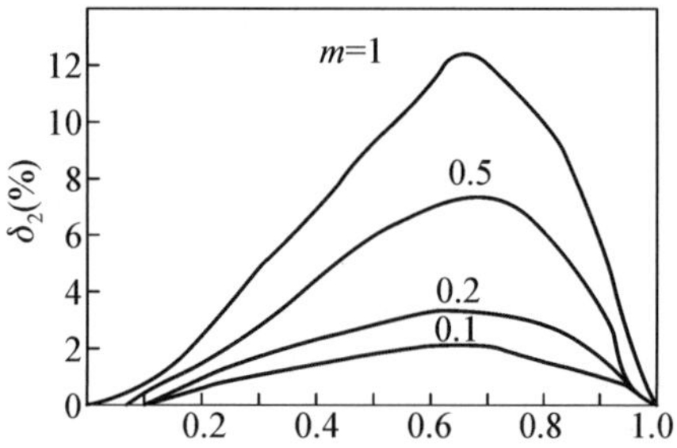

图 9-3 电位器负载误差曲线族

分析图 9-3 趋势可知，如果想要减小误差，应尽可能地提高 R_L，使 m 趋向 0，则 δ_2 也趋近 0；若要将 δ_2 控制在 1%～2%，则 $R_L=10\sim20R$。

4. 电位器的非线性补偿

1) 反函数补偿法

$$s\longrightarrow\boxed{x=f(s)}\longrightarrow\boxed{u=\varphi(x)}\longrightarrow u$$

使 $\varphi(x)$与 $f(s)$互为反函数，用此来进行非线性补偿。

2) 串联补偿电阻

原始电位器仍按线性绕制，在输出端再加上可变电阻 R'_S，若该 R'_S按一定的要求制作，恰好补偿非线性。

根据戴维南定理(等效发电机定理)，等效计算后可得

$$u=u_0\frac{R_S\ /\!/\ (R'_S+R_L)}{(R-R_S)+R_S\ /\!/\ (R'_S+R_L)}\cdot\frac{R_L}{R'_S+R_L}$$

$$=u_0\frac{R_LR_S}{R\cdot R_S+R\cdot R'_S+RR_L-R_S^2}=\frac{xu_0}{1+\left(mx+\dfrac{R'_S}{R}m-mx^2\right)}$$

$$=\frac{xu_0}{1+m\left(-x^2+x+\dfrac{R'_S}{R}\right)} \tag{9-9}$$

若选择适当的 R'_S，使$-x^2+x+R'_S/R\equiv$常数，则 $u\propto x$(线性)。

3）推挽补偿法

推挽补偿法的实质是差动补偿法，如图 9-4 所示，测出的是 R_L 上的电流或电压。流经负载 R_L 的电流为 $i=i_1-i_2$；当电刷在中间时，$i=i_1-i_2=0$；当电刷向上运动时，i_1 增大，i_2 减小，$i\neq 0$；同理，当电刷向下运动时，i_1 减小，i_2 增大，$i\neq 0$。这样工作满足差动原理。

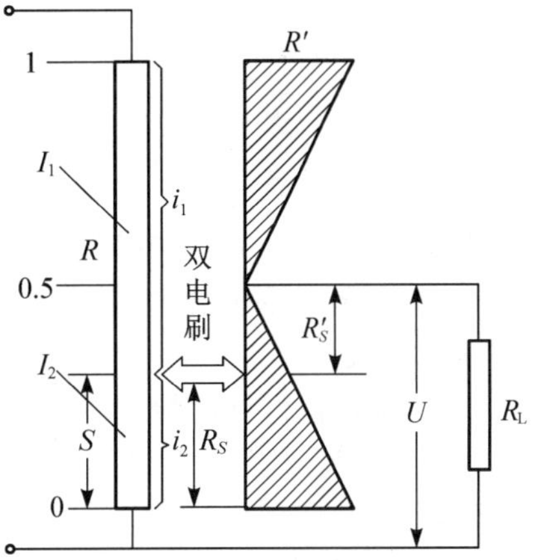

图 9-4　双电刷电位计

例 9-1　令 $-x^2+x+\frac{R'_S}{R}=\frac{1}{4}$，则 $\frac{R'_S}{R}=x^2-x+\frac{1}{4}=\left(x-\frac{1}{2}\right)^2$，$R'_S=R\left(x-\frac{1}{2}\right)^2$，这样制成双电刷电位器，可以补偿非线性误差。

利用戴维南等效电路处理，开路电压

$$E'=\frac{2u_0}{R}R_S \tag{9-10}$$

等效电阻

$$R'=\left(\frac{R}{2}-R_S\right)/\!/\left(\frac{R}{2}+R_S\right)=\frac{R}{4}\left(1-4\frac{R_S^2}{R^2}\right) \tag{9-11}$$

因为 $\frac{R_S}{R}=x$，所以

$$R'=\frac{R}{4}(1-4x^2) \tag{9-12}$$

故

$$\begin{aligned} u &=\frac{E'}{R'+R_L}\cdot R_L=\frac{2u_0\cdot R_S\cdot R_L}{R\left[\frac{R}{4}(1-4x^2)+R_L\right]}=\frac{2u_0x}{\frac{m}{4}(1-4x^2)+1} \\ &=\frac{2u_0x}{1+\frac{m}{4}-mx^2} \end{aligned} \tag{9-13}$$

与单端工作 $u=\frac{u_0x}{1+mx-mx^2}$ 相比较，分母上少了 x 的一次项。由于 $x=\frac{R_S}{R}<1$，因此非线性主要是由一次项产生的。而对于 x 的二次项，由于 $\frac{R_S}{R}<1$，因此 $x^2\ll 1$。由此可看到非线性误差得到大大的改善。同样也可以写出 δ 的表达式做比较。

5. 测量电路

如能满足负载输入阻抗远远大于电位器输出阻抗时,即

$$m=\frac{R}{R_L}\ll 1 \quad 或 \quad R_L\gg R \text{ 时}, R_L=(10\sim 20)R$$

可不考虑负载影响,直接连接测量仪表进行测量,如电压表(选输入阻抗高的电表)。如负载不满足 $R_L\gg R$,可采用双电刷或差动形式进行补偿后连接仪表进行测量。测动态量时,可直接接入记录仪器。

6. 电阻式位移计的特点

(1) 结构简单,尺寸较小。

(2) 测量范围大。

(3) 输出信号大,一般不需要放大电路。

(4) 存在摩擦和磨损。因为存在摩擦,所以要求被测量(敏感元件)要有较大的输入量来推动电刷,否则会降低仪表和传感器的精度。由于存在滑动和磨损,因此电位器的可靠性和寿命受到影响。对于绕线式电位器,其分辨率受到线径的影响,并且由于存在阶梯输出特性,分辨率不易提高。同时,动态响应速度也受到电刷架等机械结构的影响。

例 9-2 如图 9-5 所示,电刷在电阻元件上的滑动是一匝一匝地进行的。当电刷位于第 1 匝时,会产生一个输出值,这个输出值会一直保持到电刷接触到第 2 匝,此时电阻值会发生突变。同样的,当电刷从第 2 匝移动到第 3 匝,以及从第 3 匝移动到第 4 匝时,都会发生类似的电阻突变。因此,对于绕线式电位器来说,其输出特性呈现出近似线性的阶梯状,这种阶梯特性限制了其分辨率,使得分辨率无法得到提高。

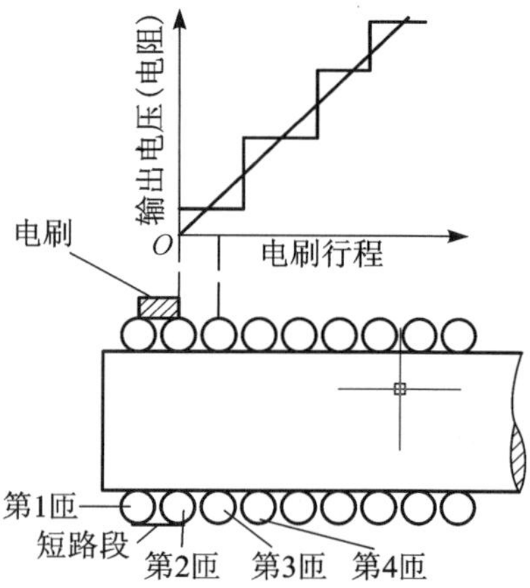

图 9-5 阶梯特性

9.1.2 电感式位移计

前面讨论的是通过电阻变化测位移。同样,也可以利用电感的变化测位移。通过电感变化测位移的传感器称之为电感式位移计。

1. 自感位移计

1) 自感位移计的工作原理

如图 9-6 所示,自感位移计由铁芯和活动衔铁组成,工作时衔铁和铁芯之间有空气隙,并且由衔铁、铁芯和气隙构成封闭的磁路。当衔铁移动时,磁路中气隙的磁阻发生变化,从而引起线圈电感的变化。该电感变化与衔铁的位置相对应,从而用其进行位移的测量。

由物理知识可知,电路里线圈中的电感可表达为

$$L=\frac{N\Phi}{I} \tag{9-14}$$

式中：L 为电感，又称自感；N 为线圈匝数；Φ 为磁通。与电路的欧姆定律（$U=IR$）一样，磁路也适用欧姆定律，即磁势＝磁阻×磁通，其表达式为

$$F=R_m\cdot\Phi \tag{9-15}$$

其中，磁势也可以用 $N\cdot I$，即电流和线圈匝数的乘积表达。因为磁阻 R_m 由许多因素组成，有空气隙磁阻 R_δ、铁芯磁阻 R_F 等，所以可表达为

$$\Phi=\frac{NI}{\sum_{i=1}^{n}R_{mi}} \tag{9-16}$$

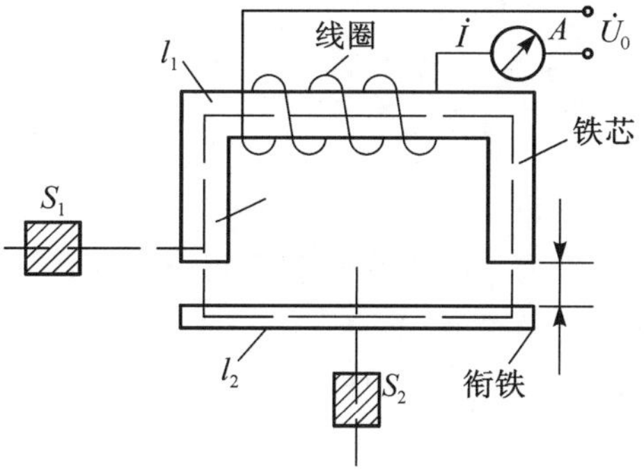

图 9-6　自感位移计的工作原理

又因为磁阻与磁路长度 l、导磁率 μ、铁芯截面积 A 有关，所以可表达为

$$\sum_{i=1}^{n}R_{mi}=\sum_{i=1}^{n}\frac{l_i}{\mu_i A_i} \tag{9-17}$$

把这些关系综合一下，代入 $L=\dfrac{N\Phi}{I}$ 中，可得到

$$L=\frac{N\cdot\dfrac{NI}{\sum_{i=1}^{n}R_{mi}}}{I}=\frac{N^2}{\sum_{i=1}^{n}R_{mi}}=\frac{N^2}{\sum_{i=1}^{n}\dfrac{l_i}{\mu_i A_i}} \tag{9-18}$$

这就是所讨论的自感位移计的工作原理。

2）自感位移计的特性方程

从图 9-6 中可以看出，简单线圈的电感量 $L=\dfrac{N\Phi}{I}$，

$$\Phi=\frac{IN}{\sum R_i}=\frac{IN}{R_F+R_\delta} \tag{9-19}$$

式中：R_F 为铁芯磁阻；R_δ 为空气隙磁阻。而铁芯磁阻由铁芯和衔铁两部分组成，

$$R_F=\frac{l_1}{\mu_1 A_1}+\frac{l_2}{\mu_2 A_2} \tag{9-20}$$

$$R_\delta=\frac{2l_0}{\mu_0 A} \tag{9-21}$$

式中：l_1 为铁芯磁路平均长度（m）；μ_1 为铁芯在磁感强度为 $\boldsymbol{B}_1$ 下的导磁率；l_2 为衔铁磁路平均长度（m）；μ_2 为铁芯在磁感强度为 $\boldsymbol{B}_2$ 下的导磁率；A_1 为铁芯截面积（m^2）；A_2 为衔铁截面积（m^2）；l_0 为气隙长度；A 为气隙截面积；μ_0 为空气导磁率 $4\pi\times10^{-7}$（H/m）。

可以将 L 表示为

$$L=\frac{N\Phi}{I}=\frac{N}{I}\cdot\frac{IN}{R_F+R_\delta}=\frac{N^2}{\dfrac{l_1}{\mu_1 A_1}+\dfrac{l_2}{\mu_2 A_2}+\dfrac{2l_0}{\mu_0 A}} \tag{9-22}$$

因为电感传感器所用的导磁材料一般都工作在非饱和状态下，其导磁率 μ 远远大于空气隙的导磁率 μ_0(一般 $\mu>\mu_0$ 几千倍到几万倍)，所以 $R_F \ll R_\delta$，铁芯的磁阻远远小于气隙的磁阻，可忽略。这样有公式

$$L=\frac{N^2}{\dfrac{2l_0}{\mu_0 A}}=\frac{N^2\mu_0 A}{2l_0} \tag{9-23}$$

这就是自感位移计的基本特性方程。

3) 三种自感式位移计

(1) 具有可变衔铁面积的位移传感器：图 9-7 所示为变面积式位移计。从特性方程中可以看到，由于 $L\propto A$，改变衔铁的面积 A，可使电感改变。因此，如果衔铁水平位移 S 时，则位移 S 使得铁芯和衔铁间磁路的有效面积发生改变而使电感发生变化。这样，通过测电感就可以获得位移 S 值，从而得到由机械量到电量的转换。

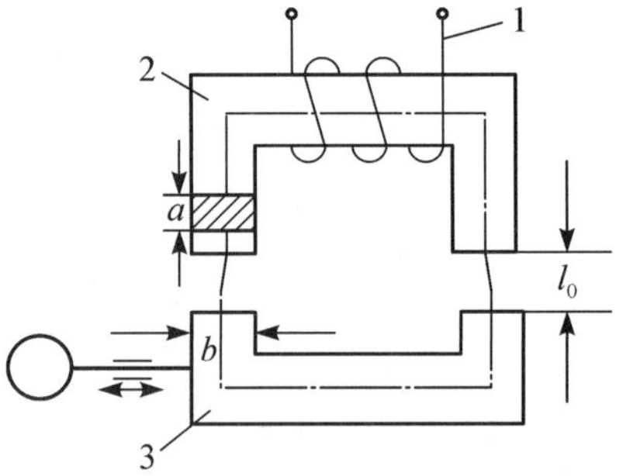

图 9-7　变面积式位移计

1—线圈；2—铁芯；3—衔铁

该类传感器的输出特性为

初始
$$L_0=\frac{N^2\mu_0 A}{2l_0} \tag{9-24}$$

当 $A\to A-\Delta A$ 时，有

$$L_1=\frac{N^2\mu_0(A-\Delta A)}{2l_0} \tag{9-25}$$

特性方程为

$$\Delta L=L_1-L=-\frac{N^2\mu_0}{2l_0}\Delta A=-\frac{N^2\mu_0}{2l_0}\cdot\Delta A\cdot\frac{A}{A}=-\frac{\Delta A}{A}L \tag{9-26}$$

由此可见，$\Delta L\propto\Delta A$。灵敏度 $K_L=\dfrac{\Delta L}{\Delta A}=\dfrac{L}{A}$，是常数。

这类传感器的特点是线性好，K 为常数，灵敏度较高。

(2) 具有可变气隙的位移传感器：同样，根据特性方程，可以得到 $L\propto\dfrac{1}{l_0}$ 的变气隙式位移传感器。图 9-8 所示为变气隙式位移计。当衔铁上下移动产生位移时，使得铁芯和衔铁间的气隙发生变化，从而引起电感发生变化。同理电感的变化反映了位移 S 的变化。

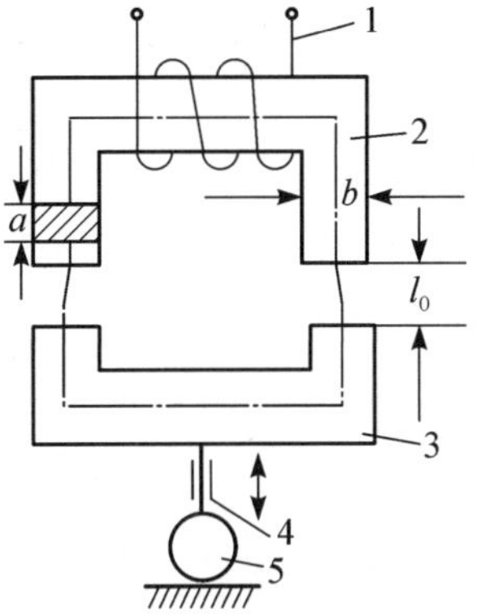

图 9-8　变气隙式位移计

1—线圈；2—铁芯；3—衔铁；4—测杆；5—被测杆

该类传感器的输出特性为

初始
$$L_0=\frac{N^2\mu_0 A}{2l_0} \tag{9-27}$$

当 $l_0 \to l_0-\Delta l_0$ 时，有

$$L_1=\frac{N^2\mu_0 A}{2(l_0-\Delta l_0)} \tag{9-28}$$

输出特性方程为

$$\Delta L=L_1-L_0=\frac{N^2\mu_0 A}{2(l_0-\Delta l_0)}-\frac{N^2\mu_0 A}{2l_0}=\frac{\Delta l_0 N^2\mu_0 A}{2l_0(l_0-\Delta l_0)}$$
$$=L_0\frac{\Delta l_0}{l_0-\Delta l_0}=L_0\frac{\Delta l_0}{l_0}\frac{1}{1-\dfrac{\Delta l_0}{l_0}}$$
$$=L_0\frac{\Delta l_0}{l_0}\left[1+\frac{\Delta l_0}{l_0}+\left(\frac{\Delta l_0}{l_0}\right)^2+\left(\frac{\Delta l_0}{l_0}\right)^3+\cdots\right] \tag{9-29}$$

若 $\dfrac{\Delta l_0}{l_0}\ll 1$，则 $\dfrac{\Delta L_0}{\Delta L}\approx\dfrac{\Delta l_0}{l_0}$，

$$\delta_2=\frac{\Delta l_0}{l_0}\times 100\% \tag{9-30}$$

该类传感器的特点是灵敏度高，测量范围小（因为 δ 很小），一般测位移都是用这种形式的传感器，它工作范围小，能满足近似条件（保证线性度）。为了使非线性误差小，只有牺牲测量工作范围。通常，该类传感器的灵敏度为

$$\frac{\Delta l_0}{l_0}=0.1\sim 0.2$$

非线性误差可通过差动形式来补偿。图 9-9 所示为差动式位移计原理图。

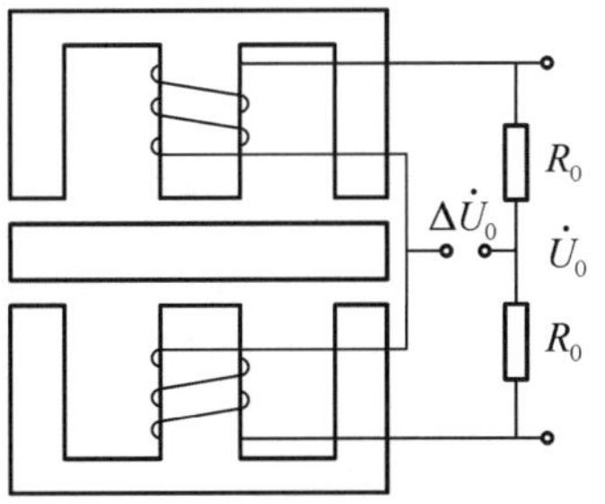

图 9-9　差动式位移计原理图

差动变气隙式位移计的输出特性为

$$L_1=\frac{N^2\mu_0 A}{2(l_0-\Delta l)}=L_0\left(1-\frac{\Delta l_0}{l_0}\right)^{-1} \tag{9-31}$$

$$L_2=\frac{N^2\mu_0 A}{2(l_0+\Delta l)}=L_0\left(1+\frac{\Delta l_0}{l_0}\right)^{-1} \tag{9-32}$$

$$\Delta L=L_1-L_2=L_0\left\{\left[1+\frac{\Delta l_0}{l_0}+\left(\frac{\Delta l_0}{l_0}\right)^2+\cdots\right]-\left[1-\frac{\Delta l_0}{l_0}-\left(\frac{\Delta l_0}{l_0}\right)^2-\cdots\right]\right\}$$

$$=L_0\left[2\frac{\Delta l_0}{l_0}+2\left(\frac{\Delta l_0}{l_0}\right)^2+\cdots\right] \tag{9-33}$$

则

$$\frac{\Delta L}{L_0}=2\frac{\Delta l_0}{l_0} \tag{9-34}$$

非线性误差

$$\delta_2=\left(\frac{\Delta l_0}{l_0}\right)^2\times 100\% \tag{9-35}$$

由两个非线性电器组成差动后，其非线性得到改善，且灵敏度提高 1 倍。

(3) 具有可变铁芯的位移传感器：图 9-10 所示为螺管式自感位移计原理图。

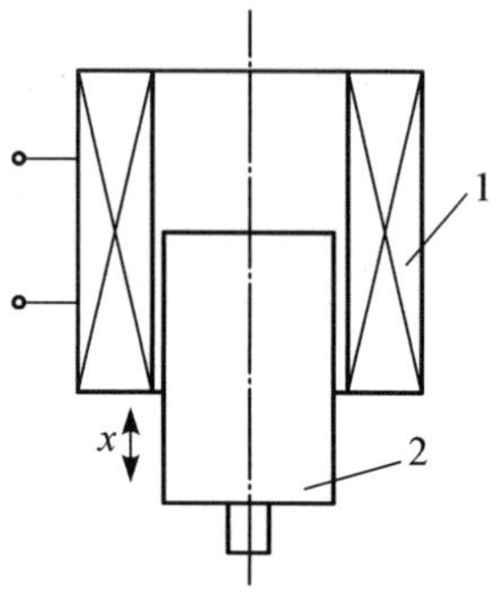

图 9-10 螺管式自感位移计原理图

1—线圈；2—铁芯

空心线圈时，电感表达式为

$$L=\frac{\mu_0 N^2 A}{l}=\frac{\mu_0 N^2 \pi r^2}{l} \tag{9-36}$$

当铁芯插入后，线圈中既有空气介质，又有铁磁介质，这样铁芯处于一般位置时，电感表达式为

$$\begin{aligned}L&=\mu_0 N^2 \pi\frac{[lr^2+(\mu_r-1)l_c r_c^2]}{l^2}\\&=\frac{\mu_0 N^2\pi r^2}{l}+\frac{\mu_0\mu_r\left(\frac{l_c}{l}N\right)^2\pi r_c^2}{l_c}-\frac{\mu_0\left(\frac{l_c}{l}N\right)^2\pi r_c^2}{l_c}\\&=\frac{\mu_0 N^2\pi r^2}{l}+\frac{\mu_0\mu_r\left(\frac{N}{l}l_c\right)^2\pi r_c^2}{l_c}-\frac{\mu_0\left(\frac{N}{l}l_c\right)^2\pi r_c^2}{l_c}\end{aligned} \tag{9-37}$$

上述表达式可用叠加特性理解；线圈有效匝数 $N'=\frac{l_c}{l}N$，铁芯长度为 l_c。以上公式具有相当多的近似性(假设无限长螺管线，假设磁场分布均匀)。

该类传感器的输出特性方程为

$$L_0=\mu_0 N^2\pi[lr^2+(\mu_r-1)l_c r_c^2]/l^2 \tag{9-38}$$

$$L_1=\mu_0 N^2\pi[lr^2+(\mu_r-1)(l_c+\Delta l_c)r_c^2]/l^2 \tag{9-39}$$

$$\Delta L=L_1-L_0=\mu_0 N^2\pi(\mu_r-1)r_c^2\frac{\Delta l_c}{l^2} \tag{9-40}$$

故其特性方程为

$$\frac{\Delta L}{L}=\frac{\Delta l_c}{l_c}\frac{1}{1+\left(\frac{r}{r_c}\right)^2\left(\frac{l}{l_c}\right)\frac{1}{\mu_r-1}} \tag{9-41}$$

因为$\frac{1}{1+\left(\frac{r}{r_c}\right)^2\left(\frac{l}{l_c}\right)\frac{1}{\mu_r-1}}$是一个常数，所以

$$K_L=\frac{\frac{\Delta L}{L}}{\frac{\Delta l_c}{l_c}}=\frac{1}{1+\left(\frac{r}{r_c}\right)^2\left(\frac{l}{l_c}\right)\frac{1}{\mu_r-1}} \tag{9-42}$$

该类传感器的特点是，$K<1$，灵敏度低，因此尽可能增大 μ_r，使$\frac{r}{r_c}$比值趋于 1，$\frac{l}{l_c}$比值趋于 1；测量范围大（长度越接近无限长螺管，磁场越均匀），范围在 1～600 mm；因为公式的近似性，输出仍有非线性，采用差动结构，精度可达 0.5%。

4）自感位移计的测量电路

该测量电路的目的是将测得的能反映位移的 ΔL 转换成可用于测量和放大的 Δu、ΔI。

（1）非差动测量电路。非差动的测量电路是最简单的测量电路，如图 9-11 所示。传感器线圈与交流电流表串联，用频率和幅值一定的交流电 $\dot{U}_0$ 作电源，当衔铁移动产生位移时，传感器的电压发生变化，引起电流改变。电流表指示的电流改变值反映了位移变化的大小。

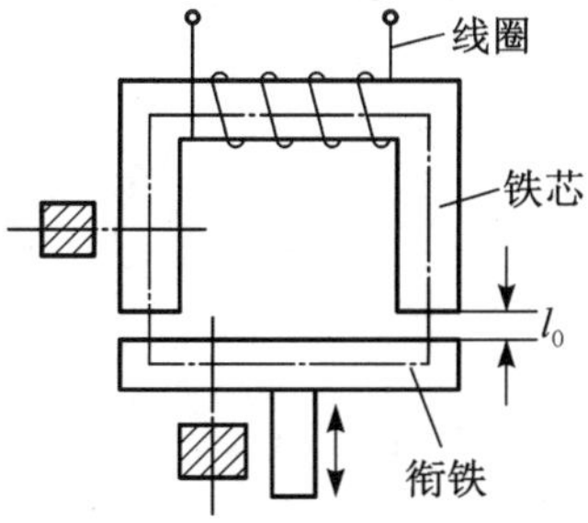

图 9-11　非差动测量电路

$$S\rightarrow\Delta L\rightarrow\Delta\dot{I}$$

因为

$$L=\frac{\mu_0 N^2 A}{2l_0} \tag{9-43}$$

式中：μ_0 为空气磁导率；A 为导磁截面积；l_0 为空气间隙；N 为线圈的匝数。

$$X_L=\omega L=\frac{\mu_0 N^2 A}{2l_0}\cdot\omega \tag{9-44}$$

所以

$$\dot{I}=\frac{\dot{U}_0}{Z}=\frac{2l_0\dot{U}_0}{\mu_0 N^2 A\omega}=\frac{2\dot{U}_0}{\mu_0 N^2 A\omega}\cdot l_0 \tag{9-45}$$

$$\dot{I} \propto l_0$$

该式说明了电流值的大小与衔铁的位移(气隙)有关。

这个关系式是在忽略了铁芯磁阻 R_F 和电感线圈的铜电阻 R_C，即在 $R_C \ll \omega L$ 和 $R_F \ll R_{l_0}$ 这两个条件下得到的，这样 $\dot{I} \propto l$。但是，因为空气隙为 0 时 R_{l_0} 为 0，这时 $R_F \ll R_{l_0}$ 不成立了，所以 R_F 就不能忽略。但 $L_{R_F} = \dfrac{N^2}{R_F}$ 有一定的值，所以有一定的起始电流。因为空气隙很大时 $R_C \ll \omega L$ 已不成立，这时最大电流 I_{max} 趋向稳定值 $\dot{U}_0/R_C$。

(2) 差动测量电路。测量电路如图 9-12 所示，是一电桥电流，其转换原理如下：

$$\dot{U} = \dot{U}_{AB} = \dot{U}_{A0} - \dot{U}_{B0} = \frac{\dot{U}_0}{Z_1 + Z_2} \cdot Z_1 - \frac{\dot{U}_0}{2} = \left(\frac{Z_1}{Z_1 + Z_2} - \frac{1}{2}\right)\dot{U}_0 \tag{9-46}$$

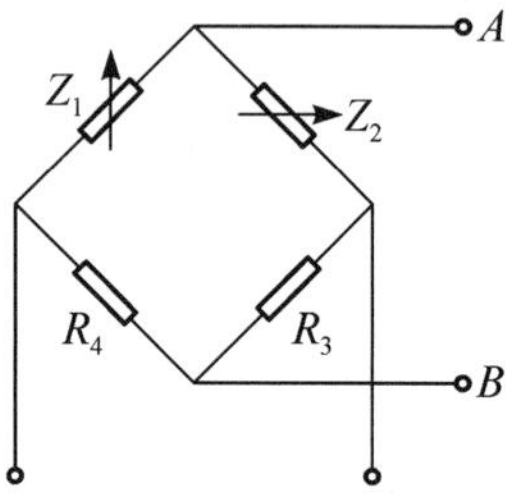

图 9-12　等效电路

当电感 L_1 产生正增量 $+\Delta Z_1$，L_2 引起 $-\Delta Z_2$，二者大小相同、符号相反，所以

$$\Delta\dot{U} = \left(\frac{Z_1 + \Delta Z_1}{Z_1 + Z_2 + \Delta Z_1 - \Delta Z_2} - \frac{1}{2}\right)\dot{U}_0 - \left(\frac{Z_1}{Z_1 + Z_2} - \frac{1}{2}\right)\dot{U}_0 = \frac{\Delta Z_1}{Z_1 + Z_2}\dot{U}_0 = \frac{\Delta Z}{2Z}\dot{U}_0 \tag{9-47}$$

同理，若位移为 $-\Delta Z_1$、$+\Delta Z_2$，

$$\Delta\dot{U} = \frac{-\Delta Z}{2Z}\dot{U}_0 \tag{9-48}$$

因为 $\Delta Z = \Delta L\omega$，所以

$$\Delta\dot{U} = \frac{-\Delta L\omega}{2L\omega}\dot{U}_0 = -\frac{\Delta L}{2L} \cdot \dot{U}_0, \quad \Delta\dot{U} \propto -\Delta L \tag{9-49}$$

因为 $\Delta\dot{U} = \dfrac{\Delta Z}{2Z}\dot{U}_0$ 或 $\Delta\dot{U} = -\dfrac{\Delta Z}{2Z}\dot{U}_0$，可用三角函数表示

$$\Delta u = \frac{\Delta L}{2L} U_m \sin \omega t \tag{9-50}$$

或

$$\Delta u = \frac{\Delta L}{2L} U_m \sin \omega t = \frac{\Delta L}{2L} U_m \sin(\omega t + \pi) \tag{9-51}$$

由式(9-51)可知，输出电压或电流是一个调幅波，所以和讨论交流电桥的调幅特性一样

输出调幅波。其幅值反映了位移量的大小,相位反映了位移的正负。普通的电压表只能测出大小(有效值、均方根值),如要正确地反映输出(大小、正负),必须采用相位检波和解调才能获得满意的输出。

2. 差动变压器式位移计

1) 互感和互感电势

如有两线圈,当在一个线圈中通以电流 I_1 时,产生磁通 Φ_1,Φ_1 通过第二个线圈时,形成磁回路。当 I_1 变化时,Φ_1 变化,并且在第二个线圈中激起感应电势 e_{21} 的现象称为互感。由互感现象产生的电势称为互感电势。互感电势可用 $e_{21}=-M\dfrac{\Delta I_1}{\Delta t}$ 来表示。互感系数 M 是互感产生的磁通 Φ_1 和产生磁通的电流 I_1 的比值 $M=\dfrac{\Phi_1}{I_1}$,同自感传感器一样,可以用互感 M 随位移的变化来反映被测位移。ΔI_1 是线圈 N_1 的变化电流,Δt 是所用时间,$\Delta I_1/\Delta t$ 表示线圈 N_1 电流变化率。图 9-13 所示为互感原理图。

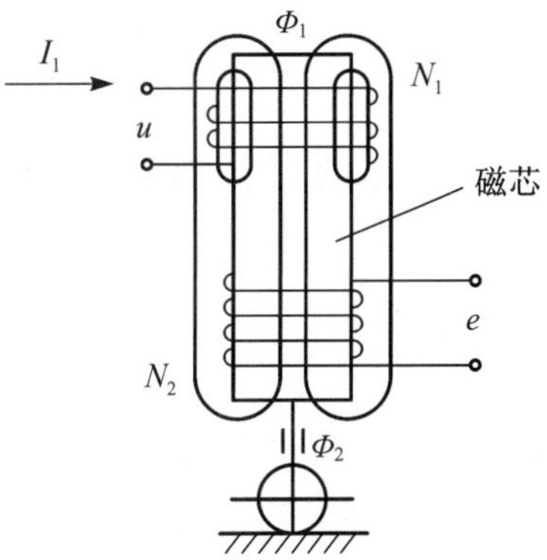

图 9-13　互感原理图

2) 差动变压器式位移计输出特性方程

差动变压器的结构与原理图如图 9-14 所示。与前述差动自感传感器一样,差动变压器由铁芯、衔铁、线圈组成。与前述差动自感传感器不同的是,其上、下都由一个初级线圈(又称激磁线圈、一次线圈)和一个次级线圈(又称输出线圈、二次线圈)组成。上、下两个初级线圈串联后接交流激励电压,上、下两个次级线圈反向串联后接输出。

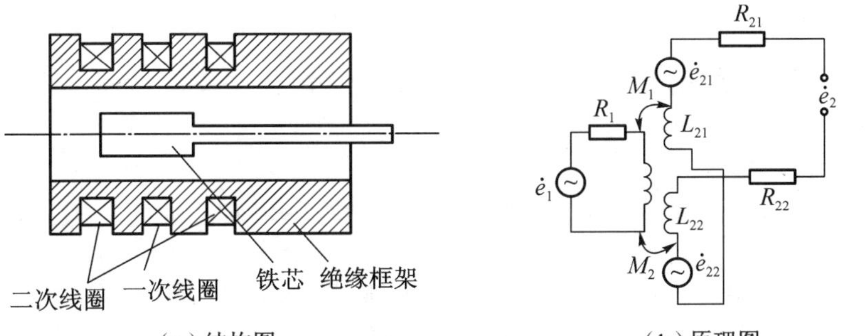

(a) 结构图　　(b) 原理图

图 9-14　差动变压器结构与原理图

e_1—初级线圈激励电压;L_1,R_1—初级线圈电感和电阻;M_1,M_2—分别为初级与次级线圈之间的互感系数;L_{21},L_{22}—两个次级线圈的电感;R_{21},R_{22}—两个次级线圈的电阻

由于交流电流 $\dot{I}_1$ 的存在,在线圈中产生磁通 $\Phi_1=\dfrac{N_1\dot{I}_1}{R_{m1}}$ 和 $\Phi_2=\dfrac{N_1\dot{I}_1}{R_{m2}}$。$R_{m1}$ 和 R_{m2} 分别为磁通通过初级线圈及两个次级线圈的磁阻。N_1 为初级线圈匝数。这样,在初级线圈

N_1 和次级线圈 N_2 之间的互感系数为

$$M_1=\frac{\Psi_1}{\dot{I}_1}=\frac{N_2\Phi_1}{\dot{I}_1}=\frac{N_2N_1}{R_{m1}} \tag{9-52}$$

$$M_2=\frac{\Psi_2}{\dot{I}_1}=\frac{N_2\Phi_2}{\dot{I}_1}=\frac{N_1N_2}{R_{m2}} \tag{9-53}$$

式中，N_2 为次级线圈的匝数。

由于 $\dot{I}_1$ 的变化，引起 Φ_1、Φ_2 的变化，在 N_2 中就会产生互感电势，用复数表示为

$$\dot{e}_{21}=-\mathrm{j}\omega M_1\dot{I}_1 \tag{9-54}$$

$$\dot{e}_{22}=-\mathrm{j}\omega M_2\dot{I}_1 \tag{9-55}$$

式中，ω 为激励电压的角频率。

次级线圈的输出电压为

$$\dot{U}=\dot{e}_{21}-\dot{e}_{22}=-\mathrm{j}\omega(M_1-M_2)\dot{I}_1 \tag{9-56}$$

因为 $M_1=\dfrac{N_2\Phi_1}{\dot{I}_1}$，$M_2=\dfrac{N_2\Phi_2}{\dot{I}_1}$，所以输出电压为

$$\dot{U}=-\mathrm{j}\omega N_2(\Phi_1-\Phi_2) \tag{9-57}$$

由以上差动变压器的输出特性方程可以看出：

当衔铁在中心位置时，$\Phi_1=\Phi_2$，$\dot{e}_{21}=\dot{e}_{22}$，$\dot{U}=0$；$R_{m1}=R_0-\Delta R$，$R_{m2}=R_0+\Delta R$。

当衔铁向上运动时，$\delta_1=\delta_0-\Delta\delta$，$\delta_2=\delta_0+\Delta\delta$，$\Phi_1>\Phi_2$，$\dot{e}_{21}>\dot{e}_{22}$，$\dot{U}\neq 0$，有一个与 ΔR 成比例的电压输出

$$u=e_{21}-e_{22}=\omega N_2\sqrt{2}(\Phi_1-\Phi_2)\sin\left(\omega t-\frac{\pi}{2}\right) \tag{9-58}$$

由式(9-58)可看出，$u=e_{21}-e_{22}$ 的输出是调幅波，其幅值反映位移的大小，相位反映位移的正负，调制频率就是激磁频率。由于存在几何尺寸，电气上线圈不对称，使 e_{21} 和 e_{22} 之间的相位差不是180°，这样就存在交流零点电压。

9.2 转速测量

在机械和汽车的动力系统研究中经常测量转速，如测发动机转速、汽车传动轴转速、半轴转速、车轮转速、汽车行驶速度等。

基本测量方法有数字式测速、模拟式测速、同步式测速。数字式测速是指将转速直接转变成相应的脉冲数输出；模拟式测速是指将转速变换成相应的模拟量输出(测速发电

机）；同步式测速是指利用人眼的暂留特性进行观察比较。本节主要介绍数字式测速中的电测法。

9.2.1　光电式转速计

1. 光电效应与光电元件

一些物质在光照作用下其特性发生变化的现象（本质原因是光能与电能的转换）称为光电效应。

光电效应具体可分三类：①外光电效应（或称光电发射），在光的作用下使电子从物体表面逸出的现象，利用光电效应制成的光电元件有光电管、光电倍增管；②内光电效应（或称光电岛效应），在光的作用下使物体电阻率发生变化的现象，利用内光电效应制成的光电元件有光敏电阻、光导管；③光生伏特效应（或称阻挡层光电效应），在光的作用下使物体产生一定方向的电动势的现象，利用光生伏特效应制成的光电元件有光电池、光电晶体管。

2. 光电元件

光电元件是一种应用很广的电子器件，不限于测速。常用光电元件有真空光电管、光敏电阻、光电池、光敏晶体管等。

1）真空光电管

该管阴极直接接在光电管玻璃壳上，当照光线 F 透过玻璃壳透明部分照到阴极 K 上时，阴极就会逸出电子，如果接通外界电源 U，就会在回路中产生电流，电流可用灵敏的电流表读出。

2）光敏电阻

无光时，光敏电阻的阻值（暗电阻）很大，电路中电流很小。有光时，在有一定波长范围的光照射时，它的阻值（亮点组）急剧减小。由此，电路中电流迅速增加，该电流由电流表测量出。

3）光电池

如果用导线把 P 区端和 N 区端连接起来，导线中串联一只灵敏的电流表，当光照射时，电流表就有电流流过。

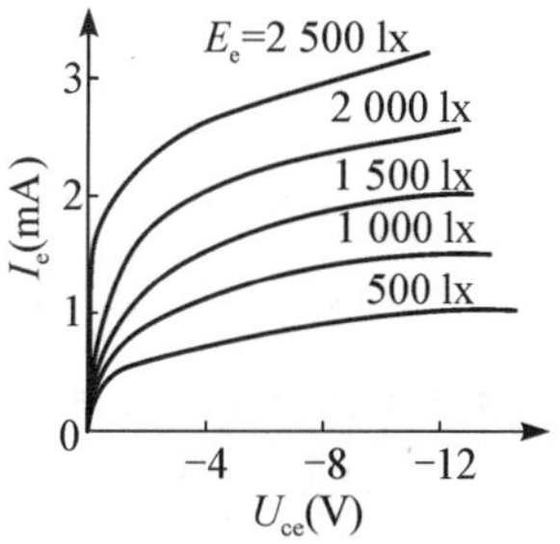

图 9-15　光敏晶体管的伏安特性

4）光敏晶体管

光敏晶体管的工作情况同二极管（和稳压管一样在一定的光照下有一个反相击穿电流）、三极管类似。

3. 光电元件的主要特性

1）光谱特性

光电元件的光谱特性是指其相对灵敏度随入射光波波长的变化规律（图 9-16）。具体来说，光电元件的光谱特性是指当入射光照度一定时，光电元件的相对灵敏度会随着光波波长的变化而变化。一种光电元件只对一定波长范围的光敏感，当光电器件的光谱特性与光源敷设能量的光谱分布协调一致时，光电传感器的性能较好，效率较高。

2）频率的响应

光电元件的频率响应是指光脉冲下的电响应，如图 9-17 所示。

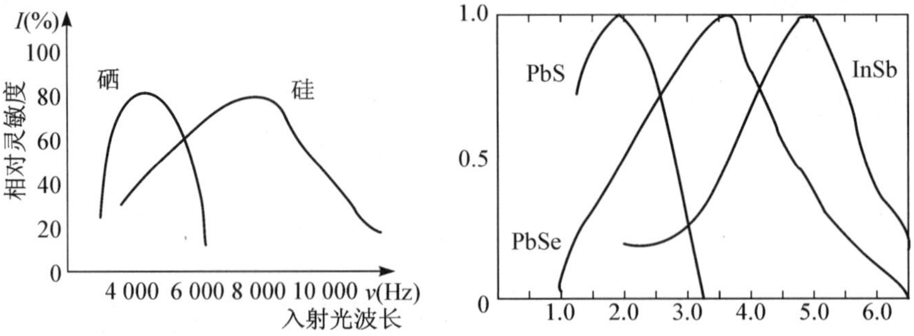

图 9-16　光电元件的光谱特性

4. 直射型(透射)光电转速传感器

该类传感器由光源、光电元件、分度盘组成。机械转速经刻度盘或标记的明暗在光电器件上的输入端构成光的明暗输入,再经光电器件,根据光的输入输出相应的电压或电流,如图 9-18 所示。对电脉冲放大整型后,观察 Δt 内的脉冲数 N。因为 $f=\frac{nz}{60}$,所以 $n=\frac{60f}{z}$。式中:z 为转一圈的脉冲数;nz 为转 n 圈的脉冲数;n 为每分钟转速。

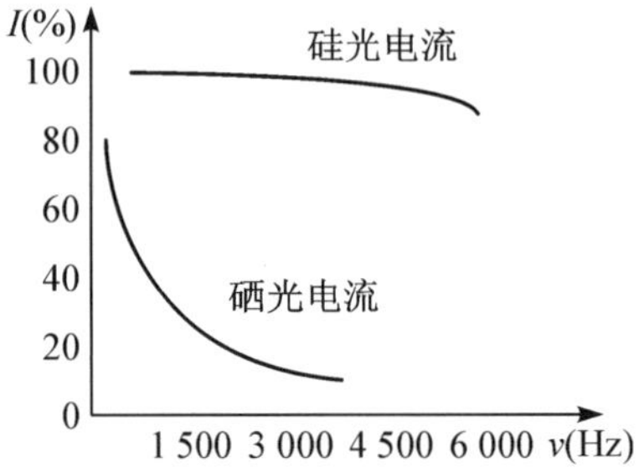

图 9-17　光电元件的频率响应

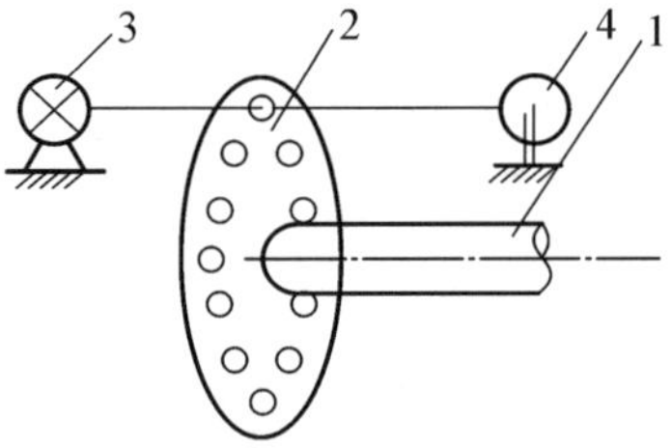

图 9-18　直射型光电转速计工作原理

1—被测轴；2—分度盘；3—光源；4—光电管

5. 反射型光电转速传感器

反射型光电转速传感器的工作原理如图 9-19 所示,主要由被测旋转部件、反光片(或反光贴纸)、反射型光电传感器组成,在可以进行精确定位的情况下,在被测部件上对称安装多个反光片或反光贴纸会取得较好的测量效果。当被测旋转部件上的反光贴纸通过光电传感器前时,光电传感器的输出就会跳变一次。通过测出这个跳变频率 f,就可知道转速 n。

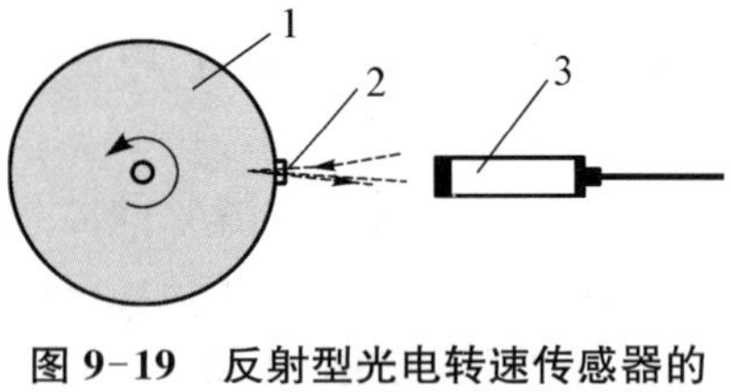

图 9-19　反射型光电转速传感器的工作原理

1—被测旋转部件；2—反光片(或反光贴纸)；3—反射型光电传感器

$$n=f$$

如果在被测旋转部件上对称安装多个反光片或反光贴纸,那么,$n=f/N$。式中,N 为反光片或反光贴纸的数量。

1) 垂直反射型

轴转动时形成明暗的反射面,通过被测体反射后,光电元件上感受到光脉冲,因此产生电脉冲输出。其特点是光路长、效率低，目前逐步被直射取代。

2）斜反射型

由垂直反射型改进而来，工作原理基本同上。其特点是光路简单，效率比垂直反射高，体积小，使用方便。

9.2.2　磁电式转速计

磁电式转速计的结构如图 9-20 所示，转速的变化引起磁阻的变化，从而引起磁通的变化，而在线圈中产生自感电势。必要的工作条件是必须存在一定的相对运动。

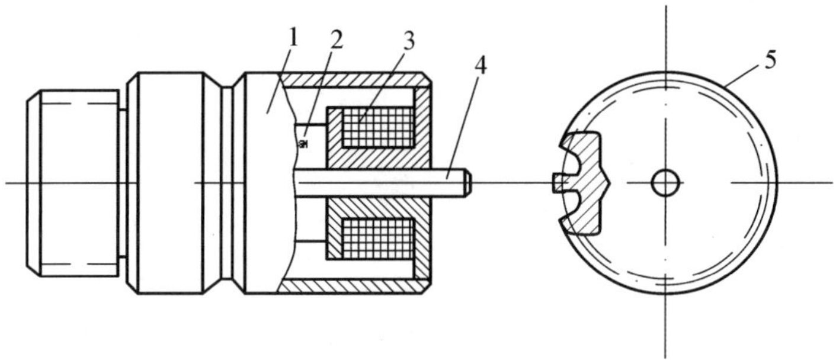

图 9-20　磁电式转速计的结构

1—壳体；2—磁铁；3—线圈；4—软铁芯；5—齿轮

9.2.3　转速脉冲测读方法

前面解决了转速 n 到电脉冲的转换问题，下面进一步说明如何测读这些电脉冲，怎样将它们变为转速值。

1. 正功能计数法

用时钟脉冲控制计数时间，测量 Δt（由时钟给定）时间内所计的转速脉冲数 N。

$$n=\frac{60\cdot f}{z}\cdot\frac{\Delta t}{\Delta t}=\frac{\text{在 }\Delta t\text{ 时间内所计的数}}{z\Delta t}$$

式中：Δt 为时钟控制的脉冲宽度；z 为每转一周产生的电脉冲数。该计数方法的特点是只能显示平均转速，不能反映转速瞬态变化；精度取决于转速、标记个数、时钟精度；适用于中高速测量。

2. 反功能计数法

反功能计数法可解决测低速的问题，将标记数目取足够多，用石英晶体振荡器产生的高频脉冲填入转速脉冲宽度 T 内，通过对 f_c 的读取，累计出转速脉冲宽度 T 内的脉冲数 N，即周期测量。其计算表达式为

$$n=\frac{60f_c}{z}\cdot\frac{1}{N}$$

该计数方法适用于低速，高速时分辨率会降低。

习 题

1. 请简述常用的位移传感器类型。
2. 请简述差动式位移传感器工作原理。
3. 请简述常用转速传感器类型。
4. 请简述转速脉冲的两种计数方法。

第 10 章

温度的测量

在汽车运行过程中，发动机、变速器、排气系统以及轮胎等的工作状态与温度有密不可分的关系，因此在汽车试验中，测量温度参数已成为一个必不可少的内容。

10.1 概述

10.1.1 温标

用来度量温度高低的尺度称为温度标尺，简称“温标”，它规定了温度的零点和基本测量单位。目前用得较多的温标有热力学温标、国际实用温标、摄氏温标和华氏温标。华氏温标(℉)和摄氏温标(℃)之间的关系为

$$t_C = \frac{5}{9}(t_F - 32) \quad 或 \quad t_F = \frac{9}{5}t_C + 32 \tag{10-1}$$

式中：t_C 为摄氏温度(℃)；t_F 为华氏温度(℉)。

开尔文(Kelvin)根据卡诺循环工作的热机中工质在温度 T_1 时吸收的热量 Q_1 和在温度 T_2 时放出的热量 Q_2，得出

$$\frac{T_2}{T_1} = \frac{Q_2}{Q_1} \tag{10-2}$$

热力学温标符号为 T，单位为开尔文(K)。规定水的三相点(即水的固、液、汽三态共存时)的温度为 273.16 K，即 1 K 等于水的三相点热力学温度的 1/273.16。热力学温标是一种绝对温标。另外，由于水的冰点与三相点的热力学温度相差 0.01 K，因此，热力学温标 T 与摄氏度温标 t_C 的关系为

$$T = t_C + 273.15 \tag{10-3}$$

10.1.2 温度计分类

温度计可分为接触式和非接触式两大类。任意两种温度不同的物体相接触，都必然发生热交换，直到二者的温度相等为止，根据这一原理制成的温度计称为接触式温度计。非接触式温度计则是利用物体产生辐射能量的大小来测量温度。表 10-1 所示为常用温度计分类及使用温度范围。其中，在汽车试验中常用到的有电阻式、热电偶式和辐射式。

接触式温度计和非接触式温度计各自的特点如下：

(1) 由于接触式温度计必须将感温元件与被测物体接触，因此容易破坏被测温度场，非

接触式温度计则无此问题。

(2) 由于接触式温度计感温元件与被测物体达到热平衡需要一定时间,因此产生的时间滞后比较大;非接触式温度计直接测量被测物体的热辐射,响应速度较快。

(3) 由于感温元件难以承受很高的温度,因此接触式温度计测量高温时受到限制;非接触式温度计则无此问题。

(4) 由于低温时物体热辐射很小,因此非接触式温度计不适合测量低温。

(5) 一般来说,接触式温度计的测量精度比非接触式温度计高。

表 10-1　常用温度计分类及使用温度范围

温度计分类			使用温度范围
接触式	膨胀式	压力式温度计	−80～550 ℃
		双金属温度计	−100～600 ℃
		汞温度计	−38～356 ℃
		有机液体温度计	−100～100 ℃
	热电阻式	铂电阻温度计	13.18～961.78 K
		铜电阻温度计	−50～150 ℃
		铑铁电阻温度计	0.1～73 K
		锗电阻温度计	0.015～100 K
		镍电阻温度计	−60～180 ℃
		碳电阻温度计	30 K 以下至 mK
		热敏电阻温度计	−40～150 ℃
	热电偶式	铜-康铜	−200～400 ℃
		铂铑-铂	0～1 800 ℃
		镍铬-康铜	0～800 ℃
		镍铬-镍硅	0～1 300 ℃
非接触式	辐射式	全辐射高温计	700～2 000 ℃
		单色光学高温计	800～2 000 ℃
		比色光学高温计	800～2 000 ℃
		红外高温计	100～700 ℃

10.2　接触式温度计

10.2.1　热电阻温度计

热电阻温度计是利用导体或半导体的电阻值随温度变化而变化的特性制成的测温仪表。几乎所有的物质的电阻都随本身温度的变化而变化,这一现象称为热电阻效应。电阻随温度而变的导体或半导体称为热电阻器件,可被用来测量温度。

导体的电阻在一定温度范围内可近似认为与温度呈线性关系,其表达式为

$$R_t = R_0(1+\alpha t) \tag{10-4}$$

式中:R_t 为温度为 t 时的电阻值;R_0 为温度为 0 ℃时的电阻值;α 为导体的电阻温度系数。

半导体热电阻与一般导体热电阻相反,其阻值随温度升高而以指数关系急剧下降,其表

达式为

$$R_T = R_0 e^{B/T} \tag{10-5}$$

式中：R_T 为绝对温度为 T 时的电阻值；R_0 为某一温度 T_0(K)时的电阻值；B 在不大的温度范围内接近一个常数，其值与半导体材料的成分和制造工艺有关。

半导体热电阻值的温度系数 α 可近似用下式表示

$$\alpha = \frac{dR/R}{dT} = -BT^{-2} \tag{10-6}$$

比较适于制作热电阻的材料有铂、铜、铁、镍等金属和一些半导体材料。

热电阻温度计由热电阻、变送器、连接导线和显示仪表等几部分组成。由于其测量精度较高，响应速度快，并在整个测量范围内呈线性关系，故可以实现远距离测量显示和自动记录。热电阻常用的有铂热电阻和铜热电阻，图 10-1 所示为铂热电阻温度计。铂热电阻长期使用的温度范围是 −200～500 ℃，铜热电阻长期使用的温度范围是 −30～100 ℃。热电阻温度计的显示仪表主要有动圈式比率计和自动平衡电桥。

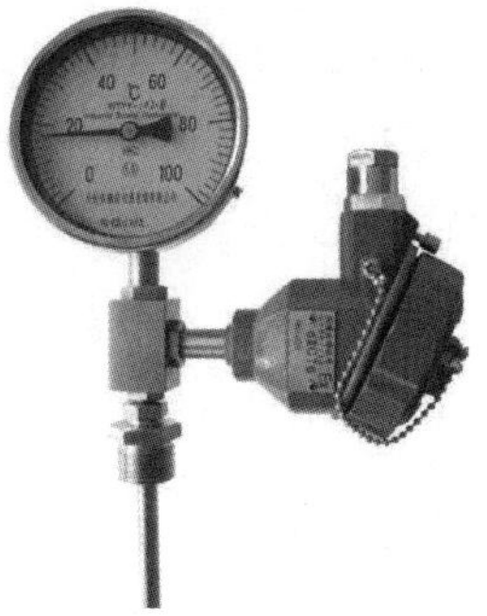

图 10-1　铂热电阻温度计

10.2.2　热电偶温度计

在两种不同的导体材料所组成的闭合回路中，若接触点的温度 T_0 与 T 不同，在回路中便会产生电动势，即热电效应，此电动势称为热电动势。它由两种导体的接触电动势和单一导体的温差电动势两部分组成。

1. 热电偶电动势

1）两种导体的接触电动势

有两种不同的导体 A 和 B，由于材料的不同，它们各自的自由电子的密度 n_A 和 n_B 亦不相同，设 $n_A > n_B$，当此两种导体接触时，将会产生自由电子扩散现象。自由电子密度高的导体 A 扩散到自由电子密度低的导体 B 中的自由电子比导体 B 扩散到导体 A 中的自由电子多，导体 A 因失去电子而带正电，导体 B 因得到电子而带负电。如此在接触面处便形成了电场，此电场阻止电子的进一步扩散，当达到平衡时，在导体 A 和 B 之间便形成了电位差，即接触电动势 $e_{AB}(t)$

$$e_{AB}(t) = \frac{kT}{e} \ln \frac{n_B}{n_A} \tag{10-7}$$

式中：$e_{AB}(t)$ 为导体 A、B 在接触温度为 T 时的接触电动势；e 为电子电荷，$e = 1.6 \times 10^{-19}$ C；k 为波尔兹曼常量，$k = 1.38 \times 10^{-23}$ J/K；n_A、n_B 为导体 A、B 的自由电子密度。

2）单一导体的温差电动势

对于单一导体，若两端温度分别为 T、T_0，且 $T > T_0$，则在温度为 T 的高温端，由于导体自由电子具有较高的动能而向低温端扩散。高温端失去电子带正电，低温端得到电子带负电,即在导体的两端产生了电动势,这个电动势称为单一导体的温差电动势 $e_A(T, T_0)$。

$$e_A(T, T_0)=\int_{T_0}^{T}\sigma_A \mathrm{d}T \tag{10-8}$$

式中:$e_A(T, T_0)$为导体 A 两端的温度为 T、T_0 时的温差电动势;σ_A 为汤姆逊系数,是同一导体两端温度差为 1 ℃时,所产生的温差电动势;T、T_0 为高、低温的热力学温度。

3) 电偶的总电动势

图 10-2 所示为两种不同导体材料所组成的闭合回路,两个接触点的温度分别为 T 和 T_0。其中,温度为 T 的接触点用于测温,称为热端;另一接触点是测温的参考点,称为冷端。在此闭合回路中,两接触点存在接触电动势,由于热端和冷端的温度不相等,因此在导体 A 和 B 中还存在温差电动势,在闭合回路中的总电动势 $E_{AB}(T, T_0)$为

$$E_{AB}(T, T_0)=e_{AB}(T)+e_B(T, T_0)-e_{AB}(T_0)-e_A(T, T_0) \tag{10-9}$$

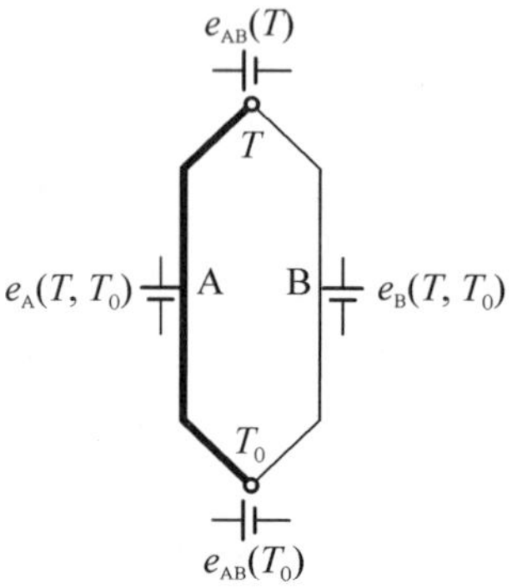

图 10-2　热电偶中的电动势

式中:$e_{AB}(T)$为热端接触电动势;$e_B(T, T_0)$为导体 B 的温差电动势;$e_{AB}(T_0)$为冷端接触电动势;$e_A(T, T_0)$为导体 A 的温差电动势。

实际应用中,热电偶中的总电动势 $E_{AB}(T, T_0)$与被测温度之间的关系是通过分度表来确定的。分度表是在参考温度为 0 ℃时由实验得到总电动势与测温端温度之间的数值关系(不同的热电偶材料,分度表中的数值各不相同)。

2. 热电偶的基本定律

虽然有了前面对热电偶测温原理的分析及热电偶总电动势的计算,但仍无法进行温度的测量,因为:①温度信号无法引出;②进行温度测量时还需要知道冷端温度所产生的电动势。为了解决这些问题,需要了解热电偶的基本定律。

1) 均质材料定律

由一种材料组成的闭合回路,无论截面是否变化,也不论在电路内存在什么样的温度梯度,电路中都不会产生热电动势。反之,如果回路中有热电动势存在,则材料必为非均质的。这条规律由热点效应的定义就可说明。

2) 中间导体定律

在热电偶中插入第三种(或多种)均质材料,只要所插入材料的两端温度相同,不论此材料本身的某一段是否存在温度梯度,也不论插入的材料是否接在导体 A 和 B 之间(图 10-3),还是接在某一种导体中间(图 10-4),均不会有附加的热电动势发生。也就是说,插入第三

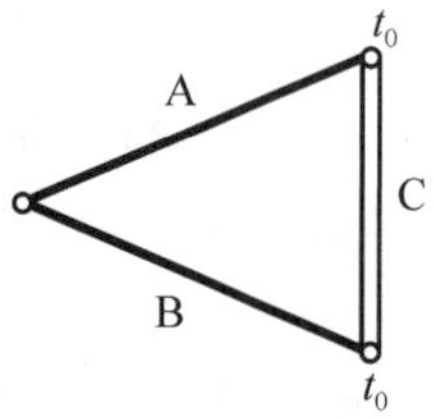

图 10-3　在热电偶中插入第三种导体 C,导体 C 两端温度相同

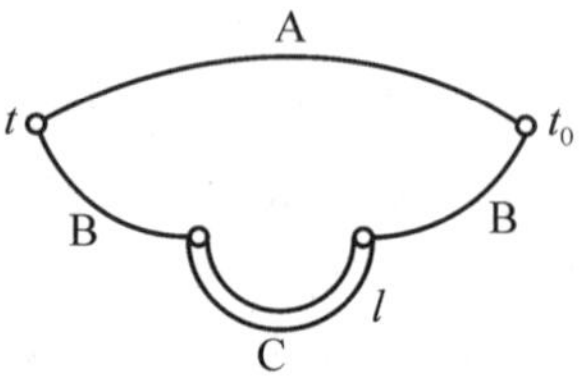

图 10-4　第三种导体插在一种导体的中间

种(或多种)导体不会使热电偶的热电动势发生变化。这种情况在实际应用中会经常遇到,因为热电偶要焊接,同时要接入测量仪表等。这条定律保证了上述情况都不会影响热电偶的测量结果。

3) 中间温度定律

在两种不同材料组成的热电偶回路(图 10-5)中,接点温度分别为 t 和 t_0,热电动势 $E_{AB}(t, t_0)$ 等于热电偶在连接点温度为 (t, t_n) 和 (t_n, t_0) 时相应的热电动势 $E_{AB}(t, t_n)$ 和 $E_{AB}(t_n, t_0)$ 之和,即

$$E_{AB}(t, t_0)=E_{AB}(t, t_n)+E_{AB}(t_n, t_0) \tag{10-10}$$

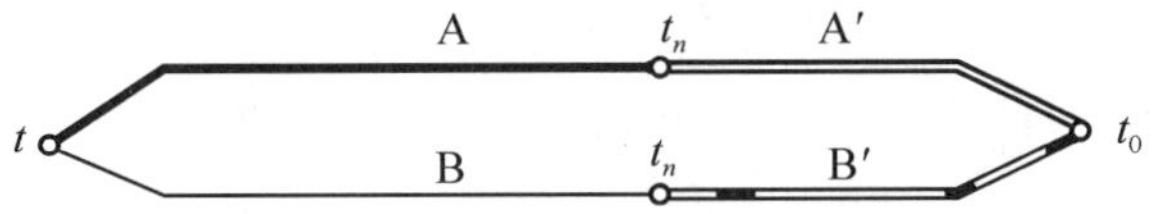

图 10-5　中间温度定律示意图

4) 标准电极定律

如果两种导体 A 和 B 分别与第三种导体 C 组合成热电偶 AC 和 BC 的热电动势已知,则可求出导体 A 和 B 组合成热电偶 AB 的热电动势为

$$E_{AB}(t, t_0)=E_{AC}(t, t_0)-E_{BC}(t, t_0) \tag{10-11}$$

利用这条定律,就可以方便地从几个热电极与标准电极组成热电偶时所产生的热电动势求出这些热电极彼此任意组合时的热电动势。

3. 热电偶温度传感器的优点

(1) 热电偶的大小和形状可以按需要进行配置,使用方便。

(2) 热电偶直接与被测对象接触,不受中间介质的影响,测量精度高。

(3) 常用的热电偶从 −50～1 600 ℃均可连续测量,某些特殊热电偶可测到 −269 ℃(如镍铬-金铁),最高可达 2 800 ℃(如钨-铼),测量范围广。

(4) 测量数据易于远距离传输。

4. 常用热电偶

1) 铂铑 10-铂热电偶

其属于贵金属热电偶,使用时热电偶丝直径为 0.35～0.5 mm。其优点是精度高,理化性能稳定,短期使用时测温上限可达 1 600 ℃,适于在氧化或中性气氛中使用。其缺点是在高温还原介质中容易被侵蚀和污染,热电动势较小,灵敏度较低。

2) 铂铑 30-铂铑 6 热电偶

其属于贵金属热电偶,使用时热电偶丝直径为 0.5～3 mm。其优点是测量精度高,短期用时测温上限可达 1 800 ℃,适于在氧化或中性气氛中使用。其缺点是灵敏度较低、价格昂贵。

3) 镍铬-镍硅热电偶

其属于贱金属热电偶,工业用时热电偶丝直径为 0.5～3 mm。其优点是价格低廉,灵敏度较高,测量重复性好,高温下抗氧化能力强,短期使用时测温上限可达且 1 300 ℃,是应用

较广的一种热电偶。其缺点是在还原性介质或含硫化物气氛中易被侵蚀。

4）铜-康铜热电偶

其属于贱金属热电偶,常用热电偶丝直径为 0.2～1.6 mm,测温范围为－200～400 ℃。其优点是价格低廉,测量精度高,稳定性好,灵敏度高。

5）镍铬-康铜热电偶

其属于贱金属热电偶,热电偶丝直径一般为 0.5～3 mm,短期使用时测温上限为 800 ℃。其优点是灵敏度在上述五种热电偶中最高,价格最便宜,应用前景非常广。其缺点是抗氧化及抗硫化物的能力较差,适于在中性或还原性气氛中使用。

以上是最常用的五种热电偶,这些热电偶已经标准化。为满足一些特殊的测量要求,还需要使用非标准化的热电偶。例如,测量特高温度的铱铑-铱热电偶,其测温上限可达 2 000 ℃以上,常用于航天技术中的温度测量;测量特低温度的镍铬-金铁热电偶的测温范围为 2～273 K。

5. 常用热电偶结构

常用工业热电偶的结构如图 10-6 所示,它由热电偶丝、绝缘套管、保护套管和接线盒等组成。绝缘套管大多为氧化铝或工业陶瓷管。保护套管在测量高温(1 000 ℃以上)时多用金属套管,测量低于 1 000 ℃温度时可用工业陶瓷或氧化铝,保护套管有时不用,以减少热惯性,提高测量精度。

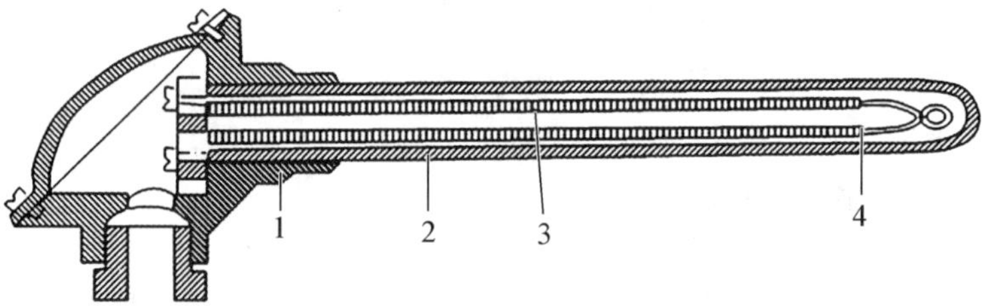

图 10-6　常用工业热电偶的结构

1—接线盒；2—绝缘套管；3—保护套管；4—热电偶丝

6. 铠装热电偶

有时为了满足一些特殊测量的需要,要求热电偶具有惯性小、结构紧凑、牢固、抗振、可挠等特点,这时可以采用铠装热电偶。其结构如图 10-7 所示。铠装热电偶分为单芯和双芯

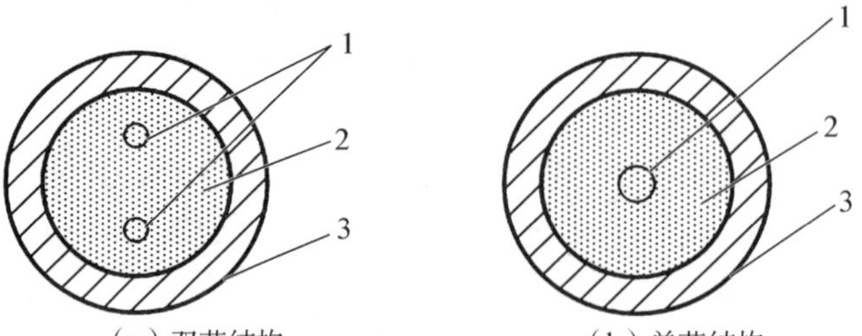

(a) 双芯结构　　(b) 单芯结构

图 10-7　铠装热电偶的结构

1—热电极；2—绝缘材料；3—金属保护套管

两种。它是由金属保护套管、热电极和绝缘材料三者组合而成的一种特殊结构形式的热电偶。这种热电偶可以做得很细、很长，且可以弯曲。

10.3　非接触式温度计

接触式温度计虽然具有结构简单、可靠性好、测量精度高等优点，但其测量过程中感温元件和被测对象需直接接触，传感器必须经受各种测量环境下的腐蚀、氧化、污染、还原等作用，且感温元件插入后会破坏被测温度的温度场分布。因此，在很多场合，如需要实现温度的连续测量，或者在感温元件不能承受的高温条件下，接触式温度计无法胜任测温任务，这时必须采用基于热辐射原理的非接触式温度计。

非接触式温度计利用测定物体辐射能的方法测定温度。由于它不与被测介质接触，不会破坏被测介质的温度场，且动态响应好，因此可以用于测量非稳态热力过程的温度值。此外，其测量上限不受材料性质的影响，测量范围大，特别适用于高温测量。

任何物体的温度高于热力学温度零度时就有能量释出，其中以热能方式向外发射的那一部分称为热辐射。利用热辐射理论设计的非接触式传感器有多种不同的结构形式，如灯丝隐灭式光学高温计、光电高温计、全辐射高温计和比色高温计等。上述辐射式温度计一般用于高温(高于 700 ℃)测量，但其测量原理同样适用于中温测量，只不过此时的辐射已不是可见光，而是红外辐射了。红外辐射强度需要用红外敏感元件来检测。

10.3.1　红外测温仪

图 10-8 所示为红外测温仪的工作原理，它和光电高温计的工作原理相似，为光学反馈式结构。被测物体 S 和参考源 R 的红外辐射经调制盘 T 调制后输出至红外探测器 D。调制盘 T 由同步电动机 M 带动，探测器 D 的输出电信号经放大器 A 和相敏整流器 K 后送至控制放大器 C，控制参考源的辐射强度。当参考源和被测物体的辐射强度一致时，参考源的加热电流即代表被测温度。由指示器 I 显示出被测物体的温度值。红外测温仪的光学系统有透射式和反射式两种。透射式光学系统的透镜采用能透过被测温度下热辐射波段的材料。例如，被测温度在 700 ℃以上，辐射的波段主要在 0.76～3 μm 的近红外区，此时可采用一般光学玻璃或石英透镜；当被测温度在 100～700 ℃时，辐射的波段主要在 3～5 μm的中红外区，此时多采用氟化镁、氧化镁等热压光学透镜；当测量低于 100 ℃的温度时，辐射的波段主要在 5～14 μm 的中、远红外波段，多采用锗、硅、热压硫化锌等材料制成的透镜。反射式光学系统多采用凹面玻璃反射镜，反射镜的表面镀金、铝、镍、铬等对红外辐射反射率很高的金属材料。

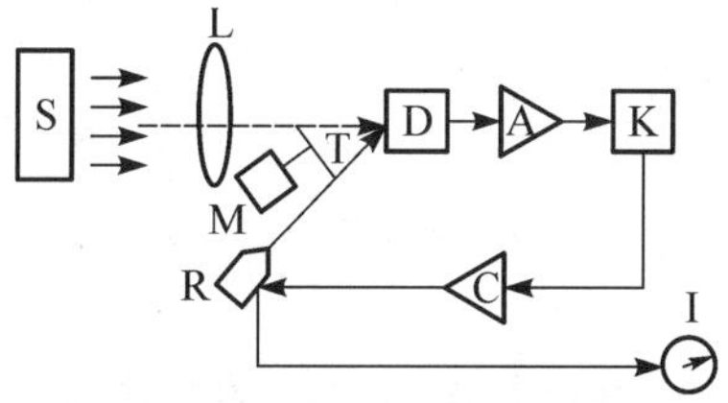

图 10-8　红外测温仪的工作原理

S—被测物体；L—光学系统；D—红外探测器；A—放大器；K—相敏整流器；C—控制放大器；R—参考源；M—电动机；T—调制盘；I—指示器

10.3.2　红外热像仪

任何物体只要温度高于绝对零度都会因分子的热运动而发射红外线，且发出的红外辐射能量与热力学温度的四次方成正比,热像仪就是根据这一特性来测量温度场的。

1. 红外热像仪的工作原理

红外热像仪利用红外扫描仪原理测量物体的表面温度分布,它摄取来自被测物体各个部分射向仪器的红外辐射通量的分布,利用红外探测器的水平扫描和垂直扫描,按顺序直接测量被测物体各个部分发射出的红外辐射,综合起来就得到物体发射的红外辐射通量的分布图像,这种图像称为热图像或温度场图。

图10-9所示为红外热像仪的工作原理。热像仪由光学会聚系统、扫描系统、探测器、视频信号处理器和显示器几个主要部分组成。目标的辐射图形经光学系统会聚和滤光,聚集在焦平面上。焦平面内安置一个探测元件。在光学会聚系统和探测器之间有一套扫描装置,它由两个扫描反射镜组成,分别用作垂直扫描和水平扫描。从目标入射到探测器上的红外辐射,随着扫描镜的转动而移动,按次序扫过整个温度场。在扫描过程中,入射红外辐射使探测器产生响应。探测器的响应是与红外辐射的能量成正比的电压信号,扫描过程使二维的物体辐射图形转换成一维的电压信号序列。该电压信号经放大、处理后,由视频监视系统实现热像显示和温度场测量。

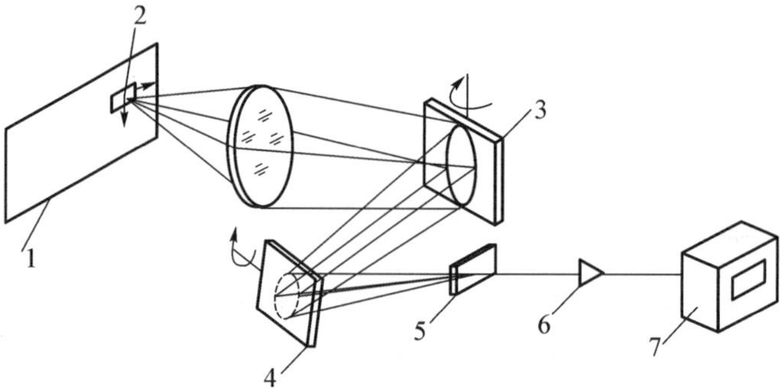

图10-9 红外热像仪的工作原理

1—物空间的视场;2—探测器在物空间的投影;3—水平扫描器;4—垂直扫描器;5—探测器;6—信号处理器;7—视频显示器

2. 红外热像仪系统的组成

图10-10所示为红外热像仪系统的组成框图。

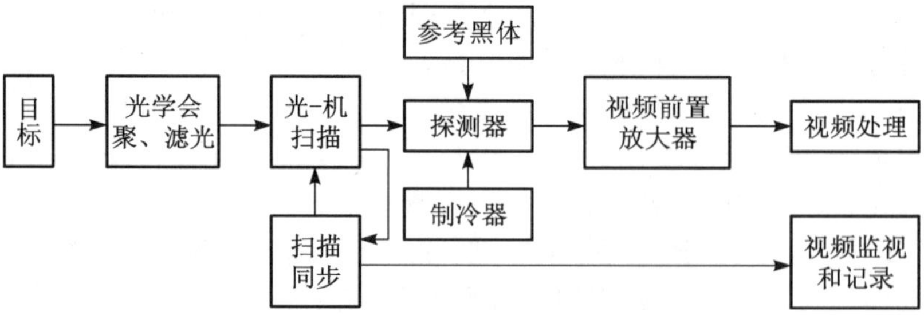

图10-10 红外热像仪系统的组成框图

1)扫描系统

扫描系统是热像仪的主要组成部分,它使红外探测器按顺序地接收被测物体各微元面积上的红外辐射。测量温度场时往往需要测得二维的温度分布，因此必须进行二维扫描。红外探测器在某一瞬间只能探测到目标上很小的区域，通常将这一很小的区域称为"瞬时视场"。扫描系统能够在垂直于水平两个方向上转动。水平转动时，瞬时视场在水平方向上扫过目标区域上的一带状部分。扫描系统垂直转动与水平转动相配合，在瞬时视场水平扫过一带状区域之后，垂直转动恰好使它回到这一带状之下的区域，接着扫描与前者相衔接的带状区域。如此进行，可以实现对被测对象的面扫描。如果红外探测器的响应足够快，在整个扫描过程中，探测器的输出将是一个强弱随时间变化且与各瞬时视场发射的红外辐射通量变化相对应的序列电压信号。

2）红外探测器

红外探测器是感受红外辐射能量并把它转换成电量的器件。它的光谱响应特性、时间常数及探测率都直接影响热像仪的性能。一般总希望探测器具有高的探测率和小的时间常数，以及热像仪有较好的灵敏度和较快的响应。目前常用的红外探测器有热探测器和光电探测两种，其中光电探测器在热像仪中应用最广。最常用的光电探测器有光伏锑化铟、光伏锑锡铅和光导碲镉汞等，它们都具有灵敏度高、响应快的优点。光电探测器的缺点是光谱范围有限，且为了得到最佳灵敏度，使用时往往需要冷却。

近年来出现了一种新型的多元阵列探测器，它在焦平面或平面附近采用电荷转移器件进行多路调制与信息处理，使实际的焦平面上具有上千个红外探测器。多元阵列电荷转移器件具有自扫描、动态范围大、噪声低等优点。在热像仪中应用这种探测器可以大大提高系统的分辨率，缩短响应时间。

3）视频显示和记录系统

视频显示和记录系统的作用是把红外探测器提供的电信号转换成可见图像。最常用的方法是用阴极射线管(CRT)显示图像。探测器输出的电压信号经放大处理后，作为显示器的视频信号。显示器的扫描系统与目标扫描系统同步，产生全部水平扫描线，这些水平扫描线的起点都在同一垂线上，且在垂直方向上依次下移，在荧光屏上显示出目标的图像。根据显示的热像图，可以清楚地了解被测目标温度分布的情况。

习 题

1. 请简述热电偶传感器原理。
2. 试叙述各类型传感器的适用场合及测量范围。

第 11 章

振 动 测 量

振动对于汽车往往是有害的。车身的振动不仅会降低乘客的乘坐舒适性，还可能引发噪声问题。此外，振动还会对各种部件造成疲劳破坏，缩短整车的使用寿命。

通过振动测量，可以评价振动量级的大小。而测量结构主动端与被动端的振动可以得出振源特性以及隔振效果，有助于我们了解是什么原因使得振动大小超出了理想范围，是振源振动幅值本身过大，还是振动传递中出现了共振等。在使用各种减振、隔振措施后，也需要通过振动测量来确定改进的效果。因此，振动测量是汽车试验中不可或缺的一环。

11.1 振动基础

所谓机械振动，是指质点或物体在平衡位置做往复运动的现象。汽车在行驶中发动机、变速箱的振动以及路面不平等都是主要的振动激励源。

根据振动的规律，振动可分为确定性振动和随机振动两大类，其中确定性振动又分为简谐振动、复杂周期振动。

11.1.1 简谐振动

位移、速度或加速度为时间的简谐函数的振动，称为简谐振动。这是一种最简单、最基本的振动形式，其数学表达式为

$$x(t)=A\sin\left(\frac{2\pi}{T}t\right)=A\sin(2\pi ft)=A\sin(\omega t) \tag{11-1}$$

式中：A 为振幅；T 为振动周期；f 为振动频率，$f=1/T$，单位为 Hz；ω 为圆频率，$\omega=2\pi f$，单位为 rad/s。

对简谐振动的数学表达式分别求一阶导数和二阶导数，可分别得到简谐振动的速度和加速度，即

$$v(t)=\dot{x}(t)=A\omega\cos(\omega t)=A\omega\sin\left(\omega t+\frac{\pi}{2}\right) \tag{11-2}$$

$$a(t)=\ddot{x}(t)=-A\omega^2\sin(\omega t)=A\omega^2\sin(\omega t+\pi) \tag{11-3}$$

可知简谐振动的速度、加速度依然是简谐函数，只是相位角不同。其中，速度比位移相位超前了 90°，而加速度比位移相位超前了 180°。

11.1.2 复杂周期振动

复杂周期振动由一系列频比 f_i/f_j（或 ω_i/ω_j）为有理数的简谐振动叠加而成，当自变量

增加到某一定值时，其函数值又恢复到同一个值的振动。其表达式为

$$x(t)=\frac{A_0}{2}+\sum_{n=1}^{\infty}C_n\cos(n\omega_1 t-\varphi_n)\quad(n=0,\ 1,\ 2,\ \cdots)\tag{11-4}$$

式中：C_n 为第 n 次谐波分量的幅值；φ_n 为相位差；A_0 为均值；ω_1 为基频，与基频对应的分量称为基波。

11.1.3 随机振动

任何一个给定时刻的振动瞬时值不能预先确定的振动，称为随机振动。工程中许多振动问题都属于该类型。由于它不能用一个确定的时间函数来描述，因此只能用数理统计的方法来加以研究。由测量所得的随机振动的单个时间历程（一个数据），只代表许多可能产生的结果之一，称为样本函数。在有限时间区间内测得的一时间序列（某一样本函数的有限时间历程），称为样本记录，可以理解为随机振动过程的一个物理现实。振动系统可能产生的全部（N 个）样本函数的集合，称为随机振动过程。但平稳随机振动中的各态历经随机振动，也可以用一个样本来描述。

描述随机振动基本特性的主要统计参数有均值与均方值（或均方根值）、均方差、概率密度函数、相关函数及功率谱密度因数等。均值、均方值与均方差值分别定义为

均值

$$\mu_x(t)=E[x(t)]=\int_{-\infty}^{\infty}x(t)p(x,\ t)\mathrm{d}t\tag{11-5}$$

均方值

$$\Psi_x^2(t)=E[x^2(t)]=\int_{-\infty}^{\infty}x^2(t)p(x,\ t)\mathrm{d}t\tag{11-6}$$

均方差

$$\sigma_x^2(t)=E\{[x(t)-\mu(t)]^2\}=\int_{-\infty}^{\infty}[x(t)-\mu(t)]^2p(x,\ t)\mathrm{d}t\tag{11-7}$$

式中：$p(x,\ t)$是概率密度函数；$E[x(t)]$是数学期望。在一般情况下，均值不等于算术平均值，只有各态历经随机振动，其均值才等于算术平均值。

随机振动还可以分为平稳随机振动和非平稳随机振动，如汽车加速行驶时的振动就是非平稳随机振动。

11.1.4 振动的测量

对于振动的描述，通常分别在时域和频域里进行。在时域中直接通过测量获得振动的位移、速度、加速度和时间的关系，从这些关系来分析振动的时域特性。频域分析是通过测量获得的时域信号计算出振动的幅值、相位、功率等与频率的关系，从这些关系来分析振动的频率特性。在对非平稳信号进行频域分析时，通常使用短时傅里叶变换（STFT）的方法获得瞬时的频域结果。

测量振动的方法一般有实际测量法和响应测量法。实际测量法测定机械系统在实际客

观激励下的响应,对于汽车来说也就是在实际道路行驶中各部件的响应。此方法一般用于评价和改进机械系统。响应测量法测定给定激励下系统的响应规律,即系统的幅频和相频特性,求得系统的传递函数等。此方法适用于研究和设计机械系统。

一般的测振系统框图如图 11-1 所示。

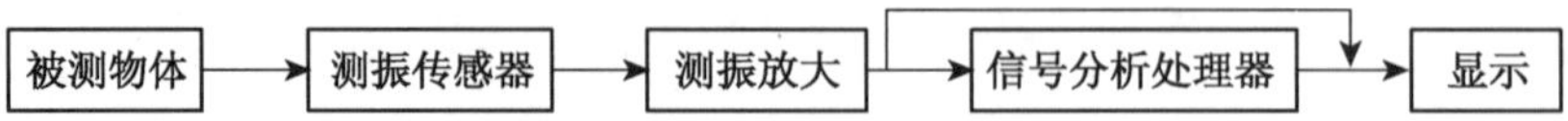

图 11-1　一般的测振系统框图

待测振动量通常为位移、速度、加速度。由于这三者之间存在明确的微积分关系,因此在测量其中一个参数后,另两个可用数学方法求得。在测振系统中的各个环节都要能如实地反映动态变化信号,也就是说在测振中对每个环节都有一定的幅频和相频要求。测量系统的工作频带宽度选择要合理,应注意测量系统各环节的配用。

11.2　测振传感器

测振传感器的功用是将被测的位移、速度或加速度这些非电量转换成电量进行测量。测振传感器的分类如表 11-1 所示。

表 11-1　　测振传感器的分类

按被测参数分	按转换原理分		按参考坐标分
位移 速度 加速度	接触式	磁电 压电晶体 电阻 电容 电感	相对式 惯性式
	非接触式	近程感应 激光	—

按以上分类的情况,如要清楚地描述一种测量用的传感器,需要将三种分类都反映其中。例如,测量一个物体的振动,可选择惯性式压电晶体加速度传感器。

11.2.1　相对式测振传感器

1. 工作原理

如图 11-2 所示,相对式测振传感器的壳体与大地固定,即被测量相对大地运动。活动顶杆靠弹簧顶紧或用螺栓固结在被测振动物体上。此类传感器描述振动的方法是以壳体作为参考基准,被测振动为输入,顶杆与固定在壳体上的标尺的相对运动为输出。这类传感器的输出量常为相对位移或相对速度,这些相对运动必须转换成电量才能进行测量。

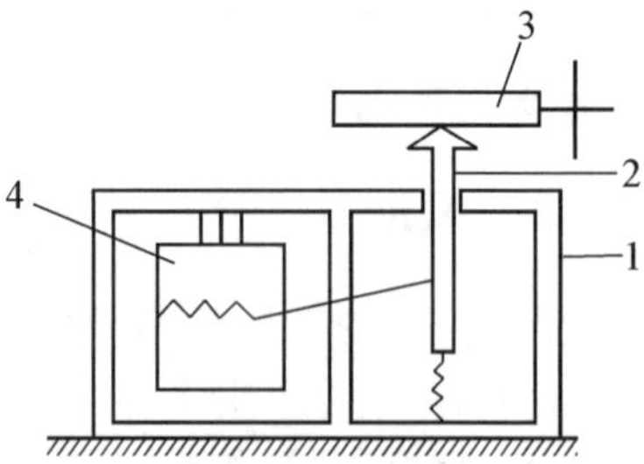

图 11-2　相对式测振传感器原理示意图

1—壳体;2—顶杆;3—振动物体;4—标尺

2. 相对式测振传感器的跟随条件

此种方法要求在整个测振过程中，顶杆与被测物体始终接触。若采用螺栓固结，虽然可确保接触，但负载效应影响较大并且拆装不方便。当采用弹簧顶杆时，必须确保测量顶杆始终与被测物体保持接触。

能满足始终接触的一个保守条件为弹簧顶杆系统能产生的最小加速度 $a'_{\min}$ 大于被测物体的最大加速度 $a_{\max}$，即 $a'_{\min}>a_{\max}$，因为

$$a'=\frac{F}{m}=\frac{K\cdot\Delta L}{m} \tag{11-8}$$

$$a'_{\min}=\frac{K\cdot\Delta L_{\min}}{m} \tag{11-9}$$

式中：F 为弹簧变形后的恢复力；m 为顶杆质量；K 为弹簧刚度；ΔL 为弹簧变形初压缩量。若被测物体做简谐振动

$$a_{\max}=\omega^2X_m \tag{11-10}$$

所以式(11-10)可写成

$$\frac{K\cdot\Delta L_{\min}}{m}>\omega^2X_m \tag{11-11}$$

可改写成

$$\Delta L_{\min}>\frac{m}{K}\omega^2X_m \tag{11-12}$$

又因为弹簧顶杆系统的固有频率可表达成

$$\omega_0=\sqrt{\frac{K}{m}}\cdot\frac{K}{m}=\omega_0^2 \tag{11-13}$$

所以

$$\Delta L_{\min}>\frac{\omega^2}{\omega_0^2}X_m=\frac{f^2}{f_0}X_m \tag{11-14}$$

$$\omega^2<\frac{K\Delta L_{\min}}{X_m}\omega_0^2 \tag{11-15}$$

式(11-15)表明，这类弹簧顶杆传感器的可测频率受 $\Delta L_{\min}$、X_m、ω_0 条件的限制，可表达成

$$\omega^2<\frac{K\cdot\Delta L_{\min}}{X_m}\omega_0^2 \tag{11-16}$$

实际的顶杆弹簧系统的固有频率 ω_0 很难做得很大，故此类传感器的测量频率也无法提高。

3. 两种典型的相对式测振传感器

1) 电感式位移传感器

电感式位移传感器利用顶杆带铁芯在线圈中运动,使之产生电感的变化,从而测量振动。此类传感器的原理与特性均在第9章电感式位移计中介绍了。在这里着重强调其"相对性",即壳体和线圈均固定在大地上,被测物体带动顶杆相对线圈运动,从而将相对的位移转换成电感变化量进行测量。

2) 磁电式速度传感器

磁电式速度传感器的结构如图11-3所示。它也是一个弹簧顶杆系统,在测量时弹簧顶杆系统带动线圈在磁场中以速度 v 切割磁力线,产生感应电势

$$e=-N\frac{d\Phi}{dt} \tag{11-17}$$

如果用运动的速度来表示其关系,可表达成

$$e=\boldsymbol{B}l\frac{dx}{dt}\sin\alpha \tag{11-18}$$

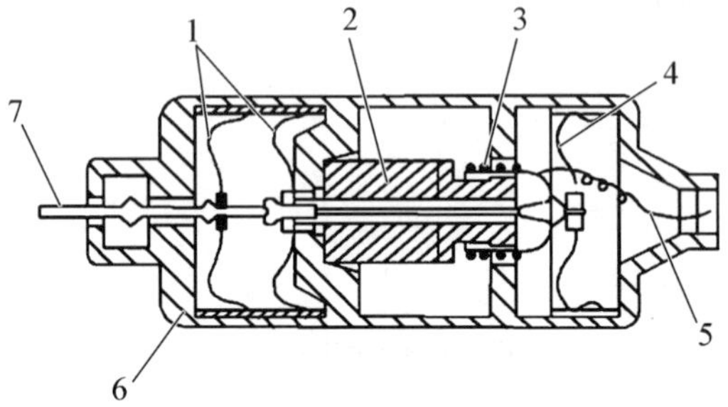

图11-3　磁电式速度传感器的结构图

1,4—弹簧片;2—磁铁;3—线圈;5—引出线;6—壳体;7—顶杆

式中:$\boldsymbol{B}$ 为磁感应强度;l 为线圈导线总长度;$\frac{dx}{dt}$ 为线圈和磁铁间相对直线运动的线速度;α 为运动方向与磁场方向的夹角。

因为 $\frac{dx}{dt}=v$,运动方向和磁场方向垂直,$\alpha=90°$,所以 $e=\boldsymbol{B}lv$。从该表达式中将可以得出,由于传感器制成一个永久磁铁,磁场强度是一个常量,线圈的导线长度也是一个常量,因此此类传感器在测量物体振动速度时感应电势与速度成正比。也就是说,可以用感应电势来反映所测的振动速度。因此,此类传感器被称为速度传感器。

从原理上看,此类传感器输出的感应电势和被测速度成正比。然而,在实际应用中,此类传感器在频率很低时感应电势弱,受磁场的实际非线性影响大。而在频率高时,又受到弹簧顶杆的接触条件限制。因此,此类传感器的使用范围一般在2~500 Hz,即可测2~500 Hz内的简谐振动和有效频宽包含在2~500 Hz范围内的复杂振动。

以上讨论的相对式测振传感器虽然原理简单,但在实际应用中存在一定的局限性。这是因为很难在被测物体附近找到一个参考静止点。例如,汽车在道路上行驶、飞机在天空中飞行、船在海中航行等情况下,都不可能找到一个相对被测物体不动的基准。这使得相对式测振传感器难以用于这些物体的振动测量。为解决这一问题,人们提出了使用所谓惯性式或称绝对式测振传感器。

11.2.2　惯性式测振传感器

1. 惯性式测振传感器的工作原理与基本特性

在测量物体的机械振动时,传感器的壳体被刚性地固定在振动物体上,因此传感器壳体

随振动物体一起振动。如果在传感器内部放置一个质量弹簧系统，且质量 m 较大而弹簧较软（即弹簧常数 K 较小），那么当振动物体的振动频率足够高时，弹簧质量的响应将跟不上振动的变化，甚至没有响应。在这种情况下，如果弹簧质量系统没有响应，即静止不动，那么就可以将这个在运动着的壳体里静止不动的质量块作为绝对基准，也就是相对大地绝对不动作为对运动着的物体即传感器壳体机械振动测量的基准。

在什么条件下才能使质量块相对大地绝对不动，而壳体或被测物体相对质量块的运动代表着被测物体相对大地的运动呢？下面就讨论绝对参考点建立的条件。

1）绝对参考点建立的条件

由质量 m、弹簧 k、阻尼 c 组成一个惯性式测振传感器，传感器固定在被测物体上，如图 11-4 所示。设 y 为振动物体相对大地的绝对位移，x_m 为质量块相对大地的绝对位移，x 为振动物体或壳体与质量块之间的相对位移。这三者之间的关系式可表达为

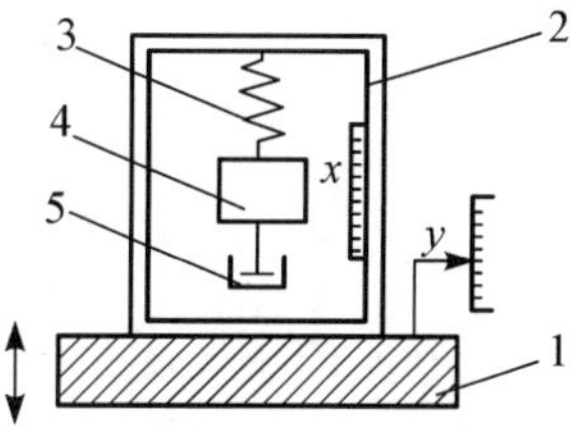

图 11-4 惯性式测振传感器原理图

1—振动物体；2—壳体；3—弹簧支承；4—质量块；5—阻尼器

$$x = x_m - y$$

由牛顿第二定律 $F = ma$ 得到作用在质量上的力为质量块上的惯性力等于弹簧力与阻尼力之和。

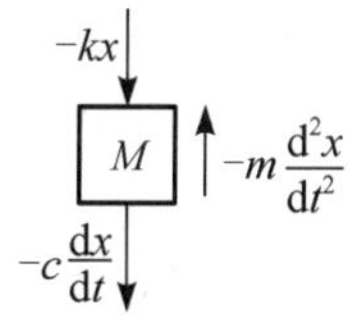

$$m\frac{\mathrm{d}^2 x_m}{\mathrm{d}t^2} = -kx - c\frac{\mathrm{d}x}{\mathrm{d}t} \tag{11-19}$$

用 x、x_m、y 三者之间的关系代入改写式(11-19)后得

$$m\frac{\mathrm{d}^2 x_m}{\mathrm{d}t^2} = c\frac{\mathrm{d}x_m}{\mathrm{d}t} + c\frac{\mathrm{d}y}{\mathrm{d}t} + ky \tag{11-20}$$

用拉普拉斯算子代入，得

$$(ms^2 + cs + k)x_m(s) = (cs + k)y(s) \tag{11-21}$$

式(11-21)中，若把所测振动物体相对大地的位移 y 看成是传感器的输入，把质量块相对于大地的位移 x_m 看成是输出，则此传感器的传递函数可表达为

$$\frac{x_m(s)}{y(s)} = \frac{cs + k}{ms^2 + cs + k} \tag{11-22}$$

式(11-22)两边同时减 1 可改写成

$$\frac{x_m(s) - y(s)}{y(s)} = \frac{-s^2}{s^2 + \frac{e}{m}s + \frac{k}{m}} \tag{11-23}$$

令振动的衰减系数 β 为

$$\beta = \frac{c}{2\sqrt{mk}} \tag{11-24}$$

固有频率 ω_0 为

$$\omega_0 = \sqrt{\frac{k}{m}} \tag{11-25}$$

代入式(11-23)得

$$\frac{x_m(s) - y(s)}{y(s)} = \frac{-s^2}{s^2 + 2\beta\omega_0 s + \omega_0^2} \tag{11-26}$$

由于测振传感器测量的是动态物理量,因此传感器的频率特性是很重要的。故在讨论中可将频率因子 jω 代入,令 $s=\mathrm{j}\omega$,则传递函数为

$$\frac{x_m(\mathrm{j}\omega) - y(\mathrm{j}\omega)}{y(\mathrm{j}\omega)} = \frac{\omega^2}{-\omega^2 + \mathrm{j}2\beta\omega_0\omega + \omega_0^2} = \frac{\left(\frac{\omega}{\omega_0}\right)^2}{1 - \left(\frac{\omega}{\omega_0}\right)^2 + \mathrm{j}2\beta\frac{\omega}{\omega_0}} \tag{11-27}$$

式(11-27)为惯性式测振传感器的特性方程。由于 $x = x_m - y$,因此又可表达成

$$\frac{x(\mathrm{j}\omega)}{y(\mathrm{j}\omega)} = \frac{\left(\frac{\omega}{\omega_0}\right)^2}{1 - \left(\frac{\omega}{\omega_0}\right)^2 + \mathrm{j}2\beta\frac{\omega}{\omega_0}} \tag{11-28}$$

此传感器幅频特性为

$$\left|\frac{x(\mathrm{j}\omega)}{y(\mathrm{j}\omega)}\right| = \frac{\left(\frac{\omega}{\omega_0}\right)^2}{\sqrt{\left[1 - \left(\frac{\omega}{\omega_0}\right)^2\right]^2 + \left(2\beta\frac{\omega}{\omega_0}\right)^2}} \tag{11-29}$$

相频特性为

$$\varphi = -\arctan\frac{2\beta\frac{\omega}{\omega_0}}{1 - \left(\frac{\omega}{\omega_0}\right)^2} \tag{11-30}$$

上述特性可用图 11-5 直观地表达。

由图 11-5 可见,当 $\frac{\omega}{\omega_0} \gg 1$, 即 $\omega \gg \omega_0$ 时,幅频特性 $\left|\frac{x(\mathrm{j}\omega)}{y(\mathrm{j}\omega)}\right| = 1$, 相频特性是一定斜率

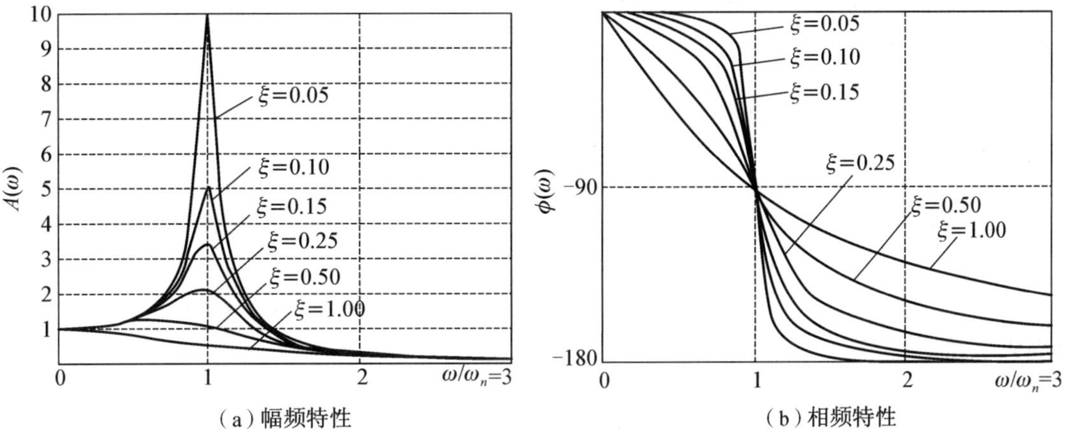

图 11-5 基础激振时质量块相对基础的频谱特性

的直线。这表达了当 $\omega \gg \omega_0$，也就是被测物体的振动频率远大于传感器的固有频率时，被测物体相对于质量块的相对位移等于被测物体相对于大地的绝对位移。这样，满足了一定的条件后可以用 x 来代替 y，在一个运动的被测物体上找到了一个相对大地绝对不动的参考点。

从以上讨论可以得出，当幅频特性(幅值比)为 1 时，壳体或被测物体相对质量块的位移反映了壳体或被测物体相对于大地的位移；反之，若不能满足$\dfrac{\omega}{\omega_0} \gg 1$，传感器的特性就很差，不能工作。因此，这种用壳体或被测物体相对质量块的位移来代替壳体或被测物体相对于大地的位移的测振传感器低频段特性很差。是否此类惯性式测振传感器低频段特性都很差，有没有方法可以使之低频段特性好？这就是下一个讨论的内容。

2) 利用壳体相对于质量块位移代替壳体相对于大地的加速度

前面讨论的是 x 与 y 的关系。同样地，可以用壳体或被测物体相对于质量块的位移 x 来反映壳体或被测物体相对于大地的振动加速度 a_y。传感器的结构和前面的一样，微分方程也一样，为

$$m\frac{\mathrm{d}^2 x_m}{\mathrm{d}t^2} = -kx - c\frac{\mathrm{d}x}{\mathrm{d}t}$$

因为

$$x = x_m - y,\quad x_m = x + y$$

改变形式

$$m\frac{\mathrm{d}^2 x}{\mathrm{d}t^2} + \frac{c}{m}\frac{\mathrm{d}x}{\mathrm{d}t} + \frac{k}{m}x = -\frac{\mathrm{d}^2 y}{\mathrm{d}t^2} = -a_y \tag{11-31}$$

同样做拉普拉斯变换

$$\left(s^2 + \frac{c}{m}s + \frac{k}{m}\right)x(s) = -a_y(s) \tag{11-32}$$

壳体或被测物体相对于大地的振动加速度 a_y 作为输入,壳体或被测物体相对于质量块的位移作为输出,则

$$\frac{x(s)}{y(s)}=\frac{-1}{s^2+\frac{c}{m}s+\frac{k}{m}} \tag{11-33}$$

同理,用 β、ω_0 代入

$$\frac{x(s)}{y(s)}=\frac{-1}{s^2+2\beta\omega_0 s+\omega_0^2} \tag{11-34}$$

再用频率因子代入

$$\frac{x(\mathrm{j}\omega)}{a_y(\mathrm{j}\omega)}=\frac{-1}{\omega_0^2-\omega^2+\mathrm{j}2\beta\omega\omega_0}=\frac{-\frac{1}{\omega_0^2}}{1-\left(\frac{\omega}{\omega_0}\right)^2+\mathrm{j}2\beta\frac{\omega}{\omega_0}} \tag{11-35}$$

因为 ω_0 是传感器的固有频率,传感器做好后它是一个常数,将其移到等式的左边,

$$\frac{x(\mathrm{j}\omega)}{a_y(\mathrm{j}\omega)}\omega_0^2=\frac{-1}{1-\left(\frac{\omega}{\omega_0}\right)^2+\mathrm{j}2\beta\frac{\omega}{\omega_0}} \tag{11-36}$$

此传感器幅频特性为

$$\left|\frac{x(\mathrm{j}\omega)}{a_y(\mathrm{j}\omega)}\right|\cdot\omega_0^2=\frac{-1}{\sqrt{\left[1-\left(\frac{\omega}{\omega_0}\right)^2\right]^2+4\beta^2\left(\frac{\omega}{\omega_0}\right)^2}} \tag{11-37}$$

相频特性为

$$\varphi=\pi-\arctan\frac{2\beta\frac{\omega}{\omega_0}}{1-\left(\frac{\omega}{\omega_0}\right)^2} \tag{11-38}$$

同样可用幅频、相频图形直观地表示,如图 11-6 所示。

同前文讨论一样,当幅频特性 $\frac{\omega}{\omega_0}<1$ 时,幅值比是一常数 ω_0^2,相频同样是一定斜率直线,可以用壳体或被测物体相对于质量块的位移来代替壳体或被测物体相对于大地的加速度 a_y。它们之间差一个 ω_0^2 常数。另外,从特性可以看出,此种对应关系的传感器低频端很好,高频端受到限制。一般此类传感器的 ω_0 做得很高,这样可以克服高频端的不足。

以上讨论了两个对应关系,即 x 对应于 y、x 对应于 $\ddot{y}$。同样还可以讨论多种对应关系,如 x 对应于 $\dot{y}$、v_x 对应于 y、$\ddot{y}$ 对应于 y。因为受到从机械量到电量转换方法的限制,虽然从理论上讲有许多对应关系,而实际应用于惯性式测振传感器的只有三种关系,即 x 对

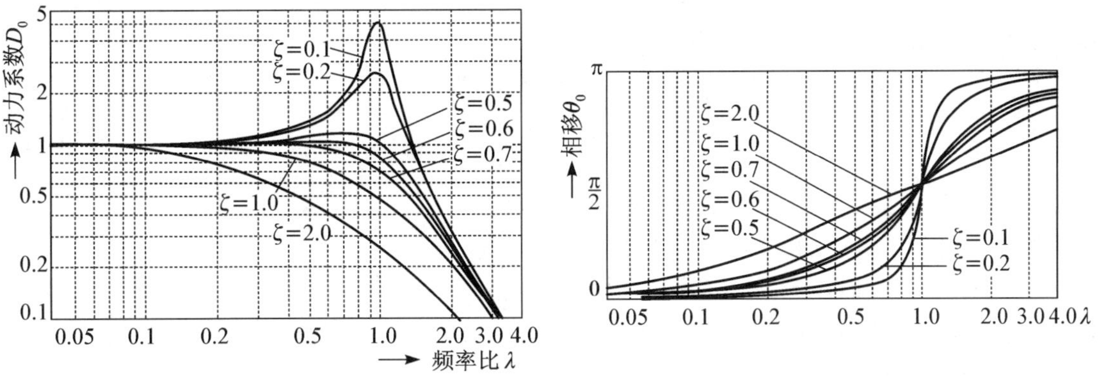

（a）幅频特性　　（b）相频特性

图 11-6　加速度传感器的幅频、相频特性曲线

应于 y、$\dot{x}$ 对应于 $\dot{y}$ 和 x 对应于 $\ddot{y}$。

2. 几种常用的惯性式测振传感器

以上讨论了两种对应形式的惯性式测振传感器，采用 x 对应于 y 形式的传感器一般体积较大，用在建筑物、桥、大型机械较多；而采用 x 对应于 $\ddot{y}$ 形式的传感器，因较小而且结构简单，所以在车辆和一般的机械振动测量中应用较多。

1）应变式加速度传感器

应变式加速度传感器以等强度梁作为弹性元件（它相当于弹簧），与支架、应变片、质量块和阻尼材料一起构成，如图 11-7 所示。

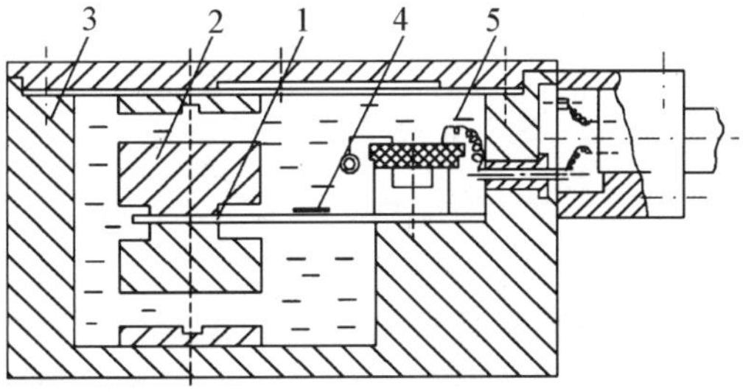

图 11-7　应变式加速度传感器

1—等强度梁；2—质量块；3—壳体；4—应变片；5—硅油

当被测物体产生振动加速度 a_y 时，就会使壳体和质量块之间产生位移 x，并以 $F=kx$ 的形式使梁产生一个弯矩 M，此弯矩产生的应变使得贴在梁上的应变片产生电阻变化。由此完成了从输入 a_y 到应变片输出 $\dfrac{\Delta R}{R}$ 的转换，最后通过应变仪将其测量出来。

此类传感器在硅油阻尼下有较好的特性，当 $\beta=0.707$ 时，$\dfrac{\omega}{\omega_0}\leqslant 0.4$ 范围内特性平直。其可测的工作频率为 $\omega=0\sim0.4\omega_0$。一般此类结构传感器工作频率范围为 0～90 Hz。因为此类结构形式 ω_0 不易做高，所以频率特性高端较差，只适宜于较低频率的振动测量。

2）压电晶体式加速度传感器

压电晶体式加速度传感器的工作原理是基于物理学里面的压电效应。压电效应又分为顺压电效应和逆压电效应。

某些介质在一定方向上受到外力的作用而变形时，内部会产生极化，同时在某些表面产生电荷。当外力消除后，又重新回到不带电状态。这种将机械能转换成电能的现象称为顺压电效应。

与顺压电效应相反,在介质的极化方向上施加电场,在它某一个方向上会产生机械变形。这种将电能转换成机械能的现象称为逆压电效应。

在晶体的压电效应最明显方向上的电荷积累表达式为

$$q = Fk_1 \tag{11-39}$$

式中:q 为压电效应最明显方向垂直平面上的电荷;k_1 为压电系数,不同材料、不同受力方式此系数不一样;F 为作用在压电效应最明显方向上的力。

从上表达式可知,压电晶体在受力后会产生电荷,并且所产生的电荷与所受到力成正比。基于此原理,压电效应被广泛应用于机械力、加速度、压力、流量等机械参数的测量。

压电晶体式加速度传感器是基于所讨论的 x 对应于 $\ddot{y}$ 方式进行工作的。它由壳体、压电晶体、极板、质量块、弹簧组成,如图 11-8 所示。

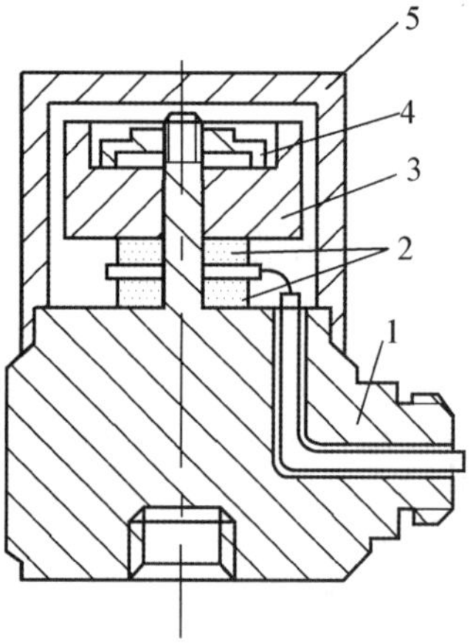

图 11-8　压缩式压电加速度计

1—基座;2—压电晶体;3—质量块;4—弹簧;5—壳体

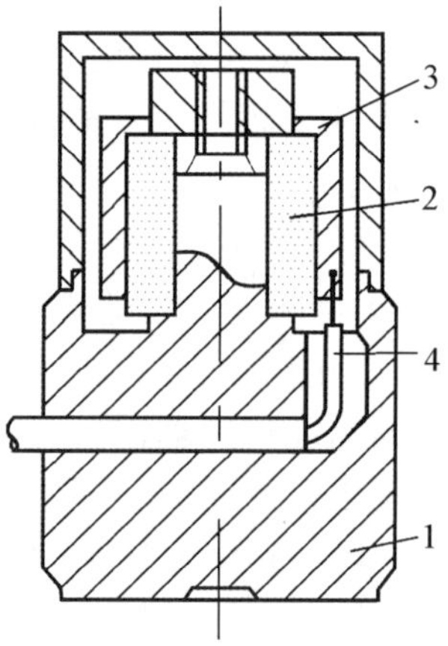

图 11-9　剪切型压电加速度计

1—基座;2—压电陶瓷圆筒;3—质量环;4—引线

由于这类传感器弹簧刚度 K 很大而质量块 m 较小,因此其固有频率 ω_0 很高,测量的频率范围很宽,最高可达 10～50 kHz。

① 工作原理:在传感器内部要适当预紧,保证压电晶体始终处于受压状态。测量时,传感器只是在初始预紧状态上、下波动。由于壳体或被测物体相对大地有一个 a_y,它使得质量块与壳体之间存在一相对位移 x,由此位移所产生的一个弹簧力 $F=kx$ 作用在压电晶体上,由 $q=Fk$ 关系产生电荷。由此完成了从机械量到电量的转换。

由于压电晶体的两个极化表面产生的是电荷,与等效电容并联时获取电荷,级联时获取电压,因此有两种灵敏度:一种是电荷灵敏度 S_q,另一种是电压灵敏度 S_c。电荷灵敏度是指传感器产生的电荷 q 与传感器的加速度 a 之比,电荷灵敏度的单位是 pC/(m · s^{-2})或 pC/g, pC 代表电荷量的单位皮库仑。

压电晶体本身构成一个电容 C_a,当它的两端产生电荷时,它的两端具有电压。电压灵敏度是指产生的电压 U_a 与传感器加速度 a 之比,电压灵敏度的单位是 V/(m · s^{-2})或 V/g, V 代表电压的单位伏特。

$$S_q = \frac{q}{a} \tag{11-40}$$

$$S_c = \frac{U_a}{a} = \frac{S_q}{C_a} \tag{11-41}$$

② 配放大器后的特性:压电晶体传感器的输出电荷信号 q 十分微弱,必须配上适当的放大环节才能测到被测量,而放大环节的引入会产生负载效应,即给测量和输出带来影响。其等效图如图 11-10 所示。在等效图中,q 为传感器的电荷源、电荷;C_a 为传感器极板间电容;R_a 为传感器绝缘电阻,C_L 为传感器输出电缆分布电容;R_i 为放大器的输入电阻;C_i 为放大器的输出电容。

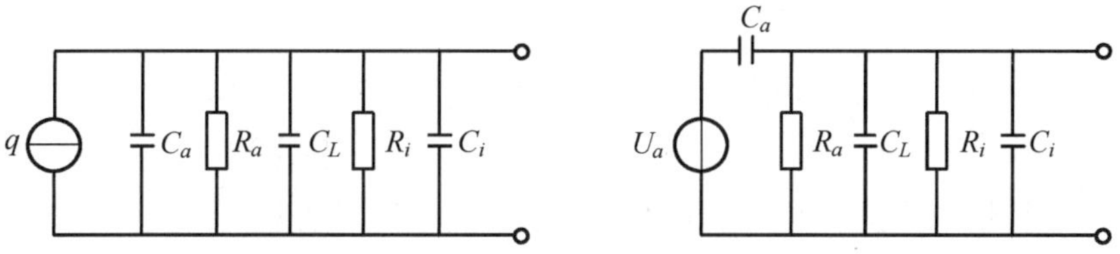

(a) 电荷源　　(b) 电压源

图 11-10　压电晶体传感器的等效图

为讨论方便起见,将图 11-10(a)进一步简化,其中

$$C = C_a + C_L + C_i \tag{11-42}$$

$$R = R_a \mathbin{//} R_i = \frac{R_i R_a}{R_i + R_a} \tag{11-43}$$

从电工原理中可知,压电晶体作为一个电流源,其输出电流为 i,可表达为

$$i = \frac{\mathrm{d}q}{\mathrm{d}t} \tag{11-44}$$

在放大器输入端的输入为电容器两端的电压

$$u_i = u_c = \frac{\int i_c \mathrm{d}t}{C} = \frac{\int (i - i_R)\mathrm{d}t}{C} \tag{11-45}$$

这样,此传感器放到放大器的输入端,其借逆关系可用微分方程表达为

$$\frac{\mathrm{d}u_i}{\mathrm{d}t} = \frac{i}{C} - \frac{i_R}{C} = \frac{1}{C}\frac{\mathrm{d}q}{\mathrm{d}t} - \frac{1}{C}\frac{u_i}{R} \tag{11-46}$$

变换形式后

$$\frac{\mathrm{d}u_i}{\mathrm{d}t} + \frac{1}{R_c}u_i = \frac{1}{C}\frac{\mathrm{d}q}{\mathrm{d}t} \tag{11-47}$$

其传递函数为

$$\left(s+\frac{1}{R_c}\right)u_i(s)=\frac{1}{C}sq(s) \tag{11-48}$$

$$\frac{u_i(s)}{q(s)}=\frac{s}{C\left(s+\frac{1}{RC}\right)}=\frac{Rs}{RCs} \tag{11-49}$$

这样,从传感器到放大器输入端的整个环节的传递特性为

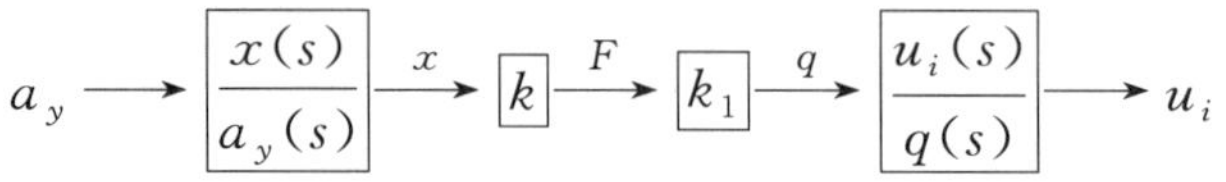

$$G(s)=\frac{u_i(s)}{a_y}=\frac{s^2kk_1}{s^2+2bw_0s+w_0^2}\cdot\frac{Rs}{1+RCs} \tag{11-50}$$

由上述传递特性的表达式可以看出,通过传感器的输出经电缆到放大器的输入端,由于存在传感器的等效电容、电缆的分布电容、放大器的输入端电容和传感器绝缘电阻及放大器的输入端电阻,其表达式比 $a_y \leftrightarrow X$ 表达式多了 $\frac{Rs}{1+RCs}$ 一项。其实际特性曲线如图 11-11 所示。

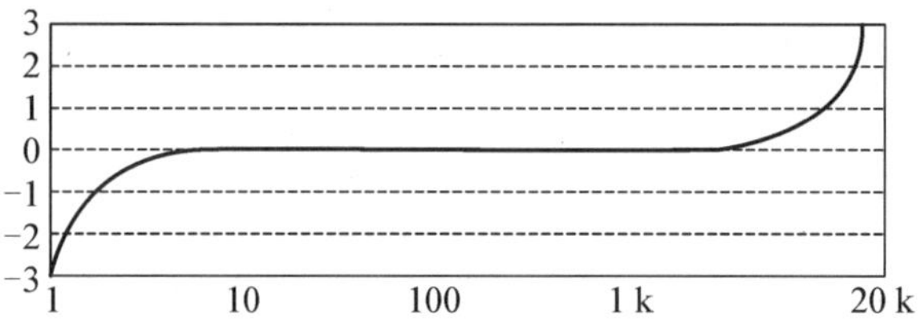

图 11-11　压电晶体传感器的实际特性曲线

从特性曲线可以看出,由于从传感器到放大器输入间有了 RC 回路,存在泄漏,而使此类压电晶体传感器在原理上决定了不能测量静态和很低频率的量。为了改善低频响应,通常在传感器和放大器之间加一阻抗变换器或者增大放大器的输入阻抗。

压电加速度传感器在出厂时,厂家给出其电荷灵敏度和电压灵敏度,还给出幅频特性曲线。传感器工作频率上限受到传感器固有频率 ω_0 的限制,下限受到传感器后续测量系统(如电荷放大器或电压放大器)的限制。

11.2.3　非接触式测振传感器

对于很小的轻型结构,如板件的振动,非接触测量可能是必要的。测量导电材料,如测量金属表面的位移的一种可能的方法是根据近程感应原理进行的。如图 11-12 所示,气隙的变化引起磁通的改变,而磁通的变化可以作为电感的变化来测量。根据近程感应原理制成的传感器一般在 0.25～3.3 mm 的位移范围内是线性输出的。

激光测振仪是无接触振动测量的另一种方法,图 11-13 对这种方法的原理给出了解释。

信号光束射向振动表面并被反射，反射光束与初始参考光束相结合。当结构表面运动时，参考信号光束与反射光束之间的光程差就改变，结果由于干涉现象而使组合光束的强度被调制。这可以看成是参考光束与信号光束的重组效应，根据多谱勒(Doppler)效应，组合光束的频率被移动了 $f_d = 2v/\lambda$（式中：λ 为激光波长，如氦-氖激光的波长 $\lambda = 6.32 \times 10^{-7}$ m；v 为表面的运动速度）。因为多普勒频率 f_d 与强度调制的频率之间存在着一一对应关系，所以多普勒频率包含着有关表面速度的信息。有许多电子线路可以用来确定表面速度的方向，并产生一个与表面速度成正比的电压信号。这样的装置可以测量频率为 0～5 kHz、速度为 0～100 mm/s 的振动。

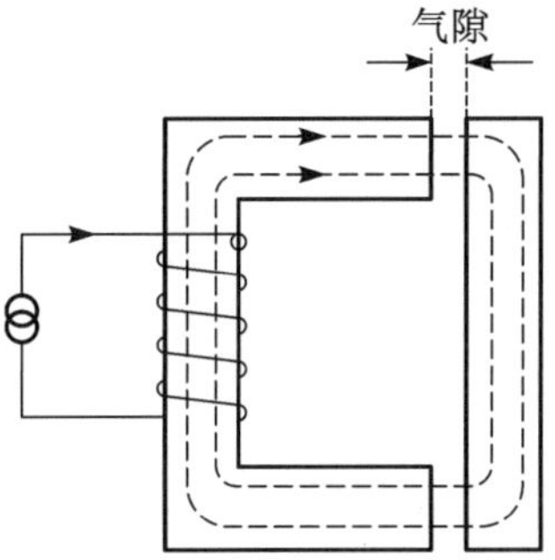

图 11-12　近程感应原理图

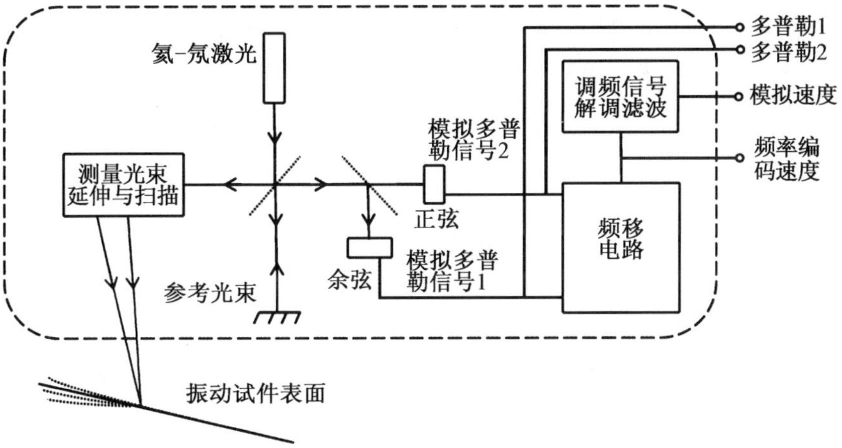

图 11-13　激光测振原理图

习　题

1. 测振传感器有哪些种类？
2. 相对式传感器的测试频率受什么条件影响？
3. 请简述惯性式加速度传感器原理。

第 12 章

噪 声 测 量

噪声，作为人类社会日常生活中的一种声音现象，往往引发人们的不适和烦躁。这种不受欢迎却难以完全避免的声音，随着汽车工业的迅速发展，其问题日益突出。为应对这一挑战，众多国家(地区)已建立起相关法规，对汽车在行驶(包括加速和匀速)以及静止状态下的外部噪声水平设定了严格的标准。同时，市场竞争的加剧和消费者对汽车性能的更高期待，也使得车内噪声问题受到了更多重视。

要有效减少和控制噪声，首先需要对其进行准确的测量和分析。只有掌握了噪声测量的技术手段和科学分析方法，我们才能找到降低噪声的有效途径。

12.1 声学基础

12.1.1 基本概念

当物体振动时，会引起四周空气的扰动。空气具有质量和弹性，是可压缩的。空气被压缩后会扩张，然后又被压缩，出于这种不断的扰动，空气就形成了一定的压力，从而产生了声波。

描述声音的参数有声压、频率、质点振速和声功率等。其中，声压和频率是两个主要参数，所以也是测量的主要对象。描述声波的三个重要物理量是波长 λ(m)、频率 f(Hz)和声速 c(m/s)。

声压与时间和位置有关，用 $p(x, t)$表示。图 12-1 所示为固定时间而不同位置点的声压情况。在这个波形曲线中，从某一点到完成一个完整波形传播后的另一点之间的距离称为波长，用 λ 表示。

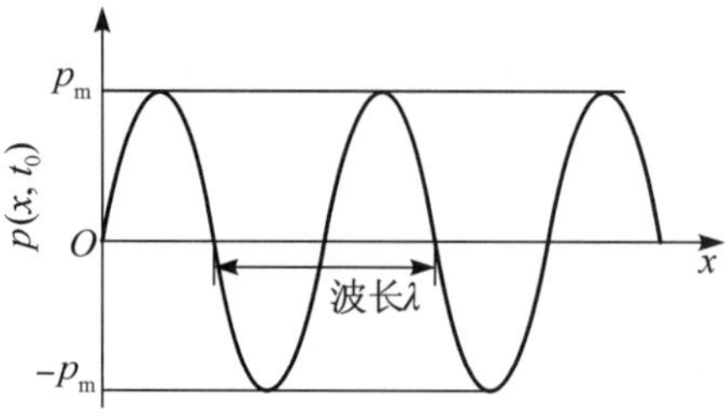

图 12-1 固定时间而不同位置的声压情况

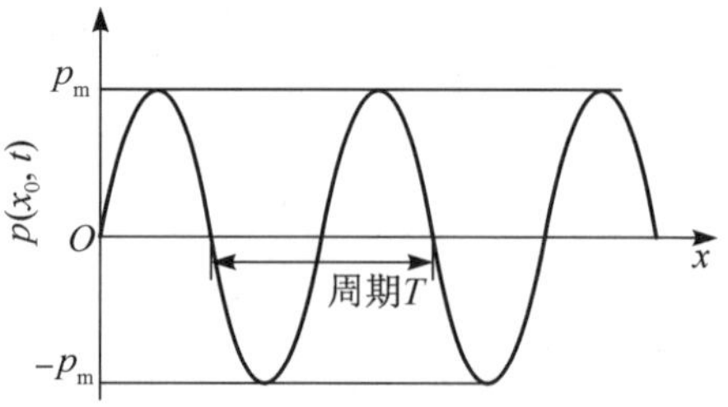

图 12-2 固定位置而不同时间的声压情况

图 12-2 所示为固定位置而不同时间的声压情况。声波完成一个完整的传播循环所需要的时间称为周期，用 T 表示。波动的快慢可以用频率 f 表示。频率和周期互为倒数关

系。波长、声速、频率和周期的关系表示如下：

$$\lambda = \frac{c}{f} = cT \tag{12-1}$$

在声学分析中，波数 k 也是一个非常重要的概念，用公式表达为

$$k = \frac{2\pi}{\lambda} \tag{12-2}$$

有了上面的概念，声压就可以用下面的公式来表达：

$$p(x, t) = p_{\mathrm{m}}\sin(\omega t - kx) = p_{\mathrm{m}}\sin(2\pi ft - kx) \tag{12-3}$$

式中：p_{m} 为声压幅值；t 为传播的时间；x 为传播的距离；$\omega = 2\pi f$ 为圆频率。

声波的传播类型可分为反射、透射、折射和绕射。传播声波的空间即声场，通常分为自由场、混响场和半扩散场。自由场是开发性的，如飞机在空中飞行时声波的传播空间；混响场即空间内没有任何吸声介质；半扩散场即声波在此空间内来回反复地反射、折射，介于以上两个声场之间。

12.1.2 噪声的定义和分类

1. 噪声的定义

从物理现象判断，一切不规则、随机的声音都可以称为噪声。从主观方面判断，噪声是一切不希望存在的干扰声，如影响睡眠、工作、思考时出现的声音，这种噪声干扰不仅是由噪声的物理性质来决定的，还与人们的心理状态有关。

2. 噪声的分类

按时变规律，噪声可分为稳定噪声、非稳定噪声、纯音和复合音；按形成原理，噪声可分为空气动力性噪声、机械噪声和电磁噪声。

12.1.3 衡量噪声的基本物理量

1. 声压与压级

声压是描述声波强弱的一个重要物理量，它表示的是声场中由于介质质点振动而产生的交变压力与当地大气压之间的差值。在物理学中，声压用符号 p 表示，其单位是牛顿每平方米($\mathrm{N/m^2}$)，也被称为帕斯卡(Pa)。声场中某一特定时刻的声压被称为瞬时声压，而在某个时间段内最大的声压则被称为峰值声压。瞬时声压对时间取均方根值得到的声压被称为有效声压，除非特别指明，通常所说的声压指的是瞬时声压。

人耳能够感知的声音频率范围在20～20 000 Hz之间，低于20 Hz的声波被称为次声波，高于20 000 Hz的声波被称为超声波，这二者都是人耳无法听到的。正常人耳刚刚能够听到的1 000 Hz纯音的声压为 2×10^{-5} Pa，而使人耳开始感到疼痛的声压被称为痛阈声压，其值为20 Pa。因此，从人耳的听阈声压到痛阈声压，其相差值为 $20/2\times10^{-5}=10^6$（即100万倍）。由于人耳的听觉特性并非线性，而是更接近对数关系，所以在讨论声音的频率范围和特性时，通常使用对数坐标，即声压级来进行描述。这种方法能够更方便地表达人耳对声音的感知特性。

声压级是该声音的声压 p 和参考声压 p_0 的比值,常用对数的20倍,如式(12-4)所示。其符号为 L_p,单位为分贝(dB)。

$$L_p = 20\ \lg \frac{p}{p_0} \tag{12-4}$$

式中,人为规定人耳刚听到1 000 Hz纯音时的听阈声压 p_0 为参考声压,其值 $p_0 = 2\times 10^{-5}$ Pa。因此,声压级是一个相对量,无量纲。在声学中常用“级”来表示相对量,并用分贝来作单位。声压级和声压是一一对应的,反映同一信息,可以互相换算。横坐标使用了对数坐标后,其具有横坐标低端扩展、高端压缩的特点,整个人耳的可听范围从 2×10^{-5} Pa到20 Pa只需用0~120 dB的范围即可描述。

2. 声强与声强级

以上的讨论从声波的压力幅值来描述,同样也可以从能量的角度来表征它的强弱。用来表征声波强度的量为声强和声强级。

声强是单位时间内通过某一与传播方向垂直的单位面积上的声能,是质点振动速度 v 和声压 p 的乘积在一个周期 T 内的时间平均,符号为 $\boldsymbol{I}$,单位为瓦每平方米($\mathrm{W/m^2}$)。

$$\boldsymbol{I} = \frac{1}{T}\int_0^T pv\,\mathrm{d}t \tag{12-5}$$

声强与声压的关系为

$$\boldsymbol{I} = \frac{p^2}{c_0\rho_0} \tag{12-6}$$

式中:c_0 为波速;ρ_0 为气体密度。

与上文的声压讨论相同,声强也能用声强级描述。声强级定义为声强 $\boldsymbol{I}$ 与参考声强 $\boldsymbol{I}_0$ 比值常用对数的10倍,其符号为 $L_{\boldsymbol{I}}$,单位为分贝(dB)。

$$\boldsymbol{I}_0 = 10^{-12}\ \mathrm{W/m^2} \tag{12-7}$$

从声强与声压的关系式(12-6)中可以看出,声压级和声强级在数值上是相同的,但物理概念不同。声强是一个矢量,只有规定了方向才有意义。声强的大小与离开声源的距离有关,因为声源从一点向四周辐射,声源单位时间内辐射出来的声能是一定的,离开声源越远辐射声波的面积越大,通过单位面积的声能就越少,因此声强越小。

$$L_{\boldsymbol{I}} = 10\ \lg \frac{\boldsymbol{I}}{\boldsymbol{I}_0} = 10\ \lg \frac{p^2}{p_0^2} = 20\ \lg \frac{p}{p_0} = L_p \tag{12-8}$$

3. 声功率和声功率级

声功率是指声源在单位时间内发射出的总能量,其符号为 w,单位为瓦(W)。声功率级是声功率和参考声功率比值常用对数的10倍,单位为分贝(dB)。声功率与声功率级的关系为

$$L_w = 10\ \lg \frac{w}{w_0} \tag{12-9}$$

式中，$w_0=10^{-12}$ W。

4. 等效声级

等效声级指的是用能量相等的稳定声级评定某固定点连续变化的 A 声级。假设在一定时间内，对某连续变化声源的噪声级进行测量，共测得数据 n 个，记为 $L_i(i=1, 2, \cdots, n)$，则该声源的等效声级 L_{eq} 可表示为

$$L_{eq}=10\ \lg\left(\frac{1}{n}\sum_{i=1}^{n}10^{\frac{L_i}{10}}\right) \tag{12-10}$$

5. 声级的合成

声功率和声强都是能量的概念，而声压的平方也带着能量的含义，因此这三个声级都是某个能量与参考能量的比值。如果有两个以上的声源存在，就必须对这些声源相加起来考虑。声级是不能直接相加的，但是声能量可以直接相加，于是两个声级的相加必须转换成声能量的相加。如果存在 N 个声源，而且这些声源单独的声级已经得到，当它们放置在一起的时候，其总的声级可以用式(12-11)来表示：

$$L=10\ \lg\left(\sum_{i=1}^{N}10^{\frac{L_i}{10}}\right) \tag{12-11}$$

式中，L_i 表示第 i 个声源的声级，它可以是声压级，也可以是声功率级或声强级。

以上三对物理量能正确描述客观存在的噪声的物理特性，但没有与人的主观听觉联系起来，即没有与人耳的感觉相联系，而噪声对人体和环境的危害主要是人耳主观感觉的问题，因此需要进一步讨论一下评价噪声的主观量。

6. 人耳的听觉特性

1）响度与响度级

人的听觉系统比精密的噪声测量系统要复杂。大量的试验表明，声音有多响不仅和声压级有关，还与频率有关。人的听觉频率范围是 20～20 000 Hz，人在不同的频率下对声音的强弱感受是不同的，如大功率的超声，虽然声压级相当大，但由于其频率高于 20 000 Hz，人耳感受不到。为了反映人的耳朵对所有频率的声音听起来响亮程度相同，就引入了响度级 L_N，定义为 1 000 Hz 纯音下的声压级值，单位为方(phon)。对大量的被测试人员通过纯音听觉对比试验获得了图 12-3 所示的等响度曲线，图中的每根曲线是相同的响度，即听起来同样响亮。这条曲线是以 1 000 Hz 声音的声压级为参考的，即在这个频率时，响度级等于声压级。例如，$L_p=40$ dB，$f=1\ 000$ Hz，则响度级 $L_N=40$ phon；同理，当 $L_p=50$ dB，$f=1\ 000$ Hz，则 $L_N=50$ phon。这样，等响曲线中 $f=1\ 000$ Hz，$L_p=40$ dB 所落在的那根等响曲线为 40 phon；同理，等响曲线中 $f=1\ 000$ Hz，$L_p=50$ dB 所落在的那根等响曲线为 50 phon；以此类推。在其他频率下，这二者是不等的。响度级与主观评价没有直接关系。于是就引入了一个线性量，即响度 N，单位为宋(sone)，人为规定 40 phon 为 1 sone，以后每增加 10 phon，响度增大 1 sone。响度为 2 sone 的声音听起来比响度为 1 sone 的声音响 1 倍。响度 N 和响度级 L_N 之间可以用式(12-12)和式(12-13)进行换算。

$$N=2^{\frac{L_N-40}{10}} \tag{12-12}$$

$$L_N = 33.2\lg N + 40 \tag{12-13}$$

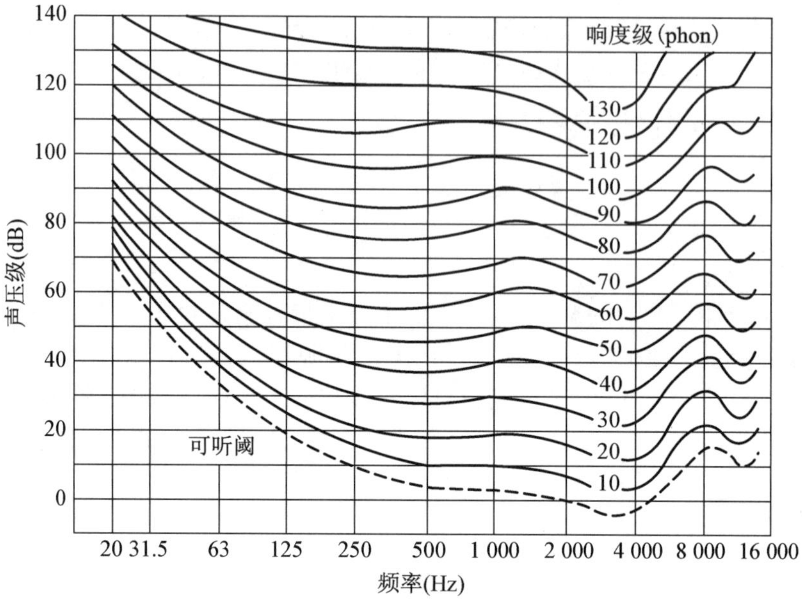

图 12-3 等响度曲线

下面举例说明响度和响度级的计算关系。

例 12-1 两个音箱各发出的响度为 $N_1 = N_2 = 1$ sone，$L_N = 40$ phon，求总响度和总响度级。

$$N_{总} = N_1 + N_2 = 1 + 1 = 2(\text{sone})$$
$$L_{N总} = 33.2\lg N_{总} + 40 = 49.69 \approx 50(\text{phon})$$

从上例可见，响度可以线性叠加，而响度级则不可以线性叠加。

例 12-2 已知一机械未改前的噪声响度级为 110 phon，改进后噪声响度级为 100 phon，求改进后响度比未改进时改善多少。

$$N_1 = 2^{\frac{L_{N_1}-40}{10}} = 2^6 = 64(\text{sone})$$
$$N_2 = 2^{\frac{L_{N_2}-40}{10}} = 2^7 = 128(\text{sone})$$

从上例可见，改善后的响度级减少了 10 phon，而响度则是原来的一半，用响度表征结果方便直观。

2) 声级计权

为了使噪声测量仪器的读数与人对声音主观感觉一致，所测得的声信号并非直接获得的数据，而是根据特定的等响曲线修正过的数值。这些修正过的数值能够更好地反映人耳对声音的主观感受。这种通过计权网络读出的声级，叫作计权声级。图 12-4 所示为 A、B、C、D 计权网络的衰减曲线，它们分别模拟了不同的响度。

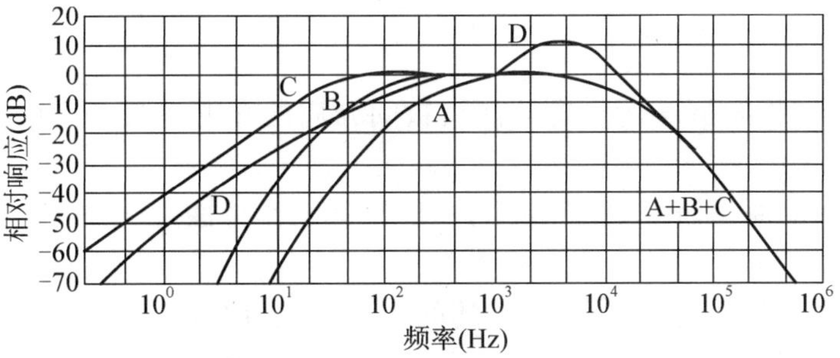

图 12-4　A、B、C、D 计权网络的衰减曲线

现已被采用作为国际标准的计权网络有 A、B、C、D 几种。用 A 计权读出的声级称为 A 声级，记为 dB(A)，它与人的感觉十分近似，因而目前在噪声测量及评价中，A 计权得到最广泛的采用。C 计权只对人耳可听范围内的低频段和高频段予以较小的衰减，在大部分频域保持平直响应，因此可以近似认为是客观的量度。C 计权接近测试仪器不加计权的线性挡，测出的声级接近总声级。D 计权近似人耳的感觉噪度，主要用于评价单个的飞机噪声和冲击噪声，使用范围较窄。目前，B 计权几乎不被采用。

12.2　噪声测量

12.2.1　噪声测量的目的及内容

测量噪声的目的一般来说有两个：一是对汽车或某一机械产品按一定的要求进行测量来评价其噪声水平；二是通过分析汽车或某一机械产品的噪声特性，为改善其噪声水平提供依据。

噪声测量的内容主要有：①测量声压级的大小，由此客观量计算获得响度、响度级；②测量噪声级的大小反映主观感受；③对噪声进行频谱分析、统计分析；④测定噪声的声功率（间接获得）。

12.2.2　基本测量系统

传声器实现声压信号到电信号的转换，一般由声压 Δp 转换成电容 ΔC；经 A、B、C 计权后获得噪声级；从测量的功能出发，配合一些适当的硬件、软件可将一般的声级计的功能扩展成为可测一般声压级、声强级、声功率级、噪声级、响度级的声学测量仪器。

12.2.3　测量传感器

测量传感器的功用是将声压信号转换成相应电信号，其种类有压电式、动圈（磁电）式、电容式等。目前在声压测量中用得较多的是电容式传声器。

电容式传感器使用时用薄膜作为电容器的一极，其高频响应好，具有长期稳定性，对磁场的影响不敏感，因此较多地用于声学参数的测量。

由物理学知识可知，电容器的电容量由三个参数决定，即 $C=f(\varepsilon, A, S)$。其表达式为

$$C=\frac{\varepsilon A}{S} \tag{12-14}$$

式中：A 为电容器极板面积；ε 为电容器两极板间介质的介电系数；S 为电容器两极板间的距离。

平板式电容器的原理如图 12-5 所示，一般按其工作特性可分为三类：

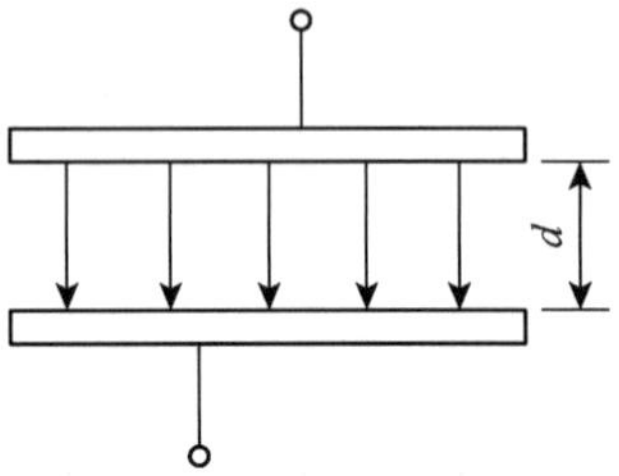

图 12-5　平板式电容器的原理

(1) 电容器的介电系数不变，极板间的间距不变，利用极板间的有效面积改变来进行测量，即 C 正比于 A。有些角度测量传感器基于此原理。

(2) 电容器的极板面积不变，极板间距离不变，利用极板间的介质变化来进行测量，即 C 正比于 ε。有些容器的液位高度测量传感器基于此原理。

(3) 电容器的极板面积不变，极板间的介质不变，利用极板间的距离变化来进行测量，即 C 正比于 $1/S$。传声器便是基于此原理。

初始时，此传感器电容为

$$C_0=\frac{\varepsilon A}{S_0} \tag{12-15}$$

当作用一位移后电容为

$$C_1=\frac{\varepsilon A}{S_0-\Delta S} \tag{12-16}$$

由作用引起的电容变化量为

$$\begin{aligned}\Delta C=C_1-C_0&=C_0\frac{\Delta S}{S_0}\cdot\frac{1}{1-\dfrac{\Delta S}{S_0}}\\&=C_0\frac{\Delta S}{S_0}\left[1+\frac{\Delta S}{S_0}+\left(\frac{\Delta S}{S_0}\right)^2+\left(\frac{\Delta S}{S_0}\right)^3+\cdots\right]\end{aligned} \tag{12-17}$$

从式(12-17)可看出其为非线性传感器，当 $\dfrac{\Delta S}{S_0}\ll 1$ 时，

$$\Delta S=C_0\frac{\Delta S}{S_0} \tag{12-18}$$

其非线性误差为

$$\delta_2=\frac{\Delta S}{S_0}\times 100\% \tag{12-19}$$

电容传声器工作原理如图 12-6 所示，它是一个圆形平板式电容器。由力学知识可知，膜片受力后的位移 ΔS 可用下式表达：

$$\Delta S=\frac{r^2}{8T}p \tag{12-20}$$

式中：r 为膜片的半径；T 为膜片的张力；p 为作用在膜片上的力。而在前讨论中，因为

$$\Delta C=C_0\frac{\Delta S}{S_0} \tag{12-21}$$

所以

$$\Delta C=\frac{C_0}{S_0}\cdot\frac{r^2}{8T}p \tag{12-22}$$

在满足 $\frac{\Delta S}{S_0}\ll 1$ 的条件下，ΔC 正比于 p，从而完成了从声压到电容变化的转换。

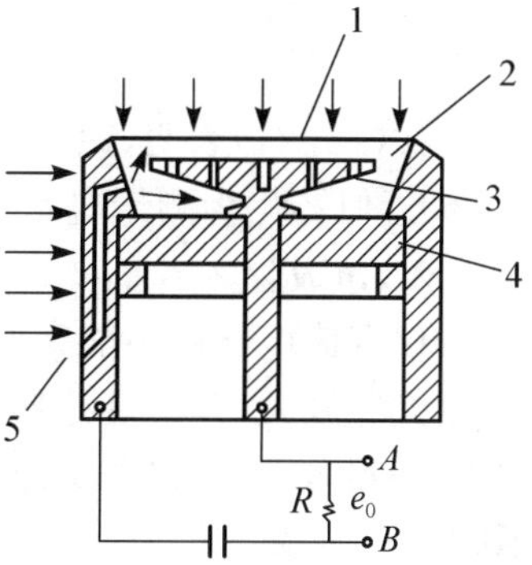

图 12-6 电容传声器工作原理

1—膜片；2—空气隙；3—缓冲孔；4—绝缘体；5—均压孔

12.2.4 测量电路(极化测量电路)

1. 电容传声器的电量转换

从 ΔC 转换成 Δu 的方法很多，一般可以用前文介绍过的电桥，而一般传声器所用的是极化法，该方法比电桥更简便。

所谓极化法，就是在电容传声器的极板上施加一定的电量 q，使它不能泄漏而产生“极化”，则电容器两端的电压为 $u=\frac{q}{C}$。当被测物体作用后产生 ΔC，$u'=\frac{q}{C-\Delta C}$，这样电容器两端的电压变化量为

$$\Delta u=u'-u=\frac{q}{C-\Delta C}-\frac{q}{C}=u_0\frac{\Delta C}{C}\frac{1}{1-\frac{\Delta C}{C}} \tag{12-23}$$

若

$$\frac{\Delta C}{C}\ll 1 \quad 则 \quad \Delta u\approx u_0\frac{\Delta C}{C}$$

因为满足

$$\frac{\Delta S}{S}\ll 1 时，\frac{\Delta C}{C}\approx\frac{\Delta S}{S}$$

所以

$$\frac{\Delta u}{u}\approx\frac{\Delta C}{C}=\frac{\Delta S}{S}=\frac{r^2}{\delta TS}p$$

或

$$\Delta u = \frac{r^2}{\delta TS} up \tag{12-24}$$

式(12-24)表明，只要使得电容器上电量 q 恒定，传声器通过此测量电路可将被测的声压 p 近似转化为测量电路的输出电压变化量 Δu，即 Δp 正比于 Δu。

2. 声级计

仅有传声器还不能完成完整的噪声测量。声压信号通过传声器转换为电压信号后还需经放大器放大，并由衰减器调整量程后，再经过计权网络修正、检波，最后由表头显示相应的噪声级数值，这样的仪器称为声级计。声级计的基本组成及外形分别如图 12-7 和图 12-8 所示。

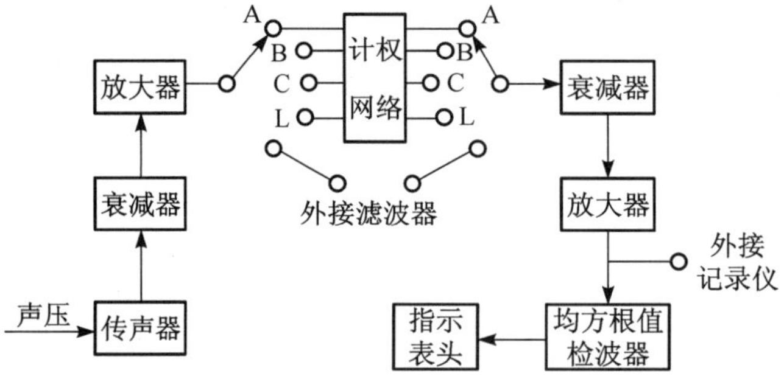

图 12-7　声级计的基本组成

图 12-8　声级计外形

1) 传声器

如前所述，传声器是一种声-电信号转换器。通常，电容式传声器用于精密级声级计。

2) 放大器

放大器是将传声器输出的微弱的电信号放大，以满足指示仪器工作的需要，其工作原理与结构和一般的放大器基本相似。目前许多声级计在放大线路中都采用两级放大器，即输入放大器和输出放大器。

3) 衰减器

输入衰减器和输出衰减器是用来改变输入信号和输出信号的衰减量，以便使表头的指针指在适当的位置上。衰减器每一挡的衰减量为 10 dB。输入放大器所使用的衰减器，其调节范围覆盖了测量的低端(0～70 dB)；输出放大器所使用的衰减器，其调节范围则覆盖了测量的高端(70～120 dB)。

4) 计权网络

由于各条等响曲线并不相同(不平行)，对应一个响度下就有一条计权曲线，因此一般挑选其中三条比较典型的曲线来设计计权网络：

按 40 phon 等响曲线(即 1 000 Hz，40 dB)设计的网络称为 A 计权网络。

按 70 phon 等响曲线(即 1 000 Hz，70 dB)设计的网络称为 B 计权网络。

按 100 phon 等响曲线(即 1 000 Hz，100 dB)设计的网络称为 C 计权网络。

它们分别相当于倒置的 40 phon、70 phon、100 phon 纯音的等响曲线，经这样的衰减修正后，仪器的响应正好与人耳对这些响度的纯音响应相似。

(噪)声级定义为声压经电网络进行频率计权后获得的量，(噪)声级包括 A 声级

dB(A)、B声级 dB(B)和C声级 dB(C)。

从原理上可以看出,经“计权”反映的是“响度级”性质的量,是一个能反映主观感觉的量。在特殊情况下,如被测量是纯音,且在 40 phon 左右,则A计权读数就是响度级。在一般情况下,被测的噪声不是纯音,并且不一定恰好在所给定的计权曲线附近,所以数值上与响度级不等。

5)检波器

检波器是为了把经放大的信号通过表头显示出来而设计的,它能把迅速变化的电压信号转变成变化较慢的直流电压信号。这个直流电压的大小要正比于输入信号的大小。在多数噪声测量中均采用均方根值检波器,这种检波器可对交流信号进行平方、平均和开方,得出电压的均方根值,最后将均方根电压信号输送至表头。

6)指示仪表

指示仪表是一只电表,对其刻度进行一定的标定,可从表头上直接读出噪声级的分贝值。声级计标有阻尼,一般都有“快”和“慢”两挡,“快”挡的平均时间为 125 ms,很接近于人耳听觉器官的生理平均时间,“慢”挡的平均时间为 1 s。当对稳态噪声进行测量或需要记录声级变化过程时,使用“慢”挡比较合适;当被测噪声的波动比较大时,使用“快”挡比较合适。

12.2.5 测量方法

1. 确定测量系统及选用仪器

根据测量的要求选择不同的测量系统和仪器。若要求进行一般噪声的检测,可根据检测要求选用各类声级计;若要进行测量分析,可选择一般的声传感器、放大器和带通滤波器加上人工加权计算,也可选择声分析仪直接进行计算分析。

2. 仪器的校准和系统标定

使用声级计测量噪声时,必须经常校准,以确保声级计的输出有一定的精度。有些行业测量标准规定,每次测量的开始和结束都必须对测量装置进行校准,两次差值不得超过 1 dB,否则测量结果无效。

常用的校准方法有两种:第一种是利用活塞式发声器,即活塞以正弦方式运动,造成气体压力变化,发出一个频率为 1 000 Hz、声压级为 94 dB 或 114 dB 的纯音;第二种是利用扬声器校准,即用经过标定的扬声器产生 1 000 Hz 纯音声压可调声信号。

3. 测点选择

在进行噪声测量时应尽量减少反射干扰,包括现场人员的人体反射。一般现场测量时,根据试验目的,选择所关心的指定部位作为测点,如驾驶员耳边、轿车后座耳边等。试验测量的噪声数据,常采用A记权,通过数据分析得到噪声水平,寻找关键频率,以供评价。在进行声功率测量时,需要在以汽车作为声源中心的假想球面上选取若干点同时测量,以便求得平均声压级。

4. 环境(本底)噪声修正

每次试验必须测出环境噪声(或称本底噪声)。当所测噪声和环境噪声差值小于 3 dB 时,测量结果无效,必须改善环境后重新进行测量。当所测噪声和环境噪声差值大于 10 dB 时,可以忽略环境噪声的影响。当所测噪声和环境噪声差值大于 3 dB 而小于 10 dB 时,可按本底噪声影响的修正值(表 12-1)修正测量结果。

表 12-1　　本底噪声修正

机器噪声与本底噪声相差值(dB)	3	4～5	6～9
修正值(dB)	3	2	1

5. 声功率的测定方法与计算

一般条件下声功率用间接测量法获得。声功率是声源在单位时间内发射出的总能量，即 $W=\boldsymbol{I}S$，$\boldsymbol{I}$ 为声强，S 即声强通过的面积。声功率的计算公式为

$$L_w=10\lg\frac{w}{w_0}=10\lg\frac{\boldsymbol{I}}{\boldsymbol{I}_0}+10\lg\frac{S}{S_0}=10\lg\frac{\boldsymbol{I}}{\boldsymbol{I}_0}+10\lg S$$
$$=L_p+10\lg S \tag{12-25}$$

式中：$\boldsymbol{I}_0$ 为参考声强 10^{-12} W/m^2；S_0 为参考面积 1 m^2，球表面积为 $S=4\pi r^2$，半球表面积为 $S=2\pi r^2$。因此，若被测物体在自由空间中，其声功率表达式如下：

$$L_w=L_p+20\lg r+11 \tag{12-26}$$

若被测物体在半自由空间中，其声功率由下式表示：

$$L_w=L_p+20\lg r+8 \tag{12-27}$$

以上两个表达式中，L_p 是用声级计在球面或半球面上若干点上所测声压级的平均值。声功率是通过直接测量声压级结合公式计算出结果，故称之为间接测量。

12.2.6　声强的测量

如前文所述，声强是沿声传播方向单位面积通过的声功率，它不仅能反映噪声的大小，而且还表示噪声的辐射方向，是一个矢量。声强测量法正是利用声强的这一特性来分析运行的机械，如汽车上主要噪声源之所在。

1. 声强测量的基本原理

声强测量方法可以分为两类：一类是双传声器法，简称 p-p 法；另一类是将传声器和直接测量质点振速的传感器相结合，简称 p-u 法。

1) p-p 法

图 12-9 所示为 p-p 法声强测量原理中的对置式双传声器探头，传声器 A、B 的声学中心距离为 d。设两传声器声学中心的连线方向为 x，当声波沿 x 方向传播并且 d 远远小于声波波长时，介质中的质点振动速度可近似表达为

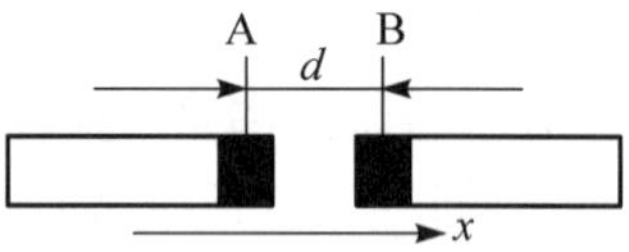

图 12-9　p-p 法声强测量对置式双传声器

$$u(t)=-\frac{1}{\rho_0 d}\int[p_B(t)-p_A(t)]\mathrm{d}t \tag{12-28}$$

式中，ρ_0 为介质的密度。

用两传声器测量值 $p_A(t)$ 和 $p_B(t)$ 的平均值代表 $p(t)$，即

$$p(t)=\frac{p_A(t)+p_B(t)}{2} \tag{12-29}$$

由此可得 x 方向上的瞬时声强为

$$I_x(t)=p(t)u(t)=\frac{1}{2\rho_0 d}[p_A(t)+p_B(t)]\int[p_A(t)-p_B(t)]dt \tag{12-30}$$

取其时间平均就可以得到 x 方向上的有功声强。

上述即双传声器法(p-p 法)测量声强的基本原理。除对置式探头外,还有并列式、串联式和背置式双传声器结构。

2) p-u 法

p-u 法声强测量原理如图 12-10 所示,这种声强探头由一对超声波发射器、一对超声波接收器和一个传声器组成。两个发射器发射的超声波束平行但方向相反,在等距离处设置各自的接收器。传声器布置在探头中间,用来测量声压。

设超声波的频率为 ω,声速为 c,发射器和接收器之间的距离为 d。当被测声场中没有其他声波存在时,两列超声波由发射器到接收器所经历的时间均为 $t_0=d/c$。但声场中存在其他声波且其传播的质点速度为 u 时,则两列超声波由发射器到接收器所经历的时间各自为 $t_1=d/(c+u)$ 和 $t_2=d/(c-u)$,相位差为

$$\Delta\varphi=\omega\left(\frac{d}{c-u}-\frac{d}{c+u}\right)=\omega d\frac{2u}{c^2-u^2} \tag{12-31}$$

当 $u \ll c$ 时,有

$$\Delta\varphi=\frac{2\omega d}{c^2}u \tag{12-32}$$

可见,通过测量两超声波传播的相位差就可以求出质点速度 u,同时利用布置在探头中央的传声器测量声压 p。将声压 p 与质点速度 u 相乘,即可获得待测声强。

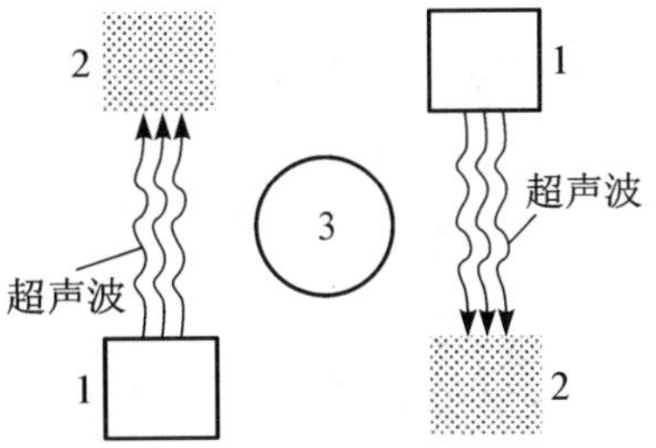

图 12-10　p-u 法声强测量原理图

1—超声波发射器;
2—超声波接收器;3—传声器

2. 声强测量仪

声强测量仪主要由声强探头和信号处理系统两大部分构成。其中,信号处理系统的硬件构成因信号处理方式的不同而存在差异。图 12-11 所示为声强测量仪的系统组成框图,其中的信号处理部分由信号数字化仪和计算机数据采集与分析系统组成。

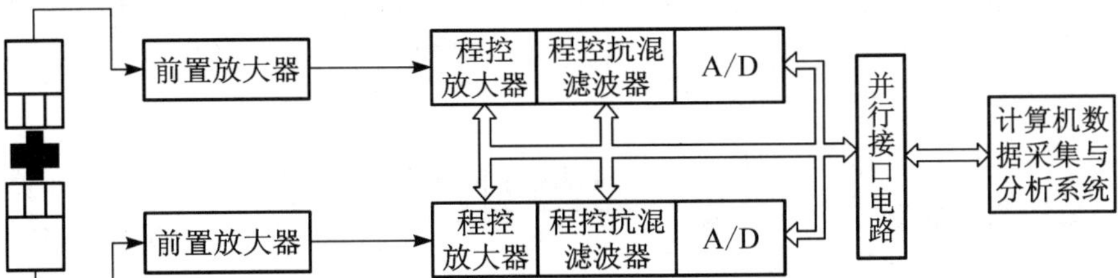

图 12-11　声强测量仪的系统组成框图

1) 声强探头

声强探头主要有双传声器声强探头和超声波声强探头,分别应用 p-p 法和 p-u 法测量声强。工程上应用较多的是双传声器探头,图 12-12 所示为这种探头的结构。

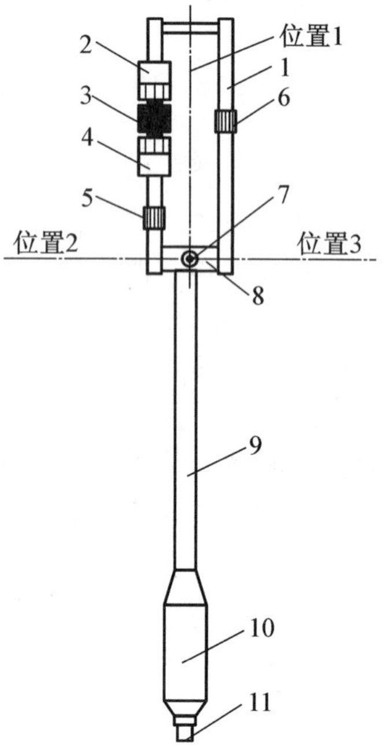

图 12-12 双传声器声强探头的结构图

1—前支架;2—A 通道传声器;3—定距柱;4—B 通道传声器;5,6—锁紧螺母;7—锁紧杆;8—后支架;9—连接杆;10—手柄前置放大器;11—长导线

2) 信号数字化仪

信号数字化仪由程控放大器、程控抗混滤波器以及 A/D 转换器等组成。程控放大器的增益能自动调节,以保证来自声强探头的前置放大器的信号大小能够满足 A/D 转换器的输入要求,实现自动测量。加在放大器与 A/D 转换器之间的低通滤波器是为了防止 A/D 采样时的频率混淆。选用程控模式,同样是为了实现整个系统的自动测量。

3) 声强分析模块

双传声器声强测量仪的声强信号分析处理方式主要有两种:采用模拟电路直接处理和采用频谱分析仪间接计算。

直接处理法利用双传声器探头输出的信号,按照 p-p 法原理,采用加、减、积分以及乘法电路,结合模拟或数字滤波器,按式(12-30)计算出声强。图 12-13 所示为 B&K3360 型声强测量系统的信号处理框图,采用的是数字滤波器组,其量程为以 3.2 Hz~10 kHz 为中心频率的 36 个 1/3 倍频程和以 4 Hz~8 kHz 为中心频率的 12 个 1/1 倍频程。屏幕可以实时显示出频谱图以及等声强线图和三维声强图。

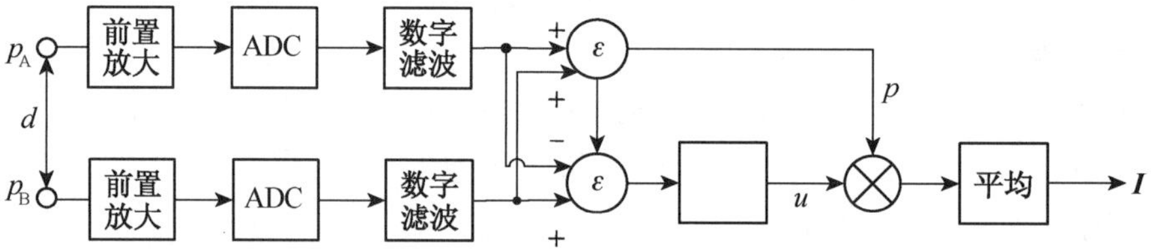

图 12-13 B&K3360 型声强测量系统的信号处理框图

直接处理法的主要优点在于可以实时处理,但全套仪器价格比较昂贵。间接处理法中的频谱分析算法有两种实现途径:一种是采用专门的频谱分析仪,如日本小野测器的 CF-6400 声强分析系统;另一种是在微机上采用专用软件,可称为柔性测量系统,其系统框图如图 12-14 所示。但在微机上进行频谱分析的速度不及专门仪器快,更比不上直接法,因此测量的实时性受到影响,仅适用于测量

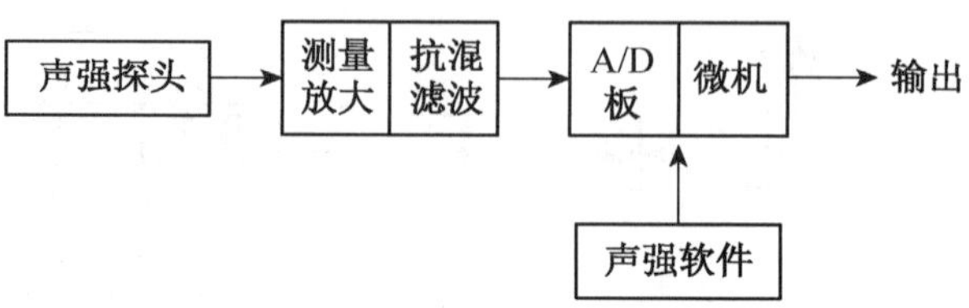

图 12-14 微机处理系统框图

相对平稳的声场。

习 题

1. 有哪些衡量噪声的物理量？
2. 为什么采用 A 计权声压级？
3. 请简述声功率测试方法及原理。

第 3 篇

汽车性能试验

第 13 章

汽车性能试验概述

汽车性能试验是指汽车在整车条件下进行的使用性能试验，是评价汽车性能的重要手段。其项目主要包括动力性能试验，制动性能试验，操纵稳定性试验，平顺性试验，燃料经济性试验，强度、耐久性试验等。随着科学技术的进步，试验方法逐步由道路试验转到室内模拟道路试验。

13.1　汽车性能试验的目的

汽车性能试验的目的是对产品的性能进行考核，使其缺陷和薄弱环节得到充分地暴露，以便进一步研究并提出改进意见，以提高汽车的性能。性能试验是发现问题的重要手段，是对汽车各种性能做出客观评价的依据。

汽车性能试验按照其试验目的可分为下列几类：

(1) 新产品定型试验。在新车型的开发过程中要对过渡车、新设计车的各类性能进行全面的试验，对其做出评价，以考核新产品是否符合设计要求。

(2) 品质检查试验。对生产过程中的车辆、零部件以及各配套厂生产的零部件进行品质检查试验，考核产品质量的稳定性，以便于质量把关和最佳供货。

(3) 法规验证试验。利用国家、行业、企业所制定的标准和规范对车辆或零部件进行法规规定的试验，考核其是否满足要求。

(4) 科研性试验。针对汽车新结构、新技术、新材料、新工艺等具体的研究方向进行研究性的试验，探索尚未成熟的工程问题。这是汽车工程基础研究中必需的试验。

13.2　汽车性能试验的基本内容

1. 动力性能试验

动力性能试验包括加速性能、最高车速、最低稳定车速、爬坡性能、行驶阻力、牵引性能、起动性能等。

2. 制动性能试验

制动性能试验包括行车制动试验、驻车制动等。

3. 操纵稳定性试验

操纵稳定性试验包括蛇行（转向特性）、转向瞬态响应（阶跃输入、脉冲输入）、稳态回转、转向轻便性、转向回正等。

4. 平顺性试验

平顺性试验包括随机输入行驶、脉冲输入行驶等。

5. 噪声试验

噪声试验包括车辆加速通过性噪声、驾驶员耳边噪声等。

6. 环境试验

环境试验包括空调、涉水、防磁干扰、防腐蚀、气密性、水密性、阳光照射等。

7. 燃油经济性试验

燃油经济性试验主要指燃油消耗量(百公里燃油消耗量或一定燃油量能使汽车行驶的里程)的测试。

8. 强度、耐久性试验

强度、耐久性试验包括车辆整车结构、零部件的强度和耐久性。

9. 废气排放试验

废气排放试验包括一氧化碳(CO)、碳氢化合物(HC)、氮氧化物(NO_x)和微粒(PM)等有害气体的测量。

13.3 汽车性能试验的方法

1. 零部件单件试验

零部件单件试验主要考核其设计和工艺的合理性,测试其刚度、强度、磨损和疲劳寿命以及研究材料的选取是否合适。

2. 总成试验(发动机、变速箱、电器等总成性能)

总成试验主要考核汽车机构和总成的工作性能及耐久性,如发动机功率、变速器效率、悬架特性以及它们的结构强度、疲劳寿命、耐久性等。

3. 整车台架试验

试验台架可以模拟实际使用工况,其能消除不需要研究的某些因数,特别是不受环境的影响,且可以长时间连续进行试验,效率高,尤其适合于汽车性能的对比试验和可靠性、耐久性试验。在实际试验中建立台架试验与试车道路试验的当量关系,代替一部分道路试验。

4. 整车行驶试验(道路试验)

整车行驶试验主要考核整车的主要技术性能。许多试验既可在台架上做,又可进行路试,各有特点,视需要而定。试验方法各国、各公司都有详细的试验规范。

13.4 汽车性能试验的评价方法

1. 主观评价方法

靠驾驶员的主观感觉来打分(经验法),为保证结果的正确性,一般多设几个试验者,适用于座椅舒适、视野、排挡杆手感、转向盘路感、车型、颜色、油耗等试验。

2. 客观评价方法

尽可能采用测量方法,利用仪器、仪表做出客观评价。

3. 主观+客观评价方法

主要用于开发性试验中,通常许多评价判据都是用此方法建立的,如舒适性等。

习　题

1. 请简述汽车性能试验的目的。
2. 基本汽车性能试验有哪些？

第 14 章

汽车动力性能试验

汽车动力性是指汽车在良好路面上直线行驶时，所能达到的最高车速、加速和爬坡能力等，通常用汽车的加速性能、最高车速、爬坡性能和牵引性能等进行评价。测定动力性能的各项指标，可以考察汽车的设计是否满足既定的设计和使用要求，为改进设计提供依据；另外，还可以对比两种车型的性能，以及生产质量的检查和科研等。汽车动力性能试验主要包括加速性能试验、爬坡能力试验、最高车速试验、行驶阻力试验、附着力试验等。

我国已有相应试验规范来指导汽车动力性能试验，这些试验规范包括《汽车加速性能试验方法》(GB/T 12543)、《汽车最高车速试验方法》(GB/T 12544)、《汽车最低稳定车速试验方法》(GB/T 12547)、《汽车滑行试验方法》(GB/T 12536)、《汽车爬陡坡试验方法》(GB/T 12539)、《汽车牵引性能试验方法》(GB/T 12537)、《汽车动力性台架试验方法和评价指标》(GB/T 18276)、《汽车道路试验方法通则》(GB/T 12534)等。对于新能源汽车，有《电动汽车 动力性能 试验方法》(GB/T 18385)、《混合动力电动汽车 动力性能 试验方法》(GB/T 19752)、《燃料电池电动汽车动力性能试验方法》(GB/T 26991)。

14.1 道路加速性能试验

汽车的加速性能指汽车在各种使用条件下迅速增大行驶速度的能力，是汽车最重要、最基本的使用性能之一。加速性能的评价指标主要是加速过程中的加速度、加速时间和加速距离。在加速过程中，加速度越大，加速到一定速度的加速时间和加速距离越短，汽车的加速性能越好，即汽车的动力性越好。汽车加速性能试验分为原地起步加速性能试验和固定挡加速性能试验，如图 14-1 所示。

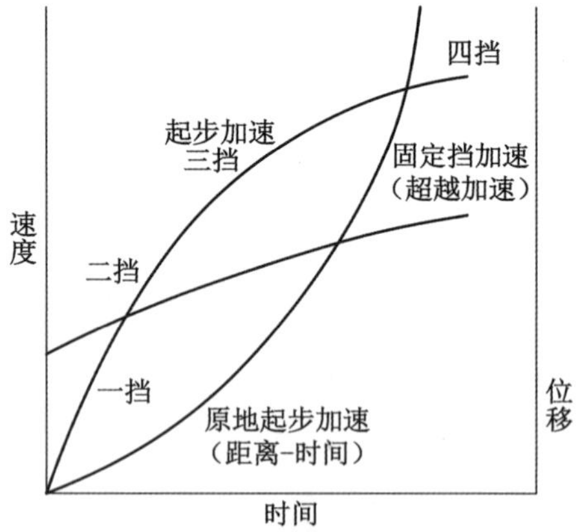

图 14-1 加速性能

14.1.1 试验方法

原地起步加速性能试验包括两项试验内容：①将车辆由静止状态全节气门加速到 100 km/h（如果最高车速的 90% 达不到 100 km/h，应取最高车速的 90% 向下圆整到 5 的整数倍的车速作为试验终了车速）；②使车辆由静止状态全节气门加速通过 400 m 的距离。试验过程中应在车轮滑转最小的情况下使车辆达到最大加速性能。离合器的操纵及换挡时刻的选择应使加速性能发挥到最大，但不应超过发动机的额定转速。

固定挡加速性能试验(全节气门超越加速性能试验)用来考核汽车超车加速能力,试验时使车辆由 60 km/h 全节气门加速到 100 km/h(如果最高车速的 90%达不到 100 km/h,应取最高车速的 90%向下圆整到 5 的整数倍的车速作为试验终了车速)。加速前,车辆应控制在 58～60 km/h 内且保持匀速行驶至少 2 s,当车速达到 60 km/h 时触发数据采集仪,在加速过程中保持挡位不变,具体选取挡位原则参考《汽车加速性能试验方法》(GB/T 12543)。新能源汽车请参考《电动汽车　动力性能　试验方法》(GB/T 18385)、《混合动力电动汽车　动力性能试验方法》(GB/T 19752)、《燃料电池电动汽车动力性能试验方法》(GB/T 26991)。

试验应往返进行,每个方向至少进行 3 次。若某一次发生问题,则该往返试验均重做。

14.1.2　测量参数

加速性能试验中所需测量的参数为加速时间、速度、距离、加速度。典型的加速性能曲线如图 14-1 所示。

14.1.3　测速方法

汽车加速性能、车速试验及滑行试验等试验的主要问题是测速,常用的测速方法如下。

1. 标杆法

定距离设置标杆(图 14-2),根据速度公式 $v=\frac{s}{t}$,获得各个距离段内的平均速度和整个过程中的加速度。该方法的优点是测量所需设备少且简单,仅需要秒表、皮尺、标杆;其缺点是只能测出若干点的参数,精度较差。

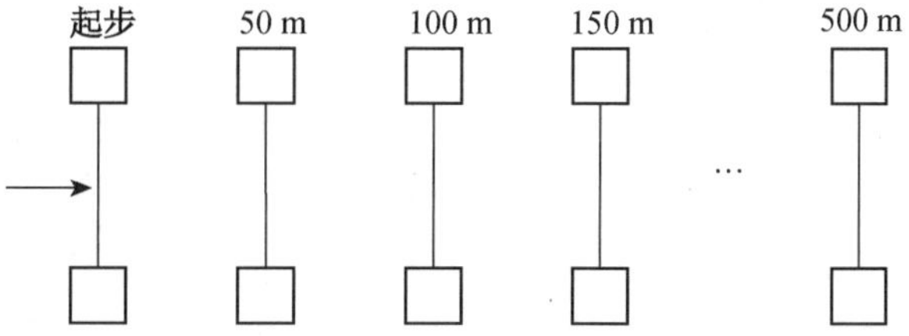

图 14-2　标杆法

2. 第五轮仪法

利用在转速测量中介绍的磁电或光电传感器制作成第五轮仪,如图 14-3 和图 14-4 所示。

轮子转动时使装在轮子上的机械触点、磁电、光电、磁敏电阻、霍尔元件等敏感器件相对于支架转动。用这些传感器送出的位移脉冲电信号得到测量中所需的速度、位移和加速度。其信号图形如图 14-5 所示。

已知:位移　$$\Delta s=\Delta\varphi\cdot R=\frac{2\pi}{Z}\cdot R$$

瞬时平均车速　$$v=\frac{\Delta s}{\Delta t}$$

瞬时平均加速度　$$a=\frac{\Delta v}{\Delta t}=\frac{\Delta s}{\Delta t^2}$$

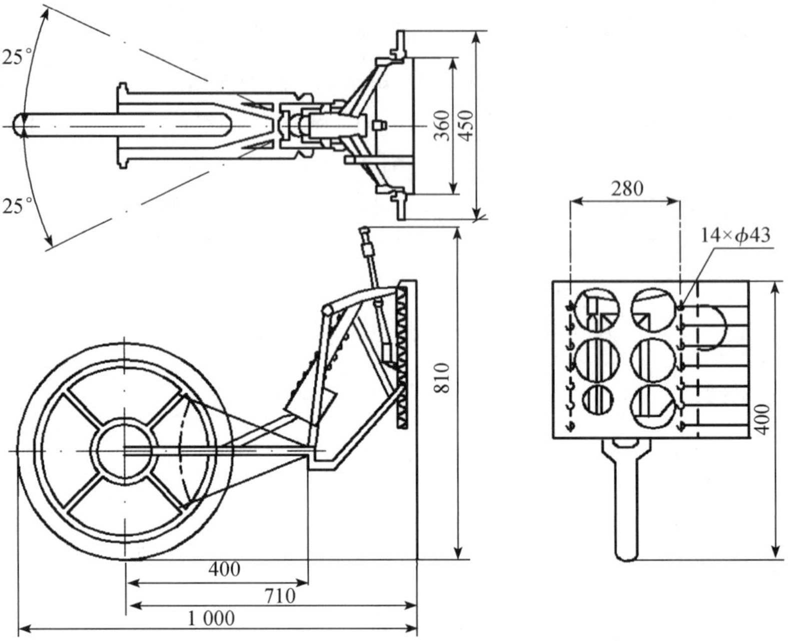

图 14-3　接触式第五轮仪

式中:Δs 为转过一个脉冲时对应的距离;$\Delta\varphi$ 为装在五轮仪上分度盘每个标记或齿的角度;R 为第五轮仪的半径;Z 为装在第五轮仪上分度盘的标记数或齿数。

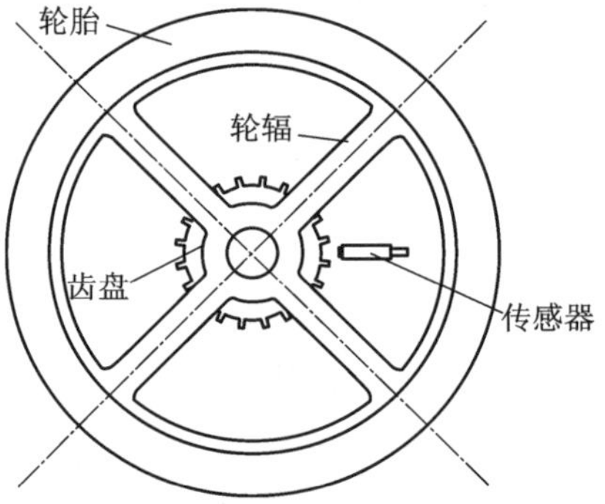

图 14-4　接触式第五轮仪传感器

该测速方法的优点是测得的行驶距离、车速、加速度的精度较高,其缺点是由于接触条件变化时,常引起如跳离地面、滚动半径误差等方面的误差。因此,现在多用较先进的非接触式速度计。

3. 非接触式测速

非接触式测速常用方法有相关测量法、光学相干测频法等。目前应用较多的是光学相干测频法。这类测速仪较多,常用的仪器有非接触式第五轮仪和非接触式车速仪,分别如图 14-6 和图 14-7 所示。

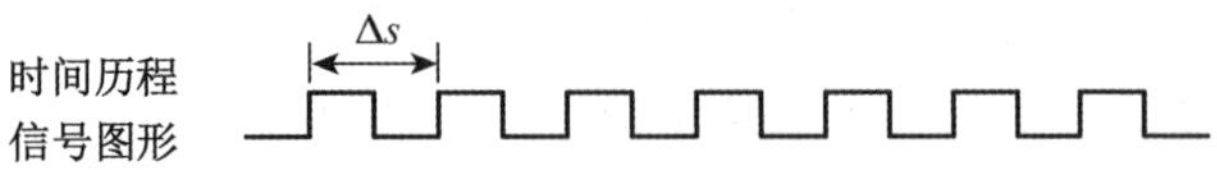

图 14-5　位移脉冲信号

如图 14-8 所示,测速仪中的光源发出光束照射在路面上,由路面反射在光栅上成像。位于光栅后的物镜将路面反射的光收集到光电接收器中。路面相对于汽车的运动造成反射成像在光栅上横向移动,从而产生了光电流的变化信号。

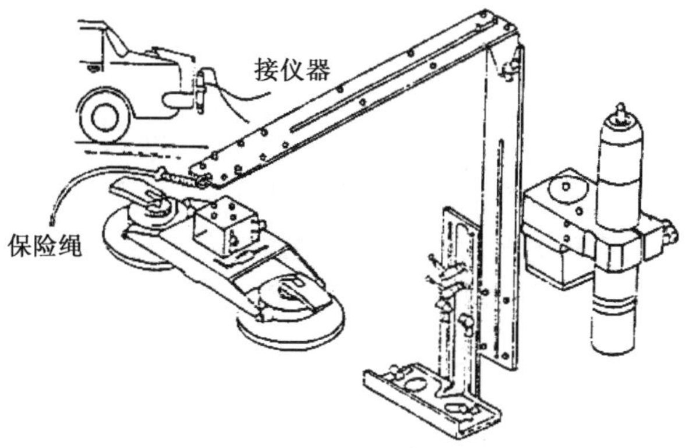

图 14-6　非接触式第五轮仪

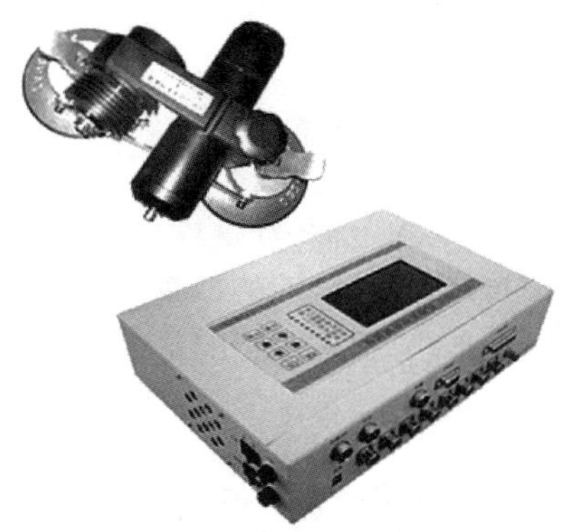

图 14-7　非接触式车速仪

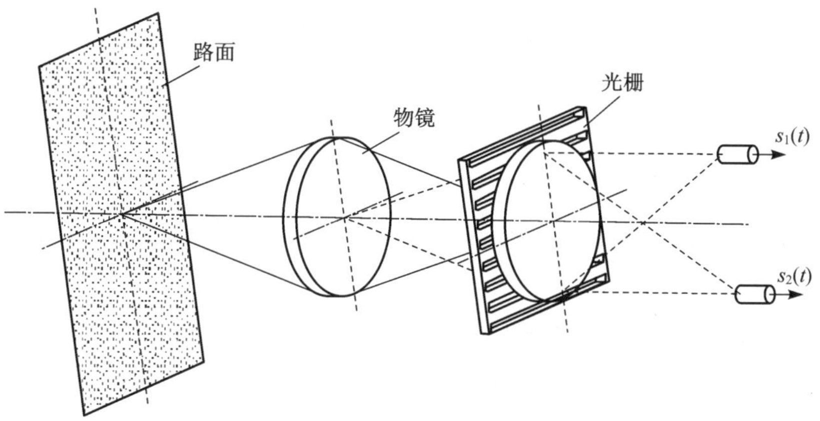

图 14-8　非接触式车速仪光路

由于光栅线条在图像平面移动频率和汽车车速有关，其关系式为

$$f = \frac{M}{g} v \tag{14-1}$$

式中：M 为光学投影比例系数；g 为光栅常数；f 为信号频率；v 为车速。

由于光栅的作用，当路面水平移动时，每移 ΔL（光栅距离，与光学系统倍数有关）基本上呈现一次周期性（窄带周期信号）。因此，能用测量频率来反映车速。

该窄带随机信号的频率正比于车速。为提高灵敏度，采用差动方式，即用两个光电接收器。该测速方法的优点是可测位移、速度、加速度，其精度较高，工作可靠，可用于汽车的测量，还可应用于其他测速场合；其缺点是价格较贵，成本高。

4. GPS 测速

GPS 测速采用高性能的卫星接收器，通过已知位置的卫星（不少于 3 颗）来确定被测目标的三维坐标，根据卫星发射的无线信号的传播延时建立三维位置和时间的方程，结合测量到的各卫星与目标位置的距离确定被测目标在地面上的位置，从而可计算得到被测目标的位移和速度。GPS 具有全天候、高精度、自动测量等优点，已被广泛应用在大地测量、工程测量、航空、地壳运动监测、军事、航海、汽车等多领域多学科中。

14.2 车速试验

车速试验包括最低稳定车速试验和最高车速试验。最低稳定车速通常指在给定档位下汽车能够稳定行驶的最低车速。最高车速是指在平坦无风的水平路面上汽车能够达到的最大行驶速度。它不是瞬时值，而是可持续行驶一定距离的最高车速，其反映了汽车依靠动力所能达到的车速极限。

14.2.1 最低稳定车速试验

最低稳定车速试验按国标《汽车最低稳定车速试验方法》(GB/T 12547)进行。试验时，将车辆的变速器和分动器(若有)置于所要求的挡位，从发动机怠速开始，使汽车保持一个较低的能稳定行驶的车速行驶并通过试验路段，通过测速装置观察车速，并测定车速通过100 m试验路段时的实际平均车速。试验过程中，不允许为保持汽车稳定行驶而切断离合器或使离合器打滑，并不得换挡。试验应往返进行，至少各1次。

14.2.2 最高车速试验

《汽车最高车速试验方法》(GB/T 12544)给出了3种试验方法，即直线道路双向试验、直线道路单向试验和环线道路试验。

1. 直线道路双向试验(标准试验)

为了减少道路坡度和风速(风向)等因素的影响，依次从试验道路的两个方向进行试验，并尽量使用道路的相同路径。车辆试验单程所用的时间，试验中车辆行驶速度变化不应超过2%，每个方向上的试验不少于1次，所用时间变化不超过3%。

2. 直线道路单向试验

由于试验道路的自身特性，汽车不能从两个方向达到最高车速，因此允许只从一个方向进行试验。应连续5次重复进行试验，风速在车辆行驶方向的水平分量不超过±2 m/s。

3. 环线道路试验

记录汽车行驶一圈所用的时间，汽车以最高速在道路上至少行驶3次，且不对转向盘施加任何动作以修正行驶方向。每次测量时间差异不超过3%。

3种试验方法的具体数据处理方法参考《汽车最高车速试验方法》(GB/T 12544)。对于新能源汽车还有30分钟最高车速试验，具体请参考《电动汽车　动力性能　试验方法》(GB/T 18385)、《混合动力电动汽车　动力性能　试验方法》(GB/T 19752)、《燃料电池电动汽车动力性能试验方法》(GB/T 26991)。

14.3 行驶阻力试验

汽车行驶所遇到的阻力包括滚动阻力、空气阻力和传动系摩擦阻力等，可以采用道路试验和台架试验进行测量。

14.3.1　行驶阻力路试方法

1. 拖行试验(测滚动阻力)

用另一辆车(或卷扬机)拖动被测车辆,测出匀速前进时绳索中的水平牵引力,该拉力能反映滚动阻力。该试验必须在低速情况下进行,否则会产生空气阻力。

该试验的特点为低速时路面稍有不平就引起速度变化和绳索晃动,使测量数据有较大的波动干扰。为改善试验,奔驰公司采用了专门的伴随车(带防风罩的牵引车),消除空气阻力影响,可以适当提高测量速度。

2. 滑行试验

滑行是指汽车加速到某预定速度后,摘挡脱开发动机,利用汽车的动能继续行驶直至停车的过程。汽车滑行性能的好坏对其动力性和燃油经济性有重要的影响。滑行试验的目的一般是检查汽车底盘的技术状况和调整状况,同时也可在道路上测定汽车行驶阻力。汽车滑行试验可分为低速滑行试验和高速滑行试验。

1）低速滑行试验

被测车辆在斜坡上或平地上以一定初始速度挂空挡滑行,测量滑行距离。假设忽略空气阻力,滚动阻力恒定,则可由匀减速运动规律得出滚动阻力。该试验可测定低速条件下的滚动阻力。

2）高速滑行试验

检测开始滑行时的速度下降与时间的关系,由此求得各速度间的平均减速度。测量结果为空气阻力与滚动阻力之和,其中真实的空气阻力需借助于风洞试验获得。

在汽车的实际使用过程中,通过滑行距离的测量试验可以简单有效地判断汽车底盘的技术状况。另外,滑行距离还是汽车性能的强制性标准《机动车安全技术检验项目和方法》(GB 38900)所规定的项目,即汽车必须具有一定的滑行能力。

3. 自驱动匀速行驶试验

被测车辆自行驱动做匀速行驶,但在驱动轴和驱动轮毂上安装扭矩传感器,测出匀速行驶时的驱动力矩,需使用高灵敏度的专用测扭轮毂,不可制动,以防止其损坏。

低速时,基本反映滚动阻力。高速时,测量结果为滚动阻力与空气阻力之和。采用此法时,测量结果中不包含传动系统的阻力矩。

14.3.2　行驶阻力台架试验

1. 在转鼓(或平板)试验台上测定整车滚动阻力

将被测桥(车轴)置于转鼓上,未测桥置于空气垫上,沿纵向用测力构件将其固定,测力构件中的力反映滚动阻力。该试验可测出轴系的滚动阻力(包含轴承摩擦等)。

2. 轮胎转鼓试验台(指单个轮胎)

单个轮胎置于轮鼓上,并可施加可变轴荷,用电机驱动轮胎,用测功机加载。该试验主要用于研究轮胎特性,如滚动阻力系数等。

3. 采用风洞试验测定空气阻力系数

汽车风洞的工作原理是利用人造的空气动力场模拟汽车行驶时受到的空气动力作用。风洞基本形式分为开式和闭式两种。开式风洞(又称直流式)直接从大气中吸入空气,并将空气排入大气中;闭式风洞则将排出的空气重新送到进气口,这种设计具有低功耗的特点。随着技术的进步,汽车风洞测试已经从模型风洞试验逐步发展到全尺寸真实汽车的风洞试验(图 14-9 和图 14-10),主要用于研究空气动力稳定性、升力、空气阻力、通风、空气噪声、发动机和传动装置的散热、汽车的气候适应性。

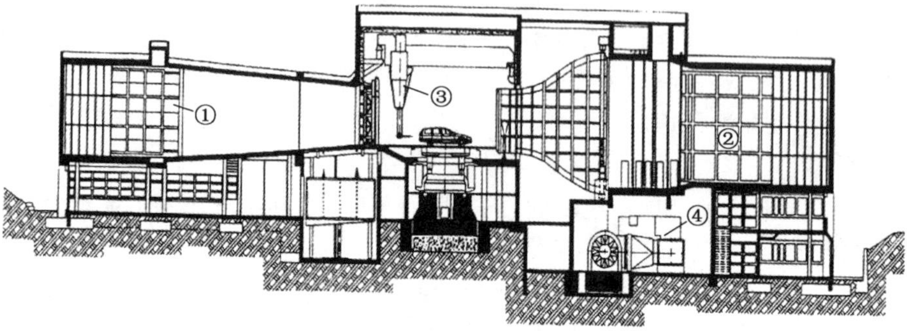

图 14-9　风洞示意图一(侧视图)

1,2—U 型消声器的垂直分流板;3—多轴横动装置;4—风洞模型

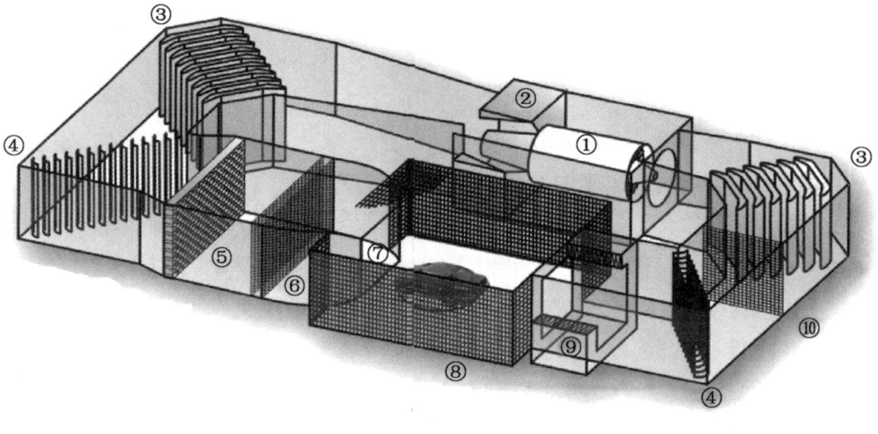

图 14-10　风洞示意图二(三维图)

1—风扇;2—消声器排放风扇;3—消声器导向叶片;4—吸声器导向叶片;5—稳流栅;6—蜂窝器;7—声学处理喷嘴;8—消声墙;9—高速扩散器;10—网筛

风洞试验与实际路试有下列几点差异:

(1) 空气与洞壁间的边界层使汽车底部的流动比率不同于街道状况。

(2) 轮胎不转动造成轮胎上的阻力有一定误差,小于 1%。

(3) 由于车身姿态差异导致驱动力矩的作用影响入流方法。

此外,实际行驶中由于振动悬挂系统的摩擦与夹紧效应减少,车身能自由弹跳,这与风洞中的情况也有所不同。

14.4　爬坡能力试验

汽车爬坡能力包括汽车爬陡坡能力和爬长坡能力两种。爬陡坡试验的评价指标是汽车的最大爬坡度。汽车最大爬坡度是指汽车处于最大总质量状态时，变速器挂最低挡，在坚硬路面上所能克服的最大坡度(不允许动力冲坡)。

汽车爬长坡试验用于检查汽车长时间在较大功率输出工况下的动力性、发动机和动力传动系的热状态和机械状态、变速器排挡的使用状况，以及燃油消耗量等。

14.4.1　实际坡道法

试验路面是专门修建的一系列具有防滑措施的混凝土铺装或沥青铺装或其他材料铺装的表面平整、坚实的直线坡道。当坡度大于或等于最大爬坡度的 30%时，路面必须用混凝土铺装；当坡度小于最大爬坡度的 30%时，可以用沥青铺装。每个坡度的长度不小于 25 m，中部设置 10 m 长的速度测试路段，在坡度的前端设有 8～10 m 的平直路段，并且每个坡道的坡度应均匀一致；当坡度大于最大爬坡度的 40%时，必须设置安全防护措施。如果没有专门修建的坡道，可用表面平整、硬实的自然直线坡道(如自然坡道桥梁)代替。

使用仪器包括坡道仪(或钢卷尺)、秒表和发动机转速表、标杆。

试验时，试验车用最低挡、节气门全开爬坡，测量汽车通过的时间和发动机转速，爬到顶后停车检查各部位有无异常现象。如果汽车克服了该坡度，再到大一级坡度的坡道上进行试验。以此类推，直到汽车不能爬上更大坡度的坡道为止。如第一次爬不上，可爬第二次，但不能超过 2 次。最后以能爬至坡顶的最陡坡道的坡度作为该车最大爬坡度。

如果找不到汽车制造厂规定坡度的坡道，也可以在其他坡度的坡道上进行试验。此时可以通过增减载荷或改变变速器挡位的办法爬坡，并按下式折算成厂定最大总质量状态下变速器挂最低挡位时的爬坡度。

$$\alpha = \arcsin\left(\frac{m_a i_1}{m_n i_a}\sin\alpha_a\right) \tag{14-2}$$

式中：α 为折算后得到的最大爬坡度(°)；α_a 为实际坡度(°)；m_a 为汽车实际质量(kg)；m_n 为汽车标称总质量(kg)；i_1 为 1 挡总减速比；i_a 为实际减速比。

14.4.2　专用坡道法

1. 坡道起步、爬坡试验

坡道为坡度平均、长 20 m 以上人工坡道。汽车以低挡起步，爬坡过程中不得换挡，测定通过坡道所需的时间。

2. 爬长坡试验

爬长坡试验是指汽车通过坡道长大于或等于 8～10 km，最大纵向坡度不小于 8%的连续长坡的试验，一般要求上坡段应占坡道的 90%以上。

爬长坡试验综合考验汽车的动力性和燃油经济性，并对发动机冷却系统的冷却能力、发动机热状况和传动系统等在低转速、大转矩工作条件下的性能加以考验，也可通过测定挡位利用率，对传动系速比的合理设置进行分析比较。

在做爬长坡行驶时，要根据道路情况和汽车的动力状况，以合适的变速器挡位爬坡，原则上在保证安全和交通法规允许的前提下，尽可能以较高车速行驶。注意观察发动机水温及底盘零件的工作状态，若有异常情况，如“开锅”现象，应停止试验。

记录从起点到终点行驶过程各挡位使用次数和时间、行驶里程、燃油消耗量，计算出各挡位时间(或里程)利用率、汽车行驶平均车速和百公里油耗。

3. 负荷拖车试验

用负荷拖车测量汽车最大爬坡度时，让汽车在平整、坚实的水平直线路面上行驶，使用负荷拖车作为负荷，通过换算试验结果而求得最大爬坡度。

试验时，试验汽车变速器挂最低挡，节气门全开(或喷油泵齿条行程最大)，拖动负荷拖车，牵引杆应处于水平位置并与试验汽车和负荷拖车的纵向中心平面平行。牵引杆内安装拉力传感器，用以测量拖钩牵引力。通过负荷拉扯的电机制动，测量试验车的最大拖钩牵引力 F_{tmax}，而后按下式计算最大爬坡度：

$$\alpha = \arcsin \frac{F_{tmax}}{mg} \tag{14-3}$$

式中：α 为折算后得到的最大爬坡度(°)；F_{tmax} 为试验车最大拖钩牵引力(N)；mg 为汽车总重(N)。

4. 台架试验

在转鼓试验台上进行模拟加载，测定汽车爬坡与牵引能力。

14.5 动力性能的室内模拟试验

动力性能的室内模拟试验一般可在汽车转鼓试验台的底盘测功机上进行。其原理为汽车不动，人造路面相对于汽车运动，并将行驶中的各种阻力、惯性力等在试验台上再现。一般转鼓试验台采用直径较大的滚筒来模拟路面，并可用不同的材料覆盖在滚筒上模拟各种不同的路面效果。台架试验可进行驱动轮输出功率检测和试验，通过反拖测试测定车轮滚动阻力及底盘传动系阻力，通过加速时间绘制加速性能曲线，同时还可以进行滑行距离测试。

14.5.1 室内试验台分类

1. 单滚筒试验台

如图14-11所示，其滚筒直径越大，轮胎在滚筒上转动的变形越接近在平路上滚动的状态。一般鼓径均在1 500 mm以上，宜为2 000～2 500 mm。单滚筒试验台对试验汽车的安装定位要求较严格，车轮与滚筒的对中比较困难。其制造安装费用高，测试精度高，一般用于汽车的各项性能试验。

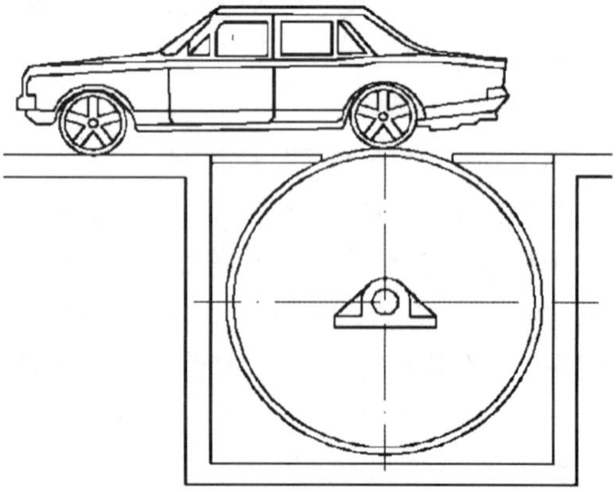

图14-11 单滚筒试验台

2. 双滚筒试验台

如图14-12所示，其滚筒直径小(180～500 mm)，随试验车速而定。滚筒的曲率半径小，轮胎和滚筒的接触情况和在道路上的受压情况不一样，故试验精度较低。但设备成本低，使用方便，一般用于保修企业及汽车检测站在进行汽车技术状况检查和故障诊断时使用。

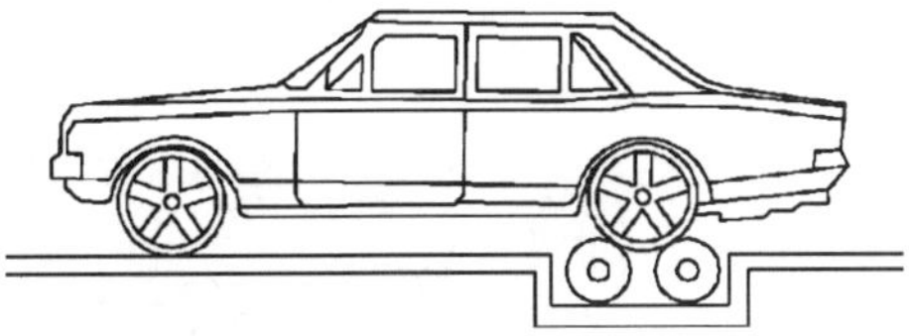

图 14-12　双滚筒试验台

图 14-13　平板式试验台

3. 平板式试验台

如图 14-13 所示，平板式试验台采用高强度钢质输送带，并通过滚子模拟行驶平面，试验过程与实际道路行驶较接近。尽管该试验台的试验精度高，但费用昂贵，目前全球只有个别厂家使用。

14.5.2　测功机

室内试验台核心是测功机，即加载装置，汽车在滚筒上模拟行驶时由它提供各种阻力和惯性力。测功机根据吸收的能量所转换的形式，可分为水力测功机、电涡流测功机和直流电力测功机。

1. 水力测功机

水力测功机是利用水对旋转的转子形成的摩擦力矩吸收并传递动力机械的输出功率的装置。通过调节进出水量，可以得到不同的制动功率。水量一定时，测功机的制动扭矩随转子的转速增加而提高。在工作时，有效功率消耗于水的循环运动及水温的提高中。

水力测功机主要由转子、定子、轴、外壳等组成。定子直接与外壳铸造为一体，接受转子产生的反作用力矩产生摆动，转子轴端采用联轴器与被测传动设备相连接。如图 14-14 所示。

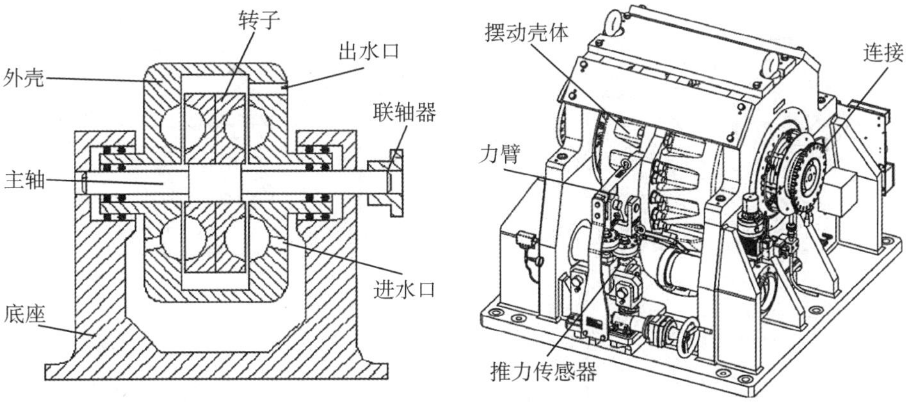

图 14-14　水力测功机结构示意图

水力测功机根据其转子结构形式的不同,主要分为叶轮式、孔盘式和圆盘式三种类型(图 14-15)。其中,叶轮式测功机比功率(功率与重力之比)最大,同等级功率下,该型的测功机体积更小,转子惯量也更小,控制系统响应速度更快。由于其结构特点,水流在壳体内部叶轮之间产生强烈的湍流现象,在将测功机的输入能量转换为水的内能过程中,由于水温的升高和局部压力的降低容易出现气蚀现象。

(a)叶轮式　　(b)孔盘式　　(c)圆盘式

图 14-15　水力测功机型式

与叶轮式测功机相比,孔盘式测功机的比功率较小,尺寸和质量相对较大,其耗功原理与叶轮式类似,但气蚀风险显著降低。

与叶轮式和孔盘式测功机相比,圆盘式测功机通过黏性剪切而非湍流作用吸收动力,使其在抗气蚀能力方面具有更大的优势,寿命相对较长。由于圆盘式吸收功率的原理,相比功率较小,同等功率等级的测功机,圆盘式尺寸更大,转动惯量也更大,对外界控制的敏感度相对较低,控制响应较慢。

2. 电涡流测功机

电涡流测功机的基本原理是旋转时引起磁路中磁通的变化,形成电磁阻力矩并通过涡流环而产生电涡流来吸收发动机的功率,转化为热量,再由冷却水带走。其结构如图 14-16 所示。

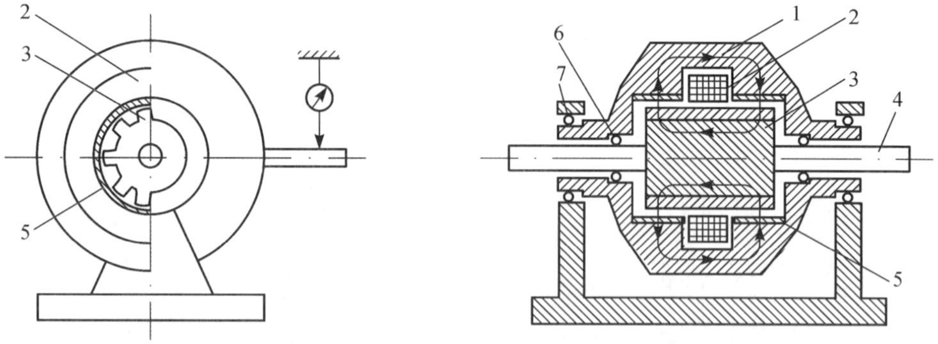

图 14-16　电涡流测功机结构示意图

1—定子;2—励磁线圈;3—感应子;4—转轴;5—涡流环;6—轴承;7—摆动外壳(定子)轴承

电涡流测功机的制动器主要由定子和转子组成。定子上有励磁线圈和涡流环,转子由带齿形的感应子和转轴组成。当直流电流通过励磁线圈时,就会在定子和转子之间的一个闭合磁路中产生静态磁通。这个磁场在锯齿形的感应子的凹凸处磁通密度不同,当感应子旋转时涡流环的磁通密度不断变化，因而在涡流环表面形成涡流，以阻止磁通的变化，从而产生对感应子的制动作用。

在旋转过程中，定子外壳因磁力作用而受力，由于它是浮动的，可利用测功机的测力机构测定扭矩。电涡流测功机易于调节负荷，只要改变励磁线圈的电流即可。

电涡流测功机的优点是运转平稳，转动惯量小，体积小而吸收率大，成本低于直流电力测功机，测试工艺比较成熟；其缺点是电涡流测功机与水力测功机一样，只能吸收能量，将其全部转化为热能消耗而不能吸收，而热量通过冷却水带走。

3. 直流电力测功机

直流电力测功机具有以上测功机所不具备的优点。即它可作为被测物体的负载，相当于直流发电机吸收功率；也可作机械驱动之用，输出功率，相当于直流电动机。

直流测功机定子外壳的固定方式和普通电机不一样，不是固定在基础上，而是与以上介绍的测功机一样支承在与转子轴同心的滚动轴承上，可以自由摆动。因此，称这类电机为平衡电机。同样，从与外壳相接的称量机构中测出阻力矩求得功率。

经典的直流电力测功机结构如图 14-17 所示。

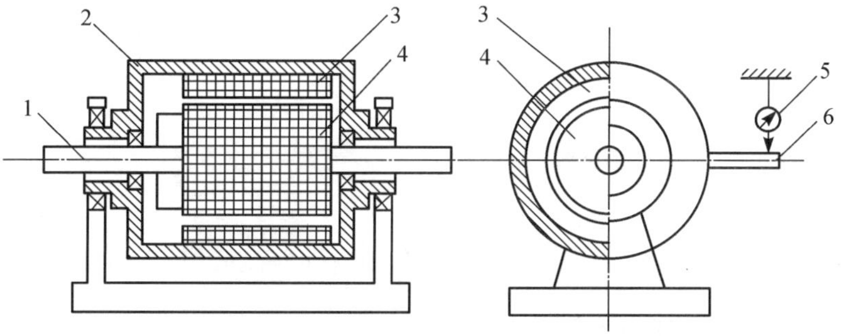

图 14-17　经典的直流电力测功机结构示意图

1—转子；2—定子；3—励磁绕组；4—电枢绕组；5—测力机构；6—力臂

1）基本组成

（1）测功机：包括直流平衡电机和测力机构。

（2）变流单元：经典的变流单元由一个三相交流异步电机和直流发电机组成，二者同装在一个底座上，并由联轴器连接一起转动。随着技术的进步，现在可以采用一个三相可逆变流器来替代这种传统结构。变流单元的主要功能是，当测功机作为电动机运行时，它将三相交流电变为直流电为之供电；当测功机作为测功运行时，它将测功机发出的直流电变为三相交流电输入电网。

（3）激磁单元：经典的激磁单元由一个小型三相交流异步电机和直流发电机组成的交流机组组成。它提供直流电机和测功机励磁线圈产生磁场所需的直流电，这两个磁场强度可通过串联电阻进行调节。当今的技术可用一三相变流器件来取代之。

（4）负荷电阻：如测功机输出的电能不能反馈电网，则用负荷电阻发热将之消耗掉。从当今能量回收的技术来说，此方法是不可取的。

2）测功机的工作过程

（1）拖动工况：开关 K 置“1”位，变流单元和测功机形成通路，变流单元输出直流电，测功机作电动机运行，拖汽车或发动机运行，即发动机不工作的冷运行。

(2) 反馈工况:测功机作发电机运行,以变流单元作为负荷。此时开关K仍置"1"位,汽车发动机工作后,测功机的电势大于变流单元的电势,故变流单元将测功机的电能反馈到电网中去。改变测功机的磁通和变流单元的控制参数,可以改变测功机所吸收功率的大小。

(3) 消耗工况:测功机作发电机运行时,将开关K置"2"位上以电阻作为负载,将电能以热的形式消耗在电阻上。改变测功机的磁通和负荷电阻,就可改变加在汽车发动机上的负荷。

4. 底盘测功机其他必要的辅助装置

汽车在底盘测功机上模拟实际道路行驶还需要一些辅助的装置,如风机、飞轮、车辆固定装置和车辆对中装置。

风机用于模拟道路行驶时的迎面来风,冷却水箱、发动机、减振器和排气管等要求高时要配置能跟踪车速的跟踪风机。飞轮为模拟汽车开动时的惯性力,配置转动惯量可调的飞轮组,有些测功机可用计算机控制模拟量。

在转鼓试验台上试验时,必须通过车辆固定装置将其固定在试验台的特殊装置上。在转鼓上做行驶试验时,必须通过车辆对中装置将其置于转鼓圆周的顶点上,以保证其行驶状态良好。

实际底盘测功机的使用范围非常广泛。利用底盘测功机,配合油耗仪可进行燃油经济性试验,配合废气分析仪可做工况废气排放分析试验,配合声传感器可进行行驶噪声试验等。

14.6 试验实例

下面以加速度和最高车速试验为例,对汽车动力性能试验进行说明。

14.6.1 试验目的及试验条件

本试验参照《汽车最高车速试验方法》(GB/T 12544)测试轿车的最高车速,参照《汽车加速性能试验方法》(GB/T 12543)测试轿车的加速性能。试验场地的道路是平坦的混凝土铺装的直线道路,跑道至少长3 km。试验前,试验车已进行磨合行驶。试验时进行预热行驶。试验时试验车处于满载工况,配重应满足要求,装载质量均匀分布,轮胎气压满足要求,试验时的风速要低于3 m/s。

14.6.2 试验方法

测试最高车速时,试验车在加速区间以最佳加速状态行驶,在到达测试道路段(200 m)前保持挡位在汽车设计最高车速的相应挡位,节气门全开,使汽车以最高的稳定车速通过测试路段。利用第五轮仪测定车速,试验在满载工况下进行,往返方向各做一次试验。

测试加速性能时,在试验道路上选择合适长度的路段作为加速度性能试验路段,满载工况。起步连续换挡加速试验时,先使汽车停于试验路段的一端,试验车处于起步挡位,迅速起步并将节气门踏板快速踩到底,使得汽车尽快加速行驶。当发动机达到最大功率转速时,力求无声地换挡。换挡后立即将节气门全开,加速至100 km/h以上,利用第五轮仪测定汽车的加速行驶的全过程,往返方向各做一次试验。最高挡加速性能试验时,汽车处于最高挡位，调整车速稳定在最低稳定车速后，驶入试验路段，迅速将节气门踏板踩到底，使得汽车加速行驶至 100 km/h 以上，利用第五轮仪测定汽车的加速行驶的全过程，往返方向各做一次试验。

14.6.3　试验数据

试验数据如表 14-1～表 14-4 及图 14-18～图 14-20 所示。

表 14-1　　最高车速试验数据

项目＼车速(km/h)	第一组
南→北	138.8
北→南	134.2
平均值	136.5

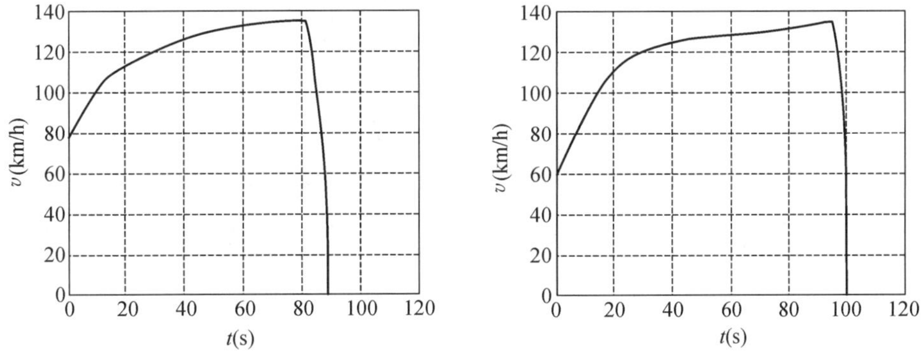

(a) 由南到北　　(b) 由北到南

图 14-18　最高车速性能试验车速时间历程

表 14-2　　最高挡加速性能试验数据

项目＼车速		加速到下列车速(km/h)							
		40	50	60	70	80	90	100	110
加速时间 t(s)	南→北	0	4.5	9.1	14.0	18.8	23.8	28.9	34.6
	北→南	0	5.0	10.2	15.9	21.6	27.3	33.3	40.2
	平均值	0	4.8	9.7	15.0	20.2	25.6	31.1	37.4
加速距离 S(m)	南→北	0	56.3	126.9	215.5	316.1	434.4	569.4	736.1
	北→南	0	62.5	142.4	245.8	364.9	499.6	658.3	860.2
	平均值	0	59.4	134.7	230.6	340.5	467.0	613.8	798.1

表 14-3　　起步连续换挡加速性能试验数据之一

项目＼车速		加速到下列车速(km/h)							
		40	50	60	70	80	90	100	110
加速时间 t(s)	南→北	4.5	6.3	8.2	10.3	13.3	16.7	20.5	24.9
	北→南	2.3	4.1	6.1	8.3	11.3	14.9	19.4	25.1
	平均值	3.4	5.2	7.2	9.3	12.3	15.8	20.0	25.0
加速距离 S(m)	南→北	26.6	49.3	78.5	116.7	179.6	260.3	360.8	489.4
	北→南	16.8	39.5	70.2	110.2	173.4	258.8	378.0	545.5
	平均值	21.7	44.1	74.4	113.4	176.5	259.5	369.4	517.5

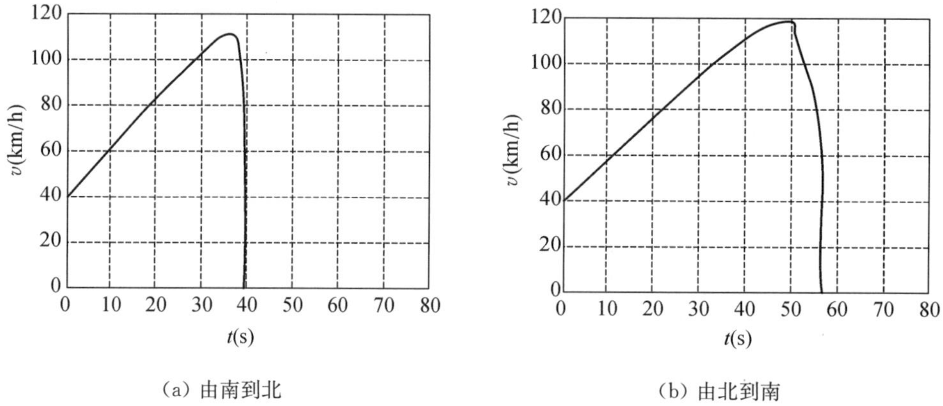

图 14-19　最高挡加速性能试验车速时间历程

表 14-4　　起步连续换挡加速性能试验数据之二

加速距离(m)		400	600	1 000
加速时间 t(s)	南→北	21.9	28.4	40.3
	北→南	20.2	26.9	39.2
	平均值	21.1	27.7	39.8
车速 v(km/h)	南→北	103.1	115.0	126.4
	北→南	102.2	112.1	121.8
	平均值	102.7	113.6	124.1

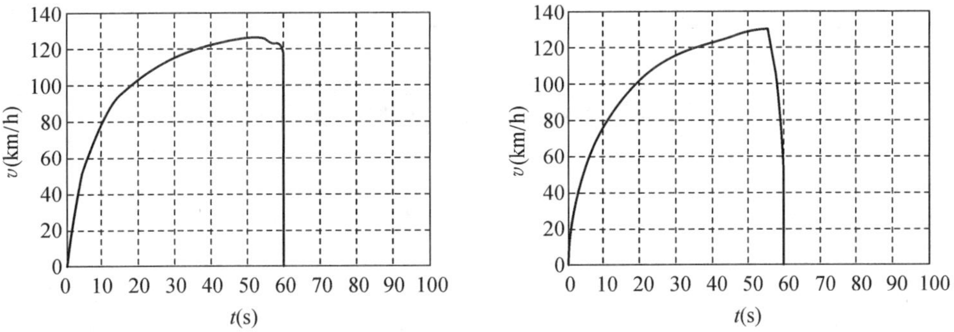

（a）由南到北　　（b）由北到南

图 14-20　起步换挡加速性能试验车速时间历程

习　题

1. 汽车动力性能有哪些评价指标？
2. 动力性能试验有哪些试验内容？
3. 行驶阻力如何测量？

第 15 章

汽车制动性能试验

汽车制动系统包括行车制动装置和驻车制动装置两套独立的装置，其作用是使行驶中的汽车按照驾驶员的要求进行强制减速甚至停车，使已停驶的汽车在各种道路条件下（包括在坡道上）稳定驻车，使下坡行驶的汽车速度保持稳定。制动性能的好坏直接关系到行车安全，制动性能是保障汽车行驶安全的基本使用性能。

汽车制动系统性能试验按性质可以分为两大类：一类是为验证是否符合相应的规范、标准的要求而进行的，这一类多以汽车整车试验为主；另一类是围绕提高制动系统的性能，验证其特性，改进可靠性等而进行的，这一类多以制动系统的总成、部件的台架试验为主。

汽车制动系统性能试验亦可分为台架试验和道路试验，前者为产品研制基础试验、质量管理试验，后者探讨安全性与人体感觉的协调程度以及制动器与车辆的匹配情况。汽车制动性能通常从制动效能、制动效能恒定性和制动时的方向稳定性三方面来评价。

15.1 汽车制动性能的道路试验

15.1.1 制动性能评价参数

评价汽车制动性能指标一般有制动距离、充分发出的平均减速度、制动力和制动时间。

1. 制动距离

制动的全过程包括驾驶员见到信号后做出行动反映阶段、制动器起作用阶段、持续制动阶段和放松制动阶段。

制动距离一般指驾驶员开始踩制动踏板到完全停车的距离，它包括制动器起作用和持续制动两个阶段中汽车行驶过的距离。

2. 充分发出的平均减速度

减速度反映了汽车制动时汽车速度下降的速率。充分发出的平均减速度用符号 MFDD (Mean Fully Development Deceleration)表示，其定义如下：

$$\text{MFDD}=\frac{v_b^2-v_e^2}{25.92(S_e-S_b)}$$

式中：v_b 为 $0.8v_0$ 汽车速度（km/h）；v_e 为 $0.1v_0$ 汽车的速度（km/h）；v_0 为制动初速度（km/h）；S_b 为速度 v_0 和 v_b 之间汽车驶过的距离（m）；S_e 为速度 v_0 和 v_e 之间汽车驶过的距离（m）。

3. 制动力

汽车在行驶中，能强制减速以至停车，最本质的因素是制动器所产生的摩擦阻力，这就是制动力。因此，制动力参数是从本质上评价制动性能的指标。

4. 制动时间

一般用制动协调时间(空驶时间)来评价汽车的制动性能，它是一个间接评价指标，很少单独作为一个参数评价汽车的制动性能。制动协调时间是指在紧急制动时，从踏板动作产生制动效果到车轮制动率达到 75%所花费的时间。

15.1.2　汽车制动性能的道路试验

汽车制动性能的道路试验主要通过测量制动距离、平均减速度等参数来检测汽车行车制动和应急制动的性能，用坡道试验检测驻车制动性能。为了全面考察汽车制动性能，通常还需要进行磨合试验、冷态效能试验、热态效能试验、制动管路失效试验、热衰退性能试验、涉水恢复试验、制动系统时间特性和驻车制动试验。装有防抱死制动系统的汽车，需要进行防抱死制动性能试验。

1. 制动性能试验目的

制动性能试验的目的是测定汽车制动时的减速能力及方向稳定性。其中，汽车制动时的初始速度与道路附着条件显著影响制动性能。我国已有相关标准来对制动系统进行测试和检测，如《商用车辆和挂车制动系统技术要求及试验方法》(GB 12676)、《机动车和挂车防抱制动性能和试验方法》(GB/T 13594)、《乘用车制动系统技术要求及试验方法》(GB 21670)、《乘用车转向时制动的开环试验法》(ISO 7975)等。在《机动车运行技术条件》(GB 7258)和《机动车安全技术检测项目和方法》(GB 38900)中对制动系统的性能限值及检测方法做了相关规定。

2. 试验仪器

汽车制动性能动态试验大致所需要以下仪器：测力转向盘、制动踏板操纵力传感器、驻车制动器操纵力传感器、车速传感器(五轮仪、GPS 测速仪)、陀螺仪、车轮转速传感器、加速度传感器(应变式、电容式)、制动管路压力传感器、制动器温度测量传感器、车轮抱死指示仪、风速仪、失效模拟装置等。

在进行试验之前，所有选用的仪器都必须进行标定。只有经过标定的仪器才能进行安装。需要注意的是，不同型号的汽车和不同结构形式的制动器，其试验仪器的安装方法也会不同。因此，应按试验仪器使用说明书中的规定进行安装。

3. 试验中应注意的问题

在制动过程中，当发生制动性能异常时，如制动跑偏过大、异常的振动等，均应注意观察、记录并及时报告。试验中除按规定调整制动器外，不允许随意调整制动器，如果发生特殊情况或为满足特殊试验工况需求而进行调整时，应如实记录。试验时施加制动力要迅速，并控制制动管路压力，使汽车保持规定的减速度。试验中允许驾驶员操纵转向盘对车辆行驶方向进行修正，在没有特殊要求的情况下不允许使用发动机制动。

4. 国内外汽车制动试验法规

1) 国内标准

国内现行制动试验标准有：

(1)《机动车运行安全技术条件》(GB 7258)

(2)《机动车安全技术检验项目和方法》(GB 38900)

(3)《乘用车制动系统技术要求及试验方法》(GB 21670)

(4)《商用车辆和挂车制动系统技术要求及试验方法》(GB 12676)

(5)《机动车和挂车防抱制动性能和试验方法》(GB/T 13594)

(6)《乘用车　防抱死制动系统(ABS)直线制动距离　开环试验方法》(GB/T 34597)

(7)《重型商用车车辆　转弯制动　开环试验方法》(GB/T 34588)

通常,按照我国国标的要求对装备ABS系统的整车进行道路试验。试验围绕上述目的进行,依据不同路面的制动效能(制动距离或制动减速度)、制动时方向稳定性及转向操纵性的试验结果,对ABS的性能进行评价。

2) 国际标准

目前存在的与机动车辆制动性能相关的国际标准有:

(1)《道路车辆　机动车液压制动系统(包括带有电子控制功能的液压制动系统)试验规程》(ISO 6597)

(2)《道路车辆　机动车气制动系统和气/液压制动系统(包括带有电子控制功能的制动系统)试验规程》(ISO 7635)

(3)《道路车辆　挂车压缩空气制动系统(包括带有电子控制功能的压缩空气制动系统)试验规程》(ISO 7634)

国际标准规定了车辆制动性能的试验方法,但没有对制动距离提出具体的限制要求。我国标准是依据欧洲法规和ISO标准制定的,虽然对制动距离和制动稳定性提出了要求,但与美国严格的制动性能安全法规相比,仍有较大的差距。

15.1.3　防抱死制动系统(ABS)性能试验

汽车防抱死制动系统简称ABS。汽车装用ABS的目的是提高车辆行驶稳定性、操纵性和制动安全性。整车道路试验是检验ABS可靠性的重要环节。

汽车防抱死制动性主要从三个方面来评价:①制动效能,即车辆制动距离与制动减速度;②制动效能的稳定性,即抗热衰减的性能;③制动时车辆行驶的方向稳定性,即制动时不发生跑偏、侧滑以及失去转向能力的性能。

1. 试验典型路面

制动试验道路又称多附着系数试验路面,中间是加宽的试验段。试验段有几种不同附着系数的路面对开或对接成组合路面,以检验汽车从高附着系数(μ)路面到低附着系数路面或左右两侧车轮各在高附着系数路面和低附着系数路面上制动的稳定性,这是研究汽车防抱死装置(ABS)不可缺少的试验道路。路与路之间设置喷、排水沟及喷水设施,以保证能在路面上形成均匀的水膜。对ABS的性能进行试验评价时,必须使用以低附着系数道路为主的多种状态试验路面:结冰路面、积雪路面、潮湿路面、干燥路面等。

防抱死制动系统性能试验所用的典型路面如表15-1所示。

表15-1　防抱死制动系统性能试验所用的典型路面

路面类型	路面类型代号	轮胎与路面附着系数
高附着系数路面	G	$\varphi_G \geqslant 0.5$

（续表）

路面类型	路面类型代号	轮胎与路面附着系数
低附着系数路面	D	$\varphi_D < 0.5$
高低附着系数对开路面	DK	$\varphi_G \geqslant 0.5$，$\varphi_D < 0.5$ $\varphi_G/\varphi_D \geqslant 2$
高低附着系数对接路面	DJ	

2. 试验项目

制动试验所需进行的试验项目如表 15-2 所示。低附着系数路面直线区如图 15-1 所示，低附着系数路面扇形区如图 15-2 所示。

表 15-2　　制动试验所需项目

序号	试验项目	备注
直线行驶制动试验	相同附着系数路面试验 附着系数利用率试验 对接路面适应性试验 对开路面适应性试验	试验应在发动机断开的情况下，分别在空载和满载两种状态下进行
转向行驶制动试验	曲线行驶制动试验 躲避障碍物试验 换道试验	—

图 15-1　低附着系数路面直线区

图 15-2　低附着系数路面扇形区

3. 直线行驶制动试验

1）试验方法

在规定的路面上，转向盘固定，以规定的车速做匀速直线行驶，然后制动。

2）试验测量参数及设备

直线行驶制动试验测量参数及安装位置如表 15-3 所示。

表 15-3　　直线行驶制动试验测量参数及安装位置

试验参数	试验设备	安装位置
温度	点温计或热电偶	制动衬片或制动鼓上
制动距离	喷枪法/打印记/五轮仪＋踏板开关	车身
车速	五轮仪/非接触式速度计	车身

(续表)

试验参数	试验设备	安装位置
减速度	加速度传感器/五轮仪	车身
制动系统压力	压力传感器	制动管路
制动踏板力	踏力计/在踏板上贴应变片	制动踏板
轮胎滑转率与抱死状态	各轮用车轮转速传感器	车轮

为了检查方向稳定性,还应测量跑偏与甩尾。跑偏是指左右轮侧制动力不等的情况;甩尾是指前后轮制动力分配不适当,后轮抱死,转向侧向力减小,出现过度转向的情况。试验结果用车身横向位移和汽车的航偏角来表示。

额外的测量参数及设备有:转向盘转角,使用测力转向盘测量;横摆加速度,使用陀螺仪测量;路线偏离,通过行驶轨迹测定。

试验结果一般用运动参数的时间函数来表达。

4. 单侧光滑道路直线行驶制动试验

在许多标准中还规定了单侧光滑道路直线行驶制动试验。其目的是模拟一侧有冰,另一侧干燥无冰的路面状况,具有实际意义。单侧较大的制动力会形成绕汽车质心的横摆转动,目的是朝向不滑的那一侧转动,极端情况下会导致汽车失控。使用自动防抱死制动系统(ABS)后,可改善这一状况。

具体试验方法为在道路上铺 0.5 mm 厚、1 m 宽、50 m 长的塑料薄膜,不停地洒上肥皂水,汽车分级地提高车速进行制动试验。通过分析制动减速度与绕垂直轴的转动量之间的关系进行判断。

5. 转向行驶制动试验

转向行驶制动试验包括曲线行驶制动试验、躲避障碍物试验和换道试验。这些试验应在具有不同附着系数组合的路面上进行,以评估 ABS 控制逻辑和控制驱动方式的优劣。试验路面为对开路面,制动时产生的偏转力矩会随汽车结构左右附着系数的差异而变化。

可参照《乘用车转向制动开环试验方法》(ISO 7975)和《重型商用车辆转向制动开环试验方法》(GB/T 34588)进行转向行驶制动试验道路的设计。

下面对曲线行驶制动试验进行说明。

曲线行驶制动试验要求尽可能不偏离所希望的路线,不应出现附加的横摆运动。进行曲线行驶的目的是确定制动对方向保持的影响。国际标准 ISO 7975 中规定曲线行驶制动试验的方法为汽车按规定的速度,在规定半径的圆周上做匀速圆周行驶,然后进行制动并测量该过程,如表 15-4 所示。曲线行驶制动试验测量的参数及设备如表 15-5 所示。如果需要进一步研究,还可以测出侧倾角、俯仰角、航向角(也称质心侧偏角)、横向速度。

表 15-4　ISO 7975 标准

半径(m)	横向加速度		相应纵向车速	
	加速度(m/s^2)	允许误差(%)	速度(km/h)	允许误差(%)
100	5	±10	81	±5
30～200	5	±10	44～114	±5

表 15-5　　曲线行驶制动试验测量参数及设备

测量参数	测量设备	测量参数	测量设备
转向盘转角	测力转向盘	纵向加速度	陀螺仪
制动压力	压力传感器	前进速度	测速仪
横向加速度	陀螺仪	横向速度	陀螺仪

15.2 汽车制动性能试验实例

15.2.1 试验目的

汽车的制动性能良好与否，直接关系到汽车行驶的安全性，良好的制动性能可提高平均车速。本试验通过测定汽车的制动距离、制动减速度、制动时间、车轮抱死时间参数，综合评价试验车的制动性能。

15.2.2 试验方法

制动试验的跑道为平整均质的水泥路面。试验车由同一熟练驾驶员驾驶。试验时，汽车在进入试验路段前，驾驶员调整汽车以预定的车速直线行驶，开始记录各测量参数的信号。进入试验路段后，对汽车实施紧急制动，以尽可能大的制动减速度制动停车。制动的参考初速度分别为 30 km/h、65 km/h 和 80 km/h，载荷状况分满载和空载两种工况，制动试验往返各做 1 次。

15.2.3 测量参数及测量设备

制动性能测量参数及测量设备如表 15-6 所示。制动试验测量简图如图 15-3 所示。

表 15-6　　制动性能试验测量参数及测量设备

参数	车速	踏板力	左前轮压力	右后轮压力	左前轮转速	右后轮转速
仪器	GPS	踏板力传感器	油压传感器	油压传感器	测速电机	测速电机

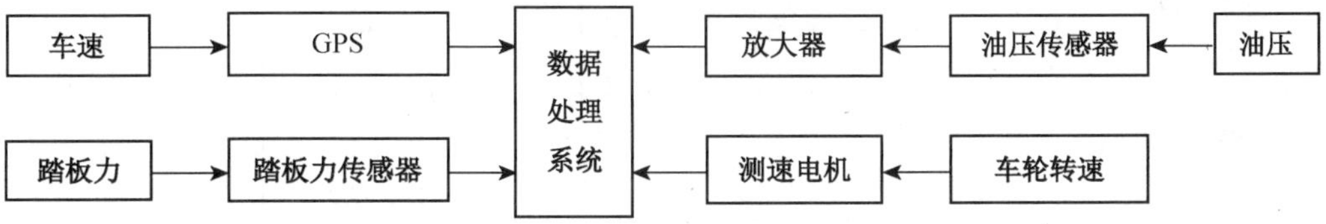

图 15-3　制动试验测量简图

15.2.4 试验结果

1. 制动试验的试验数据

制动试验的试验数据包括制动初速度、制动时间、制动距离、制动减速度、制动管路的油压、制动管路的油压上升速率、前后车轮的抱死时刻等。制动初速度往往不会恰好是30 km/h、65 km/h、80 km/h,因而制动距离要进行修正,一般按下式修正:

$$L_0=\left(\frac{v_0}{v}\right)^2 L$$

式中:L_0 为修正的制动距离;L 为实测的制动距离;v_0 为理论的制动初速度;v 为实测的制动初速度。

某轿车空载制动试验数据如表 15-7 所示,某轿车满载制动试验数据如表 15-8 所示。

表 15-7　　某轿车空载制动试验数据

方向		往	返	往	返	往	返
车速(km/h)	参考	30	30	65	65	80	80
	实际	30.48	30.08	67.20	70.32	83.36	80.64
误差(%)		1.60	0.26	3.38	8.18	4.20	0.80
管路压力(MPa)	前 P_f	13.96	14.27	15.45	14.77	13.92	13.55
	平均值	14.12		15.11		13.74	
	后 P_r	13.89	14.17	15.32	14.67	13.89	13.43
	平均值	14.03		15.00		13.66	
油压上升速度(MPa/s)	前 P_f	37.33	38.16	35.76	39.49	44.62	30.26
	平均值	38.74		37.63		37.44	
	后 P_r	37.14	37.89	35.46	39.23	44.52	29.98
	平均值	37.51		37.35		37.25	
制动减速度(m/s^2)	实测值	7.00	6.95	6.80	6.71	6.60	6.67
	平均值	6.97		6.75		6.63	
制动距离(m)	测定值	8.49	8.00	31.39	34.45	46.50	43.08
	修正值	8.22	7.96	29.37	29.43	42.83	42.40
	平均值	8.09		29.40		42.62	
制动时间(s)	实测值	2.28	2.05	3.64	3.96	4.37	4.34
	平均值	2.17		3.80		4.26	
车轮抱死时间(s)	左前轮	1.25	0.57	1.22	1.25	0.62	1.26
	右前轮	2.13	1.37	2.95	3.85	4.30	4.20

注:时间的参考零点为制动踏板力的开始上升时刻。

表 15-8　　某轿车满载制动试验数据

方向		往	返	往	返	往	返
车速(km/h)	参考	30	30	65	65	80	80
	实际	31.44	32.00	67.20	66.80	80.48	82.00

（续表）

方向		往	返	往	返	往	返
误差(%)		4.80	6.25	3.39	2.77	0.60	2.50
管路压力（MPa）	前 P_f	12.25	14.17	15.20	12.76	15.14	13.26
	平均值	13.21		13.98		14.20	
	后 P_r	12.25	13.97	15.19	12.68	15.07	13.14
	平均值	13.11		13.94		14.11	
油压上升速度（MPa/s）	前 P_f	31.90	36.90	44.45	33.23	43.01	32.66
	平均值	34.40		38.84		37.84	
	后 P_r	31.90	36.38	39.97	33.02	42.81	32.37
	平均值	34.14		36.50		37.59	
制动减速度（m/s^2）	实测值	6.73	7.02	6.01	6.41	6.42	6.35
	平均值	6.87		6.21		6.38	
制动距离（m）	测定值	8.41	8.53	34.00	33.20	45.08	47.17
	修正值	7.66	7.50	31.81	31.43	44.55	44.89
	平均值	7.58		31.62		44.72	
制动时间（s）	实测值	1.86	1.98	3.84	3.55	4.13	4.29
	平均值	1.92		3.70		4.21	
车轮抱死时间（s）	左前轮	0.42	0.58	1.22	1.30	1.25	1.28
	右前轮	1.57	1.64	3.84	3.55	4.13	4.29

注：时间的参考零点为制动踏板力的开始上升时刻。

2. 制动试验的曲线

某轿车制动试验曲线如图 15-4 所示。

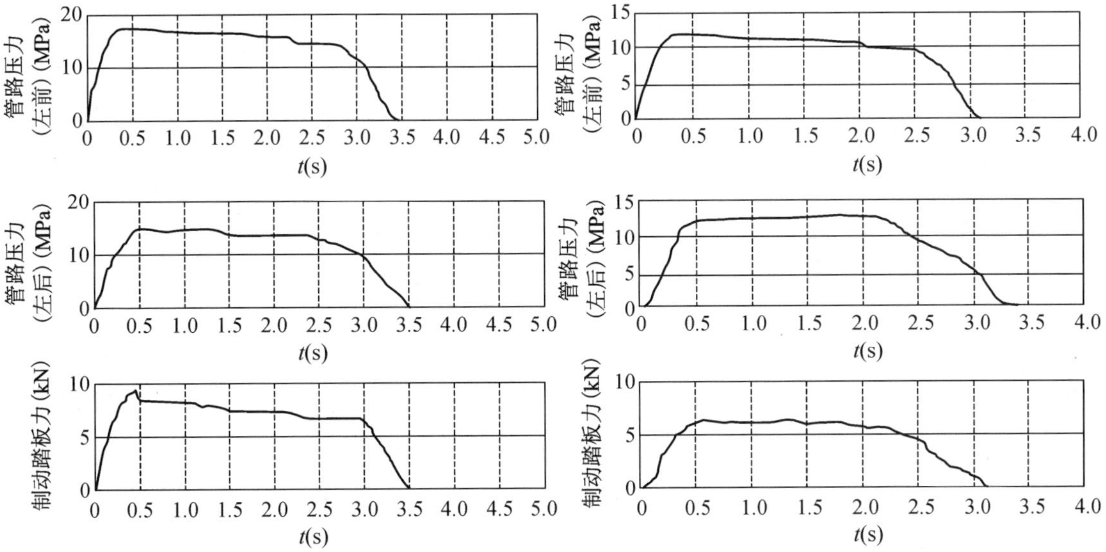

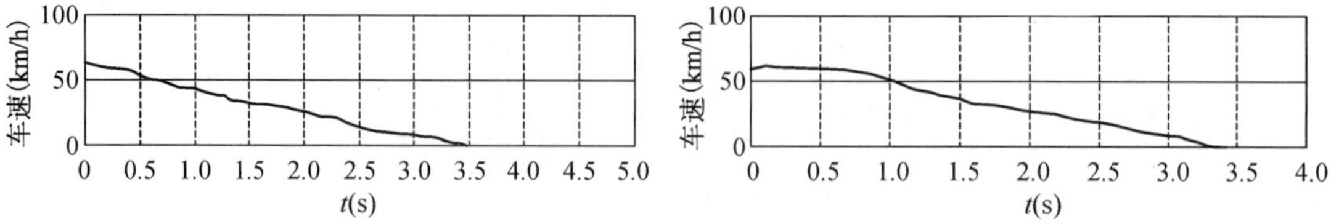

图 15-4　某轿车制动试验曲线(满载,65 km/h,往返)

习　题

1. 制动性能有哪些评价指标?
2. 如何评价汽车的防抱死制动系统的性能?

第 16 章

汽车操纵稳定性试验

汽车操纵稳定性分为操纵性和稳定性。操纵性是指汽车是否能够按照驾驶员的意图进行控制，以及驾驶员是否能得心应手地控制汽车；稳定性是指汽车受到外界干扰(路面扰动或阵风扰动)后，恢复原来运动状态的能力。

操纵稳定性涉及的具体内容很广泛，影响因素最多且最复杂，如转向机构、悬架机构、转向性能、躲避障碍物性能、侧风稳定性、直线行驶方向稳定性、牵引稳定性、操纵轻便性等。

操纵稳定性的研究特点是综合考量人、汽车和环境这三个因素。代表性的试验包括以下三种：

(1) 室内台架试验：如测定有关操纵稳定性的基本参量(质心位置、转动惯量、车轮定位等)。

(2) 道路试验：如转向特性试验、蛇行试验、侧风试验等。

(3) 主观感觉评价试验：如操纵轻便性等。

16.1 基本参量测量

16.1.1 质心位置

汽车质心位置是汽车发生侧翻的主要影响因素，它对汽车的操纵稳定性和制动稳定性影响较大，是设计汽车时的重要参数之一。但是，通过计算很难准确求出质心位置，一般都用实车测定求出。

质心位置的测量方法为称重法。首先将汽车水平放置，称出四个轮胎的反力，确定出质心平面位置；其次将汽车侧斜一个角度，称出四个支反力；最后通过计算得到汽车的质心高度。

16.1.2 转动惯量

车辆发生横摆、侧倾和俯仰时，转动惯量对这些回转运动有很大的影响。在测量完质心高度后，可以测量车辆的俯仰、侧倾和横摆运动的转动惯量。

转动惯量的测量方法为用两根钢丝绳将汽车吊起，测定其回转摆动周期，算出惯性矩。根据下列关系式可以确定绕各轴的惯性矩：

围绕 z 轴的惯性矩： $$J_z=\frac{T^2 r_1 r_2 W}{4\pi^2 h}$$

围绕 x 轴的惯性矩： $$J_x=\left(\frac{T^2}{4\pi^2}-\frac{h}{g}\right)\cdot hW$$

围绕 y 轴的惯性矩： $$J_y=\left(\frac{T^2}{4\pi^2}-\frac{h}{g}\right)\cdot hW$$

式中：T 为动周期；W 为汽车重量(N)；h 为重心至吊点高度；r_1、r_2 为重心至吊索水平距离；g 为重力加速度。

也可使用专门台架测量转动惯量，如图 16-1 所示。

图 16-1　转动惯量试验台架

16.1.3　悬架 K&C 特性

K&C 即 Kinematic & Compliance，它是悬架的基本特性，反映了悬架的性能。Kinematic 是悬架的运动学特性，包括车轮前束角变化、车轮侧倾角变化、主销后倾变化、轮距变化、轴距变化、轮胎半径变化、悬架垂直尺寸变化、侧倾中心高度、转向传动比等。Compliance 指悬架上与力有关的变形，包括悬架系统的弹簧、橡胶衬套和零部件的变形所导致的悬架特性，测量参数有侧倾扭矩、侧倾刚度、侧倾力偶分布、轮荷、回正力矩、回正刚度等。悬架 K&C 可以通过仿真或试验的方式获得，试验一般采用专用的 K&C 试验台架(图 16-2)进行。

图 16-2　悬架 K&C 试验台架

K&C 试验台架的主要装置有独立的多自由度加载平台、装夹机构、车轮六轴力传感器、车身固定系统、车轮运动的六轴位移传感器、试验台数字控制系统、测量数据分析系统等。

16.1.4　车轮定位参数

车轮定位参数有车轮外倾角、前束、主销后倾角、轮距等。车轮定位参数影响转向特性、越限响应特性、直线行驶特性(自动回正)和转向盘操纵力。一般使用专门的车轮定位仪测量车轮定位参数。

16.1.5　转向系统参数

1. 转向系统角传动比

转向系统角传动比定义为转向盘转角的增量与同侧转向节转角的相应增量之比。有些车采用了变传动比转向系统，以改善操纵响应特性，直行时传动比小，大转角时传动比大。

转向系统角传动比的测量方法是将转向轮置于车轮定位仪测量盘上，转动转向盘，同时记录转向盘转角、左右车轮转角。

2. 转向系统刚性特性

转向系统刚性特性指转向盘至轮胎间整个系统的扭转刚度。通常，刚性高(大)，转向响应快，手感好；刚性低，易引起转向不足。

测量方法：先将转向轮固定，然后测量转向盘转角与扭矩的关系。

16.2　操纵稳定性道路试验

在汽车操纵稳定性的研究中，常把汽车作为一控制系统，求出汽车曲线行驶的时域响应与频率响应，并以它们来表征汽车的操纵稳定性。

汽车曲线行驶的时域响应指汽车在转向盘输入或外界侧向干扰输入下的侧向运动响应。转向盘输入有两种形式：一种是给转向盘作用一个角位移，称为角位移输入，简称角输入；另一种是给转向盘作用一个力位移，称为力位移输入，简称力输入。驾驶员在实际驾驶车辆时，对转向盘的这两种输入是同时加入的。外界侧向干扰输入主要是指侧向风和路面不平产生的侧向力。

目前，我国操纵稳定性道路试验主要分为直线行驶性能试验和转弯行驶性能试验参考《汽车直线行驶稳定性试验方法》(GB/T 41600)，《汽车操纵稳定性试验方法》(GB/T 6323)。转弯行驶性能试验主要包括稳态回转、转向盘阶跃输入、转向盘脉冲输入、转向回正、转向轻便、蛇行试验和转向盘中心区操纵稳定性试验七种。典型行驶工况性能是指汽车通过某种模拟典型驾驶操作的通道的性能，它们能更如实地反映汽车的操纵稳定性。

16.2.1　试验准备

在进行汽车操纵稳定性试验之前，应对测试仪器和车辆做必要的准备工作，以减小测试误差，提高试验结果的精度，使试验结果更能反映被试车辆的实际水平。同时，也能防止因准备工作不足使试验产生较大的误差，甚至试验结果无效的情况。

1. 测试仪器的标定

测试仪器的标定，就是通过试验建立测试仪器的输入量与输出量之间的关系。通常是利用一种标准设备产生已知的非电量并输入待标定的测试仪器中，得到一个输出的电量，然后绘制出其标定曲线。标定的精度与标定方法、标定设备的精度有关，通常采用实物标定方法，即使用能够模拟测试仪器实际工作状况的标准设备，用已知的标定量对测试仪器进行标定。

2. 基本试验条件

(1) 试验汽车按厂方规定装备齐全。测定汽车定位参数，检查、调整和紧固汽车转向系统、悬架系统，并按规定润滑，需符合厂方规定的技术条件方可试验。

(2) 汽车直线行驶时，转向盘自由行程不得大于±10°，否则应进行调整。

(3) 若使用新轮胎，试验前至少经过 200 km 正常行驶的磨合；若使用旧轮胎，其残留花纹高度不小于 1.5 mm；轮胎气压要符合厂家规定。

(4) 车辆处于最大总质量状态(驾驶员等乘员及仪器设备的质量计入总质量)，车上所载货物应均布于车厢。

(5) 试验场地为干燥、平坦且清洁的水泥或沥青铺装路面，任意方向的坡度不大于 2%，风速不大于 5 m/s，气温为 0～40 ℃。一般应在专用的汽车试验场内。

16.2.2 直线行驶性能试验

汽车的直线行驶性能是评价汽车操纵稳定性的一个重要方面。其中，路面不平度稳定性与侧风稳定性是汽车直线行驶时在外界侧向干扰输入下的时域响应。

1. 路面不平度稳定性试验

在直线行驶时，因路面不平度引起干扰，常需驾驶员不断地纠正方向。试验方法有下列两种：

(1) 固定转向盘，以一定的车速行驶一定距离，测其行驶路线侧向偏移量。

(2) 以一定车速沿直线行驶，统计驾驶员转向盘上转角累积校正量。

此试验与驾驶员的操作习惯密切有关，所以最好采用多个驾驶员进行多次试验。

2. 通过凸块试验

该试验可以感受路面不平度。地面上设置专门的凸块，汽车转向盘固定，以一定的车速驶过凸块，测定行驶路线偏离量。试验规定凸块半径 $r=25$ mm，驶入角 30°，2 s 后偏差小于 30 cm。具体试验方法及要求可参考美国的实验安全车辆 ESV 规定。

3. 侧风稳定试验

在测试路段一侧安放侧风鼓风设备，建立稳态侧风，并且可调侧风强弱。汽车转向盘固定，以规定的车速在侧风鼓风设备旁驶过。

该试验所需测量参数有转向盘转角、横向加速度、横摆角速度、行驶速度、路线偏离量(一定距离后)。试验时需要注意测量包括前 20 m 至后 50 m 范围内的全过程。

该试验的评价准则有横摆角速度和横向加速度的时间历程，进入风段时的横摆角速度(该值对驾驶员感觉特别敏感)的最大值和稳态值，直线行驶偏差量(使用质心标记法，适用于对比试验，数据较离散)。

16.2.3　转弯行驶性能试验

转向特性取决于转向机构、轮胎特性、轮胎定位、悬架特性、重量分配等。

1. 稳态回转试验

1）试验目的与意义

汽车在车速高达一定条件下行驶时，驾驶员如给一个固定的转向盘输入，汽车随之产生转向运动。一段时间后，汽车一般会出现两种情况：一种是汽车的转向运动越来越激烈，出现不稳定现象，直至发生甩尾；另一种是转向运动进入稳定状态，即汽车绕某点转动且角速度不变，这种现象称为汽车进入稳态转向。汽车横向动力学线性理论指出，稳态回转特性是决定汽车作为一个动力学系统在转向输入下是否稳定的充分条件。在《汽车操纵稳定性指标限值与评价方法》(QC/T 480)中，明确规定稳态回转试验不及格的车辆，其操纵稳定性的总评价为不及格。

2）试验测量参数

试验中所需要测量的参数有横摆角速度、横向加速度、纵向车速、转向盘转角与力矩车身侧倾角、质心侧偏角。

3）试验方法

关于此方面的国际标准和我国国家标准有：《乘用车稳态圆周行驶—开环试验方法》(ISO 4138)和《汽车操纵稳定性试验方法》(GB/T 6323)，其评价标准依据《汽车操纵稳定性指标限值与评价方法》(QC/T 480)。

ISO 4138 采用定转弯半径法，而 GB/T 6323 采用固定转向盘连续加速法。两部标准在具体试验条件和测量变量上存在着差异。下面以国家标准规定为例，说明稳态回转试验方法。

(1) 在试验场地上，用明显颜色画出半径为 15 m 或 20 m 的圆周。

(2) 接通仪器电源，使之预热到正常工作温度。

(3) 试验开始之前，汽车应以加速度为 3 m/s^2 的相应车速沿画定的圆周行驶 500 m 以使轮胎升温。

(4) 驾驶员操纵汽车以最低稳定速度沿所画圆周行驶。当安装于汽车纵向对称面上的车速传感器在半圈内都能对准地面所画圆周时，固定转向盘不动，停车并开始记录，记下各变量的零线。随后，汽车缓慢、平稳地加速(纵向加速度不超过 0.25 m/s^2)，直至汽车的侧向加速度达到 6.5 m/s^2(或受发动机功率限制而所能达到的最大侧向加速度，或汽车出现不稳定状态)，并记录整个过程。

(5) 汽车按向左转和向右转两个方向进行，每个方向试验 3 次。每次试验开始时车身应处于正中位置。

4）评价准则

在《汽车操纵稳定性指标限值与评价方法》(QC/T 480)中，对稳态回转试验的评价指标规定了 3 项，即中性转向点的侧向加速度值 a_n(前后桥侧偏角之差与侧向加速度关系曲线上斜率为零的点的侧向加速度值)、不足转向度(前后桥侧偏角之差与侧向加速度关系曲线上侧向加速度为 2 m/s^2 点的平均值计算)、车箱侧倾角 K_φ(按车箱侧倾角与侧向加速度关系曲线上侧向加速度为 2 m/s^2 的平均斜率计算)。具体的评价指标计算可参阅《汽车操纵稳定性试验方法》(GB/T 6323)中的相应说明。

2. 蛇行试验

1) 试验的目的与意义

蛇行试验是评价汽车随动性、收敛性、方向操纵轻便性及事故可避免性的典型试验,也是包括车辆、驾驶员、环境在内的一种闭环试验。其试验结果不但取决于车辆本身的特性,而且还取决于驾驶员的自身特性和驾驶技术。该试验是在保证安全的前提下以尽可能高的车速进行的,因此可以考验汽车在接近侧滑或侧翻工况下的操纵性能,也可以作为若干汽车进行操纵性对比时主观评价的一种感觉试验。

2) 试验测量参数

试验中所需要测量的参数有转向盘转角、横摆角速度、车身侧倾角、通过有效标桩区时间、侧向加速度。

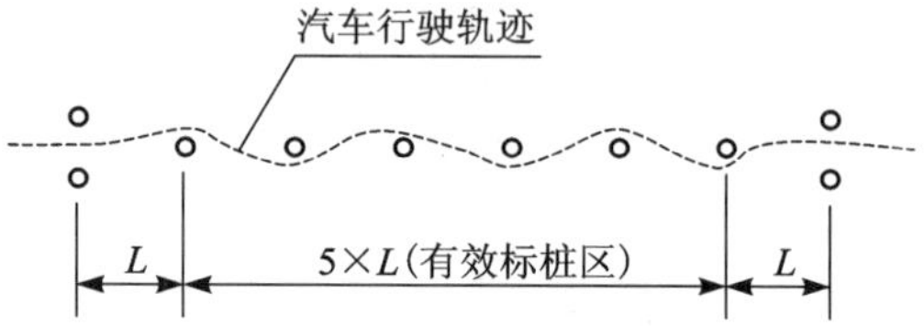

图 16-3　标桩设置图

3) 试验方法

(1) 在试验场地上按图 16-3 及表 16-1 的规定,布置标桩 10 根。

表 16-1　各种车型标桩间距和基准车速

序号	汽车类型	标桩间距(m)	基准车速(km/h)
1	轿车、轻型客车及最大总质量小于或等于 2.5 t 的货车和越野汽车	30	65
2	中型客车及最大总质量大于 2.5 t 而小于或等于 6 t 的货车和越野汽车		50
3	大型客车及最大总质量大于 6 t 而小于或等于 15 t 的货车和越野汽车	50	60
4	特大型客车及最大总质量大于 15 t 的货车和越野汽车		50

(2) 接通仪器电源,使之预热到正常工作温度。

(3) 试验驾驶员应具有较丰富的驾驶经验。在正式试验前,按图 16-3 所示路线,练习 5 个往返。

(4) 试验汽车以近似基准车速 1/2 的稳定车速直线行驶,在进入试验区段之前,记录各测量变量的零线,然后蛇行通过试验路段,同时记录各测量变量的时间历程曲线及通过有效标桩区的时间。

(5) 提高车速(车速间隔自行选择),重复步骤(4)的过程,共进行 10 次(撞倒标桩的次数不计在内)。最高车速不超过 80 km/h。

3. 转向盘转角阶跃输入试验

1) 试验目的与意义

给转向盘一个突然的转角输入,并固定不变,这相当于给系统一个阶跃位移干扰。如果系统稳定的话,它将从一个稳态(直线行驶)过渡到另一个稳态(转圈行驶),这个过程称过渡过程。系统的输出(如横摆角速度)如图 16-4 所示。横摆角速度受外界干扰较小,通常都有较高的精度，且某些指标与驾驶员的主观评价相关性较好，在转向盘转角阶跃输入试验中，此项作为主要评分标准，已为世界各国汽车行业接受。

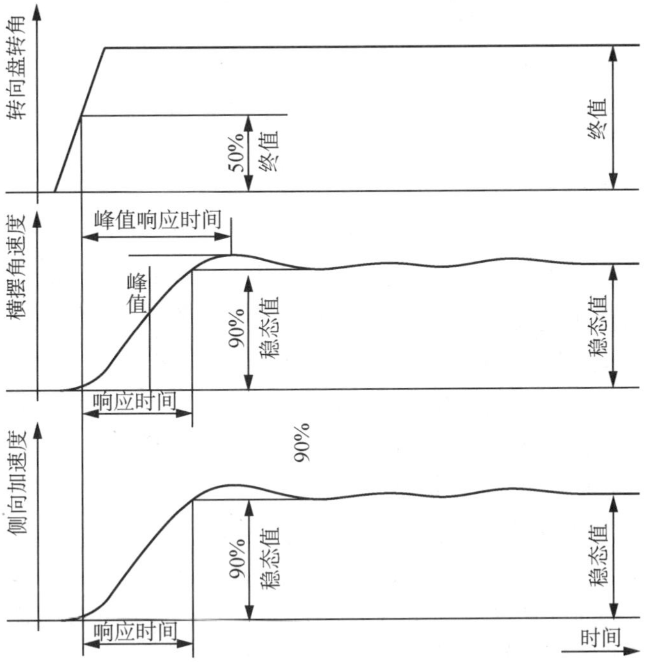

图 16-4　转向盘转角阶跃输入过程简图

2）试验测量参数

试验中所需要测量的参数有汽车前进速度、转向盘转角、横摆角速度、车身侧倾角、侧向加速度、汽车质心侧偏角。

3）试验方法

（1）试验车速按被试汽车最高车速的 70%并四舍五入为 10 的整数倍确定。

（2）试验前，以试验车速行驶 10 km，使轮胎升温。

（3）接通仪器电源，使之达到正常工作温度。在停车状态下记录车速零线。

（4）试验中转向盘转角的预选位置（输入角），按稳态侧向加速度值 1～3 m/s^2 确定，从侧向加速度为 1 m/s^2 做起，每隔 0.5 m/s^2 进行一次试验。

（5）汽车以试验车速直线行驶，先按输入方向轻轻靠紧转向盘，消除转向盘自由行程并开始记录各测量变量的零线，经过 0.2～0.5 s，以尽快的速度（起跃时间不大于 0.2 s 或起跃速度不低于 200°/s 转动转向盘），使其达到预先选好的位置并固定数秒钟（待所测变量过渡到新稳态值），停止记录。记录过程中保持车速不变。

（6）试验按向左转与向右转两个方向进行。可以两个方向交替进行，也可以连续进行一个方向，然后再进行另一个方向。

4. 转向盘转角脉冲输入试验

1）试验目的与意义

每个线性动力学系统都有自己固有的频率特性，包括幅频和相频特性。这些特性除了说明系统的放大性能外,还说明对输入信号输出的失真程度,因而是线性系统的重要特性。把汽车看成一个线性动力学系统,应用汽车的频率特性,可以说明汽车对转向输入响应的真实程度。为了得到汽车的频率响应特性,对转向盘施以转角脉冲输入是一种简便有效的方法。

2) 试验测量参数

试验中所需要测量的参数有汽车前进车速、转向盘转角、侧向加速度、横摆角速度。

3) 试验方法

(1) 试验车速按试验汽车最高车速的 70%并四舍五入为 10 的整数倍。

(2) 试验前以试验车速行驶 10 km,使轮胎升温。

(3) 接通仪器电源,使之达到正常工作温度。

(4) 汽车以试验车速直线行驶,使其横摆角速度为(0±0.5)°/s。做一标记,记下转向盘中间位置(直线行驶位置)。然后给转向盘一个三角脉冲转角输入,如图 16-5 所示。试验时向左(或向右)转动转向盘,并迅速转回原处(允许及时修正)保持不动,记录全部过程,直至汽车恢复到直线行驶位置。转向盘转角输入脉冲宽为 0.3～0.5 s,其最大转角应使本试验过渡过程中最大侧向加速度为 4 m/s^2。转动转向盘时应尽量使其转角的超调量达到最小。记录时间内,保持节气门开度不变。

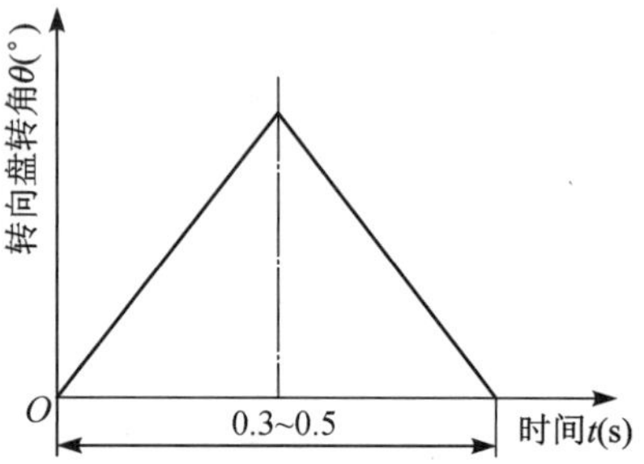

图 16-5 转向盘输入脉冲简图

(5) 试验至少按左、右方向转动转向盘(转角脉冲输入)各 3 次,每次输入的时间间隔不得少于 5 s。

5. 转向回正性能试验

1) 试验目的与意义

一辆行驶中的汽车,如果转向后转向盘不能自动回正,便会使驾驶员感到汽车行驶方法不易控制,高速行驶时甚至会有危险感。因而把转向回正性能试验作为评定汽车操纵稳定性中的一项重要内容。

2) 试验测量参数

试验中所需要测量的参数有汽车前进车速、侧向加速度、横摆角速度。

3) 试验方法

(1) 低速回正性能试验。

① 在试验场地上,用明显颜色画出半径为 15 m 的圆周。

② 试验前,汽车沿半径为 15 m 的圆周以加速度为 3 m/s^2 的相应车速,行驶 500 m,使轮胎升温。

③ 接通仪器电源,使其达到正常工作温度。

④ 汽车直线行驶,记录各测量变量零线,然后调整转向盘转角,使汽车沿半径为(15±1)m 的圆周行驶,调整车速,使侧向加速度达到(4±0.2)m/s^2,固定转向盘转角,稳定车速并开始记录,待 3 s 后,驾驶员突然松开转向盘并做一标记,至少记录松手后 4 s 的汽车运动过程。记录时间内节气门开度保持不变。

⑤ 试验按向左转和向右转两个方向进行,每个方向 3 次。

(2) 高速回正性能试验。

对于最高车速超过 100 km/h 的汽车，要进行高速回正性能试验。

① 试验车速按被试汽车最高车速的 70%并四舍五入为 10 的整数倍。

② 接通仪器电源，使其达到正常工作温度。

③ 试验汽车沿试验路段以试验车速直线行驶，记录各测量变量的零线。随后驾驶员转动转向盘使侧向加速度达到(2±0.2)m/s^2，待稳定并开始记录后，驾驶员突然松开转向盘并做一标记，至少记录松手后 4 s 内的汽车运动过程。记录时间内节气门开度保持不变。

④ 试验按向左转和向右转两个方向进行，每个方向 3 次。

6. 转向轻便性试验

1) 试验目的与意义

本项试验是评价驾驶员操纵汽车转向盘轻重程度的一种方法。转向系统的运动阻力包括转向系统中各摩擦副的摩擦力、转向系统中各运动部件的惯性力和力矩、轮胎的回正力矩、前轮定位引起的力矩、转向轮转向时与地面相对滑动而产生的摩擦力矩等。当驾驶员操纵转向盘使其转向角增大时所需要的操纵力被称为主动力，或称作转向力(操舵力)。反之，当转向盘转动角度减小时，回正力矩和复原力矩等转变为主动力，这被称为保持力(保舵力)。这些力(力矩)或摩擦功的测量，一般是在汽车低速大转角行驶时进行。

2) 试验测量参数

试验中所需要测量的参数有转向盘力矩、转向盘转角、汽车前进车速、转向盘直径。

3) 试验场地

试验场地应为干燥、平坦且清洁的用水泥混凝土或沥青铺装的路面，任意方向的坡度不大于 2%。在试验场地上，画出颜色鲜明的双纽线路径(图 16-6)。双纽线的极坐标方程为

$$l=d\sqrt{\cos 2\varphi}$$

轨迹上任意点的曲率半径

$$R=\frac{d}{3\sqrt{\cos 2\varphi}}$$

当 $\varphi=0^\circ$ 时，双纽线顶点的曲率半径为最小值，即 $R_{\min}=\dfrac{d}{3}$。双纽线的最小曲率半径应按试验汽车前外轮的最小转弯半径乘以 1.1 倍，并据此画出双纽线。在双纽线最宽处，顶点和中点的路径两侧各放置 2 个标桩，共计放置 16 个标桩。标桩与试验路径中心线的距离为车宽一半加 50 cm。

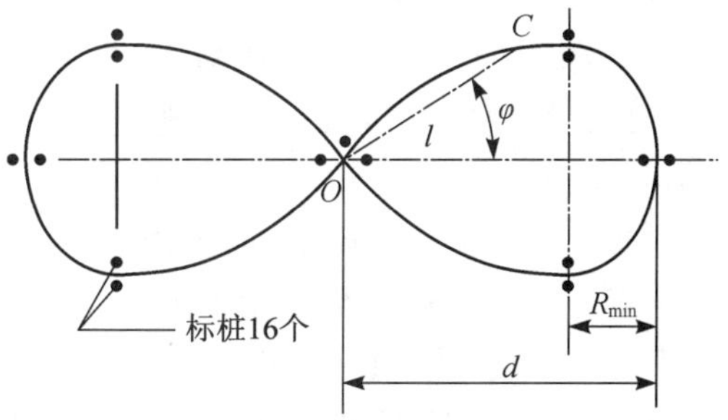

图 16-6　双纽线简图

4) 试验方法

(1) 按规定画好双纽线路径并放置好标桩。

(2) 接通仪器电源，使之预热到正常工作温度。

(3) 试验前驾驶员可操纵汽车沿双纽线路径行驶若干周，熟悉路径和相应操作。随后，使汽车沿双纽线中点“O”处的切线方向做直线滑行，并停车于“O”点处，停车后注意观察车轮是否处于直行位置，否则应转动转向盘进行调整。然后双手松开转向盘，记录转向盘中间

位置和作用力矩的零线。

(4) 试验时，驾驶员操纵转向盘，使汽车以(10±2)km/h 的车速沿双纽线路径行驶，待车速稳定后，开始记录转向盘转角和作用力矩，并记录行驶车速作为监督参数。汽车沿双纽线绕行一周至记录起始位置，即完成一次试验，全部试验应进行 3 次。在测量记录过程中，驾驶员应保持车速稳定和平稳地转动转向盘，不应同时松开双手，并且在行驶中不准撞倒标桩。

16.2.4 急促移线试验

1. 试验目的与意义

急促移线试验研究的主要目的是探讨汽车动力学参数在驾驶员-汽车组合系统中的作用。单移线可以看作是驾驶员-汽车组合系统为躲避障碍或改变行车道能力的模拟试验。

《乘用车紧急变线试验车道　第 1 部分:双移线》(GB/T 40521.1),《乘用车紧急变线试验车道　第 2 部分:避障》(GB/T 40521.2)提出了汽车急促移线的试验方法。双移线试验方法是由德国提出的，试验时汽车以(80±3)km/h 的车速驶入试验通道。进入通道后，驾驶员可以自由加减车速，转动转向盘操纵汽车，以通过通道的时间作为评价指标。目前它是模拟汽车躲避障碍和超车性能道路试验中的有效方法，特别是在研究驾驶员-汽车-外界环境闭路系统中用以评价模拟计算真实性最有效的方法之一。

2. 试验测量参数

试验中所需要测量的参数有转向盘力矩、汽车前进车速、横摆角速度。

3. 试验场地

《乘用车紧急变线试验车道　第 1 部分:双移线》(GB/T 40521.1),《乘用车紧急变线试验车道　第 2 部分:避障》(GB/T 40521.2)推荐的急促双移线试验通道形状和标桩设置如图 16-7 所示。该通道适用于总重 3.5 t 以下的轿车，以及由轿车变型的其他形式的四轮机动车辆。

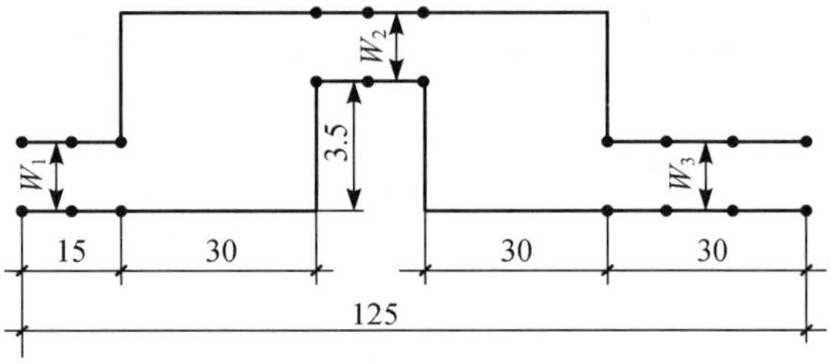

图 16-7　急促双移线标桩和通道示意图

其中，$W_1=W\times1.1+0.25$，$W_2=W\times1.2+0.25$，$W_3=W\times1.3+0.25$。W 代表车宽，单位为 m。试验车速可选用 80 km/h，试验驾驶员要成功地通过试验通道，通常正式试验前都要预试若干次，以适应通道和车辆特性。

4. 试验方法

(1) 在试验场地上按规定画线并布置标桩。

(2) 接通仪器电源，使之预热到正常工作温度。

(3) 试验驾驶员应具有较丰富的驾驶经验。在正式试验前，练习 5 个往返。

(4) 试验汽车以 80 km/h 的稳定车速直线行驶，在进入试验区段之前，记录各测量变量的零线，进入通道后前进车速尽可能保持不变，也可以增减车速，但不允许使用制动器。记录各测量变量的时间历程曲线及通过标桩区的时间。

(5) 根据实际情况提高车速(车速间隔自行选择)，重复第(4)条的试验，直到车辆出现不稳定情况为止。

16.2.5 主观评价试验

由于上述客观试验对试验数据的要求较高，为了获得有效的试验数据所需的试验时间较长，难以快速对多种悬架配置参数进行比较。因此，实践中常采用主观评价的方法，由经验丰富的试车员对悬架性能进行打分。评价的性能包括起步性能、直线行驶性能、弯道行驶性能、低速转向性能、高速转向性能等，分值从 0 分(非常差)到 10 分(完美)。

16.3 操纵稳定性试验仪器

16.3.1 陀螺仪

1. 陀螺现象及陀螺效应

当自行车车轮静止时，它无法直立在地面上，然而一旦车轮开始转动，自行车就能稳稳当当地站立，而且车轮转得越快，自行车行驶就越稳定。同样地，玩具陀螺在静止状态下，无论是直立还是斜立，都会因为重力的作用而倒下。但一旦陀螺开始旋转，即使是在斜立的状态下，它也能保持平衡，不会倒下。此外，当陀螺在未转动的情况下被抛向空中时，它会翻滚转动，但如果让它绕着对称轴高速旋转后再抛向空中，陀螺就能保持其旋转轴的方向不变。这种当陀螺高速旋转时，如果没有受到外部力矩的影响，其旋转轴在空间中保持方向不变的现象，被称为陀螺效应。

2. 陀螺仪的基本特性

陀螺仪为一个安放在内外框架上高速旋转(转速可达 24 000～30 000 r/min)的转子，如图 16-8 所示。此种装置有两个基本特性：一是定向性，除非受到外力的作用，转子轴线方向将保持不变；二是进动性，如转子不转，当一个重物挂在内框架上，在重力作用下内框架将沿着挂重物方向翻转。在转子高速自转时，内框架不再翻转，而外框架绕自己的转动轴线发生转动。

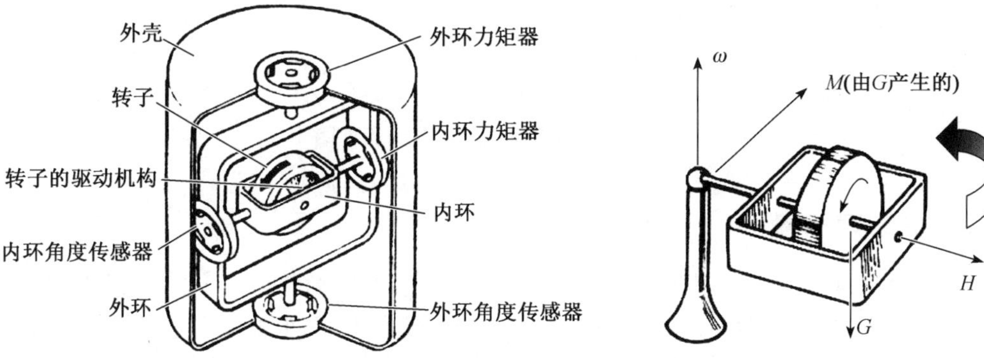

图 16-8 陀螺仪结构图和进动现象原理图

3. 陀螺仪在操纵稳定性中的应用

如图 16-9 所示，陀螺转子由力矩电机带动，转速为 24 000 r/min，转子在框架中高速转动，内框架又可以沿其轴线方向在外框架中转动，外框架通过支座安装在被测物体(汽车)上。

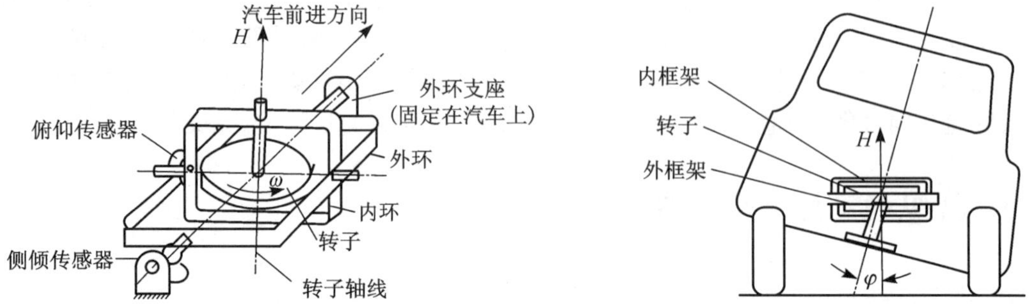

图 16-9　用陀螺仪测侧倾角原理图

陀螺外框架底座与车身地板相连，转子轴线垂直地面，当汽车侧倾时，外框架底座连同车身相对地面转一角度，转子轴线由于没有受到外力作用仍保持不变，通过外框架与底座间的相对转角传感器测出侧倾角。同理，可用内框架与外框架间的相对转角传感器测出俯仰角。

如图 16-10 所示，若安装时转子轴线与地面平行，由于转子轴线的定向性，可用装在外框架与支座间的相对转角传感器测出航向角。

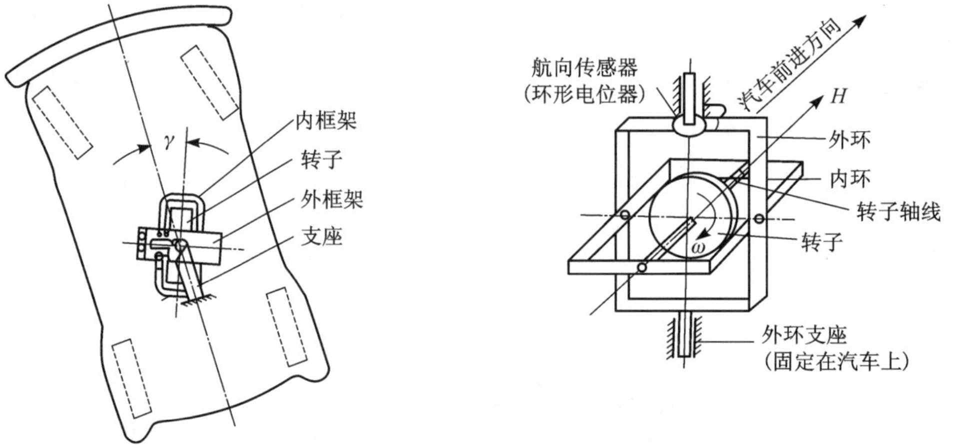

图 16-10　用陀螺仪测航向角原理图

16.3.2　测力转向盘

测力转向盘是一种专门用于测量汽车转向盘参数的仪器(图 16-11)，它结合了扭矩测量和位移测量技术。通常，转向盘的扭矩测量是通过安装在转向盘上的应变片来实现的，这些应变片构成了一个专用的扭矩仪。由于汽车转向盘的转动通常不会超过几圈，因此可以直接通过导线传输信号。测量范围通常设定为±1 000 N·m。转向盘的角位移是通过角位移传感器来测量的。这种传感器能够测量正反两方向的多圈位移，即每个方向的位移都大于360°，总测量范围为±1 080°。

测力转向盘有两种形式：第一种是带有一个装有测力元件的副转向盘。在试验前，这个副转向盘需要与被测汽车的转向盘刚性地连接在一起。试验时，驾驶员通过操纵副转向盘来输入转向指令。这种形式的优点是安装简便，但由于增加了一个副转向盘，相当于增加了被试汽车转向盘的转动惯量，这可能会改变系统的运动特性，尤其是在进行力输入试验时，影响更为显著，驾驶员可能会感到操作不便。第二种测力转向盘则不带副转向盘，它只包含力传感器和角度传感器的组件，这些组件可以安装在原转向盘的下方。试验时，驾驶员直接操纵原车的转向盘，不会产生不适感，也不会影响原车的动态特性。然而，这种形式的安装过程相对复杂一些。

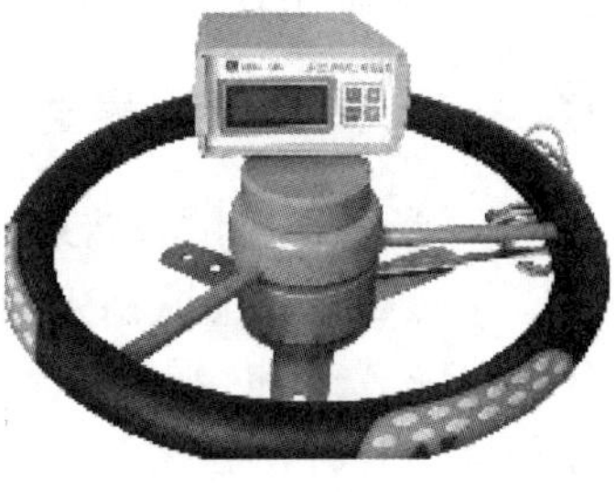

图 16-11　测力转向盘

16.4　操纵稳定性试验实例

本节以稳态回转试验为例，对操纵稳定性试验进行说明。

16.4.1　稳态回转试验描述

试验在满载和半载两种载荷下进行，驾驶员操纵汽车以最低稳定速度沿所画 20 m 半径圆周行驶，稳定 3 圈后无停车直接开始试验，驾驶员固定转向盘转角，平稳加速至侧向加速度达到 6.5 m/s^2 后终止试验。分左转和右转，各进行 3 次。

按照《汽车操纵稳定性试验方法》(GB/T 6323)和《乘用车　稳态循环驾驶行为　开环测试方法》(ISO 4138)进行试验数据处理。按照《汽车操纵稳定性指标限值与评价方法》(QC/T 480)进行评价。测量变量包含汽车横摆角速度、汽车前进车速、车身侧倾角、汽车质心侧偏角、汽车纵向加速度、汽车侧向加速度、侧向速度，其输出采样频率均为 100 Hz。

16.4.2　试验数据处理方法

首先进行数据有限性检查。经检查，数据满足侧向加速度达到 0.65 m/s^2，纵向加速度不超过 0.25 m/s^2 的要求。其次根据数据有效性要求截取需要处理的数据段后，根据 GB/T 6323 要求，分别用三次多项式拟合出转弯半径比、前后轴侧偏角偏差、车身侧倾角与侧向加速度的关系曲线，图 16-12 所示为转弯半径第一次左转和右转的拟合效果。最后，根据 QC/T 480 求出各评价参数，并进行评分。试验中目标量计算方法如下：

侧向加速度和车身侧倾角由试验直接测得，转弯半径通过前进车速除以横摆角速度获得，即

$$R_i = \frac{V_i}{\omega_i} \tag{16-1}$$

式中：V_i 为前进速度；ω_i 为横摆角速度。前后轴侧偏角差值通过式(16-2)计算而得

$$\delta_1 - \delta_2 = \frac{360}{2\pi} \cdot L \cdot \left(\frac{1}{R_0} - \frac{1}{R_i}\right) \tag{16-2}$$

式中：L 为轴距；R_0 为初始回转半径。

16.4.3 试验结果表达

1. 半载工况试验结果

按照《汽车操纵稳定性试验方法》(GB/T 6323)和《乘用车 稳态循环驾驶行为 开环测试方法》(ISO 4138)试验数据表达，分别绘出以下关系：

(1) 左转与右转时的转弯半径比 R/R_0 与侧向加速度的关系曲线。如图 16-13 所示。

(2) 左转与右转时前后轴侧偏角偏差与侧向加速度的关系曲线，如图 16-14 所示。

(3) 左转与右转时车身侧倾角与侧向加速度的关系曲线，如图 16-15 所示。

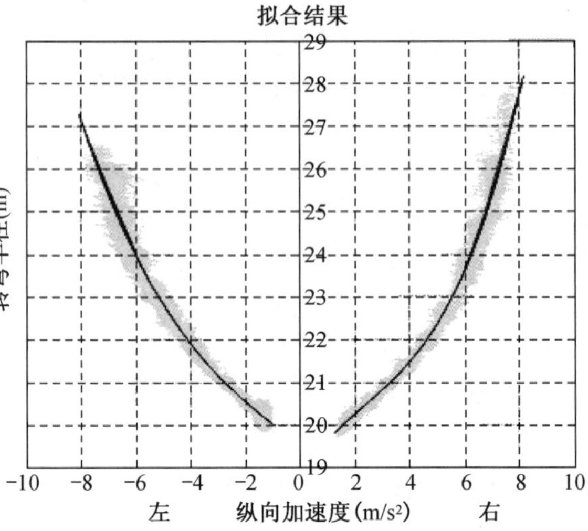

图 16-12 转弯半径第一次左转和右转的拟合效果

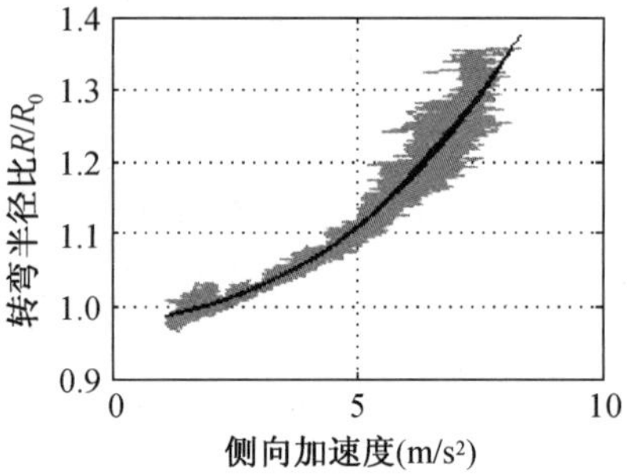

图 16-13 转弯半径比 R/R_0 与侧向加速度的关系曲线

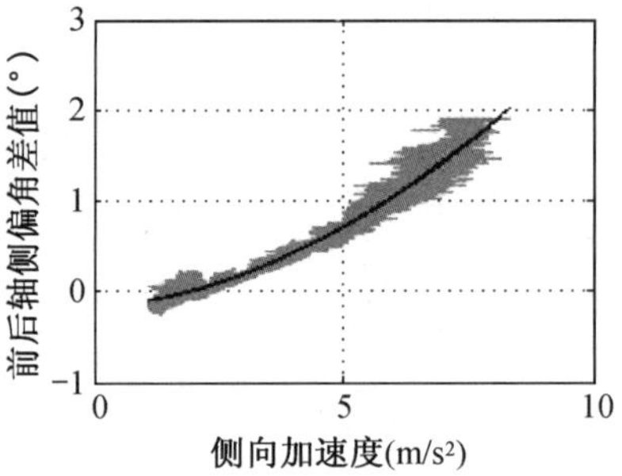

图 16-14 前后轴侧偏角偏差与侧向加速度的关系曲线

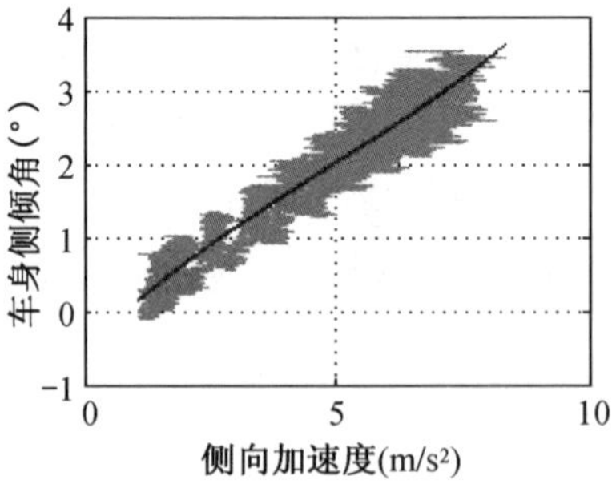

图 16-15 车身侧倾角与侧向加速度的关系曲线

2. 半载试验结果评价

稳态回转半载试验结果评价如表 16-2 所示。

表 16-2 稳态回转半载试验结果评价

试验结果评价	左转	右转
中性转向点的侧向加速度评分	100	100
不足转向度评分	67.89	65.45
车厢侧倾度评分	100	100
综合评分	89.30	88.48

16.4.4 试验结论

由试验结果得知，试验数据有较好的一致性。满载和半载的试验结果中，转弯半径比、前后轴侧偏角偏差、车身侧倾角与侧向加速度的关系曲线均具有相对较好的线性度。试验范围内的转向均为不足转向。

左转和右转结果对比中，侧向加速度为 2 m/s^2 时的不足转向度，两种载荷中，左转的均值均稍大于右转的均值。侧向加速度为 2 m/s^2 时的车厢侧倾度，两种载荷中，左转的均值均小于右转的均值。其余目标量，左转右转的结果无明显偏向。

满载和半载结果对比基本持平。

习 题

1. 操纵稳定性能有哪些客观评价试验内容？
2. 如何进行稳态回转试验？

第 17 章

汽车行驶平顺性试验

汽车行驶平顺性，也称为乘坐舒适性，是指车辆在行驶过程中能够减少由路面不平、振动和冲击引起的乘坐不适、疲劳乃至健康损害，同时防止货物受损的性能。汽车平顺性研究的主要对象是"路面—汽车—人(货物)"系统。在这个系统中，路面的不平度作为输入，通过轮胎、悬架、座垫等弹性元件的滤波作用，传递到人体。人体接收到这些振动后，会根据心理和生理因素综合处理，产生对振动的响应，即系统的输出。因此，对汽车平顺性的研究实质上是解决振动问题。平顺性主要关注的是低频范围内的振动问题，通常频率在 20～30 Hz 以下。平顺性、噪声和空调等因素共同构成了广义的舒适性研究范围。

进行汽车平顺性试验的主要目的是评估车辆在行驶过程中乘员的主观舒适性。通过这些试验，可以发现车辆在平顺性方面存在的任何问题，并进一步分析和确定问题的原因。这通常涉及对车辆振动的详细分析。在识别问题并进行了振动分析之后，可以采取适当的改进措施来提高车辆的平顺性，确保其达到设计要求。

汽车平顺性试验可分为评价性试验和改进性试验。评价性试验是对已生产的汽车进行试验，并用相应的评价指标进行评价。改进性试验则是根据前次试验结果，对不理想的平顺性指标查找原因，进行结构改进，最后达到提高平顺性的目的。平顺性试验的内容包括在实际随机路面上测定汽车的随机振动响应，以供评价平顺性好坏；在给定的输入下测量振动响应，获得系统瞬态响应或传递特性；测定系统中的固有参数，如固有频率、相对阻尼、簧间跳跃、簧下质量固有频率等。

我国已有规范《汽车平顺性试验方法》(GB/T 4970)、《汽车平顺性术语与定义》(GB/T 4971)、《卧铺客车平顺性随机输入行驶试验方法》(QC/T 677)和《矿用自卸汽车试验方法 行驶平顺性试验》(QC/T 76.8)用于指导道路平顺性试验。对于客车还有规范《客车平顺性评价指标及限值》(QC/T 474)来进行平顺性评价。《汽车悬挂系统的固有频率和阻尼比测定方法》(GB 4783)用于指导簧载质量和非簧载质量的固有频率及悬架相对阻尼系数的测定。

17.1 平顺性随机输入行驶试验

随机输入行驶试验是一种评估汽车在随机不平路面上行驶时的平顺性试验。在这种试验中，路面通过车轮对汽车系统产生激振，通过测定汽车行驶时振动对乘员和货物的影响来评价轿车、客车和货车的平顺性。

平顺性评价试验，也称为乘坐舒适性评价试验，可以分为主观感觉评价试验和客观物理量评价试验两种类型。

主观感觉评价试验：试验依赖于试验员的主观感受来进行评价。试验员乘坐汽车，根据个人的感觉对汽车的平顺性进行评价。此外，试验还可以通过测量与人体生理学、心理学变化相关的指标来进行分析，例如心率、血压、疲劳程度等。

客观物理量评价试验：首先测量汽车振动时的位移、速度和加速度等物理参数。然后，根据这些测量结果进行评价。在评价过程中，需要将这些物理量按照与人的感觉相关的标准进行平顺性评价运算。客观物理量评价试验是在主观感觉评价试验的基础上进行的，它通过量化指标来客观地反映汽车的平顺性。

17.1.1　人体的振动特性

人体对振动的响应取决于振动频率和强度、作用方向及暴露时间。人体上下振动的共振频率为 4～8 Hz，前后左右振动的共振频率约为 2 Hz。人体对左右振动最敏感，其次是前后振动，对上下振动忍耐度最强。《关于全身振动评价指南》(ISO 2631)用加速度均方根值给出了 1～80 Hz 振动频率范围内人体对振动反映的 3 个不同界限：暴露界限、疲劳-降低工作效率界限和舒适降低界限。暴露界限是疲劳-降低工作效率界限的 2 倍(+6 dB)，舒适降低界限是疲劳-降低工作效率界限的 1/3(−10 dB)。

疲劳-降低工作效率界限如图 17-1 所示。

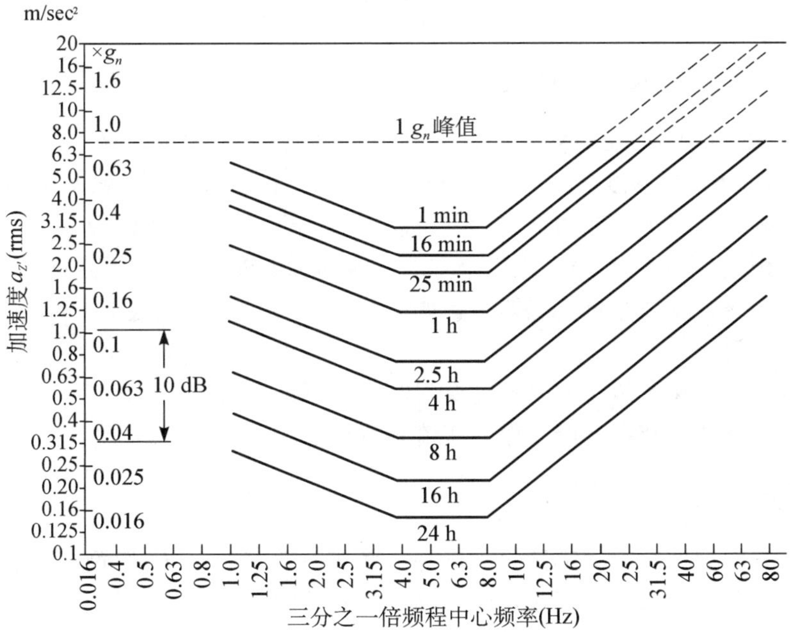

(a) 垂直振动

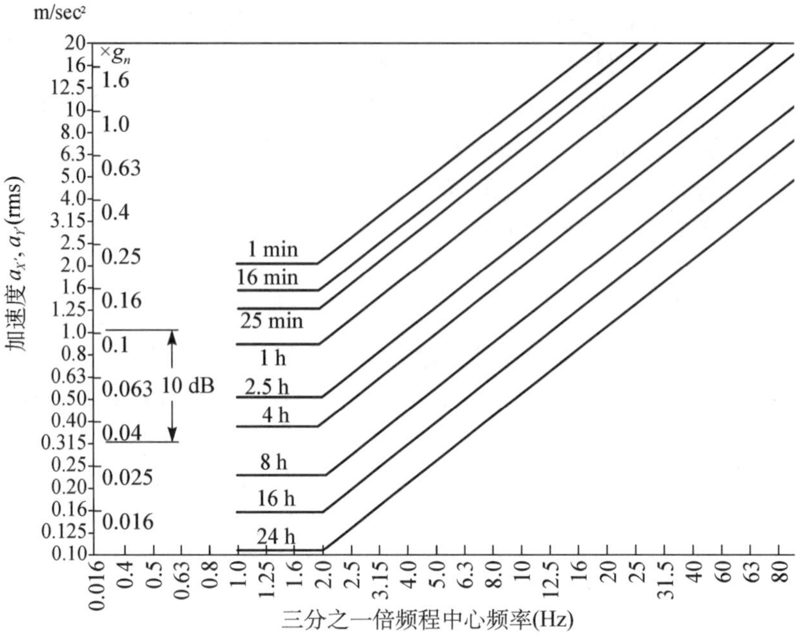

(b)水平振动

图 17-1　疲劳-降低工作效率界限

17.1.2　实际行驶中人体加速度测量

对于 M 类车辆,加速度传感器安装于驾驶员同侧最后排座垫上方、座椅靠背及脚部地板上;对于 N 类车辆,加速度传感器安装于驾驶员座垫上方、座椅靠背、脚部地板、车厢地板中心以及与驾驶员同侧距车厢边板、车厢后板各 300 mm 处的车厢地板上。座垫上方、座椅靠背及脚部地板上需测量 X、Y、Z 三个方向的振动加速度,车厢地板处只需测量 Z 向振动加速度。座垫上方及座椅靠背传感器布置如图 17-2 所示,脚部地板上的传感器布置在驾驶员或乘员两脚中间。

座垫上方三向加速度传感器安装在专门制作的标准座垫中,如图 17-3 所示。座椅靠背处三向加速度传感器安装在专门制作的座椅靠背垫盘中,如图 17-4 所示。

17.1.3　试验方法

针对特定车的设计原则确定试验用良好路面或一般路面,良好路面试验车速为 40 km/h 至最好设计车速(不超过试验路面规定的最高车速),选取每隔 10 km/h 或 20 km/h 的车速作为试验车速。对于一般路面上的试验,M 类车辆试验车速取 40 km/h、50 km/h、60 km/h、70 km/h;N 类车辆试验车速取 30 km/h、40 km/h、50 km/h、60 km/h。试验时匀速行驶通过试验路段。

17.1.4　平顺性评价方法

对于乘员(驾驶员)人体及脚部地板处的振动用各方向的加权加速度均方根值来评价。

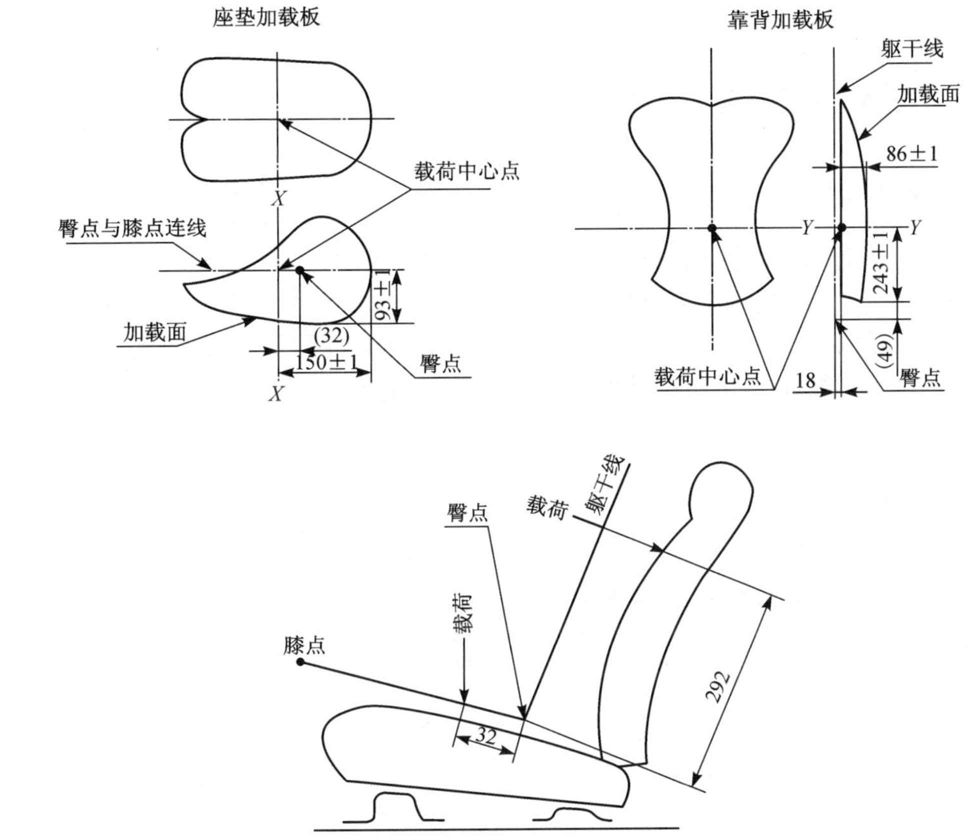

图 17-2　座垫上方及座椅靠背传感器布置位置(mm)

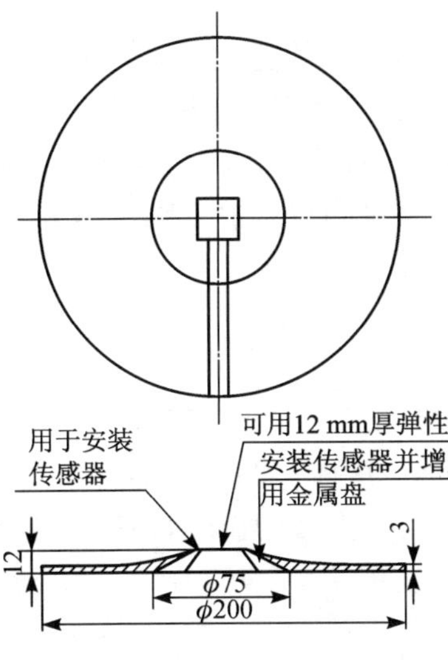

图 17-3　座垫垫盘结构图(mm)

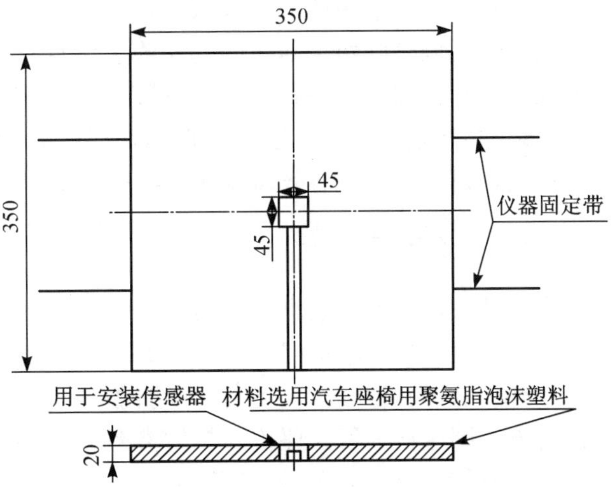

图 17-4　座椅靠背垫盘结构图(mm)

研究振动对人体舒适性感觉的影响时,采用人体及脚部地板处综合总加权加速度均方根值来评价。货车车厢的振动用加速度均方根值评价。具体计算方法参考《汽车平顺性试验方法》(GB/T 4970)。

17.2 平顺性脉冲输入行驶试验

17.2.1 试验目的

汽车在公路上行驶时,有时会遇到障碍物,如石块、土堆、凹坑、铺装在路面上的管道及横穿公路的铁轨等,这些障碍物使路面对汽车的振动输入突然增大很多,通常称之为脉冲输入。脉冲输入虽然出现次数少、作用时间极短,但是立刻会使乘员感到不舒服,严重时会损害乘员的健康(或者使运输的货物遭到损坏)。脉冲输入行驶试验正是研究汽车振动的这一极端工况。

17.2.2 试验方法

平顺性脉冲输入行驶试验通常采用两种形状的单凸块作为脉冲输入:长坡形和三角形,如图 17-5 所示。亦可利用道路上的减速带,它可使前后轮都能受到脉冲激励,同时重复性较好。

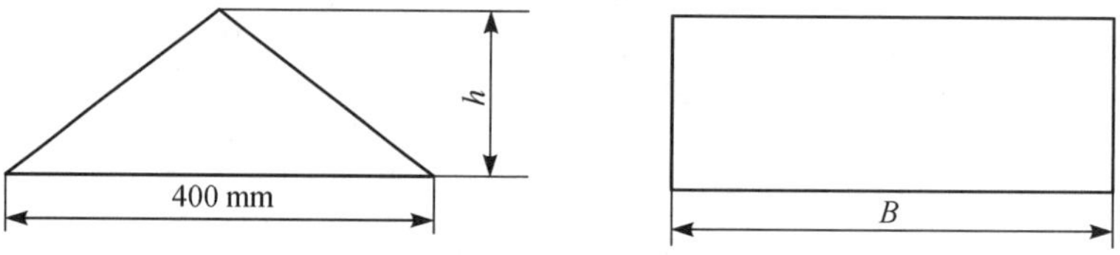

图 17-5 脉冲输入行驶试验凸块

图中:$h=40$ mm;B 按需要而定,必须大于轮宽。

传感器布置与平顺性随机输入行驶试验布置一致,试验时将凸块放置在试验道路中间,并按汽车轮距调整好两个凸块间的距离。为保证汽车左右车轮同时驶过凸块,应将两个凸块放在与汽车行驶方向垂直的一条直线上。汽车以规定的车速匀速驶过凸块,在通过凸块前 50 m 稳住车速。当汽车前轮接近凸块时开始记录,待汽车驶过凸块且冲击响应消失后,停止记录。每种车速的有效试验次数不少于 5 次。

17.2.3 评价方法

当振动波形峰值系数小于 9 时,脉冲输入行驶试验采用基本评价方法,即用座垫上方、座椅靠背、乘员(或驾驶员)脚部地板和车厢地板最大(绝对)加速度响应与车速的关系来评价;当峰值系数大于 9 时,采用基本评价方法不能完全描述振动对人体的影响,还应采用辅助评价方法即振动剂量来评价。具体参考《汽车平顺性试验方法》(GB/T 4970)。

17.2.4 试验案例

为考核某车新款悬架与老款悬架及对标车的平顺性,对三辆车分别进行平顺性脉冲输入行驶试验。

1. 试验方法

如图 17-6 所示，振动加速度传感器分别布置在驾驶员座椅和后排座椅上（只测 Z 向振动），第三排座椅左、右侧以及后排地板上（单向加速度传感器，测 Z 向），以及转向盘上（三向加速度传感器，只测 Z 向振动）。

试验时，试验车以 20 km/h、30 km/h、40 km/h、50 km/h 和 60 km/h 的车速匀速驶过脉冲块。在汽车通过脉冲块前 20 m 稳住车速，并用测速装置测量车速。当汽车前轮接近脉冲块时开始记录，待汽车驶过脉冲块并冲击响应消失后，停止记录。

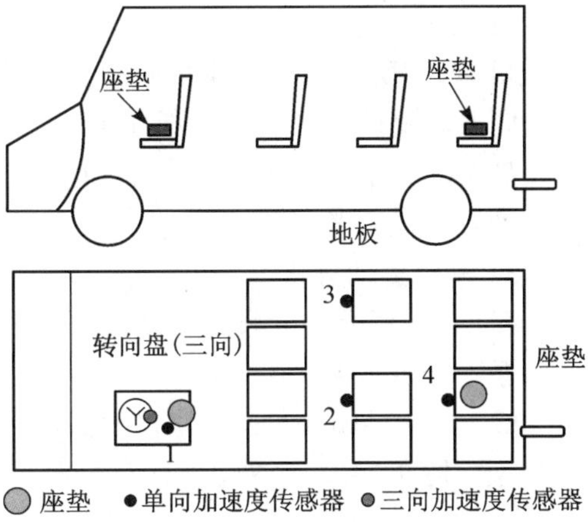

图 17-6　振动加速度传感器分布

2. 试验结果分析

1）地板振动分析

图 17-7 所示为平顺性脉冲输入下的三款车型地板振动分析结果。由分析可知：

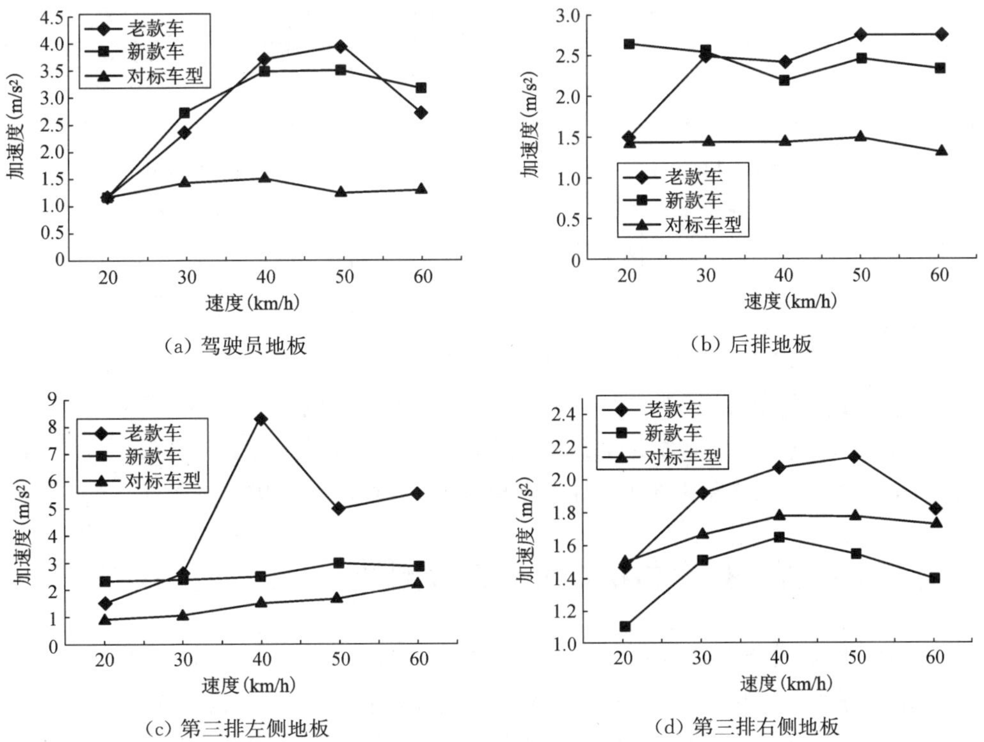

图 17-7　地板振动结果分析

（1）驾驶员座椅下地板，第三排左侧地板和后排地板，新款车的振动大于对标车型，除个别工况外，新款车悬架优于老款车。

（2）第三排右侧地板，新款车的振动优于对标车型，新款车悬架明显优于老款车。

2) 转向盘振动分析

图 17-8 所示为平顺性脉冲输入下的转向盘垂向振动测试结果。由分析可知:新款车的转向盘振动大于对标车型。除个别工况外,新款车悬架略优于老款车。

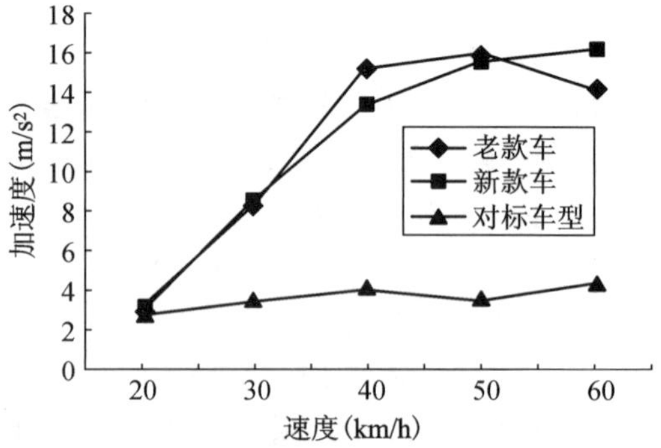

图 17-8 转向盘振动结果分析

3) 座椅振动分析

图 17-9 所示为平顺性脉冲输入下的座椅垂向振动分析结果。由分析可知:

(1) 除 20 km/h 外,新款车的振动大于对标车型。除 60 km/h 外,新款车悬架优于老款车。

(2) 后排座椅,新款车的振动优于对标车型,新款车悬架优于老款车。

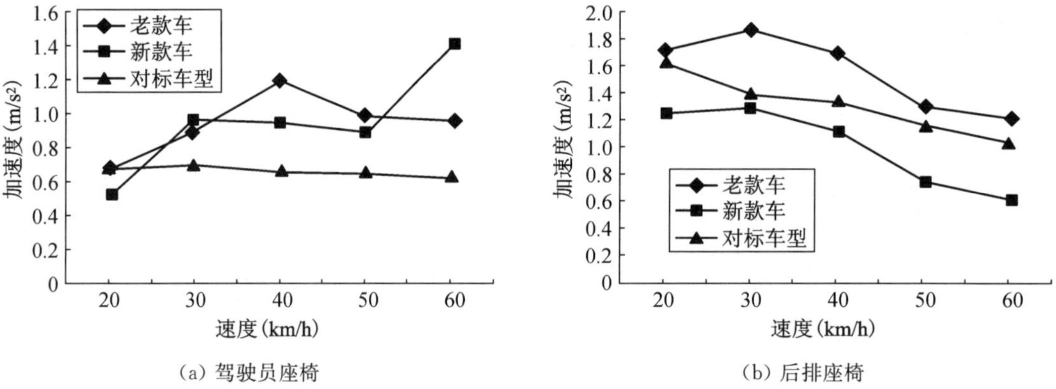

图 17-9 座椅振动结果分析

3. 试验总结

(1) 转向盘振动:新款车大于对标车型,最大相差约 10 m/s^2(60 km/h),新老两款车的悬架对转向盘振动的影响相差不大。

(2) 座椅振动:驾驶员座椅振动,新款车振动比对标车型大,最高相差 0.6 m/s^2 左右,除个别工况外,新款车悬架优于老款车;后排座椅振动,新款车悬架优于老款车。

17.3 悬架系统固有频率与相对阻尼系数测量

悬架系统的固有频率(偏频)和相对阻尼系数(阻尼比)是悬架系统设计中的两个主要参数,其中车轮部分的固有频率是表征非簧载质量振动特性的重要参数。通过试验测定上述参数可以用来分析新设计或改进汽车的平顺性,探索产生平顺性问题的原因,并找出结构参数对平顺性的影响。

17.3.1 试验方法

测试时,首先使汽车的悬架系统产生自由振动,然后记录车身和车轮两部分的振动曲线，最后根据振动曲线计算出悬架系统的固有频率与相对阻尼系数。

《汽车悬挂系统的固有频率和阻尼比测定方法》(GB 4783)给出了三种方法使汽车悬架系统产生自由衰减振动，即滚下法、抛下法及拉下法。具体试验时选取的拉下位移量、支起高度或凸块高度的选择要保证悬架在压缩行程时既不碰撞限位块，又要保证振动幅值足够大，与实际使用情况比较接近。

17.3.2　数据处理方法

1. 时域分析

根据数据采集仪记录的车身及车轮上自由衰减振动时间曲线，读出相邻峰值的时间间隔，从而可以计算出各自的固有频率，如图 17-10 所示。

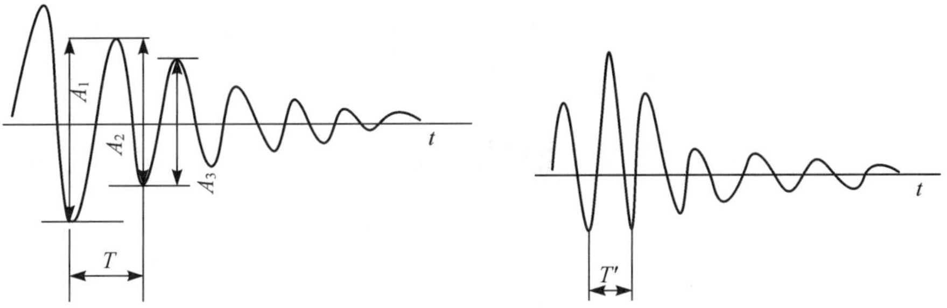

(a) 车身部分　　(b) 车轮部分

图 17-10　车身与车轮的自由衰减振动曲线

利用试验获得的自由衰减振动曲线计算振动衰减率：

$$\tau = A_1/A_2 \tag{17-1}$$

式中：A_1 为第二个峰至第三个峰的峰-峰值；A_2 为第三个峰至第四个峰的峰-峰值。可根据下式计算阻尼比：

$$\varphi = \frac{1}{\sqrt{1+\pi^2/\ln\tau}} \tag{17-2}$$

当阻尼小时，A_2 与 A_1 相比没有明显减小，可以按下式先求出衰减率：

$$\tau' = A_1/A_3 \tag{17-3}$$

式中，A_3 为第四个峰至第五个峰的峰-峰值。然后计算阻尼比：

$$\varphi = \frac{1}{\sqrt{1+\pi^2/\ln\tau'}} \tag{17-4}$$

2. 频率分析方法

使用频率分析法进行数据分析时，首先对车身及车轮的加速度信号进行傅里叶变换，分别求其自功率谱密度函数，其峰值频率即固有频率，如图 17-11 所示。分析时采用 20 Hz 低通滤波，频率分辨率为 0.05 Hz。

以车轮加速度为输入，车身加速度为输出，得到悬架系统的频率响应函数，其幅频特性的峰值频率略高于车身的固有频率,如图 17-12 所示。

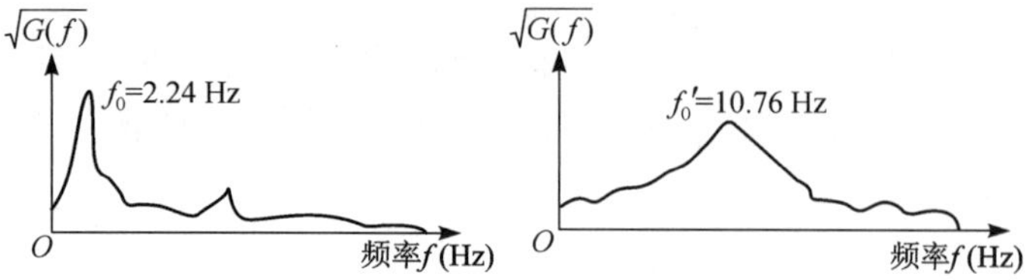

(a) 车身部分　　(b) 车轮部分

图 17-11　加速度均方根值谱

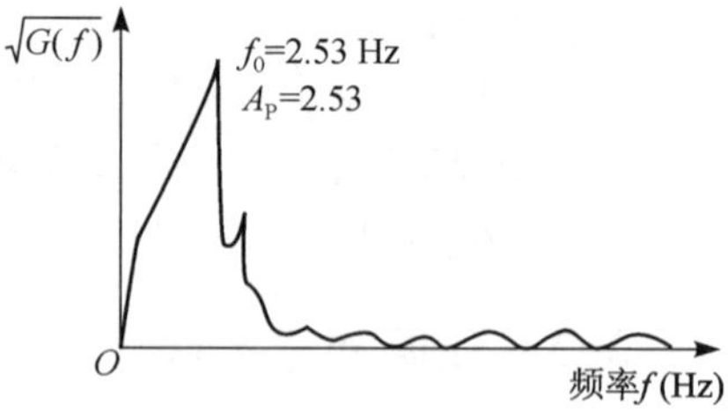

图 17-12　幅频特性曲线

进一步利用幅频特性曲线的峰值 A_p 可近似求出阻尼比:

$$\varphi = \frac{1}{2\sqrt{A_p^2 - 1}} \tag{17-5}$$

习　题

1. 平顺性有哪些试验内容?
2. 如何进行一次平顺性试验?

第 18 章

汽车可靠性与耐久性试验

可靠性与耐久性均是汽车的最重要性能之一,它是用户最为关心的性能。可靠性差,会直接影响产品销售。可靠性与汽车设计技术、全面质量管理、原材料和协作件质量的控制等密切相关。汽车可靠性与耐久性试验是汽车产品定型和质量考核过程中的重要环节之一,在汽车开发试验过程中具有十分重要的地位。

汽车可靠性是指汽车产品在规定的条件下和规定的时间内完成规定功能的能力。汽车可靠性试验的目的是通过试验了解整车及其各系统的关系,了解总成、零部件的失效情况,获得可靠性数据、资料,从而对汽车产品的可靠性进行预测、验证及改进。汽车可靠性评价指标为平均首次故障里程(时间)、平均故障间隔里程(时间)、当量故障数(率)、有效度等。我国已有规范《汽车可靠性行驶试验方法》(GB/T 12678)指导汽车可靠性试验。

汽车耐久性是指汽车在规定的使用和维修条件下,其产品使用性能能够维持多久的一种度量,即是产品的寿命的一种度量。产品的耐久性是渐变性失效(如疲劳破坏)。汽车耐久性试验的目的是验证汽车在各种使用环境中能否长时间、长距离地保持要求的功能和性能。汽车耐久性评价指标为耐久性损坏,即定义了汽车产品的使用寿命。我国已有规范《汽车耐久性行驶试验方法》(GB/T 12679)指导汽车耐久性试验。

汽车可靠性与耐久性既有区别又无明显的界限,一般情况下,可靠性方面的问题大部分可在较短的里程内发现,而以后往往是重复已经出现的问题,尤其是采用快速强化试验方法的情况下,试验周期将大为缩短,而耐久性试验需要较长的里程和时间。

由于汽车使用地域的道路状况、气候条件等存在较大差异,且在使用过程中承受各种各样的机械载荷(如力、应力、压力和加速度)以及环境载荷(如温度、湿度和气压等)的共同作用,因而汽车可靠性与耐久性试验必须考虑到各种道路条件及气候环境条件的影响。

18.1 汽车可靠性与耐久性试验方法

18.1.1 道路实车试验

1. 试验方法

在实际道路或者事先筛选的公共路(如山路、乡村公路、高速公路、国道、省道等)和典型气候环境(如高温、温热、高寒、高原等)条件下,重现整个设计寿命周期内的疲劳损伤。试验过程中记录用户实际的用车情况,观察并记录结构件的损坏情况。

2. 特点

试验条件简单,成本低,载荷合理(即实际用车过程中车辆所受载荷),能最真实地反映汽车的疲劳特性,但试验周期过长,往往需要数年甚至十几年的时间。

18.1.2　试验场试验

1. 试验场简介

汽车试验场也称试车场，是进行汽车整车道路试验的场所。为满足汽车实际行驶要求，汽车试验场的主要试验设施是集中修筑的各种各样的试验道路，包括汽车能持续高速行驶的高速环形道路、可造成汽车强烈颠簸的凹凸不平道路，以及易滑道、陡坡、转向广场等，给汽车试验提供稳定的路面试验条件。汽车试验场的规模有大有小，试验道路的品种和长短也不尽相同。

2. 汽车试验场功用

汽车试验场是一种专门设计的场地，用于模拟和重现汽车在实际使用中可能遇到的各种道路条件和使用场景。这些试验道路是对实际道路的集中、浓缩和典型化，同时保持了道路特征的真实性。在汽车试验场进行试验具有以下优势：

(1) 试验场内的试验条件通常比试验室或一般行驶条件下的试验更为严格，能够更准确地评估汽车的性能。

(2) 试验场提供了一种科学的方法来测试汽车的各种性能，包括强度、可靠性、制动、操纵稳定性等。

(3) 通过强化设计，试验场可以缩短试验周期，加快测试进程。

(4) 试验场模拟了实际道路条件，使得试验结果更加贴近实际情况。

(5) 在试验场内进行试验更为安全，不受外界道路交通的干扰。

(6) 试验场内设有各种专用道路，用于进行特殊条件下的试验，如高速行驶、制动测试、操纵稳定性测试等。

3. 汽车试验场的类型

按试验场的功能分类，可分为综合性试验场、特殊地区车辆试验场、汽车厂专用试验场和军用试验场。综合性试验场内有各种试验道路、专门性试验设施和大型专门试验室，多用作车辆性能检查、鉴定、研究和样本分析；特殊地区车辆试验场是利用自然地区条件(如寒带、热带、沙漠干热地区等)建立的，用于测试车辆在这些特殊环境下的性能表现；汽车厂专用试验场主要以测试车辆速度为主，跑道为混凝土或沥青路面，两端有转回弯道，故又称哑铃式跑道；军用汽车试验场专门用于越野车、军用车和其他军用特种车辆性能试验研究与鉴定。

按试验场的规模分类，可分为大型试验场和中、小型试验场。大型试验场面积在 10 km^2 以上，试验道路总长度超过 100 km，种类齐全，多属于综合性试验场；中、小型试验场中的综合性试验场由于受到面积所限，布置上比较紧凑。

我国已经建成并投入使用的试车场有东风襄阳试车场、海南琼海试车场、定远试车场和交通部北京通州试车场、上汽大众安亭试车场、一汽农安试车场、长安垫江试车场、上海通用广德试车场等。这些试车场在中国汽车产业中发挥着重要的作用。图 18-1 所示为襄阳试车场平面示意图。试验场典型强化试验路面如图 18-2 所示。

4. 试验场基本组成

1) 性能试验路

(1) 高速环形跑道：是为汽车在高速度情况下持续行驶的道路，用以考核整车高速行驶

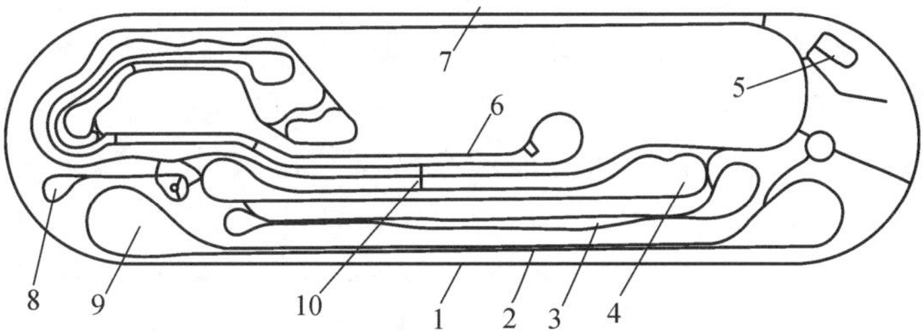

图 18-1　襄阳试车场平面示意图

1—高速环道；2—综合性能路；3—1 号综合路；4—比利时路；5—标准坡道；6—2 号综合路；7—2 号环道；8—灰尘河；9—圆广场；10—溅水池

图 18-2　试验场典型强化试验路面

性能，发动机、传动系统、悬架、轮胎的润滑发热情况，以及零部件的可靠性。高速环形跑道一般都建成椭圆形或圆形，周长通常为 4～8 km，宽度一般为 12～18 m(3～5 条车道)，路面多采用混凝土路面。允许行车速度为汽车所能达到的最高车速。

(2) 高速直线跑道：主要用来进行汽车的动力性能、指定性能和燃料经济性能等各种基本性能试验。高速直线跑道一般长 2 500～4 000 m、宽 8～18 m，纵向坡度接近于 0°，个别跑道还是按照地球曲率建造的，车速可达 200 km/h。跑道两端有回转弯道，其过渡区段要有足够的长度，以便汽车高速行驶情况下制动器失灵时，可使汽车的行驶速度逐渐降至一定数值。

(3) 爬坡试验路：用来测定汽车最大爬坡能力，确定在各种坡度的坡道上的最佳传动比，可达到的最高车速等。这种试验坡道的坡度范围为 15%～60%，大致可分为 15%、20%、30%、45%和 60%等几级。

2）强度耐久性试验路(也可用于平顺性研究)

(1) 比利时路:它源于比利时的石砌路,作为典型坏路的代表而命名,用花岗岩石块砌成的典型凹凸坏路。供汽车试验的路长 1 000～2 000 m,宽约 4 m。

(2) 搓板路和长波形路:搓板路呈波浪式高低不平形状,用混凝土建造,一般长 600～800 m,波距多为 750 mm,波峰高约 25 mm,左右凸起相互对应或相互交错地排列。长波形路多呈正弦曲线形,其波长一般为 10 m,波峰高为 50 mm,两侧波形可相互对立、相互交错。

(3) 连续凸起路:凸起部分有圆拱形、棱锥体形、平行六面体或枕木形,其高度和形状各不相同。有的试验场采用凹凸沟槽、洼坑。

(4) 扭曲试验路:这种路段左右交替地凸起凹下呈高低不平扭曲状,其凹凸不平的高度和间距也各不相同。汽车在这种跑道上行驶,其承载系统发生扭曲,前后轴交叉地倾斜,车身摇动和变形,车轴内的差速器频繁地工作。

3）操纵稳定性试验路

(1) 转向试验圆场:这种圆场用于测定汽车转向特性、转向半径和转向轻便性,直径为 30～100 m 不等,一般能进行最大车辆 8 字形转向轻便性试验。

(2) 侧滑试验圆场:这种圆场用于进行汽车侧滑试验,直径较大,为 100～150 m,装有连续洒水装置能使场地在试验时保持一定厚度的水膜。

(3) 横向风路:这种路段用于试验高速行驶的汽车在突遇横向风时,其运动特性是如何变化的。横向风路段是试验场某直线跑道中的一段,在该路段的一侧相隔几十米安装横向送风装置,以模拟汽车在行驶时所遇到的横向阵风。

4）其他设施

(1) 浅水池:水池一般深 100～150 mm,用于模拟汽车通过水洼路的情况。试验时,汽车高速通过浅水池,以检查水在发动机罩上的溅落情况和水对电气设备及其他部件工作情况的影响。

(2) 深水池:水池一般深 1～2 m,水深可以调节,用于检查水对制动器效率的影响、车身防水性、汽车总成和发动机进、排气系统的工作情况以及非浮动车辆的飘浮特性等。

(3) 盐水池:这种水池是放有氯化钠和氯化钙的小型水池,可以用于进行汽车零部件快速腐蚀试验。

(4) 外围试验设备:装车试验设备、障碍物、牵引装置(为测试车辆提供一定的车速)、摄影装置与照明;翻落试验设备为陡峭斜面;电波干扰设备可以提供各类频率和功率不同的电磁波;阳光老化设备则是利用强烈的阳光进行暴晒。

5）场外限定路段试验

除了场内试验路段外,试验场还指定场外特殊路段作为耐久性试验的补充,如场外高速公路、场外山区急弯路、场外越野路等。

为了配合车辆及其部件的试验研究工作,场内还设有必要的辅助建筑和设施,如调度塔、气象观测台、车库、油库、保修车间、供水供电设备以及场内通信设备。

18.1.3 耐久性室内台架试验

汽车强度和耐久性试验即使在汽车试验场里进行,也需要较长的周期,一般持续几个月,成本较高。除此之外,试车场试验还受到了外界环境的制约,并且由于驾驶员的介入,试验的重复性较差。室内道路模拟试验的出现正好弥补了试车场的这些缺陷，它能够在试验台架上复现试车场或者实际道路的路况，来进行汽车的耐久性试验。其重复性好，且能实现对车辆或零部件的实时监控，及时发现问题。

目前，汽车制造公司和研究机构较多采用电-液伺服振动台，在室内模拟再现汽车或零部件在实际行驶中所遇到的各种复杂工况，用较短的时间完成汽车的耐久性试验。在对实际道路-汽车试车场-室内台架模拟进行过耐久性当量的分析后，可以得出在实际道路行驶 10 万 km，相当于在某试车场里行驶 2 万 km，而对应于其实验室的台架试验，只需进行 180 h 试验。这样大大缩短了汽车开发的周期，节省了人力物力，因此，道路室内模拟试验目前已被广泛地应用于汽车行业。

1. 电-液伺服振动台的组成及工作原理

电-液伺服振动台由电-液伺服阀、加载油缸、液压油泵站、控制系统及其附属设备组成，如图 18-3 所示。

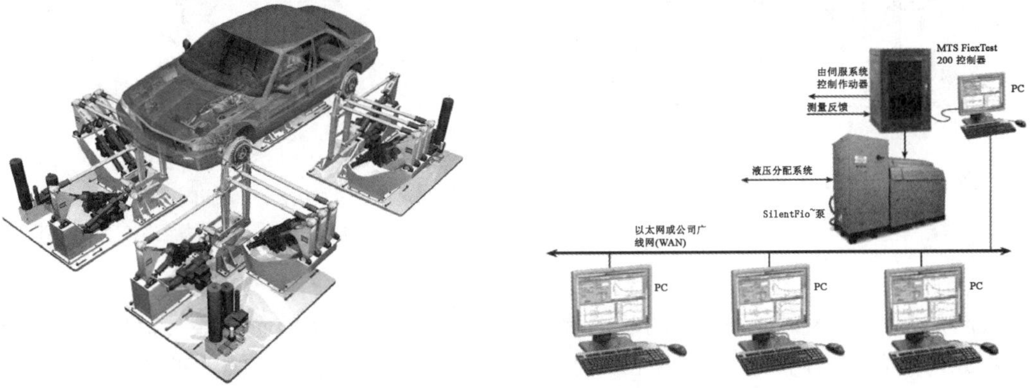

图 18-3　电-液伺服振动台

1）电-液伺服阀

电-液伺服阀是加载系统的心脏，它将控制系统发出的电信号转换成液压能，控制加载油缸工作，其结构如图 18-4 所示。它由磁钢、永磁体、衔铁、线圈、喷嘴、挡板、滑阀、壳体组成。阀体上有五个油路，两个与进油管路相连，两个出油管路与加载油缸的两个腔室相连，中间一个与回油管路相连。

在工作过程中，当工作电流通过线圈时，衔铁在磁场的作用下带动挡板摆动。如果控制电流的方向使挡板向左摆动，它将靠近喷嘴的左侧而远离喷嘴的右侧，导致喷嘴左侧的压力增加，而喷嘴右侧的压力减小。因此，滑阀向右移动，使得左边的进油管与加载油缸的左腔相通，回油管与加载油缸的右腔相通，活塞向右运动。如果信号电流的方向相反，伺服阀将使活塞向相反方向运动。如果信号电流的方向不断变化，活塞将来回往返运动，从而对被测体施加外载。

2）加载油缸

加载油缸是整个系统中的加载机构，它的工作是通过伺服阀将电量转化为液压能而实现的。加载油缸根据加载的要求分为两类：

(1) 往复式油缸：给被试物体直接加力。目前许多整车、零部件试验台都为此种形式，如图 18-5 所示。

(2) 旋转式油缸:给传动轴、变速器、扭杆、离合器等施加一交变扭矩。

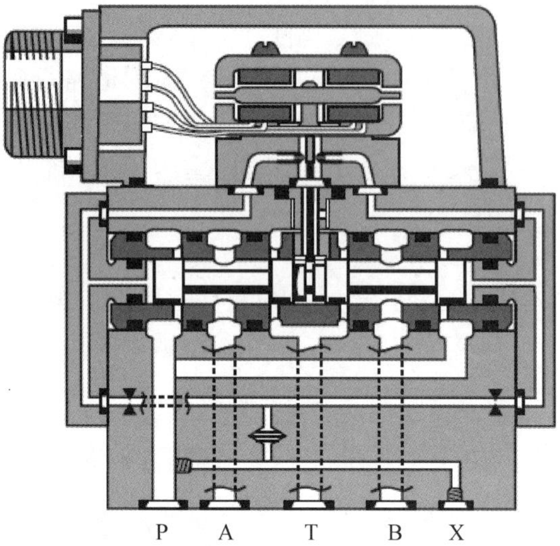

图 18-4　Moog G761 系列伺服阀

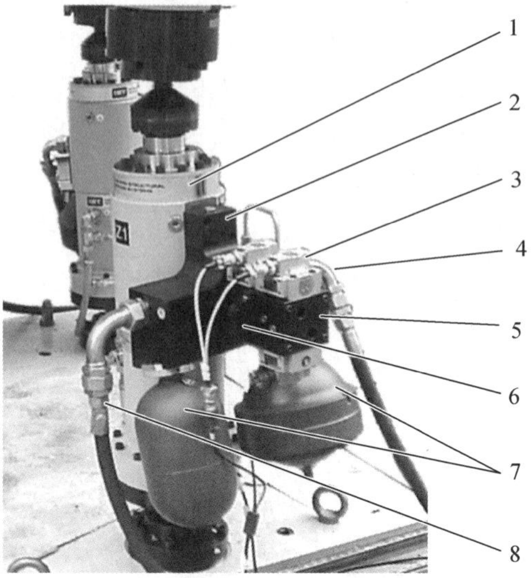

图 18-5　往复式油缸

1—油缸;2—伺服块;3—伺服阀;4—进油口;5—阀座;6—阻尼调节器;7—蓄能器;8—回油口

3) 液压油泵站

液压油泵站是整个加载系统的动力源。它一般由电机带动径向柱塞泵提供一个稳定的高压油源,并可对液压油进行过滤、冷却、压力调节等,以保证加载系统能长期连续地工作。

4) 控制系统

控制系统是加载的主要环节。由它提供控制信号给电-液伺服阀使系统按控制的要求进行工作。控制系统的控制模式根据不同的试验目的而有所不同。通常有以下几种模式:

(1) 一般控制模式:系统可提供正弦波、方波、锯齿波等以满足一般试验要求的加载波形。

(2) 动态特性激励模式:系统可提供阶跃、扫频、白噪声等作为研究被试系统动态特性时的输入激励,以便得到被试系统的响应。

(3) 程序加载模式:系统可根据试验要求的加载谱或累积频次图编制加载程序文件,对被试对象进行耐久性试验。

(4) 模拟加载模式:系统可根据道路载荷的要求,经过计算机进行建模、比较、迭代等运算实现室内试验台上的道路试验时间历程再现,即将实际试验道路时间历程“搬进”试验室。

18.2　整车台架道路模拟试验

18.2.1　试验目的

对某 SUV 汽车进行室内台架道路模拟试验,将其结果与实际 10 000 km 试验场强化道路可靠性行驶试验结果做对比。

18.2.2　试验依据

(1)《汽车道路试验方法通则》(GB/T 12534)。
(2)《机动车运行安全技术条件》(GB 7258)。
(3)《汽车技术状况行驶检查方法》(GB/T 12677)。
(4)《汽车质量(重量)参数测定方法》(GB/T 12674)。
(5)《轿车质量分布》(GB/T 5910)。

18.2.3　试验仪器设备

试验仪器设备如表 18-1 所示。

表 18-1　试验仪器设备

编号	仪器设备名称	数量	型号	编号	厂家
1	加速度传感器	8	ICP	1646443、1208668、1646447 等	BK
2	位移传感器	4	WDS-300-MP-C-P	1936、1937 等	Micro-Epsilon
3	数据采集系统	1	LMS SCADAS 305	45043301	LMS
4	数据采集软件	1	Test. lab 9A		LMS
5	四通道试验台	1	四通道整车道路模拟试验台		IST
6	热电偶温度监控设备	4	XMT8000		上海神崎自动化仪表有限公司
7	冷却风机	4	SF5-4		上海浪湾机电设备有限公司

18.2.4　道路载荷谱采集

1. 传感器布置

整车道路模拟试验车辆如图 18-6 所示。共布置 8 个加速度传感器，其中 4 个加速度传感器布置于各车轮轴头位置处，作为之后迭代时的目标信号。另外 4 个加速度传感器作为监测通道，布置于车身侧。为了更好地再现整车的运动姿态，在 4 个悬架处布置相应位移传感器，采集悬架跳动位移信号，并将其纳入迭代目标信号。

图 18-6　整车道路模拟试验车辆

2. 样车主要参数(表 18-2)

表 18-2 样车主要参数

序号	项目名称			单位	名义值	测量值
1	质量参数	整车质量		kg	1 485	1 513
		轴载质量	前轴	kg	825	856
			后轴	kg	660	657
		最大质量		kg	1 860	1 888
		轴载质量	前轴	kg	931	962
			后轴	kg	929	926
2	轮胎	压力	前(左/右)	kPa	220/220	220/200
			后(左/右)	kPa	220/220	220/220

3. 试验场道路载荷谱采集路线

采集路线及车速根据公司试验规范来确定，具体的试验采集道路有国内某试验场比利时路、共振路、路面接缝路、坑洼路、铁路交叉口、搓板路、长波路、蛇形卵石路、窨井盖路、石块路、砂石路、路拱交叉路、大路拱路以及反向坡道路等。

18.2.5 道路载荷谱编辑(采集数据分析处理)

1. 信号剪切、排序与拼接

根据道路采集时录制的音频说明对信号所对应的各种道路载荷路段进行识别，以保留有效的加速度及位移信号，剔除过渡路段等无用信号，随后根据试车场道路载荷谱采集时的采集路线进行排序拼接。

2. 信号滤波处理

由于通常道路采谱中路面的激励频率主要在 50 Hz 以下的范围内，因而对所得的信号进行低通滤波处理，保留 50 Hz 以下频率成分的信息。经信号处理后的目标信号如图 18-7 所示。

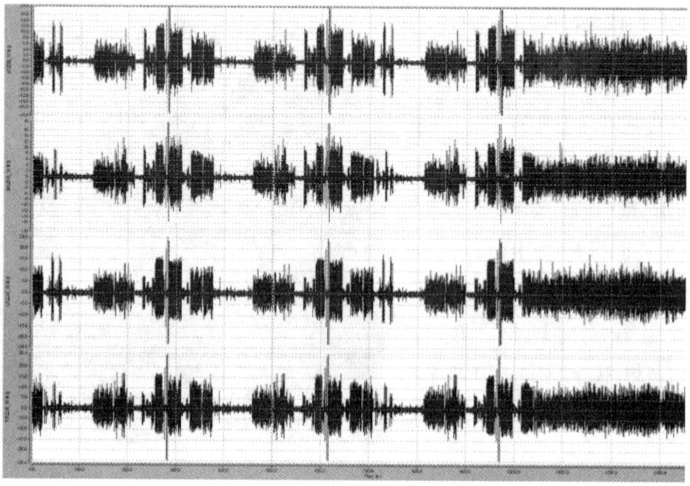

图 18-7 经信号处理后的目标信号

18. 2. 6　四通道台架道路模拟试验

1. 系统辨识

采用白粉红噪声对道路台架模拟系统进行系统辨识，从而得到 4 个油缸位移驱动信号与 4 个轴头速度信号及 4 个悬架跳动位移信号之间的频率响应函数矩阵，如图 18-8 所示。

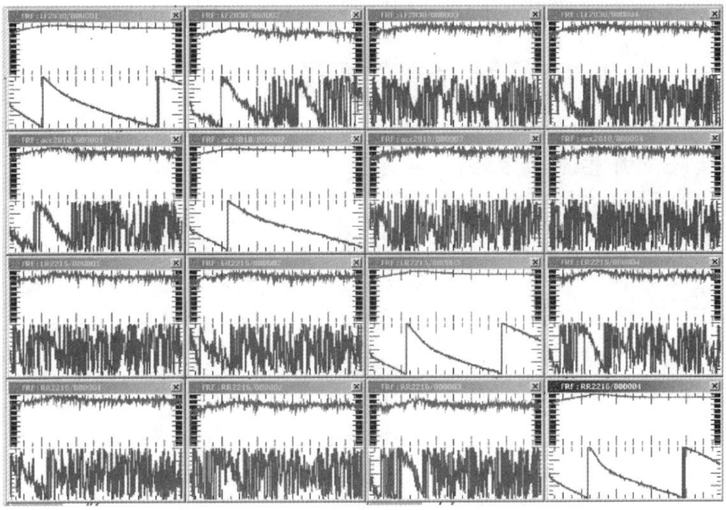

图 18-8　系统频率响应函数矩阵

2. 时域目标信号再现

将轴头处加速度信号和悬架跳动位移信号作为迭代目标，在试验台上通过迭代获得 4 个油缸（左前、右前、左后和右后）的位移驱动信号。

由于各路段信号的动态特性差异比较大，迭代中可采用分段迭代的方法，即根据之前数据处理中路段识别的结果，将加速信号进行分段，分别进行迭代获得其对应的 4 个油缸的位移驱动信号，最后进行拼接得到如图 18-9 所示驱动信号。

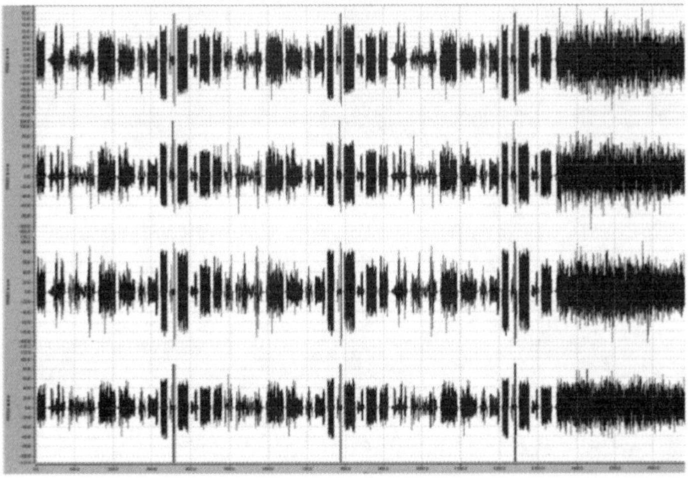

图 18-9　油缸驱动信号

3. 耐久程序试验

迭代完成后,即开始循环播放驱动信号,正式进行道路模拟耐久性试验。试验过程中使用冷却风机对各减振器进行吹风冷却,同时在各减振器上粘贴热电偶,从而在试验中对减振器温度实施监控,避免减振器工作温度过高。根据试验大纲要求,在试验台上进行道路模拟试验的循环次数等同于整车 10 000 km 强化路可靠性行驶试验的试验循环次数,总循环次数为 345 次。试验过程记录车辆相关信息,如减振器温度、失效部件及位置等信息。

习 题

1. 汽车耐久性试验有哪些测试方法?
2. 请简述道路模拟测试方法及原理。

第 19 章

汽车燃料经济性试验

汽车燃料经济性是指在保证动力性能的前提下,汽车以最少的燃料消耗量实现经济行驶的能力。这是汽车最主要、最基本的性能之一。燃料经济性常用一定运行工况下汽车行驶百公里的燃料消耗量,或一定燃料量能使汽车行驶的里程来衡量。

由于汽车使用工况极为复杂,且装载质量、测试距离、驾驶习惯、交通状况及车速等都会影响燃料消耗量。因此,汽车燃料经济性试验与动力性试验相比要复杂得多。根据试验时对各种因素的控制程度,可以分为以下四类:

(1) 不控制的道路试验。这种试验对行驶道路、交通状况、驾驶习惯和周围环境不做任何控制,属于一种将被试车辆投放到试验点(使用单位)进行的使用试验。

(2) 控制的道路试验。这种试验在维持行驶道路和交通状况等使用因素基本不变的情况下,进行燃料消耗量的测定。

(3) 道路上的循环试验。这种试验是完全按照编制好的车速-时间规范在道路上进行的试验。

(4) 底盘测功机上的循环试验。在底盘测功机上按照一定的工况循环进行试验,它能够严格控制试验条件,排除外界干扰,并能完成复杂的工况。

从燃料消耗量的具体测量方法来看,汽车燃料消耗量的测量有直接测量和间接测量。前者只需将油耗仪串接在发动机供油管路中,实时测出消耗的燃油量;后者则通过测量表征燃料消耗的特征参数,然后经计算得出消耗的燃油量,如碳平衡法。

我国现行汽车燃料经济性国标主要有《汽车燃料消耗量试验方法　第 1 部分:乘用车燃油消耗量试验方法》(GB/T 12545.1)、《商用车辆燃料消耗量试验方法》(GB/T 12545.2)、《轻型汽车燃料消耗量试验方法》(GB/T 19233)、《重型商用车辆燃料消耗量测量方法》(GB/T 27840)、《乘用车燃料消耗量限值》(GB 19578)。针对新能源汽车有关能耗测试标准有《电动汽车能量消耗量和续航里程试验方法　第 1 部分:轻型汽车》(GB/T 18386.1)、《电动汽车能量消耗量和续航里程试验方法　第 2 部分:重型商用车辆》(GB/T 18386.2)、《轻型混合动力电动汽车能量消耗量试验方法》(GB/T 19753)、《重型混合动力电动汽车消耗量试验方法》(GB/T 19784)、《电动汽车能量消耗率限制》(GB/T 36980)、《燃料电池电动汽车　氢气消耗量试验方法》(GB/T 35178)。

19.1　等速行驶燃料消耗量试验

等速行驶燃料消耗量试验是测量汽车以稳定的车速匀速行驶一定距离平直路段的燃料消耗,以得到各车速时的百公里油耗。试验既可在测功机上进行,也可在道路上进行。等速行驶燃料消耗量试验是测定汽车燃料消耗量的最基本的试验方法。该方法简便、易于操作、试验精度高,且受外部影响小(主要是驾驶操作影响)。

1. 道路试验方法

车辆试验质量、载荷分布及变速器挡位选择参考《汽车燃料消耗量试验方法　第 1 部分:乘用车燃油消耗量试验方法》(GB/T 12545.1)。

试验道路的长度应至少 2 km,可以是封闭的环形路(测量路程必须为完整的环形路),也可以是平直道路(试验在两个方向上进行)。道路应干燥,路面可有湿的痕迹,但不应有任何积水。应保证车辆按规定等速稳定行驶,其试验道路上任意两点之间的纵向坡度不应超过±2%。试验时平均风速小于 3 m/s,阵风不应超过 5 m/s。

在第一次测量之前,车辆应充分预热,并达到正常工作条件。在每次测量之前,车辆应在试验道路上以尽可能接近试验速度的速度行驶至少 5 km,以保持温度稳定。在测量燃料消耗量时,若速度变化超过±5 km/h,冷却液、机油和燃油的温度不应超过±3 ℃。

试验一般使用汽车的常用挡位,即直接挡。对于设有超速挡的汽车,应进行超速挡和次高挡两个挡位的等速行驶燃料消耗量的测定。最高挡位等速燃料消耗量试验车速一般是从 20 km/h 开始(当该车最低稳定车速高于 20 km/h 时,可从 30 km/h 开始),每增加 10 km/h 的车速定为一个试验车速,直到该挡最大车速的 90%时止。每个挡位至少测定 5 个试验车速。对每一车速下的试验,都使用燃油流量计测量通过 500 m 路段的燃料消耗量和行驶时间。同一车速应往返各进行 2 次。

2. 测功机试验方法

车辆的装载质量应与在道路上试验时相同。试验前检查车辆的纵向中心对称平面是否与一个或多个滚筒轴线垂直,且车辆的固定系统不应增加驱动轮的载荷。车辆一旦达到试验温度,就应以接近规定的试验速度在测功机上行驶足够长的距离,以便调节辅助冷却装置来保证车辆温度的稳定性。该阶段持续时间不应低于 5 min。按规定的试验质量和适当的试验速度设定测功机,以达到总的道路行驶阻力。试验时,速度变化幅度不大于 0.5 km/h,测量行驶距离不应少于 2 km。试验至少进行 4 次测量。

3. 燃料消耗量计算

(1) 采用重量法确定燃料消耗量 C

$$C=\frac{M}{DS_g}\times 100\ (\mathrm{L/100\ km}) \tag{19-1}$$

式中:M 为燃料消耗量测量值(kg);D 为试验期间的实际行驶距离(km);S_g 为标准温度(20 ℃)下的燃料密度(kg/dm^3)。

(2) 采用容积法确定燃料消耗量 C

$$C=\frac{V[1+\alpha(T_0-T_{\mathrm{F}})]}{D}\times 100\ (\mathrm{L/100\ km}) \tag{19-2}$$

式中:V 为燃料消耗量(体积)测量值(L);α 为燃料容积膨胀系数,燃料为汽油和柴油时,该系数为 0.001/℃;T_0 为标准温度 20 ℃(293 K);T_{F} 为燃料平均温度,即每次试验开始和结束时,在温度测量装置上读取的燃料温度的算术平均值;D 为试验期间的实际行驶距离(km)。

指定速度的燃料消耗量应根据前述取得的数据用线性回归法来计算。若试验在道路的两个方向上进行，应分别记录在每个方向上获得的值，为使置信度达到 95%，燃料消耗量的精度应达到±3%。为了得到此精度，可增加试验次数。

燃料消耗量精度计算如下：

$$
\text{精度} = \frac{K}{C} \cdot \frac{\sqrt{\sum (C_i - \hat{C}_i)}}{n-2} \cdot \sqrt{\frac{1}{n} + \frac{(v_{\text{ref}} - \bar{v})^2}{\sum (v_i - \bar{v})}} \times 100\% \tag{19-3}
$$

式中：C_i 为在速度 v_i 时测量的燃料消耗量(kg)；$\hat{C}_i$ 为在速度 v_i 时用线性回归法计算出的燃料消耗量(kg)；n 为测量次数；$\bar{v}$ 为 n 次试验的平均速度(km/h)；K 值由表 19-1 给出。

表 19-1　　K 值

n	4	5	6	7	8	9	10	12	14	16	18	20
K	4.30	3.18	2.78	2.57	2.45	2.37	2.31	2.23	2.18	2.15	2.12	2.10

在等速试验时，若试验环境条件变化超过 2 ℃或 0.7 kPa，应在确定燃料消耗量和试验精度之前，对在一定环境条件下确定的燃料消耗量值进行校正。

19.2　多工况燃料消耗量试验

车辆在实际行驶中的燃料消耗量是评价汽车燃料经济性的重要指标，它能够最真实地反映汽车的使用情况。然而，由于道路条件、环境条件以及驾驶习惯等多种因素的影响，实测的燃料消耗量往往存在重复性和可比性较差的问题。

为了解决这一矛盾，多工况燃料消耗试验应运而生。尽管汽车行驶工况复杂多变，但在特定的使用区域内，这些变化具有一定的统计特征。例如，城市交通通常流量大、速度低、频繁使用低速挡和换挡，停车次数也较多；相比之下，干线公路则车速较高、常用高速挡、换挡和停车次数较少。对于类型相同且使用环境相似的车辆，其行驶工况大致相同，因此可以通过大量试验，找出其行驶工况的特征，并制定出标准工况。

多工况燃料消耗量试验就是按照这些标准工况进行的，它不仅能够体现汽车的燃料经济性，还能确保试验结果具有良好的重复性和可比性。

我国目前实施的多工况燃料消耗量试验包括：适用于轿车和最大总质量小于 3 500 kg 的轻型货车的二十五工况燃料消耗试验、微型汽车的十工况燃料消耗量试验、最大总质量 3 500 kg 以上的载货车的六工况燃料消耗量试验，以及城市客车和双层客车的四工况燃料消耗量试验等。

在进行这些试验时，汽车应尽量使用高挡行驶。如果挡位无法满足工况要求，超出规定偏差，应降低一挡。在车辆进入可使用高挡行驶的等速行驶和减速行驶路段时，再换入高挡进行试验。换挡动作应迅速、平稳。在减速行驶过程中，应完全放松加速踏板，离合器仍保持接合状态。当试验车速降至 10 km/h 时，分离离合器，必要时，在减速工况中允许使用车辆制动器。试验车辆在多工况的终速度偏差为±3 km/h，其他各工况速度偏差为±1.5 km/h。在各种行驶工况改变过程中，允许车速的偏差大于规定值，但在任何条件下超过车速偏差的时间不得超过 1 s,即时间偏差为±1 s。

每次循环结束后,应记录通过循环试验的燃料消耗量和通过时间。完成一次试验后,车辆应迅速掉头,重复试验。试验往返各进行 2 次,取 4 次试验结果的算术平均值为多工况燃料消耗量的测定值。

由于多工况循环试验工况较多,道路试验受到许多因素的制约,因此常在底盘测功机上进行。例如,乘用车模拟城市工况循环燃料消耗量试验。多工况循环的燃料消耗量通常通过测量汽车排放物中的 CO_2、CO 和 HC 的排放量,利用碳平衡法来计算汽车燃料消耗量。对于商用车辆中的基本型车辆,要求采用底盘测功机法确定燃料消耗量;对于变型车辆,可由车辆生产企业选择采用模拟计算法或底盘测功机法确定燃料消耗量,具体可参考《重型商用车辆燃料消耗量测试方法》(GB/T 27840)。

19.3 直接挡全节气门加速燃料消耗量试验

直接挡全节气门加速燃料消耗量试验是检验汽车在大负荷工作时的动力性和燃料经济性的综合性试验,也是燃料消耗量试验的首做试验。本项试验结束后,进行其他燃料消耗量试验时,发动机不得进行任何调整。但是,可以根据本项试验结果判断其他试验项目有无进行试验的必要,以及是否需要对发动机进行调整。本项试验方法比较简单,只要能保证准确的初速度,基本能获得满意的试验结果。

试验路段长度 500 m,两端各需 50 m 长的预备路段。

试验时,汽车挂直接挡(没有直接挡的可挂最高挡)以(30±1)km/h 初速度通过 50 m 预备路段,当行驶到试验路段的起点时,节气门全开,加速行驶通过测试路段。与此同时,测量并记录通过测试路段的加速时间、燃料消耗量及汽车行驶到试验路段终点的速度。试验往返各进行 2 次,测得同方向加速时间的相对误差不得大于 5%,取 4 次加速时间测定结果的算术平均值作为加速时间的测定值。

测得的油耗值应按相关方法校正,如果 4 次试验后的燃油消耗量极限值与平均值之差超过 5%,则按上述规定继续试验,直到获得至少 5%的测量精度为止。

试验结果应符合该车技术条件的规定。对于轻型汽车,其技术条件规定试验路段为 400 m,可在试验数据中截取通过 400 m 长的一段数据进行处理。

19.4 限定条件下的平均使用燃料消耗量试验

限定条件下的平均使用燃料消耗量试验通常也称百公里油耗测定试验,是最原始的传统试验,汽车设计任务书和技术文件中多采用本项试验结果作为汽车燃料消耗量的评价指标。本项试验由于受使用条件如道路、环境、交通流量及气象等随机因素的影响,试验结果重复性较差、置信度低。另外,由于各制造厂选取的试验道路不可能相同,使试验结果的可比性也较差。但是,受传统习惯的影响,目前尚不能抛开本项试验。

本项试验也可以不进行,而利用等速行驶燃料消耗量试验数据和多工况燃料消耗量试验数据通过加权计算的方法得到其结果。

本项试验应在 3 级以上的平原干线公路上进行,试验路段长度不得小于 50 km。

试验时，在正常交通状况下尽可能保持匀速行驶，各类汽车的试验车速如下：

(1) 轿车的平均车速为(60±2)km/h。

(2) 铰接式客车的平均车速为(35±2)km/h。

(3) 其他车辆的平均车速为(50±2)km/h。

试验往返各进行 1 次，取 2 次测量结果的算术平均值作为限定条件下的平均使用燃料消耗量的测定值。

试验中要记录制动次数、各挡位使用次数、行驶时间及里程，并测定 50 km 单程的燃料消耗量，而后换算成百公里燃料消耗量。

习 题

1. 怎样评价汽车燃油经济性?
2. 请简述行业常用行驶工况。
3. 如何测量燃料实际消耗量?

第 20 章

被动安全性试验

汽车被动安全性研究主要探讨人体在碰撞中受伤的机制和人体对碰撞的耐受能力，目的是制定伤害评价标准，以在事故中最大限度地减少或减轻对人员的伤害。碰撞安全技术属于汽车被动安全领域，其目标是研究如何在事故中最大限度地保护车内乘员，确保乘员生存空间、减轻冲击力、防止火灾等。为了研究汽车在碰撞事故中的安全特性和乘员受伤情况，需要进行各种碰撞试验。

根据试验方法的不同，汽车碰撞试验可以分为实车碰撞试验、滑车模拟碰撞试验和台架试验。实车碰撞试验与真实事故情况最为接近，其结果最具说服力，是评价汽车碰撞安全性能的最基本方法。其他两类试验基于实车碰撞结果，模拟碰撞环境的零部件试验。与实车碰撞试验相比，零部件试验成本较低、试验条件稳定、验过程易于控制，适用于汽车安全部件的核心考核和开发过程中的阶段性验证试验。

根据试验目的的不同，汽车碰撞试验也可以分为三类：①法规强制性试验，如美国联邦机动车安全标准《乘员碰撞保护》(FMVSS 208)、《侧面碰撞乘员保护》(FMVSS 214)和欧洲经济委员会标准《正面碰撞乘员保护》(ECER 94)、《侧面碰撞乘员保护》(ECER 95)的侧面碰撞试验。我国现行国标有《乘用车正面碰撞的乘员保护》(GB 11551)、《汽车侧面碰撞的乘员保护》(GB 20071)和《乘用车后碰撞燃油系统安全要求》(GB 20072)；②汽车制造厂自己制定的碰撞试验方法，主要用于提出改善汽车碰撞安全性的新措施，以及安全气囊控制单元的设定等；③为消费者提供信息的试验，主要指新车评价规程 NCAP 试验，定期将市场上出现的新车进行碰撞试验，其规定的碰撞速度高于国家强制执行的标准，并在更严格的碰撞环境下评价车内乘员的伤害程度，评价结果向社会公布。

20.1 碰撞试验设备及测量系统

20.1.1 碰撞试验设备

实车碰撞是一种瞬间发生的强烈撞击，这种试验具有破坏性，且无法重复进行。因此，试验设备必须能够精确地执行预先设定的碰撞任务，同时，各种测量仪器也需要能够准确记录车辆和乘员在碰撞过程中的运动状态、破坏形式以及与伤害相关的动力学响应。由于碰撞过程存在一定的不确定性，因此需要确保碰撞区域足够大，以防止在碰撞过程中车辆与其他设施发生意外碰撞。如图 20-1 所示，一个较为完善的实车碰撞试验室应该包括碰撞区、牵引系统、浸车环境室、照明系统、假人标定室、测量分析室以及车辆翻转台等设施。

1. 固定壁障

在正面碰撞试验中，碰撞区域通常设有固定壁障。根据 SAE J850 的建议，固定壁障的

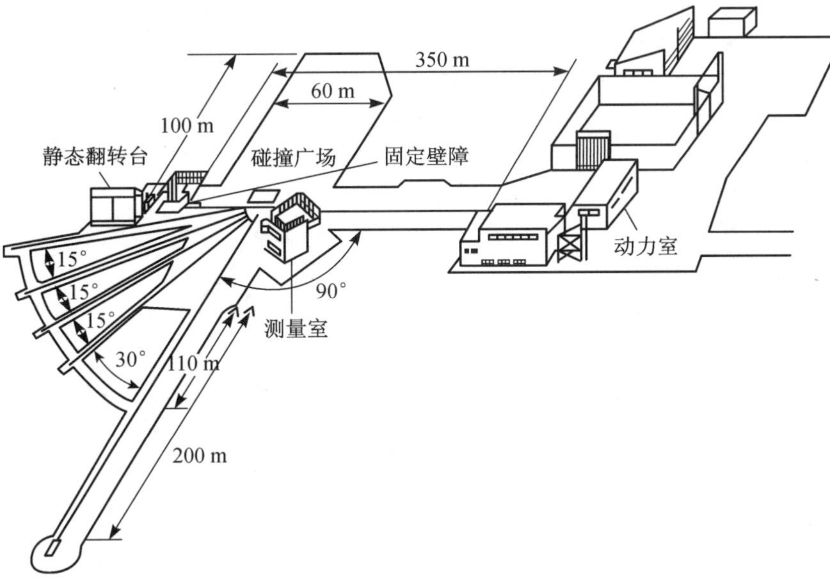

图 20-1　某实车碰撞试验室

表面宽度应至少为 3 m，高度至少为 1.5 m。壁障表面需要垂直于壁障前的路面，并覆盖一层 19 mm 厚的胶合板。此外，壁障的尺寸和结构应足够坚固，以限制其表面变形量小于车辆永久变形量的 1%。大多数实验室的固定壁障采用固定的混凝土结构，但也有一些实验室为了能够在场地进行其他类型的碰撞试验，将固定壁障设计成可移动的结构。在固定壁障前方，一般会设置一个摄影地坑，地坑内会配备照明系统和高速摄影机，以便从地坑内进行拍摄。为了提高被摄影部件的分辨性，试验前可以对车辆底部的动力总成、水箱、前纵梁等对碰撞性能影响较大的部件喷涂不同颜色并贴上标志点，以了解碰撞过程中车辆前端结构内部的变形、运动状态和接触状况。

2. 移动壁障

侧面碰撞和追尾碰撞试验通常使用移动壁障来撞击停放在碰撞区域中的试验车辆。移动壁障的形状和结构如图 20-2 所示。移动壁障的质量和碰撞表面结构会根据不同的试验要求进行调整。根据 FMVSS 208 的规定，用于追尾和侧面碰撞的移动壁障的质量应为 1 814.4 kg，碰撞表面应为刚性平面。这种移动壁障也用于 FMVSS 301 中的侧面和追尾碰撞后的燃油泄漏试验。此外，FMVSS 301 中还定义了一种刚性仿形壁障。

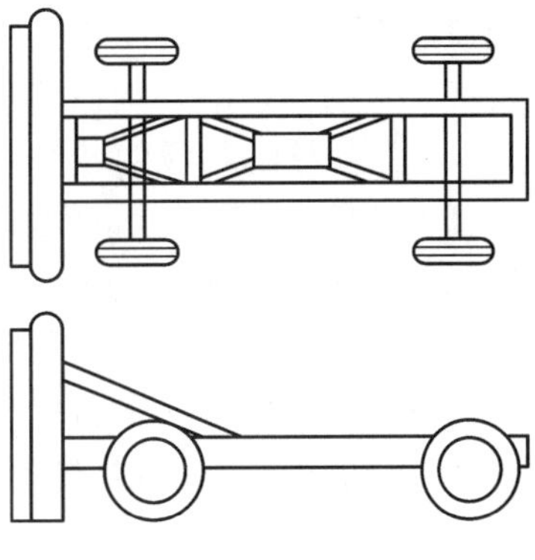

图 20-2　移动壁障

FMVSS 214 和 ECE R95 中规定的侧面碰撞试验移动壁障，设计用来代表一辆“平均的标准车”。这种移动壁障的质量被设定为反映特定地区使用的车辆的平均质量。此外，移动壁障的前端采用蜂窝状铝材制造，这种结构能够吸收碰撞能量，并用于模拟该地区车辆前端在碰撞情况下的平均刚度。这样的设计使得侧面碰撞试验能够更准确地反映实际交通环境中可能发生的碰撞情况,从而评估车辆在侧碰中的安全性。

3. 车辆静态翻转试验装置

FMVSS 301规定:碰撞试验后分别测量0°、90°、180°和270°各个位置的燃油泄漏,如图20-3所示。为此,应在碰撞区附近建造静态翻转试验台,以便对碰撞后试验车及时进行燃油泄漏试验。

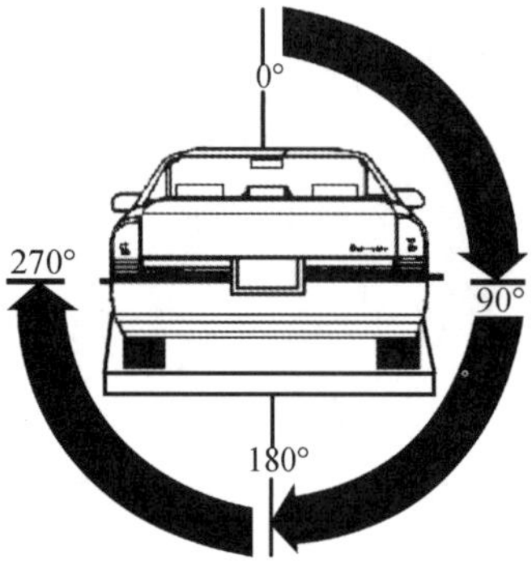

图20-3 车辆静态翻转试验装置

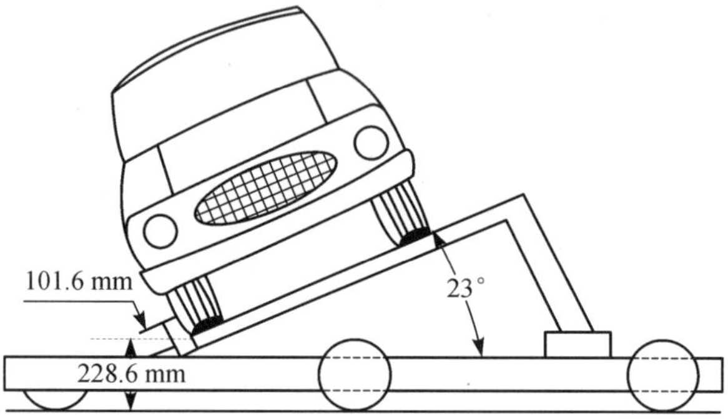

图20-4 车辆动态翻滚试验装置

4. 车辆动态翻滚试验装置

将试验车放置在一个倾斜角为23°的平台上,如图20-4所示。平台以48.3 km/h的速度运动,到达动态翻滚区后,平台与安装在地面上的冲击缓冲器碰撞,使试验车脱离平台,产生动态翻滚。

5. 牵引系统

牵引系统在实车碰撞试验中扮演着关键角色,它负责将试验车辆或移动壁障从静止状态加速到预定的碰撞初速度。为了确保试验的有效性和准确性,牵引系统必须满足以下要求:

(1) 精确控制速度:牵引系统需要能够准确地将车辆加速到试验法规规定的碰撞速度。

(2) 限制加速度:在放置有假人的试验车辆牵引过程中,加速度不能过大,以避免假人在加速过程中姿态发生变化。因此,欧洲和美、日等国家的实车碰撞试验设施的牵引系统通常将最大牵引加速度限制在(0.20~0.25)×9.8 m/s^2。

(3) 配备导向和脱钩装置:导向装置确保试验车辆沿设定的轨道运动。美国FMVSS 208、日本TRIAS 11-4-30及欧洲ECE R94.00规定,正面碰撞试验车牵引过程中对设定中心线的偏离量不能超过(300±150)mm;ECE R94.01则规定不能超过(150±75)mm。脱钩装置用于在碰撞前实现牵引系统与碰撞车辆的分离,确保车辆在自由状态下发生碰撞。

实车碰撞试验台的牵引系统通常采用两台225 kW的直流电动机,分别驱动两个轮毂。牵引钢丝绳为循环盘绕,通过液压油缸在两个轮毂间张紧,利用钢丝绳与轮毂间的摩擦力驱动循环的钢丝绳运动。这样的系统能够在100 m的牵引跑道上,将2 000 kg的车辆加速到80 km/h,且最大牵引加速度不超过0.3g。

6. 照明系统

实车碰撞试验过程中,为了分析汽车的变形,了解假人的运动状态,必须同时采用多台高速摄影(摄像)机拍摄试验过程。在碰撞区应该设置专用的照明设施,如图20-5所示。为了在正面碰撞区域和侧面碰撞区域能共用主照明系统，两块主照明板设置在可移动的悬挂小车上，通过主照明板左右两侧悬挂高度的改变可调节主照明板的高低和倾斜角度。

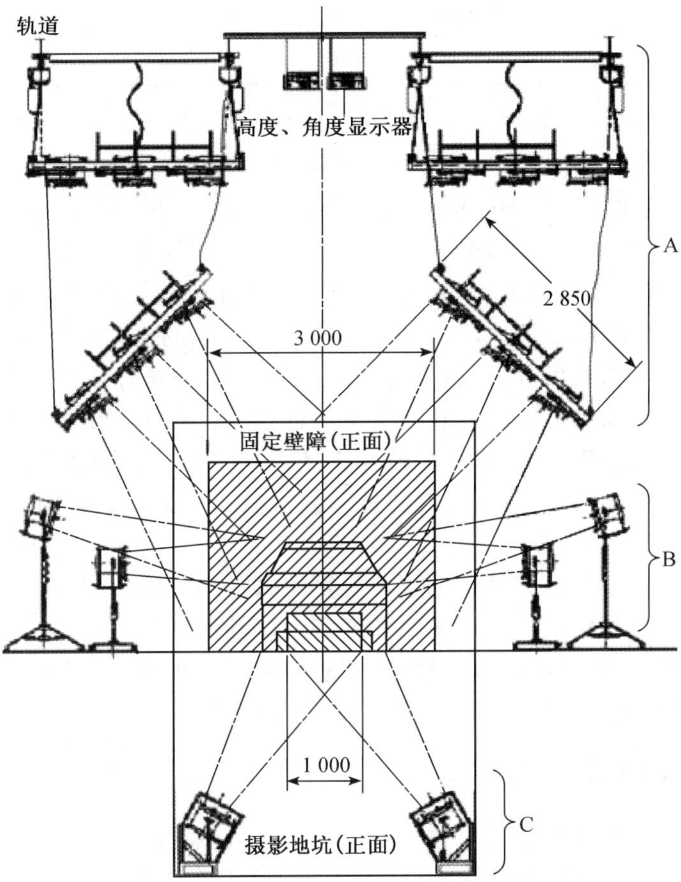

图 20-5　照明系统布置(mm)

A—地面照明装置，每侧 18 只灯，共 36 只灯；B—辅助照明装置，每侧 2 只灯，共 4 只；C—地下照明装置，每侧 4 只灯，共 8 只

7. 浸车环境室

为了保证碰撞试验所用的假人使用时的性能，要求在碰撞前规定的环境中浸车 4 h 以上，以确保试验精度。常见的几项法规规定的实车碰撞试验的环境要求如表 20-1 所示。

表 20-1　浸车环境要求

试验内容	使用假人	温度要求(℃)	湿度要求(%)
FMVSS 208	Hybrid Ⅲ	20.6～22.2	10～70
FMVSS 214	SID	18.9～25.6	10～70
ECE R94	Hybrid Ⅲ	19～22	—

(续表)

试验内容	使用假人	温度要求(℃)	湿度要求(%)
ECE R95	Euro SID-I	18～26	—
TRIAS 11-4-30	Hybrid Ⅱ	18～26	—
	Hybrid Ⅲ	20～23	—

8. 碰撞试验假人

碰撞试验假人(Dummy),又称拟人试验装置(Anthropomorphic Test Dummy),是用于评价碰撞安全性的标准人体模型。假人的尺寸、外形、质量、刚度和能量吸收性能与相应的人体十分相似,所以当假人处于模拟的碰撞事故条件下,它的动力学响应与相应的人体也十分相近。在假人上装备有传感器,可用于测量人体各部位的加速度、负荷、挤压变形量等。通过对这些物理量的分析、处理,可以定量地衡量汽车产品的碰撞安全性。

按人体类型不同,假人可分为成年人假人和儿童假人。成年人假人按体型大小又分为中等身材男性假人、小身材女性假人和大身材男性假人。在碰撞试验中最常用到的是中等身材假人,其代表欧美男性第50百分位成年人的平均身材。根据碰撞试验不同,假人又可分为正面碰撞假人、侧面碰撞假人、后面碰撞假人及行人保护等试验用假人,前三种为坐姿假人,后一种为站姿假人。

实车碰撞试验是在0.1 s内完成的不可重复的试验,它综合了机械运动学、电子学、光学和计算机科学等技术,试验使用真实车辆和许多一次性消耗材料,成本很高,任何小的失误都可能造成巨大损失。为保证假人的精度,试验前应对其头部、颈部、胸部和膝部等重要部位进行标定。具体标定过程可参考相应的试验规范。

20.1.2 碰撞试验测量系统

汽车碰撞试验中,测量技术是关键技术之一。测量系统由电测量系统和光学测量系统构成。电测量系统用于精确地测量碰撞过程中汽车各部位的加速度响应、对固定壁障的碰撞力及成员伤害评价用的各种响应信号。光学测量系统用于获取直观的二维影像,分析碰撞过程中车体的变形及乘员的运动形态,适用于从总体上了解碰撞全过程。

1. 电测量系统

汽车碰撞试验中电测量系统的配置涉及汽车碰撞的标准法规、传感器技术、测量技术、计算机技术等。其测量信息有车体加速度响应信号、假人动力学响应信号和固定壁障碰撞力信号等。

1) 碰撞过程中车体加速度响应信号

为了解车辆的碰撞性能,通常在试验车车身的非压轴区安置加速度传感器,用于测量车辆的冲击波形。其测点没有统一的规定,可根据试验目的设置,一般设在局部刚度较大的位置,以免传感器安装点的压皱变形造成测量失败或损坏传感器。某车型实车正面碰撞中车身加速度传感器的安装位置如图20-6所示,车体上加速度传感器的安装位置及方向如表20-2所示。

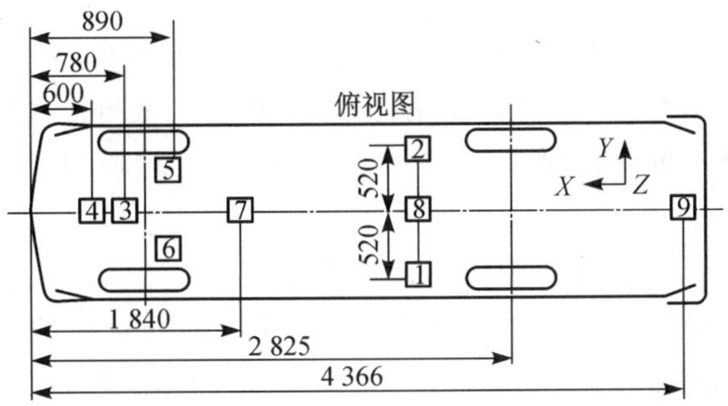

图 20-6　某车型实车正面碰撞中车身加速度传感器的安装位置(mm)

表 20-2　　车体上加速度传感器的安装位置及方向

传感器编号	传感器位置	安装方向		
		X	Y	Z
1	左侧后座椅十字梁	—	—	×
2	右侧后座椅十字梁	—	—	×
3	发动机顶部	—	—	×
4	发动机底部	—	—	×
5	右侧盘式制动器制动钳	—	—	×
6	左侧盘式制动器制动钳	—	—	×
7	仪表盘	×	—	—
8	后排座椅十字梁	—	—	×
9	车身中心线	—	—	×

2）假人的动力学响应信号

电测量系统可以测量碰撞过程中安全带的张力及试验假人身体各部位的动力学响应信号，用于定量地分析和评价乘员的伤害程度。

3）固定壁障碰撞力信号

固定壁障碰撞力分布状况对研究车身结构刚度分布、吸能性分析及验证计算机碰撞仿真模型等十分有用，在大多数实车碰撞试验系统上装备有固定壁障测力墙，用于测量碰撞力。目前使用最广泛的固定壁障测力墙由 36 个测力单元构成，如图 20-7 所示。为了提高汽车前端结构刚度分布的分辨率，英国 MIRA 制成了 488 个测力单元的测力墙。

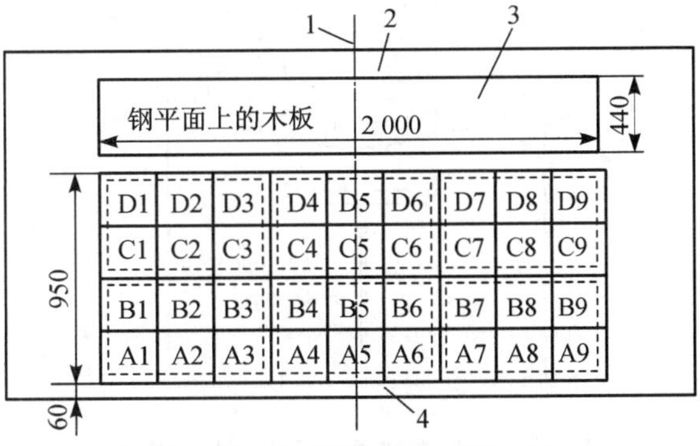

图 20-7　固定壁障测力墙(mm)

1—中心线；2—壁障；3—外围设备；4—基准面

2. 光学测量系统

汽车碰撞是一种非常短暂且强烈的冲击事件。在碰撞发生时,车身的形变和乘员的运动状态往往具有不可预测性。单纯依赖电测量方法很难全面捕捉和理解整个碰撞过程。而高速影像分析能够提供一种全面且详细的方式来掌握这种转瞬即逝的汽车碰撞过程。

1) 序列影像运动分析系统

序列影像运动分析系统通过使用摄影机或摄像机来捕捉运动过程中的连续影像,然后进行定性分析。在定性分析中,二维影像记录了运动过程的丰富信息。通过缓慢回放和逐帧分析序列影像,可以观察到对于人眼来说发生得太快而无法捕捉的事件,从而深入分析运动过程中的细节。在定量分析中,拍摄前在运动物体的关键点设置明显的标志点。然后,对所拍摄的序列影像在像平面内逐帧进行坐标判读,应用摄影测量学的原理来计算待测量点的位置,从而获取运动物体的特征参数。

根据研究问题的特性,选择合适的拍摄速度,并使用多台摄影机或摄像机同步拍摄,以获取运动过程的序列影像。只有获得清晰影像,才能进行有效的影像分析。表 20-3 列出了事件发生的平均速度及其对应的所需拍摄速度。

表 20-3　　事件发生的平均速度和要求的拍摄速度

事件	步行	跑步	汽车碰撞	爆炸
平均速度(m/s)	0.3	10	16	>600
拍摄速度(帧/s)	16	250	500	200 000

高速摄影在汽车碰撞分析中扮演着至关重要的角色。在进行汽车碰撞试验时,通常需要多台每秒能够捕捉 500～2 000 帧的高速摄像机,从不同角度监控碰撞的整个过程。例如,在汽车正面固定壁障碰撞试验中,摄像机的布置方案如图 20-8 所示。

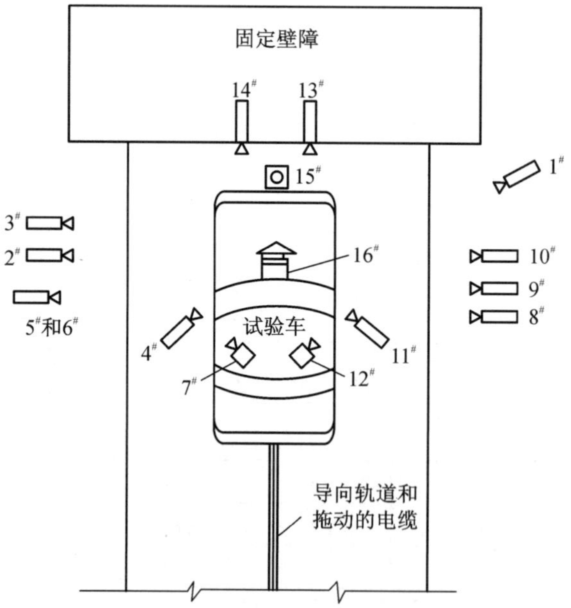

图 20-8　汽车碰撞试验摄像机的布置

序列影像运动分析系统主要由照明系统、高速摄影机以及分析处理系统组成。高速摄影机是整个系统的核心设备。在使用高速摄影机获取运动过程的序列影像时,传统的胶片处理方法涉及大量的手工操作,处理周期长,试验完成后无法立即了解结果。此外,胶片冲洗处理对技术有严格要求,未经专业培训的人员难以胜任,一旦操作失误,可能导致代价高昂的汽车碰撞试验遭受重大经济损失。而且,胶片的保存和归档也相对困难。

高速摄像机的出现显著提高了影像获取过程的自动化程度。运动图像可以直接存储在磁带上,试验完成后可以立即回放进行定性分析。随着多媒体计算机和数字图像处理技术的进步,基于多媒体计算机的全数字图像运动分析系统已经成为该领域的发展趋势。图像分析工作站上的数字图像处理软件能够改善由摄像机获得的原始图像质量,使其更易于分析。同时,作为试验结果载体的数字图像也更容易保存和归档。

2) 全数字图像运动分析系统

全数字图像运动分析系统是汽车碰撞分析领域的一项重要技术进步。虽然使用摄像机可以提高影像获取的自动化程度,但图像通常是以模拟形式存储在磁带上。在定帧时,静态图像的质量会受到磁带质量的影响。由于计算机无法直接处理模拟图像,图像分析过程的自动化程度相对较低。

随着多媒体计算机技术的发展,计算机处理和分析数字图像的能力越来越强。因此,直接获取数字图像的实时摄影测量系统成为理想的光学测量分析系统。近年来,全数字高速图像运动分析系统发展迅速,现有的这类分析系统主要有以下三种形式:

(1) 分体式系统:柯达公司的 KODAK EktaPro1000HRC 系统由 CCD 摄像机和运动分析仪组成。拍摄后,数字图像以 NISC 或 PAL 制式转储到普通录像磁带上,通过 GPIB 接口与微机通信,将数字图像数据保存在以微机为主机的运动分析工作站上。运动分析工作站的软件可以对数字图像进行回放、测量和分析。

(2) 一体式结构:NAC 公司的 MEMRECAM Ci、柯达公司的 KODAK HG2000 等机型,将高速摄像机和数字图像采集、存储、回放控制等功能集成在一起。拍摄后,数字图像以 NTSC 或 PAL 制式转储到普通录像磁带上,以数字文件形式保存在 SCSI 接口的活动硬盘上,或通过网络下载到微机上。

(3) 微机插卡式结构:瑞士 WEINBEGER 公司的 SPEEDCAM Pro,使用微机作为系统主机,一台或多台摄像机通过摄像卡与微机相连。这种结构将摄像机的功能集成到微机内部,通过插卡的方式实现图像的采集和处理,提供了更为紧凑和高效的解决方案。

20.2 实车碰撞试验

实车碰撞试验是评估汽车碰撞安全性能的最基本且最有效的方法。从乘员保护的角度来看,这种试验通过再现交通事故的方式,分析车辆碰撞过程中乘员与车辆的运动状态和损伤情况,并利用假人进行定量评估碰撞安全性能。实车碰撞试验不仅是最终检验汽车安全性能的关键步骤,而且在汽车研发过程中,它还为滑车模拟碰撞试验设定试验条件,为计算机碰撞仿真建模中验证计算模型等提供了必要的数据和参考。尽管实车碰撞试验技术难度高、试验准备周期长、试验费用昂贵,但它仍然是汽车碰撞安全研究中不可或缺且不可替代的试验。根据碰撞类型,实车碰撞试验可以分为车与固定壁碰撞的正碰试验、移动壁与汽车的侧面碰撞和追尾碰撞试验、车辆动态翻滚试验以及车与车之间的碰撞试验。

20.2.1 实车正面碰撞试验

交通事故中,正面碰撞事故最常见且造成乘员伤害最多,故各国已将汽车正面碰撞试验作为法规由政府强制实施。欧洲和日本、美国的正面碰撞法规试验的概况如表 20-4 所示。

表 20-4　　　　欧洲和日本、美国正面碰撞法规试验概况

<table>
<tr><td colspan="2">法规名称</td><td>ECE R94(欧洲)</td><td>TRIAS 11-4-30(日本)</td><td>FMVSS 208(美国)</td></tr>
<tr><td colspan="2">碰撞形态</td><td>防侧滑装置
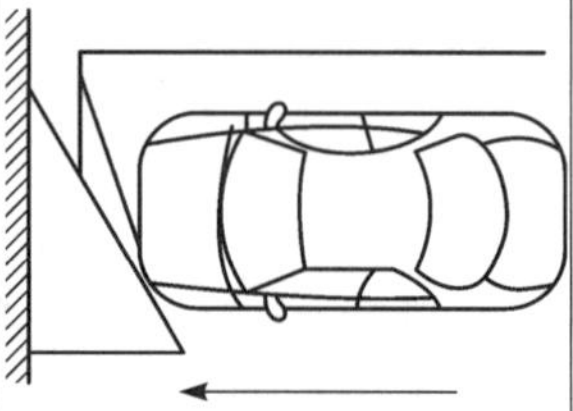
30°倾斜壁障碰撞
(驾驶员侧)</td><td>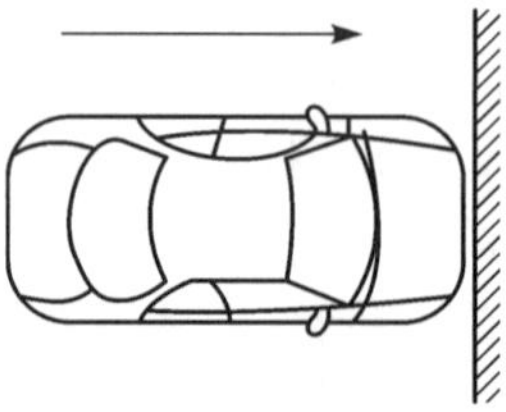
正面碰撞</td><td>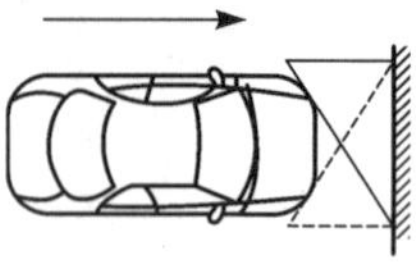
① 30°左右倾斜壁障碰撞
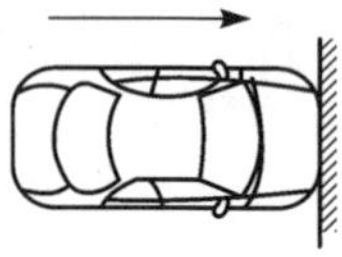
② 正面碰撞</td></tr>
<tr><td colspan="2">碰撞速度(km/h)</td><td>50</td><td>50</td><td>48.3</td></tr>
<tr><td colspan="2">试验车质量</td><td>空车质量+假人
(2 个或 3 个)</td><td>空车质量+假人
(2 个)</td><td>空车质量+行李+假人
(2 个)</td></tr>
<tr><td colspan="2">试验假人</td><td>Hybrid Ⅲ
第 50 百分位男性</td><td>Hybrid Ⅱ或 Hybrid Ⅲ
第 50 百分位男性</td><td>Hybrid Ⅲ
第 50 百分位男性</td></tr>
<tr><td colspan="2">安全带</td><td>系安全带</td><td>系安全带</td><td>不系安全带</td></tr>
<tr><td colspan="2">座椅位置</td><td>中间位置</td><td>可适当向后调节</td><td>中间位置</td></tr>
<tr><td rowspan="4">评价指标</td><td>头部伤害值(HIC)</td><td>≤1 000</td><td>≤1 000</td><td>≤1 000</td></tr>
<tr><td>胸部伤害指数(3 ms)(g)</td><td>—</td><td>≤60</td><td>≤60</td></tr>
<tr><td>胸骨变形量(mm)</td><td>≤75</td><td>≤76.2</td><td>≤76.2</td></tr>
<tr><td>大腿骨轴向力(kN)</td><td>≤10</td><td>≤10</td><td>≤10</td></tr>
</table>

1. 欧洲的正面碰撞试验

ECE R94.00 规定：采用固定壁 30°斜角碰撞，碰撞车速为 50 km/h，在斜面碰撞壁上安装了两块防滑装置，使车辆在碰撞中的变形与事故更接近。

由于固定壁障的刚度过大，其碰撞试验没有考虑到实事故中各种车辆碰撞的相容性。使用变形吸能壁障且与汽车前端有 40%重叠的偏置碰撞能更好地模拟现实中的正面碰撞交通事故。

ECE R94.01 规定：采用变形吸能壁障 40%偏置碰撞试验，并将碰撞车速提高到

56 km/h。乘员保护性能指标：

(1) 头部：HIC≤1 000。

(2) 颈部：向前、向后弯曲弯矩及剪切载荷低于规定的极限载荷-时间曲线。

(3) 胸部：胸骨挤压变形量≤50 mm，黏性指标 VC≤1.0 m/s。

(4) 大腿骨：轴向压力低于规定的极限载荷-时间曲线。

(5) 膝部：小腿骨相对于大腿骨的位移 15 mm。

(6) 小腿：胫骨力≤8 kN，小腿指数 TI≤1.3。

2. 日本的正面碰撞试验法规

TRIAS 11-4-30 规定：采用 50 km/h 的正面固定壁碰撞，使用代表欧美人体的 Hybrid Ⅲ第 50 百分位假人和三维 H 点装置(ISO 6549)，评价指标与 FMVSS 208 相同，但现在 TRIAS 11-4-30 中还允许使用 Hybrid 假人。

日本人体体型分布与欧美人体差异很大，在汽车设计中，日本开发了代表本国成年人体型分布特征的三维 H 点装置。一些以日本人体模型为基础设计开发的微型轿车在使用 Hybrid Ⅲ假人时，如果座椅位于中间位置，则无法保证 Hybrid Ⅲ假人下肢正确摆放。为了考虑人体体型的差异，在 TRIAS 11-4-30 中对影响坐姿的三维 H 装置的大腿长度进行了调整。如图 20-9 所示，若 H 点相对于加速踏板中心的坐标 $X<(1\,670-Z)/1.94$ 时，应向后移动座椅，使 H 点位于 A 线的右侧，并尽量靠近 A 线。

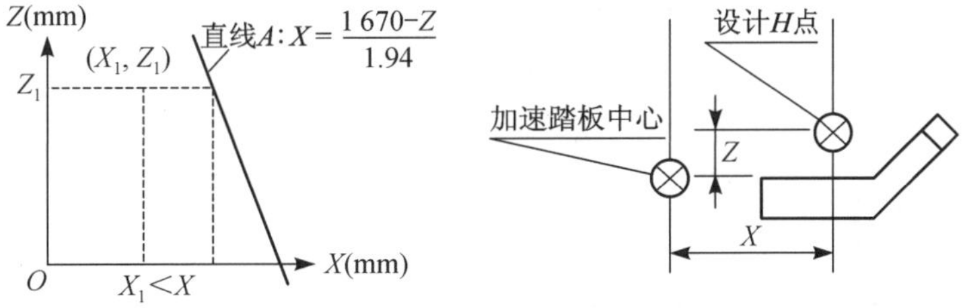

图 20-9　座椅位置调节

3. 美国的正面碰撞试验法规(FMVSS 208)

由于安全气囊在美国轿车上安装十分普及，在 FMVSS 208 中规定的正面碰撞试验是 0°、±30°固定壁障碰撞，在正面碰撞时前排座椅上的两个 Hybrid Ⅲ假人不系安全带，从而要求轿车必须装设安全气囊。对于系安全带的乘员，在安全带和安全气囊共同作用时轿车的碰撞保护性能是由 NCAP 试验进行考核的(56 km/h，正面固定壁障碰撞)。

20.2.2　实车侧面碰撞试验

目前，侧面碰撞的试验方法尚未实现统一，美国和欧洲现行的侧面碰撞试验方法存在差异。这些差异包括移动壁障的质量、尺寸、形状和刚度特性，碰撞形态，试验使用的假人类型，碰撞速度，碰撞点位置，以及乘员伤害评价指标等方面。在日本，由于在用车辆的平均质量和刚度与欧洲车辆相似，因此日本在侧面碰撞试验中采用了欧洲 ECE R95 的碰撞试验方法。欧洲和美国侧面碰撞试验法规的概况如表 20-5 所示。

表 20-5　　欧洲和美国侧面碰撞试验法规概况

<table>
<tr><td colspan="3">法规名称</td><td>ECE R95(欧洲)</td><td>FMVSS 214(美国)</td></tr>
<tr><td colspan="3">碰撞形态</td><td>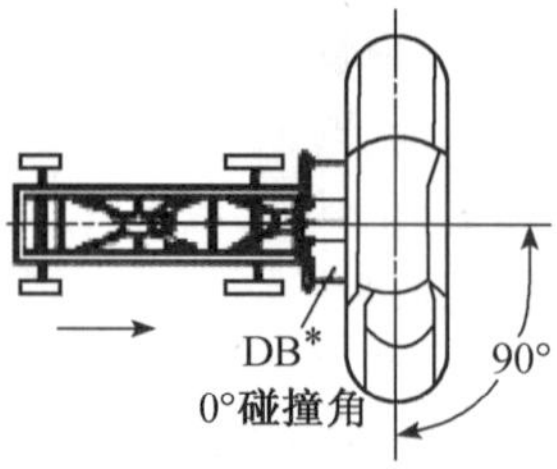
</td><td>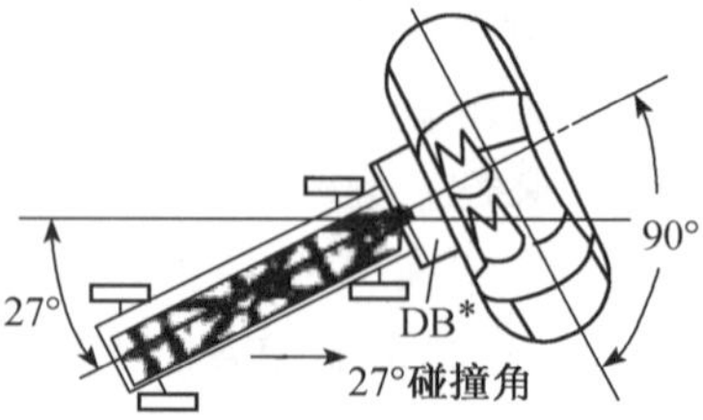
</td></tr>
<tr><td colspan="3">移动吸能壁障质量(kg)</td><td>950</td><td>1 365</td></tr>
<tr><td colspan="3">碰撞速度(km/h)</td><td>50</td><td>53.6</td></tr>
<tr><td colspan="3">碰撞假人</td><td>Euro SID-Ⅰ</td><td>SID</td></tr>
<tr><td rowspan="7">伤害指标</td><td colspan="2">头部伤害值(HIC)</td><td>≤1 000</td><td>—</td></tr>
<tr><td rowspan="3">胸部</td><td>胸部伤害指数(TTI)(g)</td><td>—</td><td>≤85(四车门),≤90(两车门)</td></tr>
<tr><td>肋骨挤压位移量(mm)</td><td>≤42</td><td>—</td></tr>
<tr><td>VC(m/s)</td><td>≤1.0</td><td>—</td></tr>
<tr><td colspan="2">腹部载荷(kN)</td><td>≤2.5</td><td>—</td></tr>
<tr><td rowspan="2">骨盆</td><td>加速度(g)</td><td>—</td><td>≤130</td></tr>
<tr><td>载荷(kN)</td><td>≤6</td><td>—</td></tr>
</table>

注:* DB(Deformable Barrier)可变形壁障。

在汽车安全研究领域,为了提高侧面碰撞试验的统一性和有效性,目前迫切需要进行深入的事故分析和生物力学研究,并促进欧洲和美国专家之间的协调,以首先统一侧面碰撞试验中使用的假人,进而统一评价指标。

为了实现侧面碰撞假人的统一,美国三大汽车公司组成的美国汽车研究中心(USCAR)中的乘员保护研究组(OSRPC)与假人制造公司 FTSS 合作,共同开发了第二代侧面碰撞假人 SID - II s。SID - II s 是一种代表欧洲和美国第 5 百分位女性体型的小尺寸假人,对于侧面碰撞安全气囊的开发至关重要。通过开发第二代假人,研究人员可以更好地研究侧面碰撞中身体各部位伤害评价的测量能力,从而为侧面碰撞安全性能的评估和改进提供更为准确和可靠的数据。

20.2.3　其他实车碰撞试验

在汽车碰撞安全性研究中,政府强制执行的法规试验是评价汽车安全性能的最重要依据。然而,在研究试验方法时,需要在实验室中使用真车来再现实际事故中的车与车碰撞场景。在安全气囊的开发过程中,除了进行法规试验外,还需要进行各种不同碰撞形态和不同碰撞速度的碰撞试验，以设定安全气囊电控单元传感系统的控制参数。

为了真实地再现道路上实际发生的事故，可以进行车与车的碰撞试验，其中可以选择与事故车辆完全相同的车辆进行测试。在车与车的碰撞试验中，双方车辆都会发生变形，并且都参与能量的耗散和吸收。这种试验方式比一方是刚性固定壁障的碰撞试验更加真实，因为它更准确地模拟了实际事故中车辆之间的相互作用和能量转移。通过这种试验，研究人员可以获得更准确的数据，以评估和改进汽车的安全性能。

20.3　滑车模拟碰撞试验

滑车模拟碰撞试验用于评价乘员保护装置的性能和安全部件的耐冲击能力。与实车碰撞试验相比，滑车模拟碰撞试验具有简便、再现性好、试验费用低等优点。对碰撞过程的模拟可采用冲击型、冲击反弹型和发射型碰撞试验。

20.3.1　冲撞型滑车模拟碰撞试验设备

使用电动机或橡皮绳弹射，将滑车加速到规定车速后使脱离牵引的滑车与固定壁障上的吸能缓冲器碰撞，急速将滑车车速从 v_0 下降到 0。通过调节缓冲器的性能使滑车产生的减速度波形与实车对固定壁障的碰撞相当。

冲撞型滑车模拟碰撞试验台如图 20-10 所示。该试验台采用橡皮绳弹射方式，由电动卷扬 机拖动拖车，拖车与滑台之间采用电磁铁吸合。橡皮绳拉伸到要求的长度后释放电磁铁，由橡皮绳将滑台加速到规定车速。滑台在到达固定壁前约 2 m 处与橡皮绳脱开。

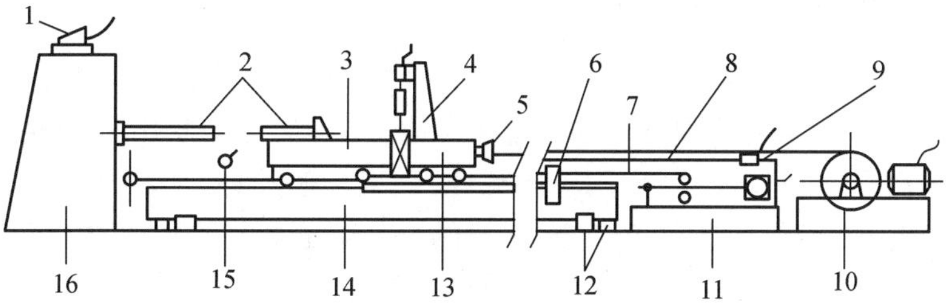

图 20-10　冲撞型滑车模拟碰撞试验台

1—警灯；2—吸能器；3—滑车；4—安全销；5—导向滑轮；6—导轨挡块；7—橡胶绳；8—钢丝绳；9—力传感器；10—卷扬机；11—绳索固定架；12—导轨支架；13—拖车；14—导轨；15—光电测速仪；16—壁障

冲撞型滑车试验台的关键部件之一是产生冲击波形的吸能缓冲装置，目前常用的有以下三种形式。

1. 塑料管吸能器

塑料管吸能器使用聚氨酯注塑制成，将塑料管与不同尺寸的橄榄头相配合可产生不同形状的冲击减速度波形。ECE R16 中安全带动态试验推荐使用这种吸能器，法国 UTAC 和荷兰 TNO 的滑车模拟碰撞试验台都使用这种缓冲器。中国汽车技术研究中心、东风汽车工程研究院等单位的滑车模拟碰撞试验台也采用了塑料管吸能器。使用表明，吸能缓冲器能满足座椅、安全带动态碰撞试验的要求。

2. 冲击钢板吸能器

德国莱茵技术监督服务有限公司的滑车模拟碰撞试验台采用的冲击钢板吸能器，如图20-11所示。其吸能元件选用厚度为10～12 mm的钢板。根据试验要求，试验前应准备好合适的钢板，试验时将钢板放入两排滚柱之间，滑车前端有一个冲击臂，当臂上的冲击头高速冲击钢板时，钢板弯曲变形吸收能量，使滑车的减速度波形达到试验标准要求的波形。

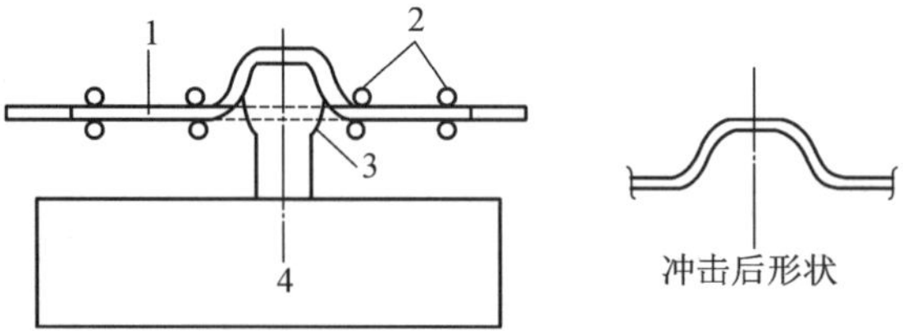

图20-11　冲击钢板吸能器

1—钢板；2—滚柱；3—冲击臂；4—滑车

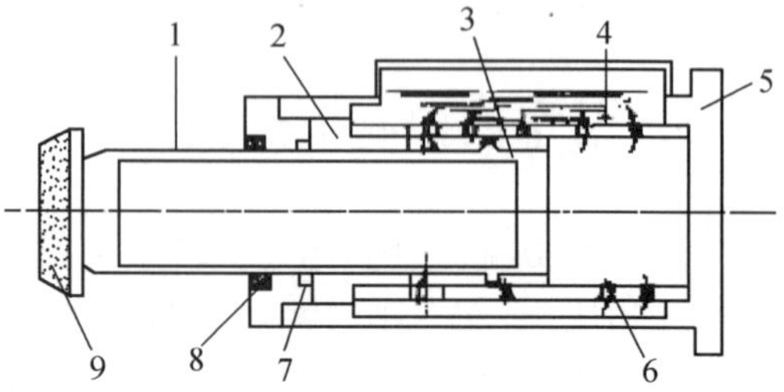

图20-12　液压缓冲器结构

1—活塞杆；2—轴承；3—活塞；4—油缸；5—外缸；6—阻尼孔；7—U形环；8—油封；9—橡胶缓冲块

3. 液压缓冲器

液压缓冲器结构如图20-12所示，由内外两层油缸及活塞组成，在内层油缸上排列着节流阻尼孔。当滑车冲击活塞杆时，活塞通过节流孔将缸中的油高速排向外缸体，通过改变节流孔调节冲击波形。该装置在日本和美国使用较多，国内清华大学汽车研究所的汽车碰撞试验台采用了这种液压缓冲器。

20.3.2　冲击反弹式滑车模拟碰撞试验设备

美国MTS公司制造的冲击反弹式滑车模拟碰撞试验装置与冲撞型滑车装置的主要区别是吸能器的不同。在冲击反弹式的滑车模拟碰撞试验装置上使用程序控制吸能器，它吸收滑车冲击能量后再将滑车反弹，采用一半减速、一半加速的方式模拟汽车碰撞过程的冲击环境，由于冲击初速度可设定为实车碰撞车速的一半，可以大大减少试验台加速段导轨的长度。

MTS反作用力式气缸程序控制吸能器如图20-13所示。气缸的两个气室对活塞产生反作用力，形成气体弹簧。由于气体的绝热压缩及膨胀，每个气体弹簧的力-位移关系呈非线性特性。因为作用在活塞上的两个力方向相反，为了产生近似线性或不同程度的非线性的刚度特性，可以通过调节压力来实现。程序控制吸能器的刚度特性曲线的形状将决定碰撞脉冲的波形。为了改变程序控制器的刚度，也可以通过调节两腔的容积来实现，刚度大小将决定脉冲的持续时间和加速度的峰值。程序控制器的预充压力用仪表板上的压力控制阀调节，仪表板上装有两套充、放气手动阀，用来控制两个气室中的压力。

恒定压力式气缸式程序控制器如图20-14所示，由气缸、弹性缓冲环形物、弹性模件及充气阀组成。气缸装在壁障上，弹性模件装在滑车上，当弹性模件上的推杆与气缸活塞杆碰撞时，弹性模件被压缩。当弹性模件被压缩到所产生的力等于气缸预充气压力时，活塞以近似恒力的方式移动。该装置中，弹性模件可控制滑车减速度上升的速率和延迟时间，气缸的压力可控制冲击减速度，气缸的行程可控制脉冲持续时间。

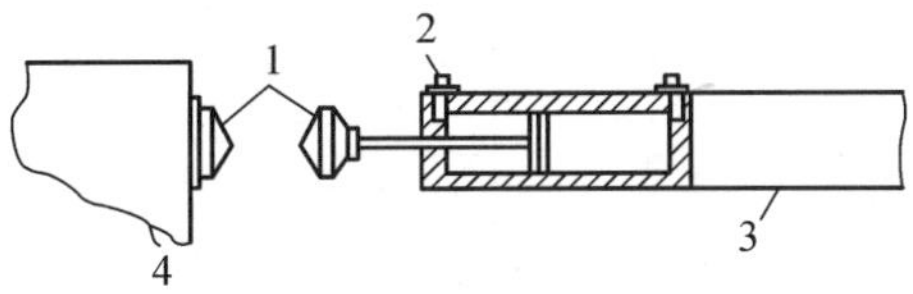

图 20-13　MTS 反作用力式气缸程序控制吸能器

1—弹性缓冲器；2—充气阀；
3—滑车；4—壁障

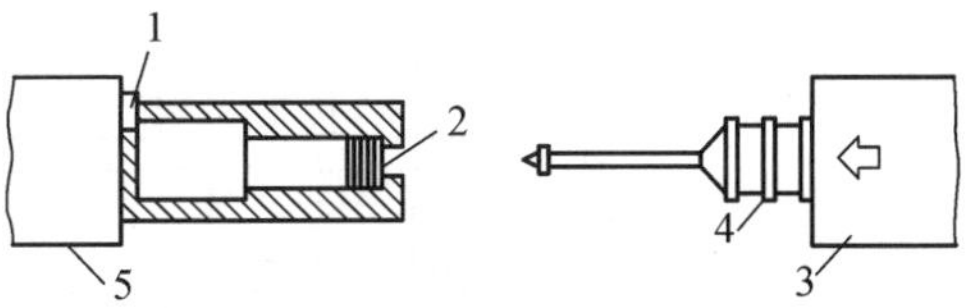

图 20-14　恒定压力式气缸式程序控制器

1—充气阀；2—弹性缓冲环形物；3—滑车；
4—弹性模件；5—壁障

20.3.3　发射型滑车模拟碰撞试验设备

发射型滑车模拟碰撞试验台是将试件(包括假人)反向安装在滑车平台上，通过对平台的加速来模拟汽车碰撞过程中的冲击环境。

HYGE 试验装置如图 20-15 所示，由高压压缩机、氮气瓶、气液油缸(内设改变冲击波形的针阀)及控制台、导轨和滑车组成。其结构原理如图 20-16 所示，发射前、后针阀的位置如图 20-17 所示。

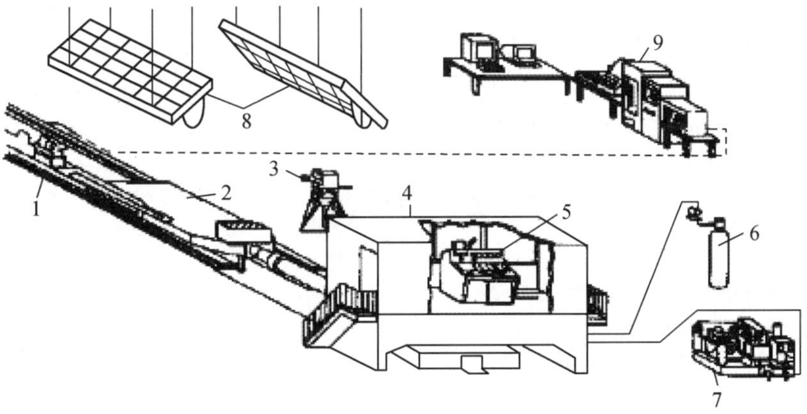

图 20-15　HYGE 试验装置

1—车载高速摄影机；2—台车；3—地上高速摄影机；4—控制室；5—操作台；
6—氮气瓶；7—高压压缩机站；8—照明装置；9—数字数据分析设备

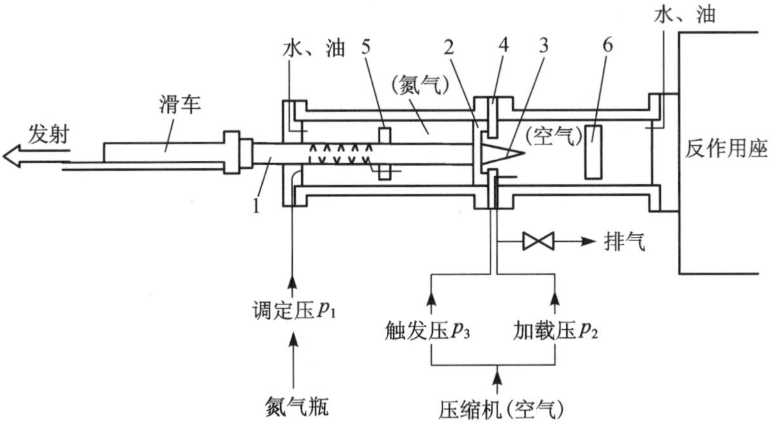

图 20-16　HYGE 结构原理

1—推杆；2—主活塞；3—针阀；4—量孔板；5,6—浮动活塞

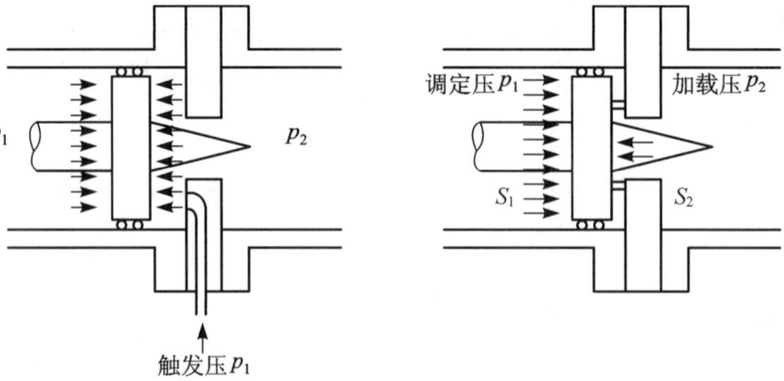

（a）发射前　　（b）发射后

图 20-17　HYGE 针阀结构

HYGE 的缸内有 4 个室，从左到右各室充满了水（或油）、氮气、空气和水（或油），图 20-16 所示位置为准备发射状态。封入的加封压力 p_2 侧约为调定压力 p_1 的 6 倍，但由于主活塞承受调定压力 p_1 侧的面积 S_2 比承受加载压力侧的面积 S_1 大得多，即 $p_1S_1 > p_2S_2$，这样主活塞压在量孔板上不动。当触发压力 p_3 加到主活塞和量孔板之间的小气室内，$p_3(S_1-S_2) > p_1S_1-p_2S_2$ 时，平衡状态被破坏，主活塞向左移动，于是瞬间 $p_2S_2 > p_1S_1$，推动活塞高速向左移动，滑车被发射出去。

习　题

1. 汽车碰撞试验有哪些试验内容？
2. 请简述液压台车工作原理。

第 21 章

试验计划与组织

汽车试验是一项技术性较强的工作，涉及多部门、多学科的密切配合，因此必须进行周密计划与组织。在汽车研发过程中，我们会遇到大量没有现成试验标准可以参考的试验，例如新开发的系统、新发明的机构以及新增的功能等方面的试验。为了完成这些试验，我们需要对汽车试验技术自身开展研究，进行合理的试验设计。

随着汽车产品性能的不断提升和功能的不断拓展，我们往往需要进行大量的试验。然而，如果所有的试验都按照已有的标准来进行，很可能难以达到预期的目的。因此，在汽车试验中，我们需要不断地探索和创新，以适应汽车技术的发展。

21.1 试验计划

试验计划是按照试验项目的实际需要，对整个试验过程做全盘的考虑和安排，进行合理的试验规划。其内容包括试验目的与试验条件、试验内容、试验场地与仪器设备、试验方法、试验数据处理与分析等。试验计划一般程序如下：

(1) 调查研究：深入了解试验对象的特性、工作原理、载荷要求、可能遇到的故障状态、历史破坏情况和工作环境等，为试验设计提供基础。

(2) 明确试验目的和要求：确定试验的目标和需要解决的具体问题，以及试验所需的精度，为选择试验仪器和方法提供依据。

(3) 研究相关试验标准及规范：参考相关领域的试验标准和方法，以便在无现成标准的情况下，制定合理的试验方案。

(4) 确定试验内容：根据试验目的，合理规划试验项目，避免不必要的试验，确保关键试验项目不被遗漏。

(5) 选择试验仪器：根据试验内容和方法，选择合适的仪器设备，优先使用现有资源，减少研发周期和成本。

(6) 分析试验条件的影响：考虑环境因素对试验结果的影响，特别是室外试验，确保试验条件的控制。

(7) 确定试验方法并制定试验大纲：明确试验的各个步骤，包括试验前的准备、试验过程、数据采集和处理等。

(8) 人员配备和试验记录准备：合理配置试验团队，明确职责，准备必要的记录表格。

(9) 准备被试对象和相关装置：包括设计加工传感器辅助装置、加载装置及标定装置。

(10) 试验仪器准备及标定：确保所有仪器设备准备就绪，并进行必要的标定。

(11) 试验现场准备：包括工具、道路、电源、通信设备等的准备。

(12) 检测性试测：进行预试验，确保所有设备正常工作，排除潜在问题。

(13) 正式试验:严格按照试验大纲进行数据采集,必要时绘制参数关系曲线。

(14) 数据处理:根据规定的方法处理数据,生成曲线和图表。

(15) 试验总结及编写试验报告:分析试验数据,提出结论和建议,编写详细的试验报告。

21.2 试验大纲

试验大纲是指导试验工作的重要文件,其质量直接影响到试验工作的质量。在调查研究的基础上,对试验中各主要环节进行论证与计算,使试验各环节具有科学依据。试验大纲包括以下内容。

1. 试验目的和任务

明确规定试验必须完成的任务(如需要解决的技术问题、测量的数据及观察的现象等)以及要求达到的目的。试验目的是确定试验内容、方法、试验的指标、因素的水平以及仪器选配的根源。试验目的决定了试验的性质、规模与内容。

2. 试验内容

为了完成试验任务所需要的试验内容、试验程序以及试验工作量,对每项试验内容,有条件的应做简要说明,必要时应附有试验原理图。

试验按性质可为鉴定性试验、专门研究性试验、检验性试验等。鉴定性试验一般按统一的试验规范进行(如强度鉴定、稳定性鉴定等)。专门研究性试验的内容和方法取决于研究课题的目的和要求(如同国外的比较、计算方法研究、破坏原因分析、外载荷特性、载荷谱等)。检验性试验由具体检验要求决定。

3. 试验设计

对于选择最优结构参数、选择最佳动力及运动参数或外载等一类多因素多指标试验,应采用正交试验设计。鉴定性试验中的强度鉴定、破坏分析等应确定可能的最坏状况,在此情况下确定测点。研究性试验要确定传感器的选择和设计方案、确定传感器的标定方法、装置符合精度要求以及确定试验次数。

4. 试验方法

根据试验设计,确定具体的实施措施和步骤。鉴定性试验和规范中对试验内容与方法都做统一规定。

5. 仪器选配

按被测信号的线数或所需通道及特点,选择所用仪器的型号、精度、数量等,如应变器型号、记录器、稳压电源、逆变器、放大器、滤波器、信号发生器等。

6. 数据处理的方法

根据数理统计方法的要求,列出所需的表格,给出计算公式。在人工处理、专项分析仪处理、计算机处理中选择合适的处理方法。

7. 试验所能达到的精确度分析

根据试验目的和要求,决定预期的精度及测试重复次数。确定记录时间长度,进一步计算直接或间接测量的精度。

21.3　试验报告

试验报告是对试验过程中发现的问题、观察到的现象进行定性的分析和研究，对测量数据采用信号处理方法进行定量分析，以确定被测参数与目标性能指标的关系。对于可靠性试验和耐久性试验，试验报告还包括对试验样件进行拆解、检查、测量和分析的过程。试验报告的作用在于总结试验成果，指导或推动生产，找出尚存的问题并指明研究方向。

试验报告一般包括以下内容：

(1) 前言：试验任务的来源、研制单位、试验单位及试验基本情况。

(2) 目录。

(3) 问题的提出和简述测试经过。

(4) 试验条件的描述：包括状况、环境条件、人员、地点、时间等。试验条件的详细描述对于与同类试验结果进行比较、应用及试验结论的参考具有重要意义。

(5) 试验方案和试验方法。

(6) 试验系统、仪器的选配及传感器的标定。

(7) 数据的处理方法、数据处理结果及误差范围。

(8) 试验结果的分析。

(9) 结论。

(10) 存在的问题和进一步改进的意见。

(11) 附录：典型重要的试验记录曲线、数据处理结果表、试验规律曲线及状况照片等。

习　题

1. 请简述试验大纲包含的内容。
2. 请简述试验计划的重要性。

第 4 篇

试验数据处理

第 22 章

静态试验数据处理

在汽车试验测量中，静态试验数据是指那些相对于观察时间静止不变或变化缓慢的数据，其测量误差基本上是相互独立的。处理这类数据的一个重要任务是通过试验测定数据，寻找各测量物理变量之间的相互依赖关系，并用方程或图像来表达。

这些相互依赖关系可以分为两类：函数关系和相关关系。函数关系是指各参数之间通过确定的数学方程相联系，一个参数的数值可以由其他参数的数值精确地确定。例如，电学中的欧姆定律 $U=IR$，表达了电压 U、电流 I 和电阻 R 之间的函数关系，已知两个参数的数值，就可以精确地确定第三个参数的数值。

而相关关系则是指参数之间虽然存在密切联系，但由于各种随机因素的影响，无法用确定的数学方程来表达，一个参数的数值不能由其他参数的数值精确地确定。例如，汽车油耗量与行驶里程的关系，就属于相关关系。

函数关系与相关关系之间并非绝对分明，由于随机因素的干扰和测量误差的影响，函数关系在实际的试验工作中往往表现为相关关系；而对事物内部规律有更深刻认识的时候，相关关系在一定精度范围内又可以近似地看作函数关系。

为了描述变量之间的相关关系，并根据一个（或几个）变量的数值去估计另一个变量的数值，需要运用数理统计学中的回归分析方法。回归分析是根据大量的试验观测数据，运用统计方法寻找各变量之间的关系式。应用这种关系式，可以对生产过程和各种物理现象进行预报和控制。

研究两个变量之间的相关关系称为一元回归分析，研究两个以上变量之间的相关关系则称为多元回归分析。用回归分析方法求得的各变量之间的关系式称为回归方程，其中的系数称为回归系数，回归方程为线性方程时，称为线性回归问题。

进行回归分析时，需要解决两个问题：一是确定回归方程的类型；二是确定回归系数及常数项。确定回归方程的类型需要将专业知识与试验数据的统计分析相结合。回归系数和常数项一般可以用最小二乘法来确定。

在实际工作中，通过保持某些参数的数值不变，可以将多元回归问题转化为一元回归问题。而在一元回归问题中，很多非线性回归问题可以通过适当的变量转换化为线性回归问题。因此，一元线性回归分析在回归分析中具有重要的意义。本章将着重讨论一元线性回归分析和试验数据的图像表示。

22.1 回归分析处理试验数据

22.1.1 一元线性回归分析

设有两个变量 X 和 Y,通过试验取得 n 对数据 (X_i, Y_i), $i=1, 2, \cdots, n$。在直角坐标系上标出数据点 (X_i, Y_i)。如果数据点的分布近似于一条直线,那么,可以认为变量 X 和 Y 的回归方程是一个线性方程。这样的问题,就是一个一元线性回归问题。

为了便于分析,假设自变量 X 是一个可以严格控制并能精确测量的变量,因而可以看作一般意义下的变量(即非随机变量)。由于试验过程中各种随机因素的影响,因变量 Y 将是一些随机变量。于是,试验数据的结构可以表达如下:

$$Y_i = A + BX_i + \varepsilon_i = \mu_i + \varepsilon_i \quad (i=1, 2, \cdots, n) \tag{22-1}$$

式中:X_i 为第 i 个试验点上自变量 X 的实测值;Y_i 为第 i 个试验点上因变量 Y 的实测值;μ_i 为当 X 取值 X_i 时,因变量 Y 应有的数值(又称理论值),$\mu_i = A + BX_i$;A、B 为常数;ε_i 为各种随机因素对 Y_i 影响的总和。

在一般情况下,可以认为 ε_i 是一些互相独立且服从同一正态分布 $N(0, \sigma)$的随机变量。于是,变量 Y_i 是一些服从正态分布 $N(A+BX_i, \sigma)$ 的随机变量。式(22-1)就是一元线性回归问题的数学模型。

1. 回归方程的确定

一元线性回归方程的一般形式为

$$\hat{Y} = a + bX \tag{22-2}$$

式中:a 为常数项;b 为回归系数。因此,确定回归方程就是要确定回归系数和常数项的数值。

1) 用最小二乘法确定回归方程

当自变量 X 取值 X_i 时,因变量 Y 的实测值为 Y_i,根据回归方程计算的回归值为 $\hat{Y} = a + bX$, $i=1, 2, \cdots, n$。实测值 Y_i 与回归值 $\hat{Y}_i$ 之差,称为偏差。偏差平方和 S 反映了所有实测值与回归直线的偏离程度。

$$S = \sum_{i=1}^{n} (Y_i - \hat{Y}_i)^2 = \sum_{i=1}^{n} (Y_i - a - bX_i)^2 \tag{22-3}$$

根据最小二乘法原理,能够使偏差平方和为最小的回归线是最好的回归线。因此,令 $\frac{\partial S}{\partial a} = 0$, $\frac{\partial S}{\partial b} = 0$,即可求出 a, b 的数值。

$$b = \frac{l_{xy}}{l_{xx}} \tag{22-4}$$

$$a = \overline{Y} - b\overline{X} \tag{22-5}$$

$$\overline{X} = \frac{1}{n} \sum_{i=1}^{n} X_i \tag{22-6}$$

$$\overline{Y}=\frac{1}{n}\sum_{i=1}^{n}Y_i \tag{22-7}$$

$$l_{xx}=\sum_{i=1}^{n}(X_i-\overline{X})^2=\sum_{i=1}^{n}X_i^2-\frac{1}{n}\Big(\sum_{i=1}^{n}X_i\Big)^2 \tag{22-8}$$

$$l_{xy}=\sum_{i=1}^{n}(X_i-\overline{X})(Y_i-\overline{Y})=\sum_{i=1}^{n}X_iY_i-\frac{1}{n}\Big(\sum_{i=1}^{n}X_i\Big)\Big(\sum_{i=1}^{n}Y_i\Big) \tag{22-9}$$

在进一步分析时需要用到 l_{yy}，因此在确定回归方程时，可以同时计算

$$l_{yy}=\sum_{i=1}^{n}(Y_i-\overline{Y})^2=\sum_{i=1}^{n}Y_i^2-\frac{1}{n}\Big(\sum_{i=1}^{n}Y_i\Big)^2 \tag{22-10}$$

将式(22-5)代入式(22-2)可以得到回归方程的另一种形式

$$\hat{Y}-\overline{Y}=b(X-\overline{X}) \tag{22-11}$$

由此可见，回归线必过点$(\overline{X},\ \overline{Y})$。于是，令 X 取某数 X_0，代入回归方程求出相应的 $\hat{Y}_0$，连接点$(\overline{X},\ \overline{Y})$和点$(X_0,\ \hat{Y}_0)$，即可画出回归线。

由式(22-1)可知，实测值 Y_i 是一些服从正态分布 $N(A+BX_i,\ \sigma)$ 的随机变量，因此，按式(22-4)、式(22-5)计算的 b、a 也是正态分布的随机变量。可以证明，$E(b)=B$，$E(a)=A$。因此，用最小二乘法求得的 b、a，分别是 B、A 的无偏估计。此外，$E(\hat{Y}_i)=E(Y_i)$，故回归值 $\hat{Y}_i$ 是 $E(Y_i)$ 的无偏估计，也就是说，可以把回归值 $\hat{Y}_i$ 看作是 $X=X_i$ 时对随机变量 Y_i 做多次重复测量所得的平均值。

回归系数 b 的方差可按下式计算：

$$V(b)=\frac{\sigma^2}{\sum_{i=1}^{n}(X_i-\overline{X})^2} \tag{22-12}$$

因此，回归系数 b 的波动不仅与随机因素 ε_i 的方差 σ^2 有关，而且还取决于实测数据中自变量 X 的波动程度。X 的取值范围越大，回归系数 b 的波动越小，估计就越精密。常数项 a 的方差可按下式计算：

$$V(a)=\left[\frac{1}{n}+\frac{\overline{X}^2}{\sum_{i=1}^{n}(X_i-\overline{X})^2}\right]\sigma^2 \tag{22-13}$$

因此，常数项 a 的波动不仅与 σ^2 有关，而且还取决于自变量 X 的波动程度和试验点的数目 n。X 的取值范围越大，试验点数目越多，常数项 a 的估计就越精密。上述结论，对安排试验有一定的指导意义。

2) 用分组法确定回归方程

按由小到大的次序，排列自变量 X 的实测值 $X_1,\ X_2,\ \cdots,\ X_n$，将它们分成两组，各组中 X_i 的个数差不多相等：第一组 $X_1,\ X_2,\ \cdots,\ X_k$；第二组 $X_{k+1},\ X_{k+2},\ \cdots,\ X_n$。假定变量 Y 的回归值就是它的实测值 Y_i，于是，可以列出下列的两组方程：

$$\begin{cases} Y_1 = a + bX_1 \\ \vdots \\ Y_k = a + bX_k \end{cases}$$

$$\begin{cases} Y_{k+1} = a + bX_{k+1} \\ \vdots \\ Y_n = a + bX_n \end{cases}$$

将上述两组方程分别相加，得到 a 和 b 的联立方程：

$$\begin{cases} \sum_{i=1}^{k} Y_i = ka + b\sum_{i=1}^{k} X_i \\ \sum_{i=k+1}^{n} Y_i = (n-k)a + b\sum_{i=k+1}^{n} X_i \end{cases} \tag{22-14}$$

解上述联立方程，即可求得回归系数 b 和常数项 a 的数值。当 $n=2k$ 时，回归系数 b 和常数项 a 可按下列公式计算：

$$b = \frac{\sum_{i=1}^{k} Y_i - \sum_{i=k+1}^{n} Y_i}{\sum_{i=1}^{k} X_i - \sum_{i=k+1}^{n} X_i} \tag{22-15}$$

$$a = \overline{Y} - b\overline{X} \tag{22-16}$$

式中，$\overline{X}$、$\overline{Y}$ 分别按式(22-6)、式(22-7)计算。

用分组法确定回归方程，虽然精度稍差，但计算便捷，在工程上得到广泛的应用。

2. 线性回归的显著性检验

根据试验数据点在坐标系上的分布，初步判断两个变量之间具有线性相关关系，并求出回归方程后，还必须对变量之间的线性相关性进行统计检验。这是因为对于任何两个变量 X 和 Y 的一组试验数据 (X_i, Y_i)，$i=1, 2, \cdots, n$，都可以按上述方法求得 $\hat{Y}=a+bX$。然而，并非所有这样计算出的回归方程都有实际意义。只有在变量 X 和 Y 之间线性相关显著（即因变量 Y 主要取决于自变量 X 的一次项）的条件下，所求得的线性回归方程才具有解释价值和预测能力。以下简要地介绍两种常用的检验方法。

1）相关系数法

根据有限的试验实测数据 (X_i, Y_i)，$i=1, 2, \cdots, n$，变量 X、Y 之间的相关系数 r 可以用下式予以估计：

$$\hat{r} = \frac{\sum_{i=1}^{n}(X_i - \overline{X})(Y_i - \overline{Y})}{\sqrt{\sum_{i=1}^{n}(X_i - \overline{X})^2 \cdot \sum_{i=1}^{n}(Y_i - \overline{Y})^2}} = \frac{l_{xy}}{\sqrt{l_{xx}l_{yy}}} \tag{22-17}$$

式中，l_{xx}、l_{xy}、l_{yy} 分别按式(22-8)～式(22-10)计算。

表 22-1 给出了 $r_{\min}$ 的数值，它取决于试验点的数目 n 以及信度（显著性水平）α。如果

相关系数的绝对值$|\hat{r}|$大于r_{min}，则称变量X与Y在α水平上具有显著的线性相关性，这时，用线性回归方程表示它们的关系才是有意义的。通常，将$|\hat{r}|>r_{min}(\alpha=0.05)$的情况称为线性相关显著，而$|\hat{r}|>r_{min}(\alpha=0.01)$称为线性相关高度显著。如果$|\hat{r}|<r_{min}$，则认为$X$与$Y$之间不存在线性相关性。

当试验数据较多(即n较大)时，用式(22-17)估计变量之间的相关系数，计算工作量较大。为了简化计算，可以采用下述近似方法，即将试验数据点标在坐标系上，先作一条水平线，将点上下平分，再作一条垂直线，将点左右平分，如图 22-1 所示。这两条线把平面分成四块，分别数出每一块上的点数n_1、n_2、n_3、n_4(恰好在平分线上的点不予计算)，令$n_+=n_1+n_3$，$n_-=n_2+n_4$，则相关系数可按下式估计：

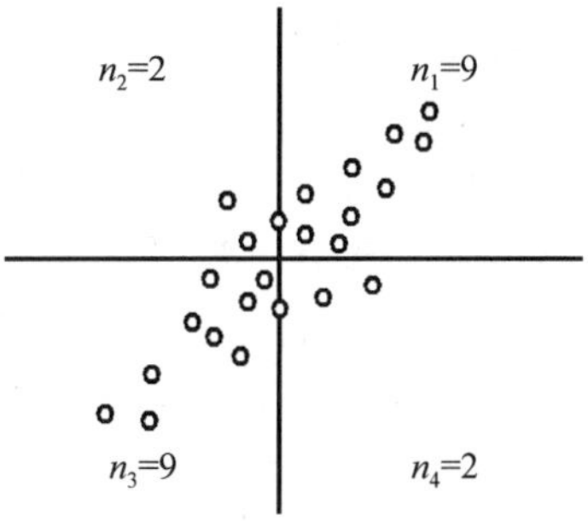

图 22-1　用近似法求相关系数

$$\hat{r}\approx\sin\left(\frac{n_+}{n_++n_-}-\frac{1}{2}\right)\pi \tag{22-18}$$

在图 22-1 中，$n_1=9$，$n_2=2$，$n_3=9$，$n_4=2$，于是

$$\hat{r}\approx\sin\left(\frac{18}{18+4}-\frac{1}{2}\right)\pi\approx0.84$$

必须指出，这种估计方法只能在试验数据较多的情况下应用，否则，可能会有较大的误差。

表 22-1　相关系数检验表——r_{min}值

$n-2$ \ α	0.05	0.01	$n-2$ \ α	0.05	0.01	$n-2$ \ α	0.05	0.01
1	0.997	1.000	15	0.482	0.606	29	0.355	0.456
2	0.950	0.990	16	0.468	0.590	30	0.349	0.449
3	0.878	0.959	17	0.456	0.575	35	0.325	0.418
4	0.811	0.917	18	0.444	0.561	40	0.304	0.393
5	0.754	0.874	19	0.433	0.549	45	0.288	0.372
6	0.707	0.834	20	0.423	0.537	50	0.273	0.354
7	0.666	0.798	21	0.413	0.526	60	0.250	0.325
8	0.632	0.765	22	0.404	0.515	70	0.232	0.302
9	0.602	0.735	23	0.396	0.505	80	0.217	0.283
10	0.576	0.708	24	0.388	0.496	90	0.205	0.267
11	0.553	0.684	25	0.381	0.487	100	0.195	0.254
12	0.532	0.661	26	0.374	0.478	125	0.174	0.228
13	0.514	0.641	27	0.367	0.470	150	0.159	0.208
14	0.497	0.623	28	0.361	0.463	200	0.138	0.181

2) 方差分析法

对试验数据进行方差分析时，为了对试验误差的方差做出估计，需要进行重复试验。假

设在 n 个试验点上各进行 m 次重复试验，那么，试验数据的结构可用下式表示：

$$Y_{ij} = A + BX_i + \varepsilon_{ij} \quad (i = 1,\ 2,\ \cdots,\ n;\ j = 1,\ 2,\ \cdots,\ m) \tag{22-19}$$

式中：X_i 为第 i 试验点上自变量 X 的实测值；Y_{ij} 为第 i 个试验点上第 j 次试验时变量 Y 的实测值；ε_{ij} 为第 i 个试验点上第 j 次试验时各种随机因素(包括试验误差)的影响的总和；A、B 为常数。

可以认为，ε_{ij} 是一些互相独立且服从同一正态分布 $N(0,\ \sigma)$ 的随机变量。因此，Y_{ij} 是一些服从正态分布 $N(A + BX_i,\ \sigma)$ 的随机变量。

同样，可用最小二乘法确定回归系数 b 和常数项 a 的数值：

$$\begin{cases} b = \dfrac{\sum\limits_{i=1}^{n} X_i \overline{Y}_i - \dfrac{1}{n}\left(\sum\limits_{i=1}^{n} X_i\right)\left(\sum\limits_{i=1}^{n} \overline{Y}_i\right)}{\sum\limits_{i=1}^{n} X_i^2 - \dfrac{1}{n}\left(\sum\limits_{i=1}^{n} X_i\right)^2} \\ a = \overline{Y} - b\overline{X} \end{cases} \tag{22-20}$$

式中：$\overline{X} = \dfrac{1}{n}\sum\limits_{i=1}^{n} X_i$，$\overline{Y} = \dfrac{1}{nm}\sum\limits_{i=1}^{n}\sum\limits_{j=1}^{m} Y_{ij}$，$\overline{Y}_i = \dfrac{1}{m}\sum\limits_{j=1}^{m} Y_{ij}$。对式(22-20)与式(22-4)进行比较，可以发现，将式(22-4)中的 Y_i 用 $\overline{Y}_i$ 代替，即得式(22-20)。也就是说，用 n 个 $\overline{Y}_i$(每个试验点上变量 Y 的 m 次实测值的平均值)确定的回归方程，与用 nm 个实测值 Y_{ij} 直接确定的回归方程完全相同。

试验数据的总偏差平方和可用下式计算：

$$S_{总} = \sum_{i=1}^{n}\sum_{j=1}^{m} (Y_{ij} - \overline{Y})^2 \tag{22-21}$$

相应的自由度 $f_{总}$ 等于试验的总次数减 1，即

$$f_{总} = nm - 1 \tag{22-22}$$

将试验数据的总偏差平方和按产生的原因分解为下列三部分：

(1) 由于自变量 X 的变化使因变量 Y 也发生变化而引起的偏差平方和，称为回归平方和 $S_{回}$，在一元回归问题中，它的自由度 $f_{回}$ 等于 1。

$$\begin{cases} S_{回} = \sum\limits_{i=1}^{n}\sum\limits_{j=1}^{m} (\hat{Y}_i - \overline{Y})^2 = m\sum\limits_{i=1}^{n} (\hat{Y}_i - \overline{Y})^2 \\ f_{回} = 1 \end{cases} \tag{22-23}$$

(2) 由于试验误差而引起的偏差平方和，称为误差平方和 $S_{误}$，它的自由度 $f_{误}$ 等于 $n(m - 1)$。

$$\begin{cases} S_{误} = \sum\limits_{i=1}^{n}\sum\limits_{j=1}^{m} (Y_{ij} - \hat{Y}_i)^2 \\ f_{误} = n(m - 1) \end{cases} \tag{22-24}$$

(3) 由于其他各种因素(未加考虑和控制的)的影响或数学模型不恰当而引起的偏差平

方和，称为剩余平方和 $S_{剩}$，它的自由度 $f_{剩}$ 等于试验点的个数减2。

$$\begin{cases} S_{剩} = \sum_{i=1}^{n}\sum_{j=1}^{m}(\bar{Y}_i - \hat{Y}_i)^2 = m\sum_{i=1}^{n}(\bar{Y}_i - \hat{Y}_i)^2 \\ f_{剩} = f_{总} - f_{回} = n - 2 \end{cases} \tag{22-25}$$

为了检验变量 Y 与 X 之间的线性相关性是否显著，以及除了变量 X 以外，是否还有其他因素对变量 Y 有显著的影响，可以应用数理统计学中的假设检验法。

首先做原假设 H_0：变量 Y 与 X 之间没有线性相关性，也不存在对变量 Y 有显著影响的其他因素。根据数学模型[式(22-19)]，在原假设成立的条件下，$\frac{S_{回}}{\sigma^2}$、$\frac{S_{误}}{\sigma^2}$ 与 $\frac{S_{剩}}{\sigma^2}$ 是一些互相独立的 χ^2 分布随机变量，其自由度分别为 $f_{回}$、$f_{误}$ 与 $f_{剩}$。

对剩余平方和做显著性检验，做统计量

$$F_1 = \frac{S_{剩}/f_{剩}}{S_{误}/f_{误}} \tag{22-26}$$

这是一个自由度为($f_{剩}$，$f_{误}$)的 F 分布随机变量。选定信度 α，即可由 F 分布表查得临界值 $F_\alpha(f_{剩}, f_{误})$，使 $P\{F_1 > F_\alpha(f_{剩}, f_{误})\} = \alpha$。$\alpha$ 是一个很小的数，一般选为0.05、0.025、0.01。因此，$F_1 > F_\alpha(f_{剩}, f_{误})$ 是一个小概率事件，如果在一次试验中居然发生了 $F_1 > F_\alpha(f_{剩}, f_{误})$，那么，我们就有理由拒绝原假设，认为剩余平方和中除了包含试验误差的影响外，还有其他影响因素的影响。这时有以下几种可能：

① 除了变量 X 以外，至少还有一个不可忽略的因素对变量 Y 有显著的影响。

② 变量 Y 与 X 是曲线关系。

③ 变量 Y 与 X 无关。

在这几种情况下，线性回归方程将失去意义，需要查清原因，重做回归分析。

如果 $F_1 < F_\alpha(f_{剩}, f_{误})$，说明剩余平方和基本上是由试验误差引起的。这时，为了提高回归平方和的检验精度，可以将剩余平方和 $S_{剩}$ 归入误差平方和 $S_{误}$，然后再对回归平方和做显著性检验，做统计量

$$F_2 = \frac{S_{回}/f_{回}}{(S_{剩} + S_{误})/(f_{剩} + f_{误})} \tag{22-27}$$

这是一个自由度为($f_{回}$，$f_{剩}+f_{误}$)的 F 分布随机变量。选定信度 α，即可由 F 分布表查得临界值 $F_\alpha(f_{回}, f_{剩}+f_{误})$。如果 $F_2 > F_\alpha(f_{回}, f_{剩}+f_{误})$，则拒绝原假设，称线性回归方程显著，即变量 Y 与 X 之间有显著的线性相关性，除了变量 X 以外，没有其他因素对变量 Y 有显著影响，线性回归方程对试验数据的拟合是良好的。如果 $F_2 < F_\alpha(f_{回}, f_{剩}+f_{误})$，这时有以下两种可能：

① 没有任何因素对变量 Y 有显著影响。

② 试验误差过大。

在这种情况下，线性回归方程将失去意义，需要查清原因，再做考虑。

在实际工作中，为便于计算，可以将式(22-23)～式(22-25)改写为

$$S_{回}=mbl_{xy} \tag{22-28}$$

$$S_{剩}=m(l_{yy}-bl_{xy}) \tag{22-29}$$

$$S_{误}=S_{总}-S_{回}-S_{剩} \tag{22-30}$$

式中,l_{xy}、l_{yy} 在确定回归方程时已经求得,而 $S_{总}$ 则仍按式(22-21)计算。

3. 应用回归方程进行预报和控制

回归方程在统计的意义上描述了随机变量之间的相关关系。应用回归方程,可以对生产过程和各种物理现象进行预报和控制。所谓预报(又称预测)问题,就是根据自变量 X 的取值,估计因变量 Y 的取值范围,也就是统计学中的区间估计问题。而控制问题,则是预报的反问题,即为了使因变量 Y 保持(出现)在给定的范围内,应该如何控制自变量 X 的取值。

由于各种随机因素的影响,当自变量 X 取任意给定的值 X_0 时,因变量 Y_0 是一个随机变量,因此,无法确定地预报因变量 Y_0 的数值。回归值 $\hat{Y}_0=a+bX_0$ 可以看作是 $X=X_0$ 时,对随机变量 Y_0 做多次重复测量所得的平均值,于是,作为一种估计,可以用回归值 $\hat{Y}_0$ 近似地表示 Y_0。如果希望更确切地预报 Y_0 的取值,需要对随机变量 Y_0 以某一置信概率落在以 $\hat{Y}_0$ 为中心的某个置信区间做出估计。

为了进行预报和控制,首先需要确定随机变量 $Y_0-\hat{Y}_0$ 的分布。$Y_0=A+BX_0+\varepsilon$,$\hat{Y}_0=a+bX_0$,它们都是正态分布的随机变量,故 $Y_0-\hat{Y}_0$ 也是正态分布的随机变量,它的分布参数可按下式确定:

$$E(Y_0-\hat{Y}_0)=E(Y_0)-E(\hat{Y}_0)=0 \tag{22-31}$$

$$V(Y_0-\hat{Y}_0)=E(Y_0-\hat{Y}_0)^2=E(A+BX_0+\varepsilon-a-bX_0)^2 \tag{22-32}$$

以 σ 表示随机因素 ε 的标准差,并将式(22-12)、式(22-13)代入,则得

$$V(Y_0-\hat{Y}_0)=\sigma^2\left[1+\frac{1}{n}+\frac{(X_0-\overline{X})^2}{l_{xx}}\right]=C\sigma^2 \tag{22-33}$$

$$C=1+\frac{1}{n}+\frac{(X_0-\overline{X})^2}{l_{xx}} \tag{22-34}$$

式中:n 为试验点的数目;$\overline{X}$、l_{xx} 在确定回归方程的过程中已经求得,分别按式(22-6)、式(22-8)计算。于是,随机变量 $Y_0-\hat{Y}_0$ 的分布可用下式表达:

$$Y_0-\hat{Y}_0\sim N(0,\ \sqrt{C}\sigma) \tag{22-35}$$

随机因素 ε 的标准差 σ 可以根据试验实测数据,用下述方法予以估计。在没有重复试验的情况下,剩余平方和 $S_{剩}$ 可以提供 σ^2 的无偏估计,即

$$\hat{\sigma}=\sqrt{\frac{S_{剩}}{f_{剩}}}=\sqrt{\frac{l_{yy}-bl_{xy}}{n-2}} \tag{22-36}$$

在重复试验的情况下,如剩余平方和检验不显著,即式(22-26)表示的统计量 F_1 不显著,则 $S_{剩}+S_{误}$ 可以提供 σ^2 的无偏估计

$$\hat{\sigma}=\sqrt{\frac{S_{剩}+S_{误}}{f_{剩}+f_{误}}}=\sqrt{\frac{\sum_{i=1}^{n}\sum_{j=1}^{m}(Y_{ij}-\bar{Y})^2-mbl_{xy}}{nm-2}} \tag{22-37}$$

式中：Y_{ij} 为第 i 个试验点上第 j 次试验时变量 Y 的实测值；m 为重复试验的次数；$\bar{Y}$、l_{xy}、l_{yy} 在确定回归方程的过程中已经求得，分别按式(22-7)、式(22-9)、式(22-10)计算。

由上述分析可知，$\frac{(Y_0-\hat{Y}_0)^2}{C\sigma^2}$ 是一个自由度为 1 的 χ^2 分布随机变量，$\frac{f\hat{\sigma}^2}{\sigma^2}$ 是一个自由度为 f 的 χ^2 分布随机变量[$\hat{\sigma}$ 按式(22-36)计算时，$f=n-2$；$\hat{\sigma}$ 按式(22-37)计算时，$f=nm-2$]，二者互相独立，因此，统计量 $F=\frac{(Y_0-\hat{Y}_0)^2}{C\sigma^2}$ 是一个自由度为$(1,\ f)$的 F 分布随机变量。选定信度 α 即可由 F 分布表查得临界值 $F_\alpha(1,\ f)$，使得

$$P\{F<F_\alpha(1,\ f)\}=1-\alpha \tag{22-38}$$

于是，以置信概率 $1-\alpha$ 确信或

$$\begin{cases}|Y_0-\hat{Y}_0|<\delta\\ \hat{Y}_0-\delta<Y_0<\hat{Y}_0+\delta\end{cases} \tag{22-39}$$

式中，

$$\delta=\sqrt{F_\alpha(1,\ f)\cdot\hat{\sigma}^2\cdot\left[1+\frac{1}{n}+\frac{(X_0-\bar{X})^2}{l_{xx}}\right]} \tag{22-40}$$

这就是说，对应于置信概率 $1-\alpha$，随机变量 Y_0 的置信区间为 $\hat{Y}_0+\delta$。

由式(22-40)可知，应用回归方程进行预报时，Y_0 的置信区间与置信概率 $1-\alpha$ 有关(置信概率越大，置信区间越大)，与试验点的数目 n 有关(n 越大，置信区间越小)，而且与预报点的位置 X_0 有关，预报点 X_0 越接近于 $\bar{X}$，置信区间越小。在图 22-2 上，围绕回归方程 $\hat{Y}=a+bX$，做曲线 $Y=\hat{Y}+\delta(X_0)$，$Y=\hat{Y}-\delta(X_0)$，两条曲线之间的区域，就是随机变量 Y_0 的置信区间。当 $X_0=\bar{X}$ 时，具有最小的置信区间。

因为 δ 是 X_0 的函数，而且用式(22-40)计算比较麻烦，所以在工程应用上还需要做进一步的简化。由式(22-34)可知，当 X_0 接近于 $\bar{X}$，且 n 较大时，$C\approx1$。同时，可以忽略 $\hat{\sigma}$ 与 σ 之间的差别。于是，随机变量 $Y_0-\hat{Y}_0$ 的分布，可近似地用下式表达：

$$Y_0-\hat{Y}_0\sim N(0,\ \hat{\sigma}) \tag{22-41}$$

式中，$\hat{\sigma}$ 可按式(22-33)或式(22-34)计算。根据正态分布规律可知

$$\begin{cases}P\{\hat{Y}_0-1.96\hat{\sigma}<Y_0<\hat{Y}_0+1.96\hat{\sigma}\}=0.95\\ P\{\hat{Y}_0-3\hat{\sigma}<Y_0<\hat{Y}_0+3\hat{\sigma}\}=0.997\end{cases} \tag{22-42}$$

这时，随机变量 Y_0 的置信区间如图 22-3 所示。

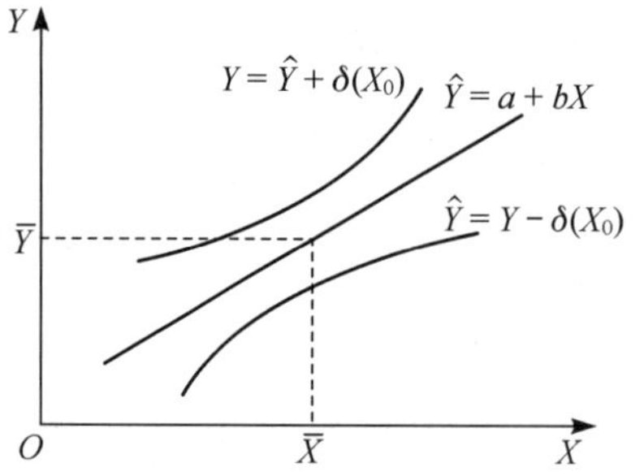

图 22-2　随机变量 Y_0 的置信区间

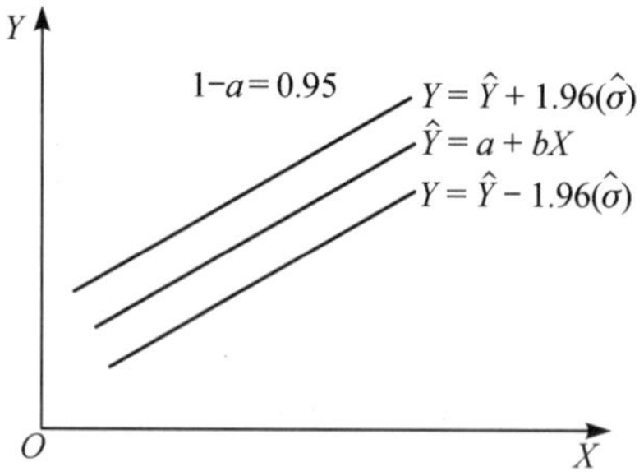

图 22-3　随机变量 Y_0 的置信区间

置信区间越小，表示用回归方程做预报时的精度越高，因此，可以用置信区间的宽度(因而也就是用 δ)来表示回归方程的精度。但是，δ 的数值与置信概率及预报点的位置有关。所以，为便于比较起见，习惯上采用随机因素 ε 的标准差 σ 作为回归方程精度的指标。σ 越小，预报的精度就越高，回归方程也就越有效。

现在我们讨论控制问题，即为了使因变量 Y 以一定的置信概率保持在区间(Y_1, Y_2)内，应该如何控制自变量 X 的取值范围(X_1, X_2)。由图 22-4 可见，根据

$$\begin{cases} Y_1 \leqslant \hat{Y}_1 - \delta(X_1) \\ Y_2 \geqslant \hat{Y}_2 + \delta(X_2) \end{cases} \tag{22-43}$$

即可求得 X_1、X_2。但在实际上，用式(22-40)计算是很困难的，因为由式(22-40)表达的 $\delta(X)$是很复杂的。为了便于计算，可以引用近似公式[式(22-42)]。根据图 22-5，可列出方程式

$$\begin{cases} Y_1 \leqslant \hat{Y}_1 - 1.96\hat{\sigma} \\ Y_2 \geqslant \hat{Y}_2 + 1.96\hat{\sigma} \end{cases} \tag{22-44}$$

解之即得 X_1、X_2。只要将 X 控制在区间(X_1, X_2)内，就有 95%的把握使 $Y_1 < Y < Y_2$。

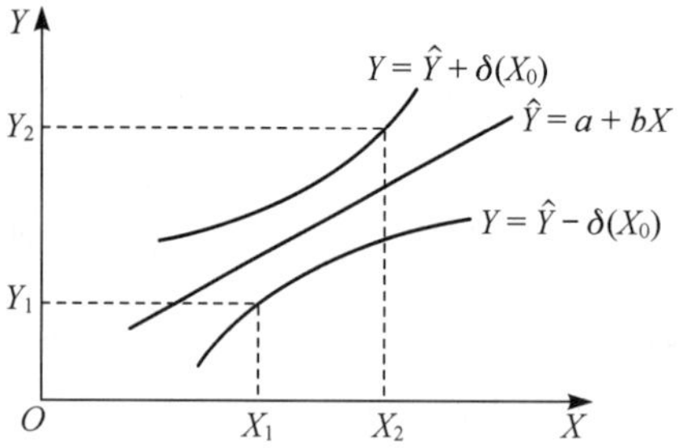

图 22-4　自变量 X 的取值区间

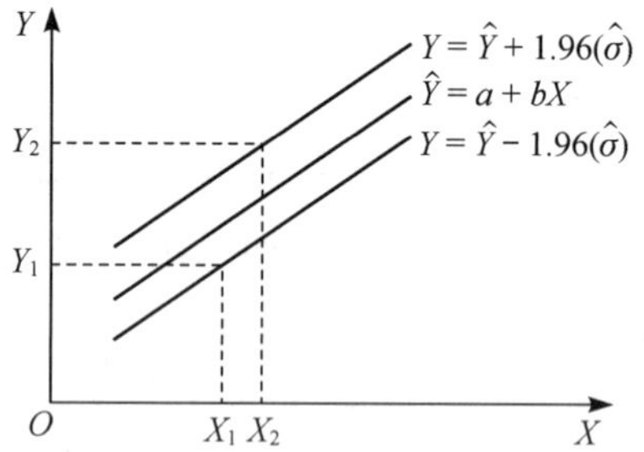

图 22-5　自变量 X 的取值区间

必须指出的是，应用回归方程进行预报和控制，其适用范围仅限于原始试验数据的变动范围，即只能解决内插问题，不能任意外推。不加分析地任意外推，有可能得出错误的结论。

22.1.2　一元非线性回归的转化

在实际问题中，变量 Y 与变量 X 之间，往往具有非线性相关关系。对这类问题进行回

归分析时，首先需要选择回归方程的类型，然后，用这种类型的方程去拟合试验数据，以确定回归系数和常数项。

选择回归方程的类型是一项困难的工作，可以根据专业知识从理论上进行分析推导，或者根据实践经验予以选择。但在一般情况下，需要根据试验数据点在坐标系上的分布情况来确定回归方程的类型。为了便于选择适当的回归方程，现将常用的数学方程和它们的图像示于图 22-6～图 22-11。

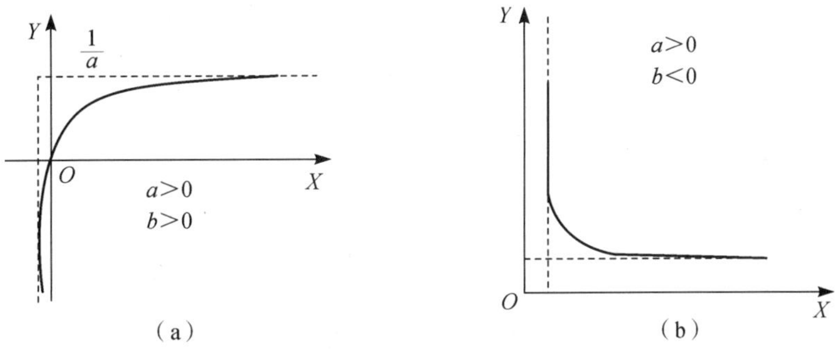

图 22-6　双曲线方程 $\frac{1}{Y} = a + \frac{b}{X}$

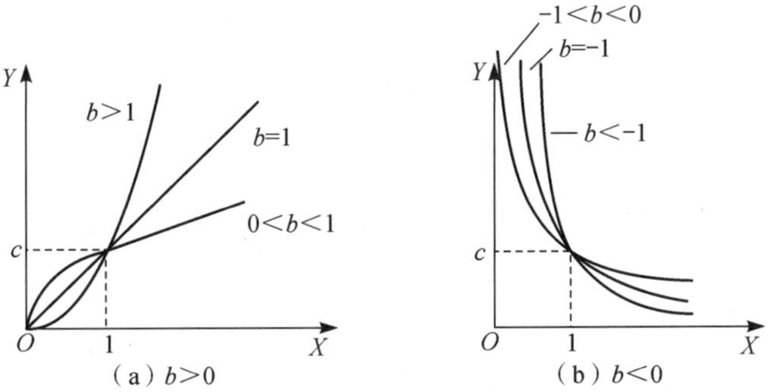

图 22-7　幂函数方程 $Y = cX^b$

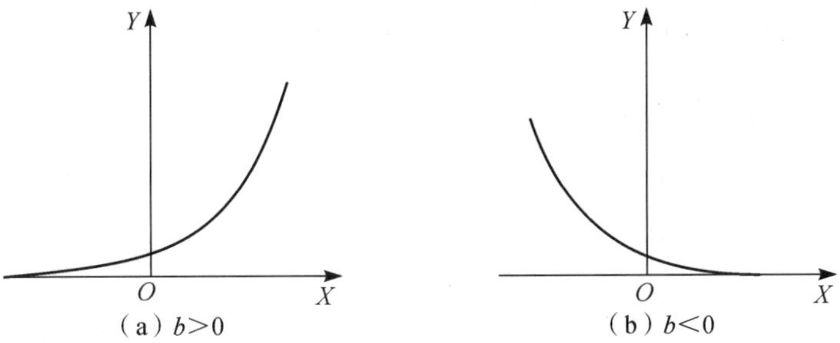

图 22-8　指数方程 $Y = ce^{bX}$

用选定的回归方程去拟合试验数据时，可以用最小二乘法确定回归系数和常数项。

很多非线性回归问题，可以通过适当的变量转换，化为线性回归问题，从而使回归分析过程得以简化。在这一节，将讨论一些常用的变量转换方法。

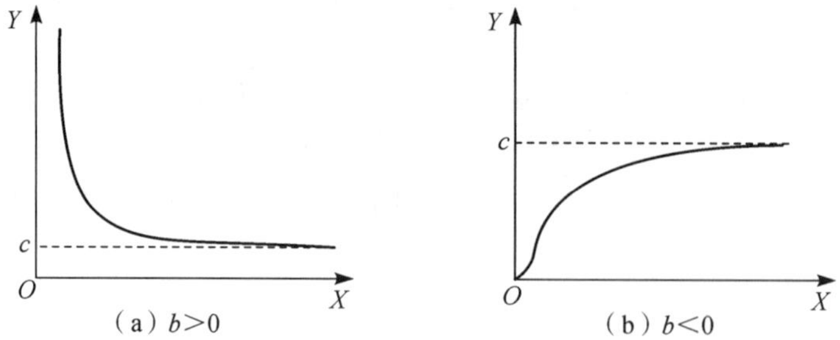

(a) $b>0$　　(b) $b<0$

图 22-9　指数方程 $Y = ce^{b/X}$

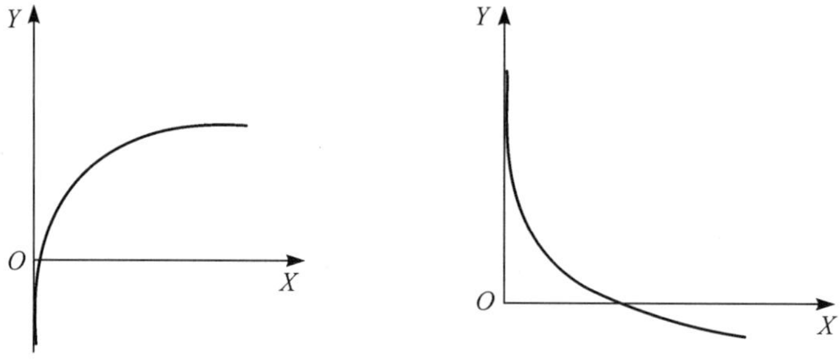

(a) $b>0$　　(b) $b<0$

图 22-10　对数方程 $Y = a + b\lg X$

(1) 如果试验数据点在普通坐标纸上的分布,接近于图 22-6 所示的曲线,那么,可以考虑将回归方程选择为双曲线方程 $\frac{1}{\hat{Y}} = a + \frac{b}{X}$。做变量转换 $Y' = \frac{1}{Y}$, $X' = \frac{1}{X}$,则回归方程转化为线性方程 $\hat{Y}' = a + bX'$。

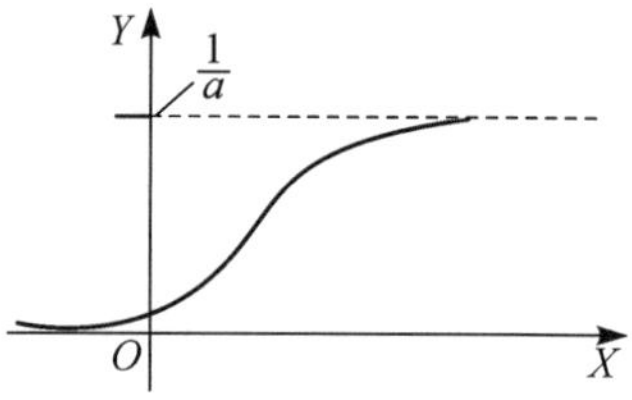

图 22-11　S 型曲线 $Y = \frac{1}{a + be^{-X}}$

对全部试验实测数据(X_i, Y_i)取倒数,得到 (X'_i, Y'_i), $i = 1, 2, \cdots, n$。按之前所述方法,可以确定 a 和 b 的数值。做线性回归显著性检验,如新变量 Y' 与 X' 之间线性相关性显著,说明将变量 Y 与 X 的回归方程选择为双曲线方程是适宜的。最后,做变量逆转换,得到 $\hat{Y} = \frac{X}{aX + b}$。

因为曲线不容易描绘,同时,用线性方程 $\hat{Y}' = a + bX'$ 进行预报和控制比较方便,所以在工程上往往改用 $X' \sim Y'\left(即\frac{1}{X} \sim \frac{1}{Y}\right)$ 坐标系来表达试验数据点和回归方程的图像。

(2) 将回归方程选择为幂函数方程 $\hat{Y} = cX^b$ (图 22-7)时,对方程两边取对数可得 $\lg\hat{Y} = \lg c + b\lg X$,做变量转换 $Y' = \lg Y$, $X' = \lg X$,并令 $a = \lg c$,则回归方程转化为线性方程 $\hat{Y}' = a + bX'$。

对全部试验实测数据(X_i, Y_i)取对数,得到 (X'_i, Y'_i), $i = 1, 2, \cdots, n$。按线性回归分析方法,确定 a 和 b 的数值,并做显著性检验,最后可得 $\hat{Y} = 10^a X^b$。

在工程上,往往用对数坐标纸($\lg Y \sim \lg X$ 坐标系)表达试验数据点和回归方程的图像。

(3) 将回归方程选择为指数方程 $\hat{Y}=ce^{bX}$ (图 22-8)时，做变量转换 $Y'=\ln Y$，并令 $a=\ln c$，则回归方程转化为线性方程 $\hat{Y}'=a+bX$。

对试验数据 Y_i 取自然对数，得到 Y'_i。根据(X_i, Y'_i)，按线性回归分析方法，确定 a 和 b 的数值，最后可得 $\hat{Y}=e^a e^{b/X}$。

(4) 将回归方程选择为指数方程 $\hat{Y}=ce^{b/X}$ (图 22-9)时，做变量转换 $Y'=\ln Y$, $X'=\dfrac{1}{X}$，并令 $a=\ln c$，则回归方程转化为线性方程 $\hat{Y}'=a+bX'$。确定 a 和 b 的数值后，可得 $\hat{Y}=e^a e^{b/X}$。

(5) 将回归方程选择为对数方程 $\hat{Y}=a+b\lg X$ (图 22-10)时，做变量转换 $X'=\lg X$，即得线性方程 $\hat{Y}=a+bX'$。确定 a 和 b 的数值后，可得 $\hat{Y}=a+b\lg X$。

(6) 将回归曲线选择为 S 型曲线 $\hat{Y}=\dfrac{1}{a+be^{-X}}$ (图 22-11)时，做变量转换 $Y'=\dfrac{1}{Y}$, $X'=e^{-X}$，即得线性方程 $\hat{Y}'=a+bX'$。确定 a 和 b 的数值后，可得 $\hat{Y}=\dfrac{1}{a+be^{-X}}$。

经过适当的变量转换可以将非线性回归化为线性回归的问题还有很多，本书限于篇幅，不再一一列举。

必须指出，回归方程 $\hat{Y}'=a+bX'$ 是对变量转换后的数据所做的最佳拟合，经过逆转换所得的回归方程 $\hat{Y}=f(X)$ 虽然在一般情况下对原始试验数据具有较好的拟合精度，但严格说来，不一定是最佳的拟合。因此，在可能的情况下，最好用不同类型的方程进行拟合并比较其精度，择优选用。

对于一元非线性回归问题，可以应用回归方程 $\hat{Y}=f(X)$ 进行预报和控制。当变量 X 取值 X_0 时，变量 Y_0 的区间估计可以预报为

$$Y_0=\hat{Y}_0\pm 1.96\hat{\sigma}\quad(\text{信度 }\alpha=0.05\text{，即置信概率为 }0.95)\tag{22-45}$$

式中，$\hat{\sigma}$ 为随机因素标准差的估计值，可根据剩余平方和进行计算，即

$$\hat{\sigma}=\sqrt{\frac{1}{n-2}\sum_{i=1}^{n}(Y_i-\hat{Y}_i)^2}\tag{22-46}$$

式中：n 为试验点的数目；Y_i 为第 i 个试验点上变量 Y 的实测值；$\hat{Y}_i$ 为第 i 个试验点上变量 Y 的回归值。

也可以应用经过变量转换的线性回归方程 $\hat{Y}'=a+bX'$ 进行预报和控制。当新变量 X' 取值 X'_0 时，新变量 Y'_0 的区间估计可以预报为

$$Y'_0=\hat{Y}'_0\pm 1.96\hat{\sigma}'\quad(\text{信度 }\alpha=0.05\text{，即置信概率为 }0.95)\tag{22-47}$$

式中，$\hat{\sigma}'$ 为变量转换后随机因素标准差的估计值，根据剩余平方和进行计算，按式(22-36)可得

$$\hat{\sigma}'=\sqrt{\frac{l_{y'y'}-bl_{x'y'}}{n-2}}\tag{22-48}$$

式中，$l_{y'y'}$ 和 $l_{x'y'}$ 在确定 a 和 b 的过程中已经求得。

因为用式(22-48)确定 $\hat{\sigma}'$ 比较方便,所以在实际工作中,经常应用变量转换后的线性回归方程 $\hat{Y}'=a+bX'$ 进行预报和控制。

22.2 试验数据的图像表示

在科学和工程领域,试验数据的图像化表达是一种强大的工具,它可以在坐标系中直观地展示数据点,并通过回归线揭示变量间的相关性。回归线可以通过回归分析得到的方程来精确绘制,也可以根据数据点的分布趋势,用图形方法近似画出。这样的图像不仅简明扼要地展现了变量间的依赖关系,而且如果绘图足够精确,甚至可以在不了解具体回归方程的情况下,对变量进行求导或积分,以进一步分析它们之间的关系。因此,作图法在处理和分析试验数据的工作中得到了广泛应用。

在表示两个变量之间的关系时,通常使用平面坐标系。当涉及三个或更多变量时,可以通过固定某些变量的值,将其简化为两个变量之间的关系。这样做有助于我们更清晰地理解和分析数据。在本节中,将简要介绍制图法的基本原则和技巧。

22.2.1 数据的整理

作图法的基础是试验测量得到的数据。为了确保图形的准确性和可靠性,需要对原始数据进行初步处理。这包括选取合理的有效数字来表示测量结果,以确保数据的精确度,并剔除那些可能存在误差或异常的可疑值。在处理这些可疑值时,必须谨慎,只有当它们在测量过程中被识别并记录下来时,才能被剔除。

22.2.2 坐标系的选择与分度

(1) 坐标系有直角坐标和极坐标两种。在直角坐标中,又可分为均匀分度的和非均匀分度的,后者如对数坐标、三角函数坐标等。均匀分度的直角坐标系应用最广。

同一组试验数据,在不同的坐标系中,有不同的图像。例如,回归线 $\hat{Y}=aX^2$,在均匀分度的 $X-Y$ 坐标系中,表现为一条抛物线,令 $X'=X^2$,则在均匀分度的 $X'-Y$ 坐标系(即非均匀分度的 $X-Y$ 坐标系)中,表现为一条直线。呈直线的图像既易于绘制,又便于使用。因此,为了使图像转化为直线,可以选用适当的非均匀分度的坐标系。

在试验工作中,可根据所测参数(变量)之间的关系,选择适当的坐标系。在一般情况下,首先用均匀分度的直角坐标作图,然后根据所得图像的形状,再考虑转换适当的坐标系。

(2) 每一条坐标线所代表的变量的数值,称为坐标线的标度值,相邻的两条坐标线标度值之差称为坐标的分度。

分度的数值,应适当选择,以便与测量精密度相适应。例如,发动机扭矩的测量结果为142 N·m,相应的极限误差为±1 N·m,由测量精密度可知,有效数字为3位。如果分度值过小,以致从图上可以读出4位数字,那就人为地提高了测量的精密度;如果分度值过大,从图上只能读出2位数字,那就人为地降低了测量的精密度。这样做都是错误的。在一般情况下,坐标的分度值应与试验实测数据倒数第二位数字的单位相同。

(3) 无论是自变量还是因变量,坐标线的标度值不一定从零开始。在分度值与测量精密度相适应的前提下，可用低于试验数据最小值的某一整数作为坐标线标度值的起点，高于最大值的某一整数作为终点，以便使试验数据的图像占满整个幅面。当因变量较多时，应分别标出各因变量的标度值。为使图像清晰，亦可沿纵坐标轴截取各个分段，以表示不同的因变量。

(4) 应适当选择相邻两坐标线之间的距离，以使回归线的主要部分有接近于 1 的斜率。这样，既便于读数，又可以比较清楚地显示试验数据与回归线之间的偏差。

22.2.3　回归线的描述

为了用作图法近似地画出回归线，首先需要在选定的坐标系统中标出试验数据点。

在一般情况下，根据实测数据(X_i, Y_i)即可在坐标纸上标出数据点。如果考虑到试验的误差，那么应该用一个矩形来代替数据点，矩形的中心是多次重复测量的算术平均值，矩形的一边等于自变量标准误差的 2 倍($2\sigma_x$)，另一边等于因变量标准误差的 2 倍($2\sigma_y$)，于是，回归线介于 ab、$a'b'$ 两条曲线之间的概率约为 0.95(图 22-12)。如果自变量与因变量的标准误差相等(在选定的坐标系统中，用同样的长度代表二者的标准误差)，则习惯上用圆圈"○"代表各数据点，圆心为算术平均值，圆半径为标准误差值。

在一个图上表示各种不同的数据时，数据点应用不同的标记(如×、△、○、□、+等)加以区别，标记的中心应与数据的坐标相重合。

在试验数据不够充足，图上的数据点较少的情况下，很难确切地判断回归线的走向。这时，只能将数据点用折线相连，以反映变量之间的大致关系。只有在数据点较多的情况下，才可能描绘出一条光滑的回归线，较好地反映变量之间的相关关系。

根据试验数据点的分布，应用作图法描绘回归线时，应该遵循以下各项原则：

(1) 回归线应该匀整光滑，具有尽可能少的转折点。

(2) 根据最小二乘法原理，回归线应与所有的数据点尽可能地接近。一些数据点与回归线偏离很小，而另一些数据点偏离很大的情况，应该避免。

(3) 回归线不必通过任何一个数据点，尤其是两端的数据点。一般来说，两端的数据点由于仪器及测量方法关系，可能具有较大的误差，因此作图时不必同等对待。

(4) 位于回归线两侧的数据点应大致相等。如果数据点较多，按自变量的大小将数据点分成几组时，每一组内位于回归线两侧的数据点应大致相等。

(5) 对于个别的离群的数据点应慎重对待，在可能的情况下，应补做一些试验，以决定取舍。例如，在图 22-13 上，第一批试验数据点以"○"表示，点 A 是个离群的数据点。围绕点 A 补做第二批试验。如果所得到的数据点如"×"所示，则表明原先的试验过于粗略，在点 A 附近的试验点过少，以致无法判定回归线的走向。如果所得到的数据点如"△"所示，则可判断点 A 包含有过失误差，应予舍弃。

根据上述原则，初步确定回归线的走向后，先用曲线板分段画出，再经过修匀，最后连成正式的回归线。

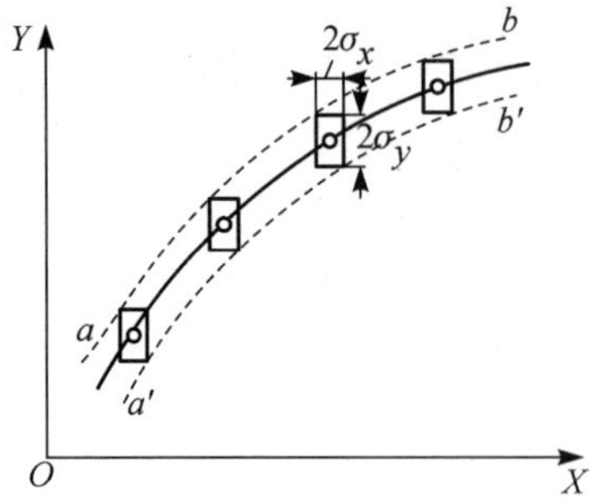

图 22-12　在坐标纸上标出试验数据点

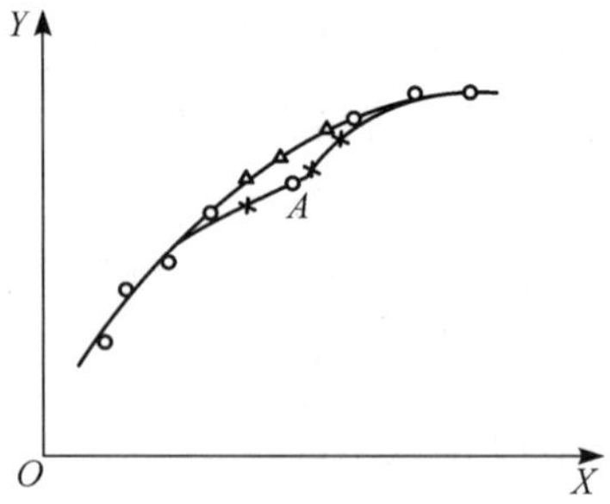

图 22-13　离群数据点的取舍

习　题

1. 请简述一元线性回归原理。
2. 如何应用回归方程进行预报和控制?

第 23 章

动态试验数据处理

动态试验数据指的是随时间变化的试验数据，它通常是以时间为自变量的连续函数 $x(t)$。根据试验数据所表征的变化特点，试验数据可以分为确定性数据和非确定性数据（随机性数据）两大类。能够用明确的数学关系式描述的数据称为确定性数据。不能用明确的数学关系式描述的数据称为非确定性数据，即随机性数据，它只能用概率统计特性来描述。

23.1 数据分析的一般流程

试验数据的分析与处理是整个试验过程的一个重要环节。它大体包括数据准备、数据检验和数据分析等工作。这三方面的工作给出了数据分析与处理的基本轮廓。

试验时，测量系统所提供的数据，通常是物理量的时间历程，它是隐含事物内在规律的原始资料。但是，只有经过一定的处理和分析，才能从原始记录中获取有用的信息。

数据分析的项目及步骤与数据的最终用途有关，也与数据本身的类型有关。图 23-1 所示为数据分析的内容及流程。图中实线方框为数据分析的项目，虚线方框为准备性项目。

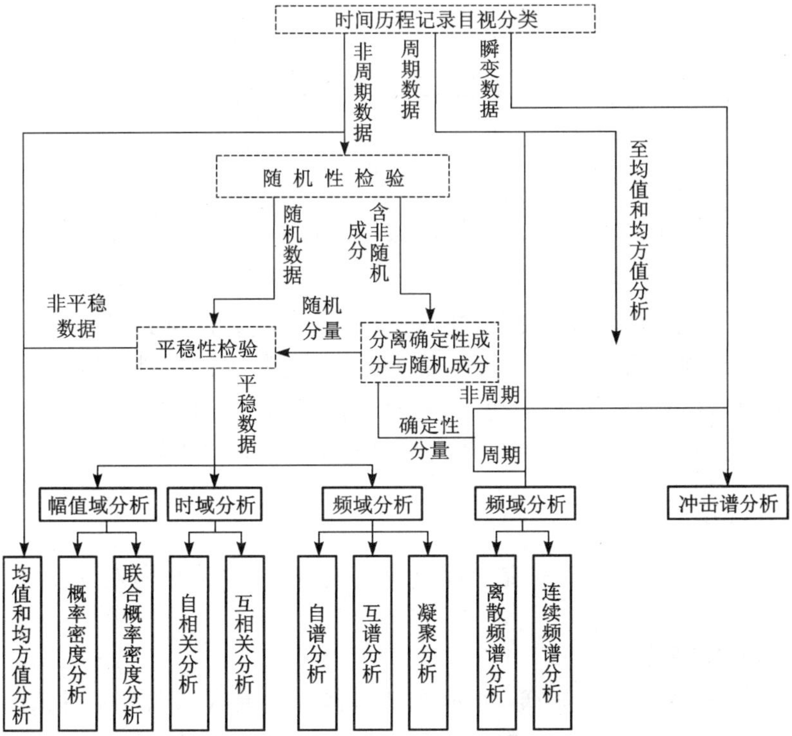

图 23-1 数据分析的内容及流程

数据的类型不同,处理的过程和方法也不同。因此,在处理前,首先要鉴别数据类型。通常采用下列一些步骤进行。

23.1.1 目视分类

一个时间历程记录的类型,可以通过分析测定现场的环境条件,凭直观经验做出初步判断,也可以从时间历程的图形特点进行判断。表 23-1 所示为四种典型试验记录的时间历程图形。表中(a)为正弦波时间历程,具有明显的周期性,一般情况下,把它作为判断是否为确定性数据的一个较为显著的标志。表中(b)是正弦波加随机过程的时间历程,也隐现一定的周期性,但不如(a)那样规则和明显。这种特征暗示该试验数据中可能混有周期性成分。因此,在随机性检验后需把随机分量与周期分量分离,分别进行各自的数据分析项目。表中(c)和(d)是窄带和宽带随机过程的时间历程图形,一般用目视很难把它们区别开。

表 23-1　四种典型数据的时间历程及统计特征图形

类型	时间历程	概率密度	自相关密度	功率谱密度函数
(a) 正弦波	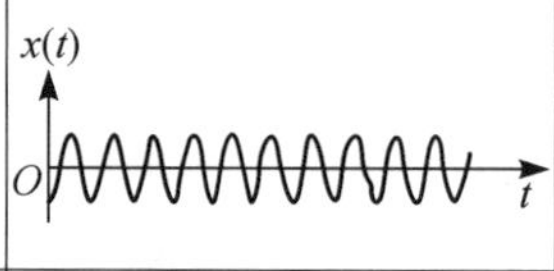	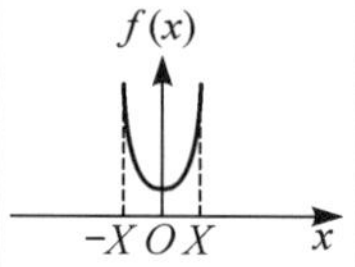	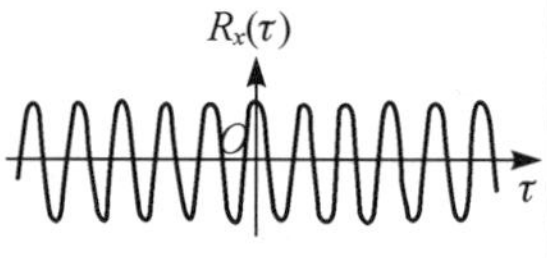	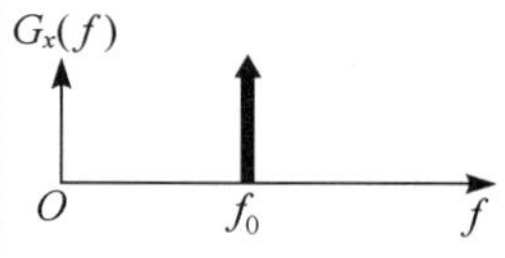
(b) 正弦波加随机过程	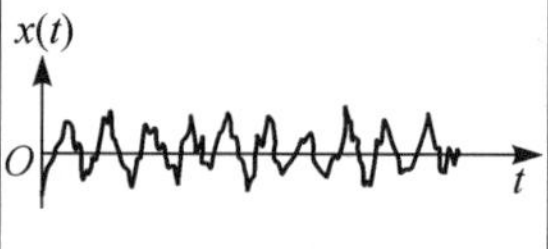	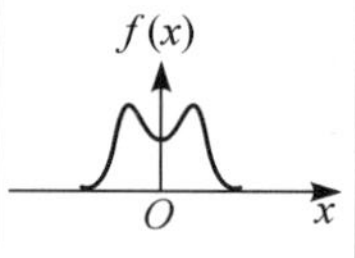	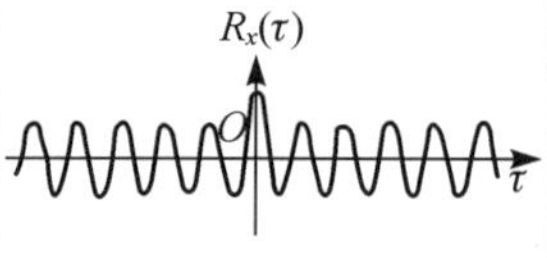	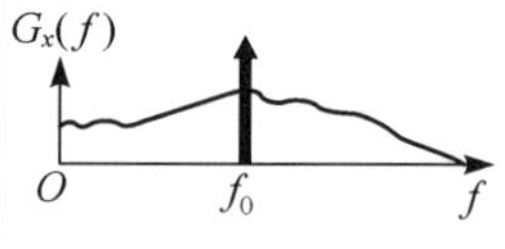
(c) 窄带随机过程	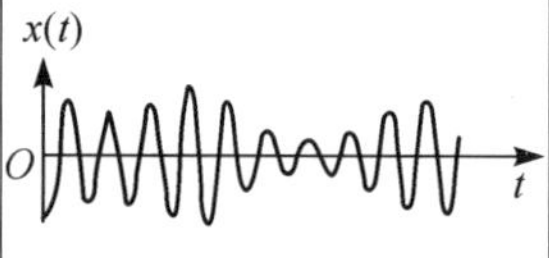	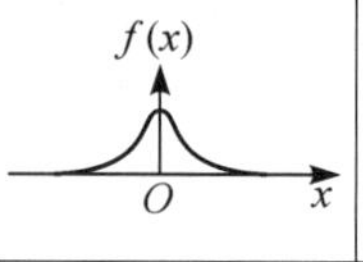	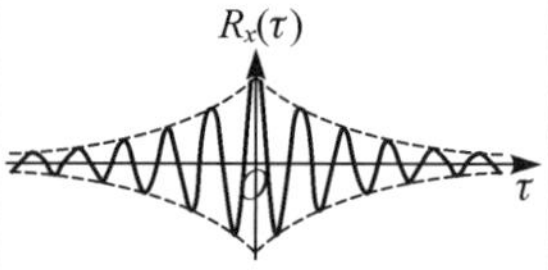	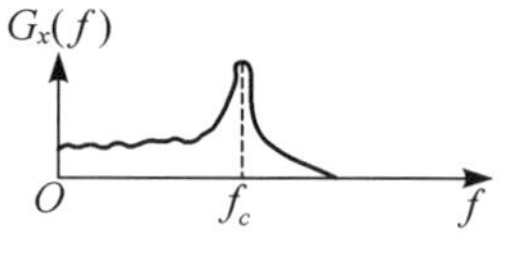
(d) 宽带随机过程	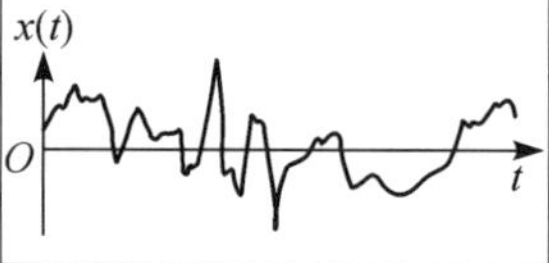	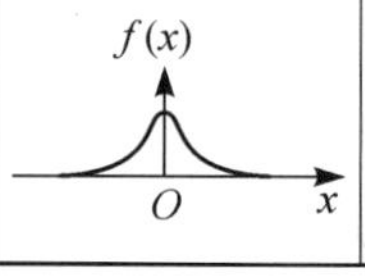	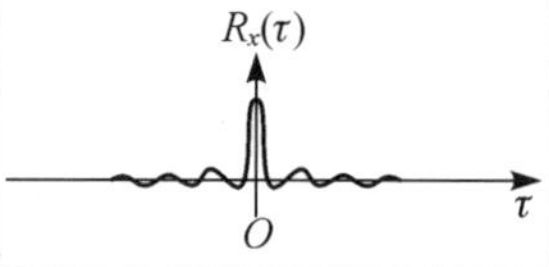	

目视分类主要是区分确定性数据或随机数据。如果某时间历程图形虽无明显重复特征,但其形状接近某种函数的图形,那么,可以考虑它是某种确定性数据的可能性较大。如果暂时无法确认是否为确定性数据,可以先进行随机性检验,并尽可能把潜在的周期分量分离出来,以确保进行统计分析的数据中所含的随机成分占绝对优势。

23.1.2 随机性检验

随机性检验主要是判明数据中是否隐含有周期成分,故又叫周期性检验。工程实践中常采用下面一些方法进行检验。

1. 功率谱图形检验法

由表 23-1 上的功率谱密度图形可知,当随机信号中混有周期分量时,其功率谱图形会出现一个尖峰(理论上有一个 δ- 函数)。但是,周期分量较弱时,只有采用通带较窄的分析滤波器，才能在功率谱图上显现出周期分量的存在。例如，图 23-2 所示为一份随机信号中混有正弦波信号的功率谱图形。它的正弦信号功率仅占随机信号的 1/12。当采用通带 $B_e=50$ Hz 的分析滤波器时，在功率谱图［图 23-2(a)］上很难辨别出正弦成分的存在。若采用通带 $B_e=10$ Hz 的滤波器，在功率谱图［图 23-2(b)］上已经提示可能含有正弦成分。进一步减小滤波器的通带宽($B_e=2$ Hz)，其功率谱图［图 23-2(c)］上就明显地出现类似于 δ-函数的尖峰。由此可见，即使随机信号中含有的周期分量很弱，采用高分辨率的谱分析方法，也会显示出周期成分的存在。

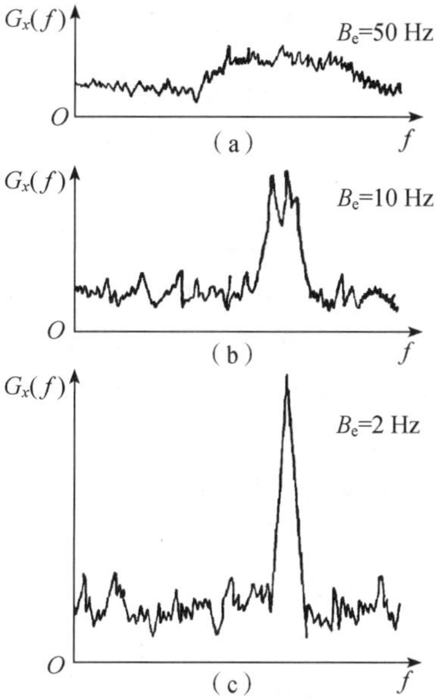

图 23-2　混有正弦波的随机信号功率谱图

但是，把图 23-2(c)与表 23-1(c)的功率谱图形比较，二者实际上无多大差别。那么，当功率谱图上出现尖峰时，究竟意味着信号中混有周期成分呢，还是该信号是一个在尖峰处有能量集中的窄带随机过程？为了对此进行判别，可以用通带更窄的分析滤波器重复一次功率谱分析：如果谱峰表示周期分量，则峰的带宽总是等于滤波器通带宽，而峰高随滤波器通带宽的减小而正比地增加；如果谱峰意味着窄带过程在该处的能量集中，则当信号带宽大于滤波器通带宽时，它的峰宽及峰高不具有周期成分那样的变化趋势。由此即可判明谱峰的含意。

2. 概率密度图形检验法

由表 23-1 可见，周期信号和随机信号的概率密度图形有明显不同。前者类似于盆形，界限明显，后者类似于正态分布的钟形。如果信号的概率密度图形呈现表 23-1(b)所示形状，这就提示随机信号中可能混有周期成分。但是，只有当信号中的周期分量十分强，且周期成分的频率只是一种或少数几种时，才能较明显地显示表 23-1(b)所示形状。否则，这种特征会被淹没而无法检验其周期成分的存在。

如果把概率密度图与功率谱图结合起来进行随机性检验，可以获得良好效果。首先用高分辨率的功率谱分析仪找出谱峰的频率范围，然后按其中心频率，对信号做窄带通滤波，并把滤波后的信号做概率密度分析。这时，如果信号中含有周期成分，则其概率密度图形显示如表 23-1(b)那样的典型形状。否则，说明信号中无周期成分。

3. 自相关图形检验法

从表 23-1 的自相关图上可知，如果随机信号中无周期成分，自相关函数值随时移增大而趋于零或均值之平方，如果信号是正弦波或含有周期成分，自相关图形呈现连续振荡状，如表 23-1(a)、表 23-1(b)所示。根据这一特点，也可判断信号的随机性和周期性。

实际处理中，选用何种方法检验随机性，需视设备条件而定。在设备条件许可而单一方案又不能做出肯定结论时，可考虑采用多种方法的综合判断。

上述几种图形检验方法直观、方便，适用于工程上。然而，这些方法往往依赖于分析人员的实践经验，并且在统计严谨性方面可能存在不足。如果要求对随机性检验以一定的统计置信度做出判断，可以采用统计检验方法，如轮次(游程)检验法进行。

23.1.3 平稳性检验

试验数据是平稳还是非平稳的、是各态历经还是非各态历经的，数据分析的内容和方法均不同。因此，在具体分析之前，需对数据是否满足平稳和各态历经性条件进行检验。

关于各态历经性检验，实际上只能从物理现象的形态做出判断。

关于平稳性检验，理论上应该以随机过程的总体来检验，显然这是办不到的。因此，工程上所说的平稳过程是指把单个时间历程记录分成若干段，而每段各自按时间平均的统计特征彼此都一样的随机过程。这一平稳概念通常称为自平稳。自平稳概念是数学上平稳概念的近似。

数据的平稳性可根据产生此数据的现象及其物理特性，并结合时间历程图形做出判断。一般来说，只要现象的基本物理因素不随时间变化，就可认为数据是平稳的；反之，数据是非平稳的。假若在时间历程记录上，各分段的均值变化不大，峰谷较为均匀，也可认为是平稳的；反之，均值波动很大，或有较明显的某种趋势，则数据是非平稳的。

平稳性检验需要一定的实践经验。在不能做出直观判断时，也可运用统计检验原理进行判别。

试验数据经分类和检验后，即可转入具体处理阶段。对平稳随机数据可根据需要，做幅值域(均值、概率分布等)，时域(相关函数)及频率域(自谱、互谱)分析。周期性数据可做幅值和频谱分析。瞬变数据需做冲击谱分析。

实际处理时，检验与分析工作往往需要交叉进行。图 23-1 所示流程是一个逻辑过程，执行时需灵活掌握。

数据分析可以用模拟设备或数字设备进行。模拟设备对连续时间历程记录进行运算处理，这种对模拟信号直接进行处理的方法称为模拟处理法。数字设备只能对离散数字进行运算，因此需将连续记录转化为离散数字序列，这种方法称为数字处理法。

23.2 采样及预处理

对试验数据进行检验与分析之前，必须做一些初步的整理工作，包括野点剔除、数据单位的转换、消除趋势项等数据预处理。当采用数字法处理数据时，需把连续信号转换为离散的数字量。

23.2.1 采样

1. 采样定理

连续信号转换为离散数字量的过程称为采样，常用模-数转换器(A/D 转换器)实现。采样过程的实质是在特定时刻 t_n 读取连续信号上的一个瞬时值 x_n ($n=0, 1, 2, \cdots, N-1$)，构成一个离散时间序列 $\{x_n\}$，如图 23-3 所示。目前，最常用的采样方法是等间隔采样法，即以相等间隔 $\Delta t=\dfrac{T_r}{N}$ 读取连续信号上的一个数值。

采样得到的离散序列 $\{x_n\}$ 应该包含原信号 $x(t)$ 所隐含的全部信息。但是，如果 Δt 过大，$\{x_n\}$相对 $x(t)$会失真，影响数据分析的精度；Δt 过小，x_n 的数目剧增，加重了计算工作量，且往往受计算机容量的限制。因此，必须有一个选择采样间隔的准则，以确定$\{x_n\}$不失真的最大允许间隔 Δt。这个准则就是香农(Shannon)采样定理，具体表述如下。

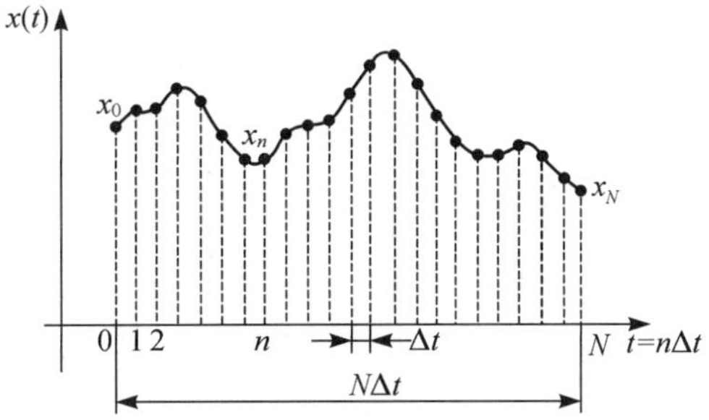

图 23-3　连续信号的采样

设有时间函数 $x(t)$，如果对大于某一频率 f_c 的所有频率，函数 $x(t)$的傅里叶变换为零，那么，当采样间隔 Δt 满足 $\Delta t \leqslant \frac{1}{2f_c}$ 时，连续时间函数 $x(t)$可以由式(23-1)唯一确定。

$$x(t)=\frac{\Delta t}{\pi}\sum_{n=-\infty}^{\infty}x(n\Delta t)\times\frac{\sin\frac{\pi}{\Delta t}(t-n\Delta t)}{t-n\Delta t} \tag{23-1}$$

式中：$n=0,\ \pm 1,\ \pm 2,\ \cdots$；$x(n\Delta t)$ 为图 23-3 上 $t=n\Delta t$ (第 n 点)的函数值 x_n。

采样定理表明，$x(t)$只要满足 $|f|>f_c$ 时，有 $X(f)=0$，则以 $\Delta t \leqslant \frac{1}{2f_c}$ 采得的离散序列$\{x_n\}$能完全表征连续函数 $x(t)$。因此，采样定理提供了选择采样间隔的准则。若以 f_s 表示采样频率，则 $f_s=\frac{1}{\Delta t}\geqslant 2f_c$。

2. 量化

将采样信号取量化等级值的过程称为量化。如图 23-4(a) 所示，设信号 $f(t)$每$\frac{1}{2f_m}$ s 采样一次，将信号的值分若干量化等级，每等级之间的差为 q，按四舍五入原则，凡进入某一级上、下 $q/2$ 以内的采样信号，一律取为该量化等级值，量化后的信号如图 23-4 中粗纵线所示。

对信号进行量化的装置称为量化器，量化器的传递特性如图 23-5 示。例如，当输入至量化器的信号 $x(t)$小于 $q/2$ 时，则相当于“四舍”，量化器输出 $y(t)$为零；而大于 $q/2$ 才相当于“五入”，输出为 q；当输入小于$\frac{3}{2}q$，则相当于“四舍”，量化器输出为 q；大于$\frac{3}{2}q$ 相当于“五入”输出为 $2q$，以此类推，在信号为负时亦然。这样一来，量化器便将信号按量化等级取值进行了量化。

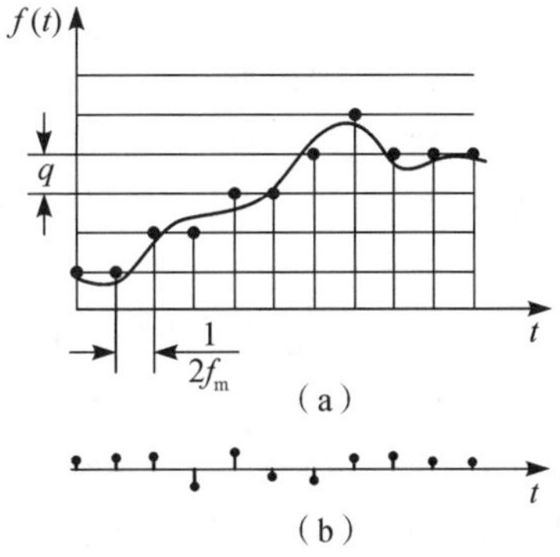

图 23-4　信号量化及量化误差

信号的量化为下一步数字化做了准备，每一量化等级都可以方便地以一定的数字符号与之对应，如对于每个量化等级值可以用一个二进制数字表示。以图 23-6 为例，每个采样并量化后的信号，都用一个四位二进制数字表示，而每个二进制数则用各位脉冲的有无来表示。

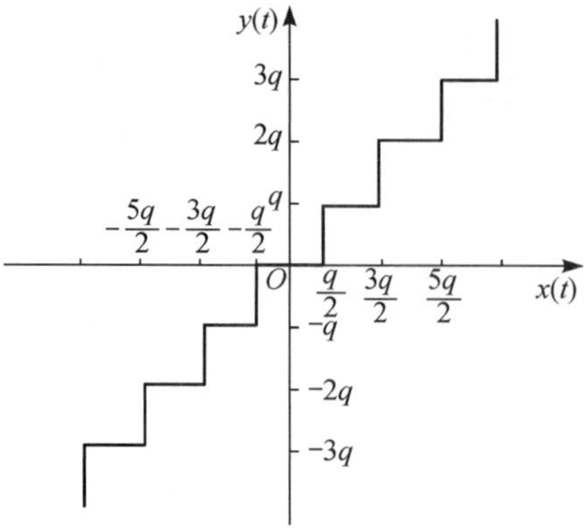

图 23-5　量化器的传递特性

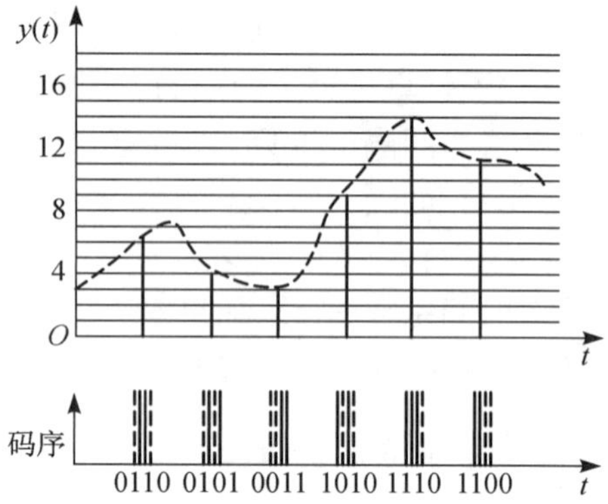

图 23-6　脉冲编码调制

如图 23-4 所示，由于量化过程中进行了“四舍五入”，因此量化后的信号和与之对应的原始信号之间是有差别的，即由于量化而带进了误差。这就等于在量化过程中在信号上叠加了噪声，这种噪声可表示为在采样时刻有一些短的、其值不超过 $\pm q/2$ 的脉冲，如图 23-4(b) 所示。脉冲的值等于量化后的信号减去对应的原信号采样值。由于这种信号是由量化而产生的，故称量化噪声。

量化噪声有以下特点：首先，在数-模转换及低通滤波等信号还原环节不能被消除，因为还原环节不能分辨出收到的量化信号与对应的原采样信号究竟相差多少。其次，量化噪声在 $\pm q/2$ 范围内变化，其最大值等于 $\pm q/2$，可见量化噪声大小取决于量化级差 q，或者说信号被分的量化级数越多，量化噪声越小，反之级数越少，量化噪声越大。由于不论信号值如何，噪声都在 $-q/2 \sim +q/2$，因而信号值小时噪声影响大，信噪比小，反之信号值大时噪声影响变小，信噪比增大。

量化级数 m 取多大，取决于要求的平均功率信噪比。m 与平均功率信噪比的关系分析如下。

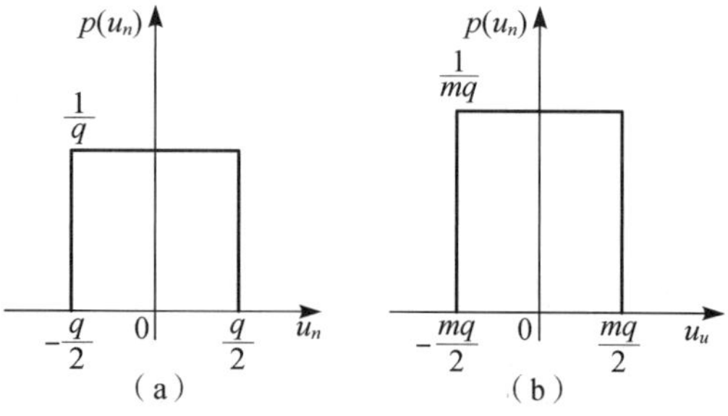

图 23-7　量化噪声及三角波的概率密度函数

我们可以近似地认为，量化噪声在其值变化范围 $\pm q/2$ 内各种幅度出现的机会近似相等，如图 23-7(a)所示，量化噪声在 $\pm q/2$ 之间具有恒定的概率密度函数。在计算噪声功率时，仍按惯用的方法假定相当于噪声电压是加在一个标准的 1 Ω 的电阻上。因而，对于这种恒定的概率密度分布，噪声的平均功率 P_N 就相当于在 1 Ω 电阻上的均方噪声电压，即

$$P_N = \bar{u}_n^2 = \int_{-\infty}^{+\infty} u_n^2 p(u_n)\,\mathrm{d}u_n = \int_{-\frac{q}{2}}^{\frac{q}{2}} u_n^2 \frac{1}{q}\,\mathrm{d}u_n = \frac{1}{q}\left.\frac{u_n^3}{3}\right|_{-\frac{q}{2}}^{\frac{q}{2}} = \frac{q^2}{12} \tag{23-2}$$

式(23-2)表明，幅值均匀分布的量化噪声，平均噪声功率是量化级差 q 平方的函数。这里给出了平均噪声功率与 q 的关系：P_N 与 q 平方成正比。在一定信号变化范围内，用来给采样量化值编码的比特数越大，亦即量化级差 q 越小，噪声功率越低。

信号的平均功率可以由对信号统计分析计算获得。现假设信号为三角波，三角波具有这种性质：它的幅值在其变化范围内具有恒定的概率密度函数，如图 23-7(b)所示。若在三角波变化范围内，量化级数共分 m 级，级差为 q，则整个变化范围为$\pm mq$之间。与分析平均量化噪声功率类似，则可以直接写出平均信号功率

$$P_S=\frac{m^2q^2}{12} \tag{23-3}$$

由式(23-2)和式(23-3)，得到三角波信号量化时平均功率信噪比为

$$\frac{P_S}{P_N}=m^2 \tag{23-4}$$

用分贝表示，则式(23-4)表达为

$$D=20\lg m \tag{23-5}$$

式(23-4)和式(23-5)给出了平均功率信噪比与量化级数的关系，量化级数越多，平均功率信噪比越大。

当尚不能准确知道信号统计特性时，可以根据要求的还原平均功率信噪比，按式(23-4)和式(23-5)来确定量化级数 m；当给定信号变化范围时，进而可确定量化级差 q 以及确定编码的比特数；当已知信号的统计特性时，则可以计算实际信号平均功率并按要求的还原平均功率信噪比确定量化级差、级数；或者根据给定的量化级数来计算实际平均功率信噪比。

由量化噪声的特点已知，当信号处于其变化范围的低端时，由于信号小则产生的量化噪声影响增大。为使还原平均功率信噪比维持在容许的范围内，应当按低电平信号来确定量化等级数，然而这样做，往往会导致量化等级数过多。因此，常采用对低电平信号量化级数加多、而对较高电平信号量化级数逐渐变稀的非均匀量化措施。非均匀量化可直接在编码器中取非线性间隔的量化级来完成，或者先对输入信号用压缩器进行对数压缩，然后进行均匀量化的方法来实现。

23.2.2　频率混淆

当采样间隔 Δt 取得过大，使 $\Delta t>\frac{1}{2f_c}$ 时，将发生 $x(t)$中的高频成分 $\left(|f|>\frac{1}{2\Delta t}\right)$ 被折叠到低频成分 $\left(|f|<\frac{1}{2\Delta t}\right)$ 上的现象，这种现象称为频率混淆。

为了解释频率混淆现象的产生原因，假定某连续信号中含有频率为 900 Hz、400 Hz 及 100 Hz 的正弦成分，它们分别示于图 23-8 中。现以 $f_s=500$ Hz 进行采样，并把各图上的采样点(标以“×”的点)各自以最低频率的正弦线(虚线所示)连接起来。由图 23-8 可见，只有 100 Hz 的波形与采样点正弦线相吻合，其余两组波形与采样点正弦线均有较大差异。因为三条采样点正弦线的频率相同，于是原三种频率波形的采样值相互混淆了：高频信号(900 Hz 和 400 Hz)的采样值构成一个虚假的低频成分，附加到原低频(100 Hz)波形的采样值上，从而使原低频波形采样值发生失真。

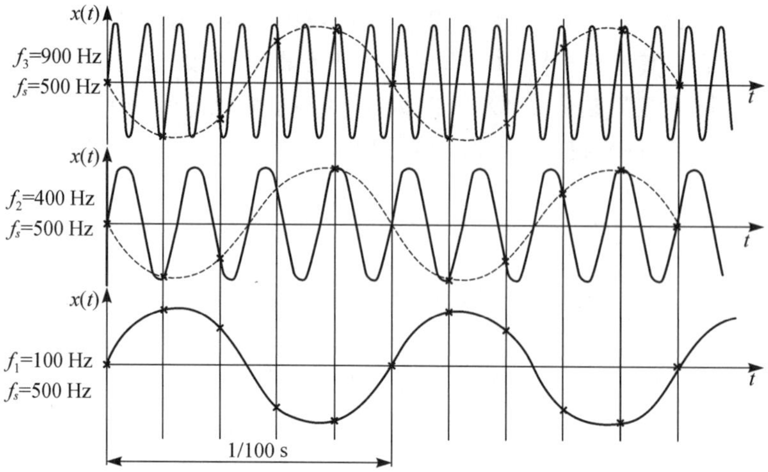

图 23-8　高低频成分的混淆

混淆现象的产生也可从图 23-9 及图 23-10 上得到证实。两图分别表示以 $\Delta t \leqslant \frac{1}{2f_c}$

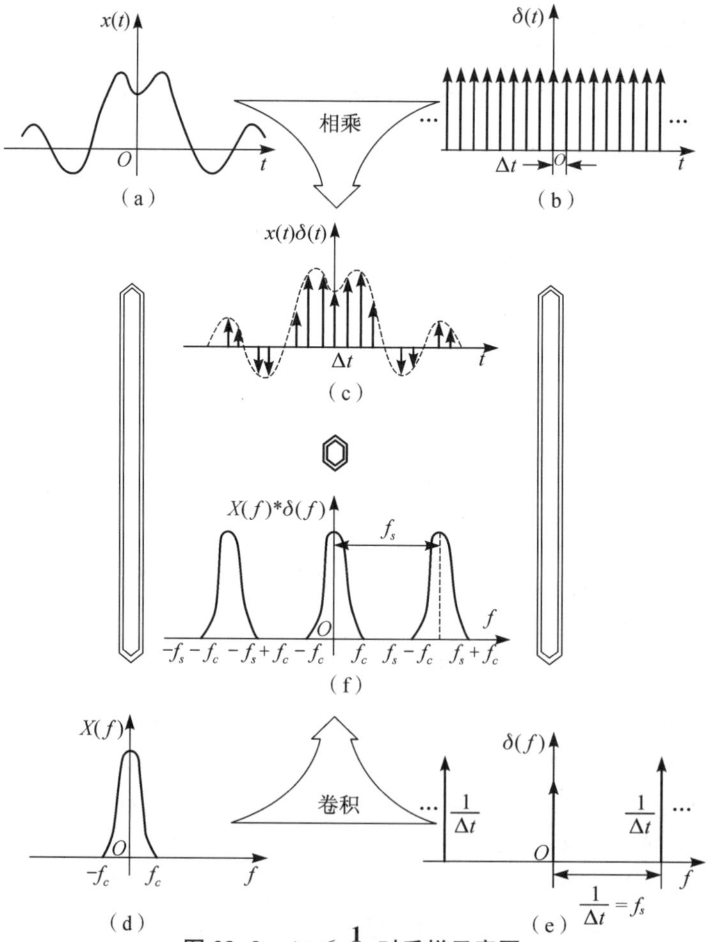

图 23-9　$\Delta t \leqslant \frac{1}{2f_c}$ 时采样示意图

(图 23-9)和 $\Delta t > \frac{1}{2f_c}$(图 23-10)两种不同的采样间隔对同一波形 $x(t)$采样的结果。对 $x(t)$的采样可看成以一系列 δ-函数乘以 $x(t)$,得到如图 23-9(c)和图 23-10(c)所示图形。图 23-9(b)上脉冲间隔较小,故 $x(t)\delta(t)$图形[图 23-9(c)]大体上反映 $x(t)$的形状。而图 23-10(b)上的脉冲间隔较大,$x(t)\delta(t)$的图形[图 23-10(c)]很难代表原波形 $x(t)$。如果把上述关系转入频域观察,根据傅里叶变换的卷积定理,采样后的傅里叶变换示于图 23-9(f)和 23-10(f)上。比较图 23-9(f)及图 23-10(f),前者与 $x(t)$的傅里叶变换 $X(f)$图形[图 23-9(d)]一致,只是由单个波形变为每间隔 $\frac{1}{\Delta t}(>2f_c)$ 周期重复一次的波形;后者由于 $\Delta t < \frac{1}{2f_c}$,周期重复的 $X(f)$波形相互重叠,形成如图 23-10(f)上实线所示波形,这时,采样后的傅里叶变换与原始的 $X(f)$几乎完全不同了,这就是频率混淆的结果。

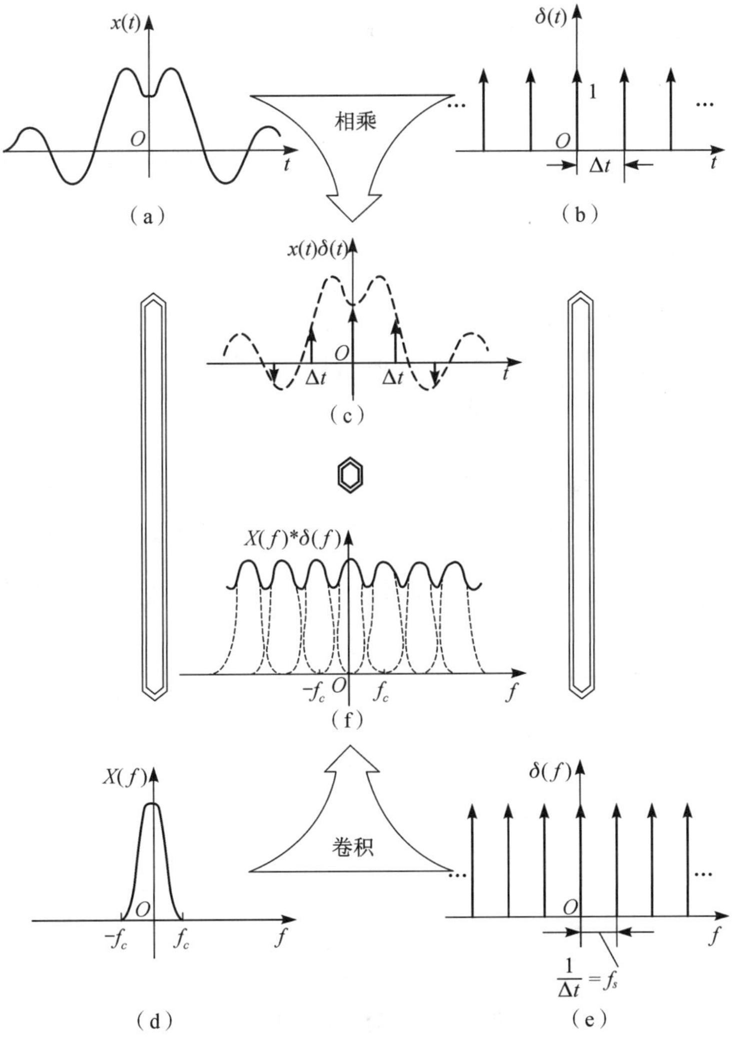

图 23-10　$\Delta t > \frac{1}{2f_c}$时混淆现象示意图

从图 23-10(f)上可以推知,不产生混淆现象的临界条件是 $f_s=\frac{1}{\Delta t}=2f_c$。或者说,当采样间隔一定时,不发生混淆的信号最高允许频率 $f_c=\frac{1}{2\Delta t}$。通常把 f_c 称为截断频率或奈奎斯特频率。

信号中能相互混淆的频率为

$$f_1=\pm f_2+Kf_s \quad (K=1,\ 2,\ \cdots) \tag{23-6}$$

式中,f_1、f_2 为能相互混淆的频率。

例如,对于图 23-8 的情况,$f_s=500$ Hz,$f_2=100$ Hz,则能与 f_2 混淆的频率有 400 Hz、600 Hz、900 Hz、1 100 Hz、…。因此,如果信号中含有这些频率成分,就会与 100 Hz 低频成分产生混淆。

为了避免混淆,可以采取以下措施:

(1) 控制采样间隔,如果预计信号中最高频率为 f_m,可选取 $f_c=(1.5\sim2)f_m$,即 $\Delta t=\frac{1}{(3\sim4)f_m}$。

(2) 采样前对 $x(t)$施行低通滤波,滤掉信号中影响较弱的高频成分,然后根据滤波后的信号最高频率选取 Δt。

23.2.3 野点剔除

试验数据的测量过程中,有时因突然发生的噪声干扰、信号丢失、传感器失灵等原因,使记录数据引进一些假值。假值的渗入,造成时间历程产生过高或过低的突变点称为野点。如果对此记录进行采样,就会在采样值中出现异常数据,从而歪曲数据分析结果。因此,必须对野点做出判断和剔除。

野点的判断和剔除可根据异常数据处理原理进行。实际中有多种实施方案,图 23-11 所示处理框图为其中之一。图中虚线所围部分连续地产生采样值方差 S_i^2 的更新值,即

$$S_i^2=\overline{x_i^2}-(\bar{x}_i)^2 \tag{23-7}$$

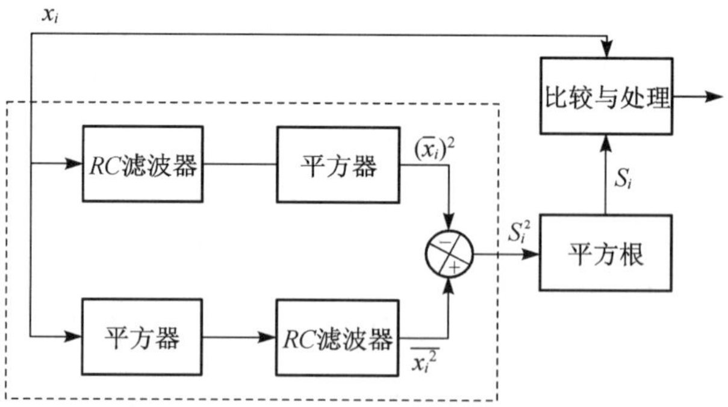

图 23-11 野点处理框图

由此得到的 S_i 送入比较器内检查,如果

$$x_i - KS_i < x_{i+1} < x_i + KS_i \tag{23-8}$$

则认为 x_{i+1} 是正常数据；反之，x_{i+1} 是野点，应予以剔除或以适当值代之。处理时，参数 K 通常取为 3～5。

23.2.4　趋势项消除

试验中，如果存在系统性因素的干扰，测量记录就会呈现某种变化趋势。通常把连续信号中周期大于记录时间的频率分量称为趋势项。趋势项的存在，有可能使相关函数及功率谱密度产生畸变，甚至使低频谱值完全失真。因此，消除趋势项是数据预处理的一项重要工作。

工程上常用最小二乘法消除趋势项。图 23-12(a)上，连续信号 $x(t)$ 含有线性趋势项 $Z(t)$。为了消除$Z(t)$，先用最小二乘法拟合趋势项[图 23-12(c)]，然后在数据中减去趋势项即可[图 23-12(b)]。具体方法如下。

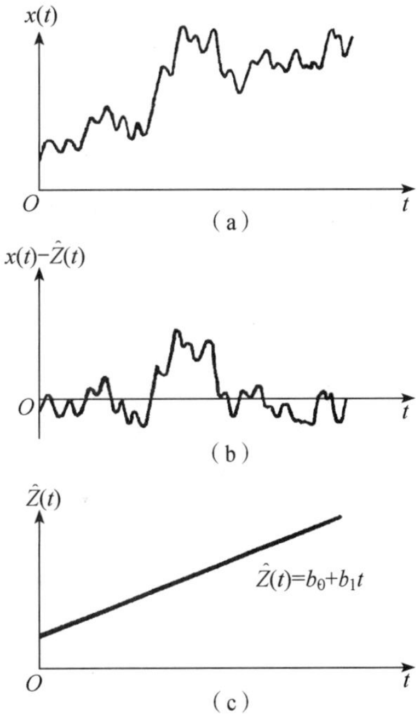

图 23-12　线性趋势项的消除示意图

设 $\{x_n\}$ $(n=0, 1, 2, \cdots, N-1)$ 为连续信号的采样值序列，为了找出趋势项 $Z(t)$，假定以 K 阶多项式

$$Z(t) = \hat{x}_n = \sum_{k=0}^{K} b_k (n\Delta t)^k \tag{23-9}$$

拟合数据序列$\{x_n\}$。式中，b_k 为待定系数，K 的取值由趋势项的函数类型决定。对于常数趋势项，$K=0$；线性趋势项，$K=1$；二次型趋势项，$K=2$。一般情况下，从时间历程图形的变化趋势，先假定一个 K 值，然后根据拟合情况反复修改 K 值，直至找到恰当的趋势项函数类型。

系数集$\{b_k\}$可用最小二乘法确定，即应使下式取最小值

$$S(b) = \sum_{n=0}^{N-1} (x_n - \hat{x}_n)^2 = \sum_{n=0}^{N-1} \left[x_n - \sum_{k=0}^{K} b_k (n\Delta t)^k \right]^2 \tag{23-10}$$

为此，将上式分别对 b_l $(l=0, 1, 2, \cdots, K)$ 取偏导数，并令其等于零，得到

$$\frac{\partial S}{\partial b_l} = \sum_{n=0}^{N-1} 2\left[x_n - \sum_{k=0}^{K} b_k (n\Delta t)^k \right]\left[-(n\Delta t)^l \right] = 0 \tag{23-11}$$

或

$$\sum_{k=0}^{K} b_k \sum_{n=0}^{N-1} (n\Delta t)^{k+l} = \sum_{n=0}^{N-1} x_n (n\Delta t)^l \tag{23-12}$$

式中，$l=1, 2, \cdots, K$。

上式实际上是 $K+1$ 个方程的缩写。解方程组便得到 $b_0, b_1, \cdots, b_k$。例如，当 $K=0$ 时，由式(23-12)得

$$b_0=\frac{1}{N}\sum_{n=0}^{N-1}x_n \tag{23-13}$$

当 $K=1$ 时,得

$$b_0=\frac{2(2N-1)\sum_{n=0}^{N-1}x_n-6\sum_{n=0}^{N-1}nx_n}{N(N+1)} \tag{23-14}$$

$$b_1=\frac{12\sum_{n=0}^{N-1}nx_n-6(N-1)\sum_{n=0}^{N-1}x_n}{N(N-1)(N+1)\Delta t} \tag{23-15}$$

以 b_0、b_1 代入式(23-9)求得线性趋势项,如图 23-12(c)所示。

对于 $K=2$、$K=3$ 等高阶多项式趋势项,可用类似方法解得。

习 题

1. 如何检验信号的平稳特性?
2. 请解释频率混淆现象,如何消除?
3. 自相关函数有哪些应用?

第 24 章

信号处理理论简介

随着计算机技术的发展,数字信号处理技术得到了越来越广泛的应用,它已成为现代科学技术必不可少的工具之一。

数字信号处理在生物医学工程、声学、声呐、雷达、宇航、地震、语音通信等领域的广泛应用彰显了其举足轻重的地位和重要性。近年来,在机械、冶金、建筑、交通、电力等部门,数字信号处理的应用也得到了迅速的发展。即便是普通的家用电器,如冰箱、电风扇、空调、抽油烟机等,也运用了数字信号处理技术,找出振动与噪声源,提出对策,这对于提高产品质量亦是一种科学手段。

现在除了基于通用计算机的数字信号处理软件外,还有专用硬件的数字信号处理机,其在运算速度、分辨能力、功能等方面,都显示出了一定的优越性。由于数字信号处理有很强的实时能力,这使得旋转机械的动态谱分析,以及高速运动物体的实时分析与监视都成为可能。此外,数字信号处理的分辨能力,在高频段(50 kHz)可达 25 Hz,在超低频段可达 0.002 5 Hz。

数字信号处理的主要内容包括频谱分析与数字滤波,前者包含了相关与统计分析,其数学运算的核心是离散傅里叶变换与快速傅里叶变换;后者包含了无限冲激响应滤波(IIR)与有限冲激响应滤波(FIR)。本章将重点介绍基于傅里叶变换的频谱分析,并对有关数字滤波、倒频谱分析、细化技术以及时序谱分析等做一些简介。

24.1 信号的截断、能量泄漏及窗函数

24.1.1 信号的截断及能量泄漏效应

数字信号处理的主要数学工具是傅里叶变换。注意:傅里叶变换是研究整个时间域和频率域的关系。然而,当运用计算机实现工程测试信号处理时,不可能对无限长的信号进行运算,而是取其有限的时间间隔进行分析,这就需要进行截断。截断方法就是将无限长的信号乘以窗函数(Window function)。这里“窗”的含义是指透过窗口能够观测到整个外景的一部分,其余被遮蔽(视为零)。如图 24-1 所示,余弦信号 $x(t)$在时域分布为无限长($-\infty$, ∞),当用矩形窗函数 $w(t)$与其相乘时,得到截断信号 $x_T(t)=x(t)w(t)$。根据傅里叶变换关系,余弦信号的频谱 $X(\omega)$是位于 ω_0 处的 δ 函数,而矩形窗函数 $w(t)$的谱为 $\sin c(\omega)$ 函数,按照频域卷积定理,则截断信号 $x_T(t)$的谱 $X_T(\omega)$应为

$$X_T(\omega)=\frac{1}{2\pi}X(\omega)*W(\omega) \tag{24-1}$$

将截断信号的谱 $X_T(\omega)$与原始信号的谱 $X(\omega)$相比较可知,它已不是原来的两条谱线,

而是两段振荡的连续谱。这表明原来的信号被截断以后,其频谱发生了畸变,原来集中在 ω_0 处的能量被分散到两个较宽的频带中去了,这种现象称为泄漏(Leakage)。

信号截断以后产生的能量泄漏现象是必然的,因为窗函数 $w(t)$ 是一个频带无限的函数,所以即使原信号 $x(t)$ 是限带信号,而在截断以后也必然成为无限带宽的函数,即信号在频域的能量与分布被扩展了。又从采样定理可知,无论采样频率多高,只要信号一经截断,就不可避免地引起混叠,因此信号截断必然导致一些误差,这是信号分析中不容忽视的问题。

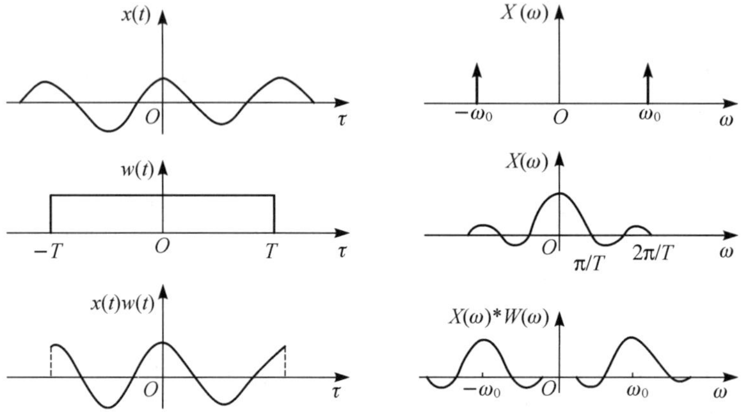

图 24-1　余弦信号的截断及能量泄漏现象

如果增大截断长度 T,即矩形窗口加宽,则窗谱 $W(\omega)$ 将被压缩变窄(π/T 减小)。虽然理论上讲,其频谱范围仍为无限宽,但实际上中心频率以外的频率分量衰减较快,因而泄漏误差将减小。当窗口宽度 T 趋于无穷大时,则窗谱 $W(\omega)$ 将变为 $\delta(\omega)$ 函数,而 $\delta(\omega)$ 与 $X(\omega)$ 的卷积仍为 $X(\omega)$。这说明,如果窗口无限宽,即不截断,就不存在泄漏误差。

泄漏与窗函数频谱的两侧旁瓣有关,如果使侧瓣的高度趋于零,而使能量相对集中在主瓣,就可以较为接近于真实的频谱。因此,在时间域中可采用不同的窗函数来截断信号。

24.1.2　常用窗函数

实际应用的窗函数,主要有以下几种类型:

(1) 幂窗:采用时间变量某种幂次的函数,如矩形、三角形、梯形或其他时间(t)的高次幂。

(2) 三角函数窗:应用三角函数,即正弦或余弦函数等组合成的复合函数,如汉宁窗、海明窗等。

(3) 指数窗:采用指数时间函数,如 e^{-at} 形式,高斯窗等。

下面介绍几种常用窗函数的性质和特点。

1. 矩形窗

矩形窗属于时间变量的零次幂窗,函数形式为

$$w(t)=\begin{cases}\dfrac{1}{T} & |t|<T \\ 0 & |t|>T\end{cases} \tag{24-2}$$

其谱窗为

$$W(\omega)=\frac{2\sin(\omega T)}{\omega T} \tag{24-3}$$

矩形窗使用最多,习惯上不加窗就是使函数通过了矩形窗。这种窗的优点就是主瓣比较集中,其缺点是旁瓣较高,并有负旁瓣(图 24-2),导致变换中带进了高频干扰和泄漏,甚至出现负谱现象。

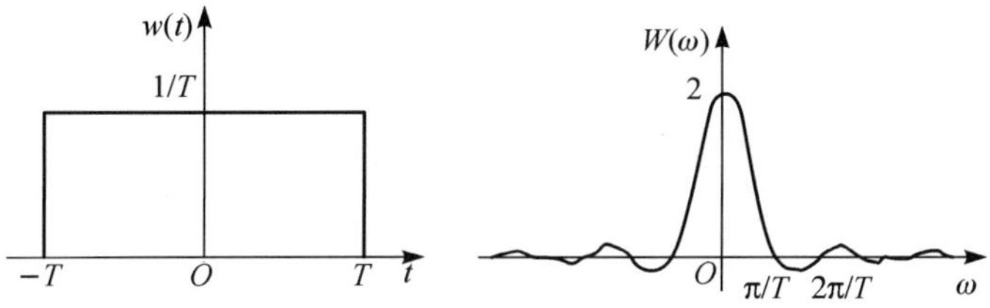

图 24-2　矩形窗

2. 三角窗

三角窗亦称费杰(Fejer)窗,是幂窗的一次方形式,其定义为

$$w(t)=\begin{cases}\dfrac{1}{T}\left(1-\dfrac{|t|}{T}\right) & |t|<T\\ 0 & |t|>T\end{cases} \tag{24-4}$$

其谱窗为

$$W(\omega)=\left(\frac{\sin\omega T/2}{\omega T/2}\right)^2 \tag{24-5}$$

三角窗与矩形窗比较,主瓣宽约等于矩形窗的 2 倍,但旁瓣小,而且无负旁瓣,如图 24-3 所示。

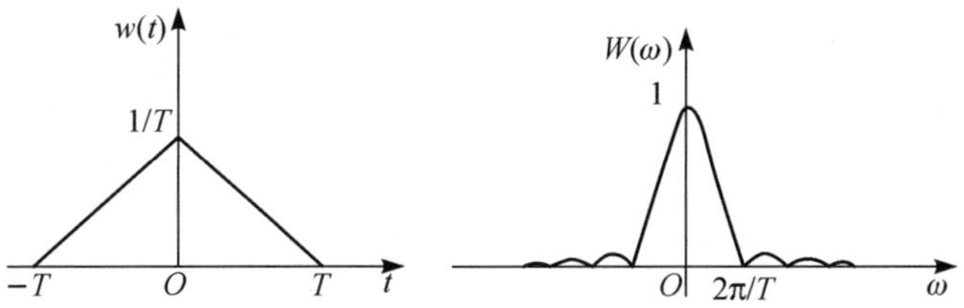

图 24-3　三角窗

3. 汉宁(Hanning)窗

汉宁窗又称升余弦窗,其时间函数为

$$w(t)=\begin{cases}\dfrac{1}{T}\left(\dfrac{1}{2}+\dfrac{1}{2}\cos\dfrac{\pi t}{T}\right) & |t|\leqslant T\\ 0 & |t|>T\end{cases} \tag{24-6}$$

其窗谱为

$$W(\omega)=\frac{\sin\omega T}{\omega T}+\frac{1}{2}\left[\frac{\sin(\omega T+\pi)}{\omega T+\pi}+\frac{\sin(\omega T-\pi)}{\omega T-\pi}\right] \tag{24-7}$$

由式(24-7)可以看出,汉宁窗可以看作是 3 个矩形时间窗的频谱之和,或者说是 3 个 $\sin c(t)$ 型函数之和,而括号中的两项相对于第一个谱窗向左、右各移动了 π/T,从而使旁瓣互相抵消,消去高频干扰和漏能。汉宁窗的频谱如图 24-4 所示。

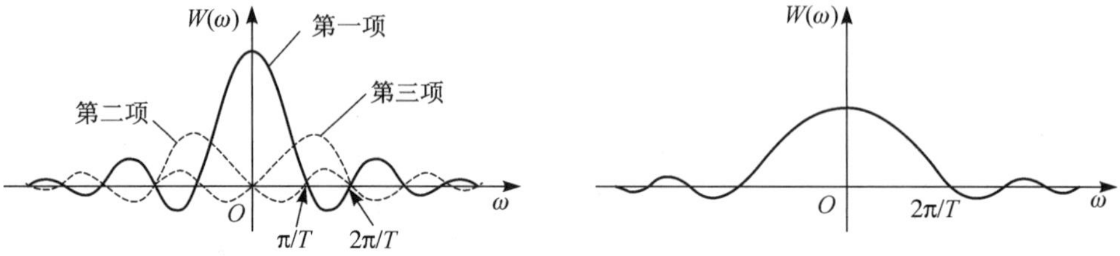

图 24-4　汉宁窗

图 24-5 所示为汉宁窗与矩形窗的谱图对比,图 24-5(a)为 $W(\omega)$-ω 关系;图 24-5(b)为相对幅度(相对于主瓣衰减)-$\lg\omega$ 关系,可以看出,汉宁窗主瓣加宽(第一个零点在 $2\pi/T$ 处)并降低,旁瓣则显著减小。第一个旁瓣衰减 −32 dB,而矩形窗第一个旁瓣衰减 −13 dB。此外,汉宁窗的旁瓣衰减速度也较快,约为 60 dB/(10 oct),而矩形窗为 20 dB/(10 oct)。由以上比较可知,从减小泄漏观点出发,汉宁窗优于矩形窗。但汉宁窗主瓣加宽,相当于分析带宽加宽,频率分辨率下降。

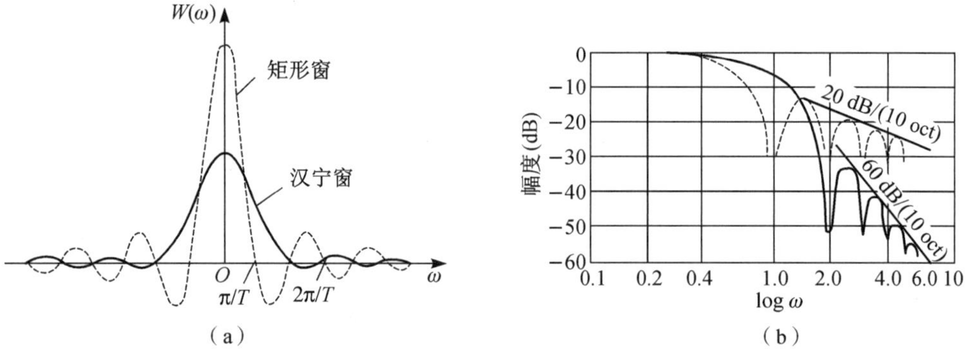

图 24-5　汉宁窗与矩形窗谱图对比

4. 海明(Hamming)窗

海明窗也是余弦窗的一种,又称改进的升余弦窗,其时间函数为

$$w(t)=\begin{cases}\dfrac{1}{T}\left(0.54+0.46\cos\dfrac{\pi t}{T}\right) & |t|\leqslant T\\ 0 & |t|>T\end{cases} \tag{24-8}$$

其窗谱为

$$W(\omega)=1.08\frac{\sin\omega T}{\omega T}+0.46\left[\frac{\sin(\omega T+\pi)}{\omega T+\pi}+\frac{\sin(\omega T-\pi)}{\omega T-\pi}\right] \tag{24-9}$$

海明窗与汉宁窗都是余弦窗,只是加权系数不同。海明窗加权的系数能使旁瓣达到更

小。分析表明，海明窗的第一旁瓣衰减为−42 dB。海明窗的频谱也是由 3 个矩形时窗的频谱合成的，但其旁瓣衰减速度为 20 dB/(10 oct)，这比汉宁窗衰减速度慢。海明窗与汉宁窗都是很有用的窗函数。

5. 高斯窗

高斯窗是一种指数窗，其时域函数为

$$w(t)=\begin{cases}\dfrac{1}{T}\mathrm{e}^{-at^2} & |t|\leqslant T\\ 0 & |t|>T\end{cases} \tag{24-10}$$

式中，a 为常数，决定了函数曲线衰减的快慢。a 值如果选取恰当，可以使截断点(T 为有限值)处的函数值比较小，则截断造成的影响就比较小。高斯窗谱无正负的旁瓣，第一旁瓣衰减达−55 dB。高斯窗谱的主瓣较宽，故而频率分辨率低。高斯窗函数常被用来截断一些非周期信号，如指数衰减信号等。

除了以上几种常用窗函数以外，尚有多种窗函数，如帕仁(Parzen)窗、布拉克曼(Blackman)窗、凯塞(kaiser)窗等。表 24-1 列出了五种典型窗函数的性能特点。

表 24-1　典型窗函数的性能特点

窗函数类型	−3 dB 带宽	等效噪声带宽	旁瓣幅度(dB)	旁瓣衰减速度[dB/(10 oct)]
矩　形	0.89 B	B	−13	−20
三角形	1.28 B	1.33 B	−27	−60
汉　宁	1.20 B	1.23 B	−32	−60
海　明	1.30 B	1.36 B	−42	−20
高　斯	1.55 B	1.64 B	−55	−20

关于窗函数的选择，应考虑被分析信号的性质与处理要求。如果仅要求精确读出主瓣频率，而不考虑幅值精度，则可选用主瓣宽度比较窄而便于分辨的矩形窗，如测量物体的自振频率等；如果分析窄带信号，且有较强的干扰噪声，则应选用旁瓣幅度小的窗函数，如汉宁窗、三角窗等；对于随时间按指数衰减的函数，可采用指数窗来提高信噪比。

24.2　傅里叶变换

24.2.1　离散傅里叶变换(DFT)

离散傅里叶变换(Discrete Fourier Transform，DFT)一词并非泛指对任意离散信号取傅里叶积分，而是为适应计算机做傅里叶变换运算而引出的一个专用名词，所以有时称 DFT 是适用于数字计算机计算的 FT。这是因为，对信号 $x(t)$进行傅里叶变换或逆傅里叶变换(IFT)运算时，无论在时域或在频域都需要进行包括$(-\infty,\ \infty)$区间的积分运算，若在计算机上实现这一运算，则必须做到：①把连续信号(包括时域、频域)改造为离散数据；②把计算范围收缩到一个有限区间;③实现正、逆傅里叶变换运算。在这种条件下所构成的变换对称为离散傅里叶变换对。其特点是:在时域和频域中都只取有限个离散数据,这些数据分别构成周期性的离散时间函数和频率函数。

离散傅里叶变换对如下式所示(其推导可参阅相关教材,这里不做推导):

$$\begin{cases} X(k)=\sum_{n=0}^{N-1} x(n)\mathrm{e}^{-\mathrm{j}2\pi nk/N} & k=0,1,2,\cdots \\ x(n)=\dfrac{1}{N}\sum_{n=0}^{N-1} X(k)\mathrm{e}^{-\mathrm{j}2\pi nk/N} & n=0,1,2,\cdots \end{cases} \tag{24-11}$$

其亦可表示为

$$\begin{cases} X(k)=\mathrm{DFT}[x(n)] \\ x(n)=\mathrm{IDFT}[X(k)] \end{cases} \tag{24-12}$$

如果令

$$W=\mathrm{e}^{-\mathrm{j}2\pi/N} \tag{24-13}$$

则可表示为

$$\begin{cases} X(k)=\sum_{n=0}^{N-1} x(n)W^{nk} & k=0,1,2,\cdots \\ x(n)=\dfrac{1}{N}\sum_{n=0}^{N-1} X(k)W^{-nk} & n=0,1,2,\cdots \end{cases} \tag{24-14}$$

24.2.2 快速傅里叶变换(FFT)

快速傅里叶变换(Fast Fourier Transform, FFT)是一种减少 DFT 计算时间的算法。在此出现之前,虽然 DFT 为离散信号的分析从理论上提供了变换工具,但是很难实现,因为计算时间很长。例如,对采样点 $N=1\,000$, DFT 算法运算量约需 200 万次,而 FFT 仅约需 1.5 万次,可见 FFT 方法大大地提高了运算效率。FFT 算法有多种变型,其算法是很多的,但每种变型的建立,多是考虑了被分析数据的特性,或者利用计算机特性,或者利用专用计算机 FFT 硬件特性等。一般情况下最常用的为基 2FFT 算法。

24.2.3 FFT 算法应用

由以上分析可知,FFT 是 DFT 的一种快速算法。可以认为,DFT 是一个周期离散时间序列与一个周期离散频域序列的组合,它们通过有限求和的过程联系起来。这种求和的过程可以利用计算机,借助 FFT 算法来完成,它为频谱分析提供了一种快速处理方法。FFT 算法可直接用来处理离散信号,也可用于连续时间信号分析的逼近,主要有谐波分析、快速卷积运算、相关运算、功率谱密度分析等。

1. 谐波分析

例如,将 DFT 用于周期方波的谐波分析,需要计算

$$X(k)=\sum_{n=0}^{N-1} x(n)\mathrm{e}^{-\mathrm{j}2\pi nk/N} \tag{24-15}$$

以得到各次谐波系数值，如图 24-6 所示。

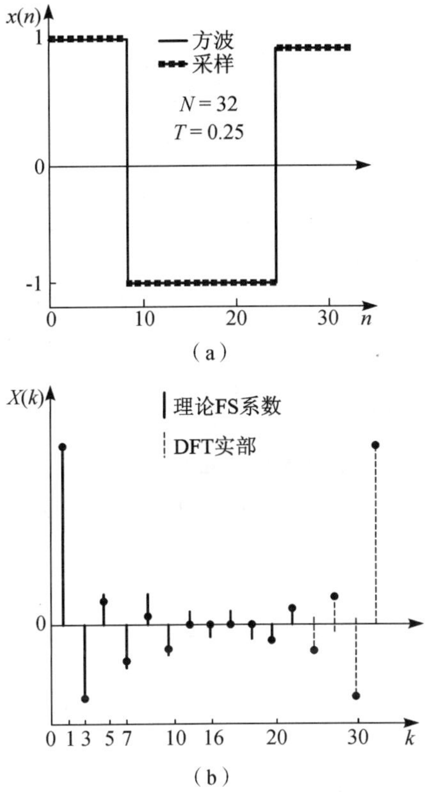

图 24-6　周期方波的谐波分析

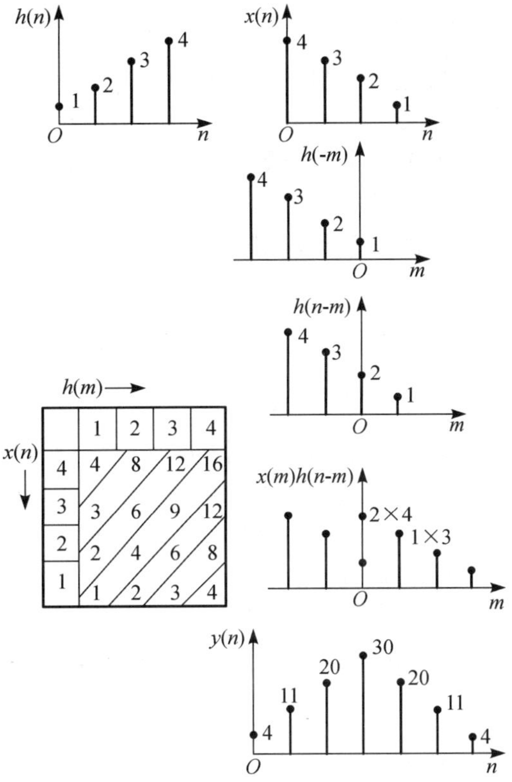

图 24-7　两个有限长序列的卷积运算

对方波在时域采样，采样点数 $N=32$，用 FFT 算法计算。从图 24-6 中可以看出，在 $k=N/2$ 点处对称，低次谐波比较逼近，而高次谐波有误差，这是由于频率混叠效应所致。虽然可以通过提高采样频率来减小这一误差，但不可能完全避免，这是因为周期方波的频带很宽。

2. 快速卷积运算

用 FFT 算法可以实现离散卷积运算过程。离散卷积与连续时间系统的卷积具有相同的含义，当描述离散时间系统的输出输入关系时，输出 $y(n)$是输入 $x(n)$与系统单位抽样响应 $h(n)$的卷积，即

$$y(n)=\sum_{m=-\infty}^{\infty}x(m)h(n-m)=x(n)*h(n) \tag{24-16}$$

或
$$y(n)=\sum_{m=-\infty}^{\infty}h(m)x(n-m)=h(n)*x(n) \tag{24-17}$$

其运算过程也包括翻褶、平移、相乘、求和四个步骤。图 24-7 所示为由两个有限序列 $x(n)$与 $h(n)$的时域线卷积运算例。其中：

$$y(0)=1\times4=4$$

$$y(1)=1\times 3+2\times 4=11$$
$$y(2)=1\times 2+2\times 3+3\times 4=20$$
$$\vdots$$

可见,卷积运算过程也是很烦琐的。当序列 $x(n)$ 与 $h(n)$ 的样本点数分别为 N_1、N_2,其乘法运算次数为 $N_1\times N_2$。显然,当采样点数较大时,即使在电子计算机上,无论是计算时间或计算所需存储量,都会有些困难。

同样,依据连续傅里叶变换的时域卷积定理有两个周期为 N 的时域采样函数,它们的卷积的离散傅里叶变换等于它们的离散傅里叶变换的乘积,即

$$\sum_{m=0}^{N-1} x(m)h(n-m) \Leftrightarrow X(k)H(k) \tag{24-18}$$

或

$$x(n) * h(n) \Leftrightarrow X(k)H(k) \tag{24-19}$$

运用这一定理,可以对两个时域周期序列 $x(n)$ 与 $h(n)$ 分别计算离散傅里叶变换,再将结果相乘,然后计算乘积的离散傅里叶逆变换,即可得到两个时域周期序列的卷积。这一定理为用快速傅里叶变换计算时域卷积提供了依据。

3. 相关运算

相关函数的数字计算方法有时域直接计算与 FFT 快速算法。直接计算方法是依据下述定义进行的,即互相关函数(在数字信号分析中,一般常用符号为 r)

$$r_{xy}(m)=\frac{1}{N}\sum_{n=0}^{N-1} x(n)y(n-m) \tag{24-20}$$

自相关函数为

$$r_x(m)=\frac{1}{N}\sum_{n=0}^{N-1} x(n)x(n-m) \tag{24-21}$$

这种计算方法与卷积运算相类同(卷积多一个时间反折),也是一个乘、加序列,所需计算工作量很大。

相关函数的 FFT 算法依据的是维纳-辛钦关系,即自相关函数或互自相关函数可以由功率谱密度或互谱密度函数来求得。其步骤包括:

(1) 对时间序列 $x(n)$,$y(n)$ 做 FFT 分析,得到复频谱 $X(k)$ 与 $Y(k)$。

(2) 对 $X(k)$ 与 $Y(k)$ 做共轭乘积,得到

$$S_{xy}(k)=\frac{X(k)\overline{Y(k)}}{N} \tag{24-22}$$

或当 $x(n)$ 与 $y(n)$ 相同时,得到自功率谱密度

$$S_x(k)=\frac{1}{N}\mid X(k)\mid^2 \tag{24-23}$$

(3) 做 IFFT 分析,从功率谱密度获得相关函数,即

$$r_{xy}(m)=\text{IFFT}[S_{xy}(k)] \tag{24-24}$$

$$r_x(m)=\mathrm{IFFT}[S_x(k)] \tag{24-25}$$

尽管这种方法是一种迂回的方法，但它比直接时域计算方法快 5～100 倍。当运用 FFT 方法计算相关函数时，还必须注意到环绕误差的影响，它类似于圆卷积中的误差。解决的方法也是对时间序列 $x(n)$ 与 $y(n)$ 补零扩展。

4. 功率谱密度分析

传统谱分析方法是基于傅里叶变换的谱分析方法，包括相关函数法与周期图法。相关函数法通过统计分析，从时域上先求信号的自相关函数，再做傅里叶变换，求得功率谱估计值；周期图法是直接将数据进行傅里叶变换，再取其幅度平方，得到信号的功率谱密度，被用于谱估计中的。

一个随机信号在各时间点上的值是不能先验确定的，它的每个样本往往是不同的，因此无法用数学式或图表精确地表示出来，而只能用各种统计平均量来加以表征。其中，自相关量作为时移的函数是最能较完整地表征随机信号的特定统计平均量值的。而一个随机信号的功率谱密度，正是自相关函数的傅里叶变换，对于随机信号来讲，它本身的傅里叶变换是不存在的，只能用功率谱密度来表征它的统计平均谱特性。因此，功率谱密度是随机信号的一种最重要的表征形式，如果要求在统计意义下了解一个随机信号，就要知道它的功率谱密度。

根据相关定理与维纳-辛钦关系式，可得随机信号序列 $x(n)$ 的功率谱密度

$$S_x(k)=\lim_{N\to\infty}\frac{1}{N}\mid X(k)\mid^2 \tag{24-26}$$

其估计值

$$\hat{S}_x(k)=\frac{1}{N}\mid X(k)\mid^2 \tag{24-27}$$

式中，$X(k)=\sum_{n=0}^{N-1}x(n)\mathrm{e}^{-\mathrm{j}2\pi nk/N}\quad(k=0,\ 1,\ \cdots,\ N-1)$。

如果观察到序列 $x(n)$ 的 N 个值，即 $x(0)$，$x(1)$，…，$x(N-1)$，就可以通过 FFT 直接求得 $X(k)$，再按式(24-27)求得 $S_x(k)$，其计算过程如图 24-8 所示。

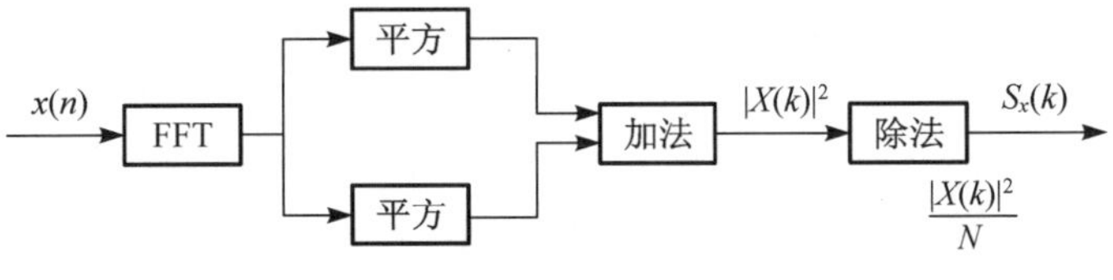

图 24-8　周期图法计算功率谱密度流程

由于序列 $x(n)$ 的离散傅里叶变换 $X(k)$ 具有周期函数的性质，所以把它称为长度为 N 的实平稳随机信号序列 $x(n)$ 的周期图。显然，用周期图表示随机信号的功率谱估计值，只需对信号序列本身做 DFT 运算，然后取其绝对值的平方，再进行该序列长度范围的平均。因此，采用 FFT 算法，很容易直接估计一个实随机序列的功率谱密度的近似值。

分析表明，当用周期图法做谱估计时，存在两个主要问题，即功率谱密度的统计变异性

和能量泄漏问题。前者是统计误差,是由于在功率谱测量中收集的数据数量有限而引起的不确定度;而后者则是谱分析中的所固有的,它将造成估计的偏度误差。因此,实际中在处理技术上往往采取措施,对周期图法进行修改,以达到尽量减小估计误差的目的。其方法是:①采取平均化处理,以减少统计变异性;②采用窗处理,以减少泄漏。

24.3 其他频谱技术分析

24.3.1 细化谱分析

在工程信号分析中,往往会遇到下述情况:被分析的信号是一种密集型频谱,如语音、振动、噪声等,其频谱图上的频率间隔很细,但频带分布又较宽,在这种情况下,为了识别谱图的细微结构,就必须要求信号分析系统既要有高的频率分辨率,又要有较宽的频率范围。但如上所提到的这二者之间是有矛盾的。

从 FFT 分析方法中已经知道,被分析信号的时域、频域关系如图 24-9 所示。在频谱图上的有效频率分布范围是从 0 Hz 到折叠频率 f_c($f_s/2$) 为止。而谱线间隔 ($f_0=f_s/N$) 决定了频率分辨能力,即 f_0 越小,谱图的分辨率越高,f_0 较大时,由于栅栏效应将丢掉有用信息。当采样频率 f_s 选定时,f_0 值决定于采样点数 N,一般信号处理机的最高采样点数为一定值,可显示的谱线条数则约为 $N/2$。例如,当 $N=1\ 024$ 点时,其谱线条数为 500 或 400。因此,一台信号处理机的频率分辨率往往用其谱线条数来表示。可见,若要提高频率分辨率,又要求上限频率 ($f_s/2$) 不变,则需要增加时间长度(T_0),即增加采样点数,这样计算工作量就要增大。因此,对于常用的专用信号处理机,在内存和采样长度有限制的情况下,既要不损失上限频率,又要增加分辨率是很困难的。为此,促使人们逐步提出了计算窄带谱的频率细化分析方法。

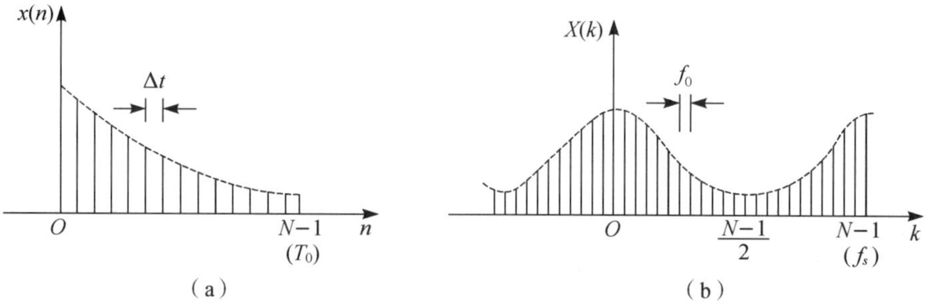

图 24-9 FFT 方法中信号的时域、频域关系

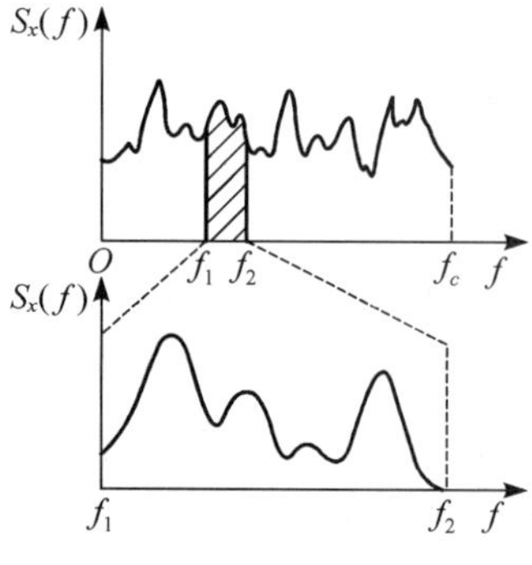

图 24-10 窄带谱的频率细化

窄带谱的频率细化,或称为局部频谱的放大,如电视摄像机中使用变焦距镜头放大整个画面中的局部图像一样,能使某些感兴趣的重点频区得到较高的分辨率(图 24-10),这对分析频率的细微结构是很有成效的。

频率细化是 20 世纪 70 年代发展起来的一项新技术,在一些近期问世的信号处理机上都配有硬件细化单元。为达到实时细化处理，也有用软件细化的，但其处理速度较慢。

频率细化方法有多种，如复调制细化、相位补偿细化、Chirp-Z 变换以及最大熵谱分析等。

复调制细化分析方法，又称可选频带的频率细化分析法，是基于复调制的高分辨率的傅里叶分析方法，简称为 ZOOM-FFT（或 ZFFT）方法。它是近年来在 FFT 算法的基础上发展起来的一个新分支，是信号处理领域的一项新技术。

ZFFT 方法只需将输入样本的一小部分进行傅里叶变换。这样，相对于基带傅里叶变换分析方法来说，ZFFT 方法一次可以处理长得多的样本序列，从而使信号频谱局部（感兴趣的频率量程）的频率分辨率得到极大的提高。

ZFFT 方法的基本思想是利用频移定理，将时域样本改造，使相应频谱原点移到感兴趣的高频段的中心频率处，再重新采样做 FFT，即可得到更高的分辨率。其运算过程如图 24-11 所示。

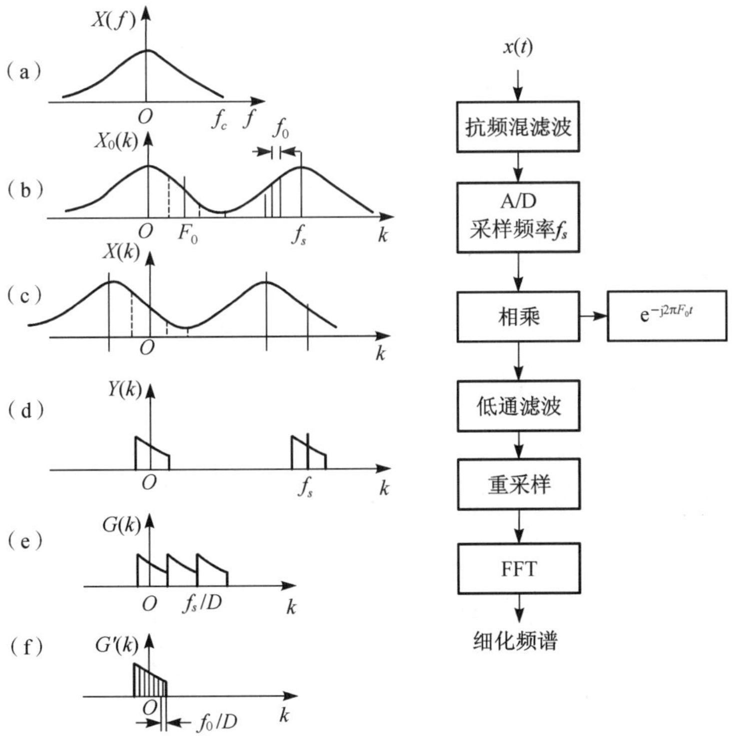

图 24-11 ZOOM-FFT 原理图

（1）时域信号 $x(t)$，其频谱为 $X(f)$，如图 24-11（a）所示，经抗频混滤波，滤波器截止频率为 $f_c \leqslant f_s/2$，f_s 为采样频率。

（2）模拟信号经过 A/D 转换，其采样序列的周期频谱为 $X_0(k)$，如图 24-11（b）所示，频率间隔为 f_0。

（3）复调制，根据傅里叶变换的频移定理，在时域乘以频移因子 $e^{-j2\pi F_0 t}$，在频域有 F_0 的频移，F_0 是欲细化频段的中心，经 F_0 频移后，F_0 已成为新频谱的零点，如图 24-11(c)所示。

(4) 用低通数字滤波器，将观测频带以外的高频成分滤除，以防止采样频率降低后引起无用频带对有用频带成分的混叠，如图 24-11(d)所示。

(5) 重采样，采样的周期为 $T_s D$，D 是细化倍数，在频域则按 f_s/D 做周期化，如图 24-11(e)所示。

(6) FFT 处理，对时域做仍为 N 点的 FFT 处理，在频域得到 N 点谱线，如图 24-11(f)所示。由于时域重采样时采样频率降低了 D 倍，而采样点仍保持不变，这就使总时间窗长增长了 D 倍，所以使频率分辨率提高了 D 倍，使 FFT 后在所截取的频段内得到了细化 D 倍的频谱。

24.3.2 功时谱分析

功时谱(power cepstrum)或称功率时谱、功率倒频谱，是卷积同态滤波的方法之一。可以对卷积进行分解，从而通过测得的响应特性，识别源特性或系统的传输特性。功时谱技术作为谱分析方法之一，在振动、噪声分析，故障诊断，系统识别等方面都有显著的应用成效。

1. 功时谱时频域转换的物理意义

功时谱的表达式为

$$C_p(q)=\{F^{-1}[\lg|X(f)|^2]\}^2=\{F^{-1}[\lg S_x(f)]\}^2 \tag{24-28}$$

式中，$X(f)$与 $S_x(f)$分别为信号 $x(t)$的傅里叶变换与自功率谱密度函数。由于自功率谱本身是一个偶函数，自功率谱的对数也是一个实偶函数，故其傅里叶正变换和逆变换相等，并且也是一个实偶函数。因此，式(24-28)与下式

$$C_p(q)=\{F^{-1}[\lg S_x(f)]\}^2 \tag{24-29}$$

是等价的，故而，功时谱可称为“对数功率谱的功率谱”。工程上常用到上两式的平方根，即

$$C_x(q)=F^{-1}[\lg S_x(f)]=F[\lg S_x(f)] \tag{24-30}$$

$C_x(q)$称为幅值功时谱，或称为幅值倒频谱。如果将 $C_x(q)$与信号 $x(t)$的自相关函数

$$R_x(\tau)=F^{-1}[S_x(f)] \tag{24-31}$$

进行比较，就可以看到，幅值倒频谱与自相关函数有类似之处。所不同点是：自相关函数是直接从自功率谱求傅里叶逆变换，而幅值倒频谱则是对自功率谱的对数求傅里叶变换。

上述功率倒频谱或幅值倒频谱中的自变量 q 称为倒频率(quefrency)，它具有与信号 $x(t)$及自相关函数 $R_x(\tau)$中的自变量 t 及 τ 相同的时间量纲，一般以毫秒(ms)计。q 值大者，称为高倒频率，表示频谱图上有快速波动且密集的谐频。与此相反，q 值小者，则称为低倒频率，表示频谱图上有缓慢波动且疏散的谐频。在某些场合使用倒频谱(包括功时谱与幅值倒频谱)而不用自相关函数，是因为倒频谱在功率谱的对数转换时，给幅值较小的分量有较高的加权，其作用是既可帮助判别谱的周期性，又能精确地测出频率间隔。此外，在某些情况下，倒频谱之所以优于自相关函数，还由于自相关函数检测回波的峰值时，与频谱形状的关系十分密切，经过回波之后(如地震波通过地球传输)实际上已不可能加以检测；而功率谱取对数对这种回波的影响是不敏感的。因此，在自相关函数无法分解的场合，倒频谱还是

能显出延时峰。倒频谱对这种整个谱的形状的不敏感性，使它获得了许多应用。

2. 功时谱的计算过程

从以上分析可知，对功率谱做倒频谱变化，其根本原因是在倒频谱上可以较容易地识别信号的组成分量，便于提取其中的有用信号成分。例如，一个系统的脉冲响应函数是 $h(t)$，输入为 $x(t)$，那么，输出为

$$y(t)=x(t)*h(t) \tag{24-32}$$

倒频谱的作用就是将上式的卷积变成简单的叠加。对上式两边取傅里叶变换，有

$$Y(f)=X(f)\cdot H(f) \tag{24-33}$$

取幅值平方，得到功率谱关系式：

$$S_y(f)=S_x(f)\cdot|H(f)|^2 \tag{24-34}$$

两边取对数，得

$$\lg S_y(f)=\lg S_x(f)+\lg|H(f)|^2 \tag{24-35}$$

由于傅里叶变换的线性性质，这个相加关系保留在倒频谱中，故有

$$F^{-1}[\lg S_y(f)]=F^{-1}[\lg S_x(f)]+F^{-1}[\lg|H(f)|^2] \tag{24-36}$$

$$C_y(q)=C_x(q)+C_k(q) \tag{24-37}$$

上式含义是：如果输入信号 $x(t)$或系统的脉冲响应 $h(t)$有一个为已知，就可以从输出信号 $y(t)$的倒频谱 $C_y(q)$中除去，得到另一分量的倒频谱。例如，当 $x(t)$已知，对 $C_h(q)$进行傅里叶正变换可得到 $\lg|H(f)|^2$，再进行指数运算，便可以得到系统的频率响应函数的幅值$|H(f)|$了。

图 24-12 所示为输入、输出和系统影响的对数功率谱及其倒频谱，可以看出，功率谱由两部分组成：其一是 $\lg S_x(f)$，是输入信号的谱，有明显的周期性，频率间隔为 Δf；其二则是缓变的中线，是系统的影响 $\lg|H(f)|^2$。二者合成为输出信号的谱 $\lg S_y(f)$。倒频谱有两个明显的波峰，高倒频率 $q_2(q_2=1/\Delta f)$ 表示了输入信号的特征，低倒频率 q_1 表示了系统的影响。显然，在倒频谱图中，输入与系统响应是一种可分离的叠加性谱图，这为分解或判定其中任一分量提供了先决条件。

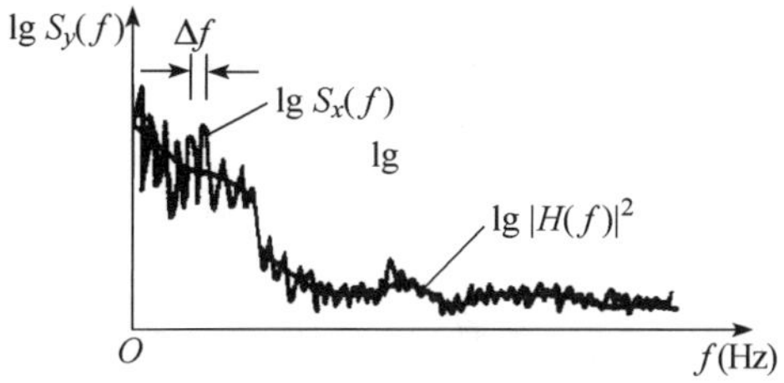

（a）功率谱

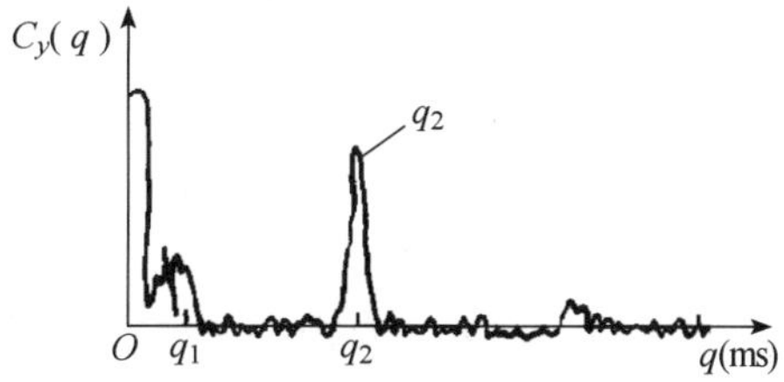

（b）倒频谱

图 24-12　输入、输出和系统响应的功率谱及倒频谱

利用倒频谱对信号进行分解的基本步骤如图 24-13 所示。

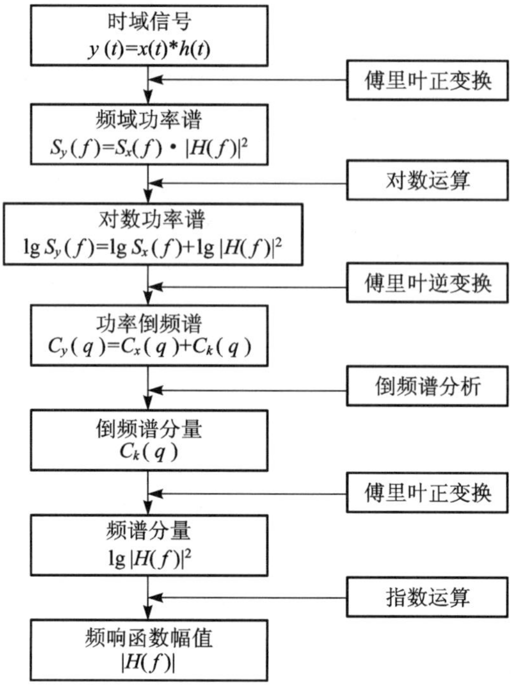

图 24-13　利用倒频谱对信号进行分解的基本步骤

24.3.3　最大熵谱分析

1. 最大熵谱分析方法原理

最大熵谱分析方法(Maximun Entropy Method, MEM)把信息熵的概念引入信号处理中,有时又称现代时序谱分析方法。这是一种把自相关函数外推的方法,在分析过程中,没有固定的窗口函数。在每一步外推自相关函数中,使估计的相关函数包含过程的信息最多,即要求在过程的熵达到最大的条件下,确定未知的自相关函数值,借以达到谱估计的逼真和稳定程度最好的目的。换句话说,就是采用谱熵为最大的准则来估计功率谱。

已经证明,最大熵谱与自回归模型谱(AR)和全极点线性预测谱是等价的。

基于最大熵谱定理得到的功率谱模型(即 MEM 谱)见式(24-38)。(本节仅给出谱估计结果表达,具体推导过程可参阅相关文献)

$$S(f)=\frac{\Delta t P_m}{\left|1+\sum_{k=1}^{m} a_k \mathrm{e}^{\mathrm{j}2\pi f k \Delta t}\right|^2} \tag{24-38}$$

式中:Δt 为采样间隔;a_k 为预测滤波器的系数(或 AR 模型参数);P_m 为预测误差的方差(或白噪声序列方差)。

式(24-38)表明,MEM 谱与参数 a_k 和 P_m 有关。因此,如何根据观测数据的自相关函数,快速、精确地计算参数 a_k 和 P_m,就是 MEM 的中心内容。不同的参数估计算法,就产生了不同的现代谱分析方法,典型的估计方法有 Levison、Burg、Akaike(赤池)、Marple 算法等。

2. 最大熵谱的特点

同传统谱比较，MEM 谱不仅没有传统谱受到数据加窗这一致命弱点带来的一系列缺陷，而且由于它是连续谱，从理论上讲，谱光滑，谱峰陡峭，频率分辨率无限高，不存在传统谱是离散谱带来频率分辨误差这一问题。对传统谱而言，样本数越短，一方面是窗影响越加严重，另一方面是频率分辨误差成比例增大，以致在短样本时传统谱无法应用，传统谱对许多瞬变过程的研究无能为力。而 MEM 谱不存在这些问题，数据长短虽对参数估计有所影响，但不涉及加窗与频率分辨误差问题，故 MEM 谱适用于短数据。此外，MEM 谱的频率分辨率同传统谱频率分辨率的来源本质上不同。传统谱的谱线间隔（f_s/N）决定了谱的分辨率，当样本长度 N 一定时，谱线间隔为定值；而 MEM 谱离散化的频率增量为 $f_s/(2L)$，L 为离散后谱线总条数，L 值决定于分析系统（如计算机或专用信号处理机显示谱线数），它与样本长度 N 值无关，只要增加谱线总条数 L，系统分辨率成比例增加。由于 MEM 谱的以上特点，因此，MEM 谱适用于短数据样本、缓慢变化过程的谱估计。

图 24-14 所示为短数据 FFT 谱与 MEM 谱的比较，被分析信号是 1 Hz 正弦波上叠加 10%的白噪声。图 24-14(a)表示样本长度为 1 s 时，FFT 与 MEM 谱主峰频率都为 1 Hz；图 24-14(b)表示样本长度为 0.57 s 时，MEM 谱主峰频率清晰可见，而 FFT 谱却无法识别。

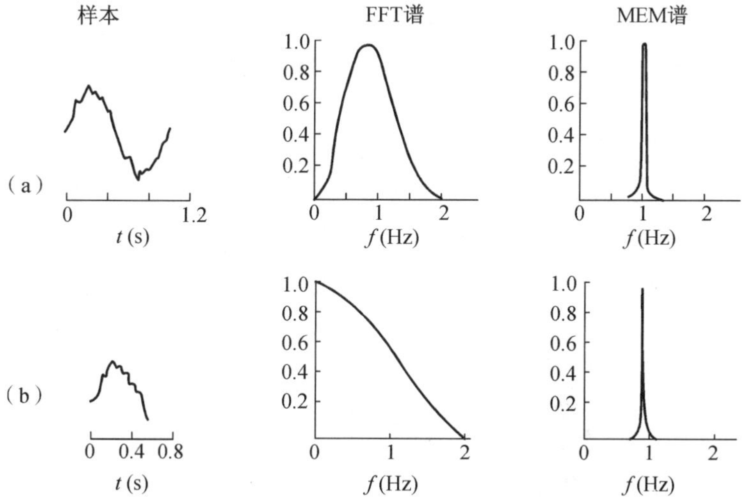

图 24-14　短数据 FFT 谱与 MEM 谱的比较

图 24-15 所示为缓变信号的 MEM 谱与 FFT 谱比较，被分析信号是 0.6 Hz 的正弦波。由图可见，MEM 谱较为精确。

图 24-16 所示为 MEM 谱与 FFT 谱分辨率比较，被分析信号是频率为 28 Hz、31.5 Hz、32.5 Hz 的正弦合成波。可以看出，MEN 谱的分辨率高于 FFT 谱，相邻的 31.5 Hz 与 32.5 Hz 的频率成分可以分离开来，但是 MEM 谱的峰值可靠性差。

MEM 谱也存在一些缺陷，如频率定位精度随信噪比减小而减小；有谱线偏移与谱线分裂现象；谱估计同正弦过程的功率不成正比；谱估计精度取决于模型类型、阶数、参数等；模型不正确，影响估计精度。这些问题还有待进一步研究和解决。

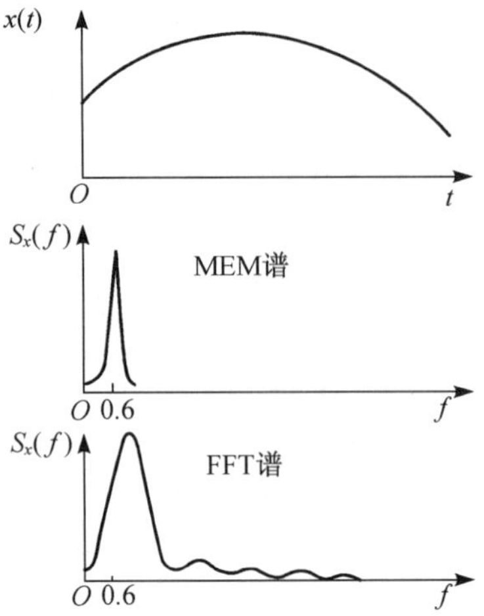

图 24-15　缓变信号的 MEM 谱与 FFT 谱比较

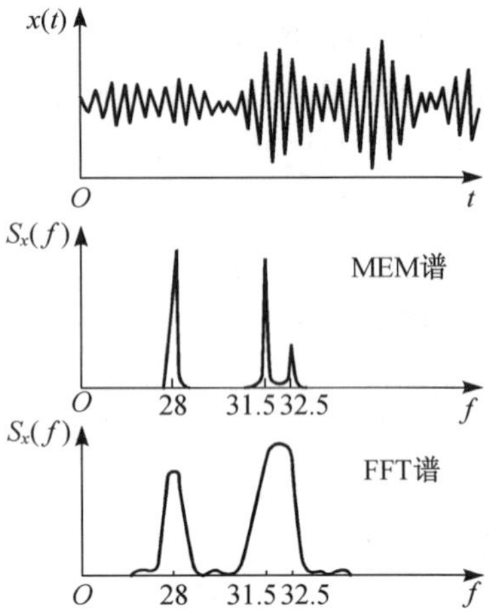

图 24-16　MEM 谱与 FFT 谱分辨率比较

24.4　滤波技术

滤波器是一种选频装置，可以使信号中特定的频率成分通过，而极大地衰减其他频率成分。在测试装置中，利用滤波器的这种选频作用，可以滤除干扰噪声或进行频谱分析。

从广义上讲，任何用于信息传输的通道或媒质都可以被视为一种滤波器。这是因为每个装置或系统的响应特性都取决于激励信号的频率，并且可以用频域函数来描述其传输特性。在测试系统中，无论是机械系统、电气网络还是仪器仪表，每个组成部分都会在其特定的频率范围内对通过的信号进行某种形式的变换和处理。

24.4.1　滤波器分类

根据滤波器的选频作用，一般分为低通、高通、带通和带阻滤波器。图 24-17 所示为这四种滤波器的幅频特性。图 24-17(a)表示低通滤波器，从 0～f_2 频率，幅频特性平直，它可以使信号中低于 f_2 的频率成分几乎不受衰减地通过，而高于 f_2 的频率成分受到极大的衰减。图 24-17(b)表示高通滤波器，与低通滤波相反，从频率 f_1～∞，其幅频特性平直，它使信号中高于 f_1 的频率成分几乎不受衰减地通过，而低于 f_1 的频率成分将受到极大的衰减。图 24-17(c)表示带通滤波器，它的通频带在 f_1～f_2，它使信号中

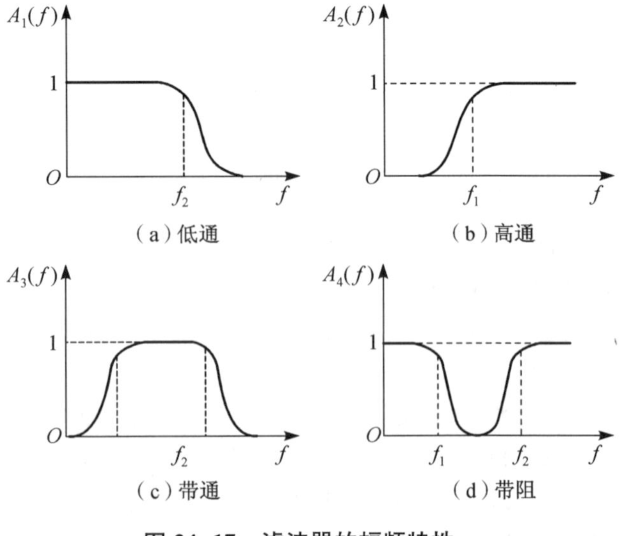

图 24-17　滤波器的幅频特性

高于 f_1 而低于 f_2 的频率成分可以不受衰减地通过，而其他成分受到衰减。图 24-17(d)表示带阻滤波器，与带通滤波器相反，阻带在频率 $f_1 \sim f_2$，它使信号中高于 f_1 而低于 f_2 的频率成分受到衰减，其余频率成分几乎不受衰减地通过。

上述四种滤波器中，在通带与阻带之间存在一个过渡带，在此带内，信号受到不同程度的衰减。这个过渡带是滤波器所不希望的，但也是不可避免的。

24.4.2　理想滤波器

1. 模型

理想滤波器是一个理想化的模型，是根据滤波网络的某些特性理想化而定义的，是一种物理不可实现的系统。但对它的研究，有助于理解滤波器的传输特性，并且由此导出的一些结论，可作为实际滤波器传输特性分析的基础。

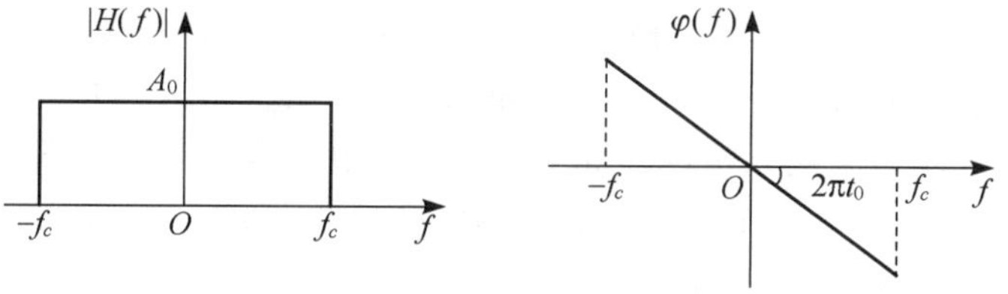

图 24-18　理想低通滤波器的幅、相频特性

理想滤波器具有矩形幅值特性和线性相移特性，如图 24-18 所示。其频率响应函数、幅频特性、相频特性分别为

$$H(f)=A_0 e^{-j2\pi f\tau_0} \tag{24-39}$$

$$|H(f)|=\begin{cases}A_0 & -f_c<f<f_c \\ 0 & \text{其他}\end{cases} \tag{24-40}$$

$$\varphi(f)=-2\pi f\tau_0 \tag{24-41}$$

这种理想低通滤波器，将信号中低于截止频率 f_c 的频率成分予以传输，而无任何失真；将高于 f_c 的频率成分则完全衰减掉。

2. 脉冲响应

根据线性系统的传输特性，当 δ 函数通过理想滤波器时，其脉冲响应函数 $h(t)$应是频率响应函数 $H(f)$的傅里叶逆变换，由此有

$$\begin{aligned}h(t)&=\int_{-\infty}^{\infty}H(f)e^{j2\pi ft}df=\int_{-\infty}^{\infty}A_0 e^{-j2\pi f\tau_0}e^{j2\pi ft}df \\ &=2A_0 f_c\frac{\sin 2\pi f_c(t-\tau_0)}{2\pi f_c(t-\tau_0)}=2A_0 f\sin c\,2\pi f_c(t-\tau_0)\end{aligned} \tag{24-42}$$

脉冲响应函数 $h(t)$的波形如图 24-19 所示，这是一个峰值位于 τ_0 时刻的 $\sin c(t)$ 型函数。由分析可知：

(1) 当 $t=\tau_0$ 时，$h(t)=2A_0 f_c$，τ_0 称为相时延，表明了信号通过系统时的时间滞后，即响应时间滞后于激励时间。

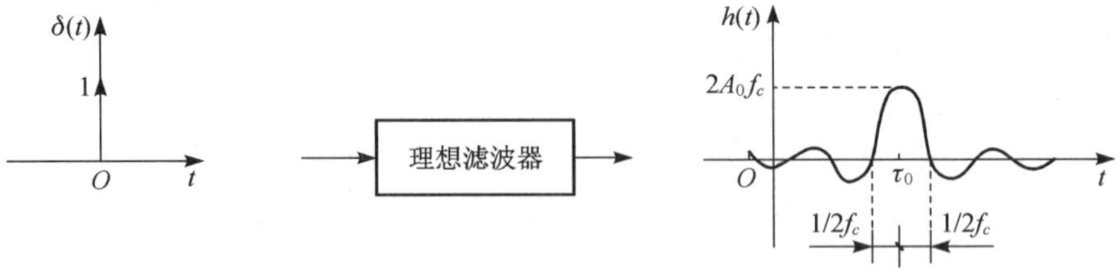

图 24-19　理想滤波器的脉冲响应

(2) 当 $t=\tau_0 \pm n/2f_c(n=1, 2, \cdots)$ 时,$h(t)=0$,表明了函数的周期性。

(3) 当 $t \leqslant 0$ 时,$h(t) \neq 0$,表明了当激励信号 $\delta(t)$ 在 $t=0$ 时加入,而响应却在 t 为负值时已经出现。

以上分析表明,这种理想滤波器是不可能实现的。因为 $h(t)$ 的波形表明,在输入 $\delta(t)$ 到来之前,滤波器就应该早有与该输入相对应的输出,显然,任何滤波器都不可能有这种"先知",所以理想滤波器是不可能存在的。可以推论,理想的高通、带通、带阻滤波器都是不存在的。实际滤波器的频域图形不可能出现直角锐变,也不会在有限频率上完全截止。原则上,实际滤波器的频域图形将延伸到 $|f| \to \infty$,所以一个滤波器对信号中通带以外的频率成分只能极大地衰减,却不能完全阻止。

3. 阶跃响应

讨论理想滤波器的阶跃响应,是为了进一步了解滤波器的传输特性,确立关于滤波器响应的上升时间与滤波器通频带宽之间的关系。如果给予滤波器单位阶跃输入 $u(t)$,即

$$u(t)=\begin{cases}1 & t>0 \\ \dfrac{1}{2} & t=0 \\ 0 & t<0\end{cases} \tag{24-43}$$

则滤波器的输出 $y_u(t)$ 将是该输入与脉冲响应函数的卷积:

$$\begin{aligned} y_u(t) &= h(t) * u(t) \\ &= 2A_0 f_c \operatorname{sin}c\, 2\pi f_c(t-\tau_0) * u(t) \\ &= 2A_0 f_c \int_{-\infty}^{\infty} \operatorname{sin}c\, 2\pi f_c(\tau-\tau_0) u(t-\tau) \mathrm{d}\tau \\ &= 2A_0 f_c \int_{-\infty}^{t} \operatorname{sin}c\, 2\pi f_c(\tau-\tau_0) \mathrm{d}\tau \\ &= A_0\left[\frac{1}{2}+\frac{1}{\pi} si[y]\right] \end{aligned} \tag{24-44}$$

式中,$si[y]$ 表示正弦积分,其表达式为

$$si[y]=\int_0^y \frac{\sin x}{x} \mathrm{d}x \tag{24-45}$$

式中,$y=2\pi f_c(t-\tau_0)$,$x=2\pi f_c(\tau-\tau_0)$。

正弦积分值可查数学手册得到。对式(24-44)求解后,可以得到理想低通滤波器对单位

阶跃输入的响应,如图 24-20 所示。

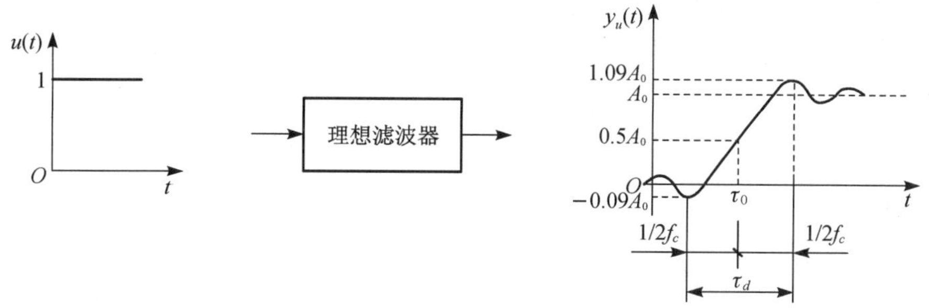

图 24-20　理想低通滤波器对单位阶跃输入的响应

进一步分析可知:

(1) 当 $t=\tau_0$ 时,$y_u(t)=0.5A_0$, τ_0 是阶跃信号通过理想滤波器的延迟时间,或称相时延。

(2) 当 $t=\tau_0+\dfrac{1}{2f_c}$ 时,$y_u(t)\approx 1.09A_0$;当 $t=\tau_0-\dfrac{1}{2f_c}$ 时,$y_u(t)\approx -0.09A_0$。

从 $(\tau_0-1/2f_c)$ 至 $(\tau_0+1/2f_c)$ 之间,或 $\tau_d=1/f_c$,是滤波器对阶跃响应的时间历程。如果定义 τ_d 为阶跃响应的上升时间,滤波器带宽为 $B=f_c$,则

$$\tau_d=\frac{1}{B}\quad 或\quad \tau_d B=1 \tag{24-46}$$

式(24-46)表明,低通滤波器对阶跃响应的上升时间 τ_d 与通频带宽 B 成反比,或者说,上升时间与带宽之乘积为一常数。

式(24-46)物理含义可做以下解释:输入信号突变处(间断处)必然含有丰富的高频分量,低通滤波器阻衰了高频分量,其结果是把信号波形“圆滑”了。通带越宽,阻衰的高频分量越少,使信号能量更多、更快地通过,所以上升时间就短;反之,则长。

滤波器带宽表示着它的频率分辨率,通带越窄则分辨率越高。因此,上述这一结论具有重要意义。它提示我们,滤波器的高分辨能力和测量时快速响应的要求是互相矛盾的。如果要用滤波的方法从信号中择取某一很窄的频率成分(如希望高分辨力的频谱分析),就需要有足够的时间。如果时间不够,必然会产生谬误和假象。

24.4.3　实际滤波器

对于理想滤波器,只需规定截止频率就可以说明它的性能,因为在截止频率 f_{c1}、f_{c2} 之间的幅频特性为常数 A_0,截止频率以外则为零,如图 24-21 所示。而对于实际滤波器(图中实线),由于它的特性曲线没有明显的转折点,通频带中幅频特性也并非常数,因此需要用更多的参数来描述实际滤波器的性能,主要参数有纹波幅度、截止频率、带宽、品质因数、倍频程选择性等。

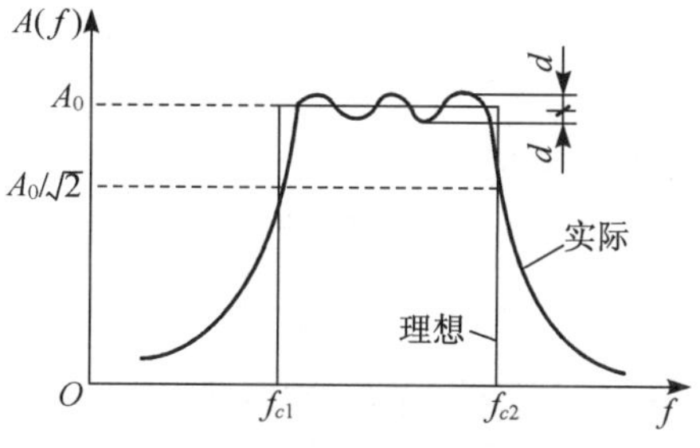

图 24-21　理想带通与实际带通滤波器的幅频特性

1) 纹波幅度 d

在一定频率范围内,实际滤波器的幅频特性可能呈现波纹变化。其波动幅度 d 与幅频特性的平均值 A_0 相比,越小越好,一般应远小于 -3 dB,即 $d \ll A_0/\sqrt{2}$。

2) 截止频率 f_c

幅频特性值等于 $A_0/\sqrt{2}$ 所对应的频率称为滤波器的截止频率。以 A_0 为参考值,$A_0/\sqrt{2}$ 对应于 -3 dB 点,即相对于 A_0 衰减 3 dB。若以信号的幅值平方表示信号功率,则对应的点正好是半功率点。

3) 带宽 B 和品质因数 Q 值

上、下两截止频率之间的频率范围称为滤波器带宽,或 -3 dB 带宽,单位为 Hz。带宽决定着滤波器分离信号中相邻频率成分的能力,即频率分辨力。

在电工中,通常用 Q 代表谐振回路的品质因数。在二阶振荡环节中,Q 值相当于谐振点的幅值增益系数,$Q=1/2\zeta$ (ζ 为阻尼率)。对于带通滤波器,通常把中心频率 f_0 和带宽 B 之比称为滤波器的品质因数 Q。例如,一个中心频率为 500 Hz 的滤波器,若其中 -3 dB 带宽为 10 Hz,则称其 Q 值为 50。Q 值越大,表明滤波器分辨力越高。

4) 倍频程选择性 W

在两截止频率外侧,实际滤波器有一个过渡带,这个过渡带的幅频曲线倾斜程度表明了幅频特性衰减的快慢,它决定着滤波器对带宽外频率成分衰阻的能力。通常,用倍频程选择性来表征。所谓倍频程选择性,是指在上截止频率 f_{c2} 与 $2f_{c2}$ 之间,或者在下截止频率 f_{c1} 和 $f_{c1}/2$ 之间幅频特性的衰减值,即频率变化一个倍频程时的衰减量,衰减量用 W 表示,为

$$W=-20\lg\frac{A(2f_{c2})}{A(f_{c2})} \tag{24-47}$$

或

$$W=-20\lg\frac{A\left(\frac{f_{c1}}{2}\right)}{A(f_{c1})} \tag{24-48}$$

倍频程衰减量以 dB/oct 表示(octave 为倍频程)。显然,衰减越快(即 W 值越大),滤波器选择性越好。对于远离截止频率的衰减率也可用 10 倍频程衰减数表示,即(dB/10 oct)。

5) 滤波器因数(或矩形系数)λ

滤波器选择性的另一种表示方法,是用滤波器幅频特性的 -60 dB 带宽与 -3 dB 带宽的比值

$$\lambda=\frac{B_{-60\text{ dB}}}{B_{-3\text{ dB}}} \tag{24-49}$$

来表示。理想滤波器 $\lambda=1$,通常使用的滤波器 $\lambda=1\sim5$。有些滤波器因器件影响(如电容漏电阻值下降等),阻带衰减倍数达不到 -60 dB,则以标明的衰减倍数(如 -40 dB 或 -30 dB)带宽与 -3 dB 带宽之比来表示其选择性。

24.4.4 模拟滤波器的应用

模拟滤波器在测试系统或专用仪器仪表中是一种常用的变换装置。例如,带通滤波器用作频谱分析仪中的选频装置;低通滤波器用作数字信号分析系统中的抗频混滤波;高通滤波器

用于声发射检测仪中剔除低频干扰噪声；带阻滤波器用作电涡电流测振仪中的陷波器。

用于频谱分析装置中的带通滤波器，可根据中心频率与带宽之间的数值关系分为两种：一种是带宽 B 不随中心频率 f_0 而变化，称为恒带宽带通滤波器，如图 24-22(a)所示，其中心频率处在任何频段上时，带宽都相同；另一种是带宽 B 与中心频率 f_0 的比值是不变的，称为恒带宽比带通滤波器，如图 24-22(b)所示，其中心频率越高，带宽也越宽。

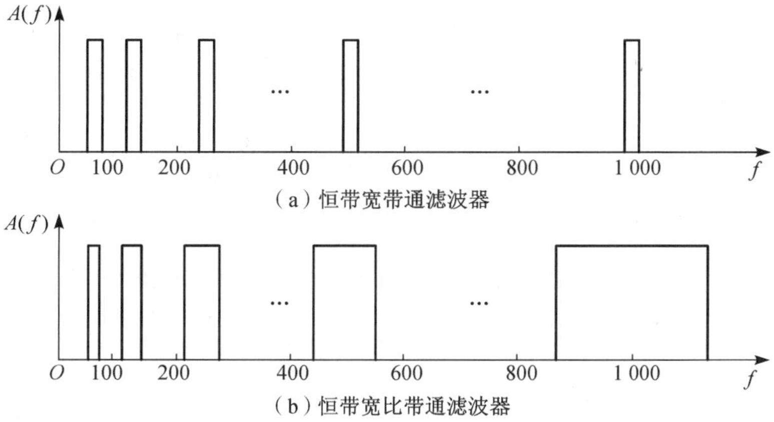

图 24-22　恒带宽与恒带宽比带通滤波器比较

一般情况下，为使滤波器在任意频段都有良好的频率分辨率，可采用恒带宽带通滤波器。所选带宽越窄，则频率分辨率越高，但这时为覆盖所要检测的整个频率范围，所需要的滤波器数量就很大。因此，恒带宽带通滤波器不一定做成固定中心频率的，而是利用一个参考信号，使滤波器中心频率跟随参考信号的频率而变化。在信号频谱分析的过程中，参考信号是由可作频率扫描的信号发生器供给的。这种可变中心频率的恒带宽带通滤波器用于相关滤波和扫描跟踪滤波中。

恒带宽比带通滤波器用于倍频程频谱分析仪中，这是一种具有不同中心频率的滤波器组，为使各个带通滤波器组合起来后能覆盖整个要分析的信号频率范围，其中心频率与带宽是按一定规律配置的。

若一个带通滤波器的下截止频率为 f_{c1}，上截止频率为 f_{c2}，令 f_{c2} 与 f_{c1} 之间的关系为

$$f_{c2} = 2^n f_{c1} \tag{24-50}$$

式中，n 值为倍频程数。若 $n=1$，称为倍频程滤波器；若 $n=1/3$，称为 1/3 倍频程滤波器。滤波器的中心频率 f_0 取几何平均值，即

$$f_0 = \sqrt{f_{c1} f_{c2}} \tag{24-51}$$

根据上述两式，可以得到

$$f_{c1} = 2^{-n/2} f_0 \tag{24-52}$$

$$f_{c2} = 2^{n/2} f_0 \tag{24-53}$$

则滤波器带宽

$$B = f_{c2} - f_{c1} = (2^{n-2} - 2^{-n/2}) f_0 \tag{24-54}$$

或者用滤波器的品质因素 Q 值来表示，即

$$\frac{1}{Q} = \frac{B}{f_0} = 2^{n/2} - 2^{-n/2} \tag{24-55}$$

故若倍频程滤波器，$n=1$，$Q=1.41$；$n=1/3$，$Q=4.38$；$n=1/5$，$Q=7.2$。倍频数 n 值越小，则 Q 值越大，表明滤波器分辨率越高。

根据上述关系，亦可确定出常用倍频程和 1/3 倍频程滤波器的中心频率 f_0 和带宽 B 值，如表 24-2 所示。

表 24-2　　中心频率 f_0 和带宽 B 的值

1 倍频程				1/3 倍频程			
下截止频率 f_{c1}(Hz)	上截止频率 f_{c2}(Hz)	中心频率 f_0(Hz)	带宽 B(Hz)	下截止频率 f_{c1}(Hz)	上截止频率 f_{c2}(Hz)	中心频率 f_0(Hz)	带宽 B(Hz)
11	22	16	11	14.1	17.8	16	3.7
				17.8	22.4	20	4.6
				22.4	28.2	25	5.8
22	44	31.5	22	28.2	35.5	31.5	7.2
				35.5	44.7	40	9.2
				44.7	56.2	50	11.5
44	88	63	44	56.2	70.8	63	14.6
				70.8	89.1	80	18.3
				89.1	112	100	22.9
88	177	125	89	112	141	125	29
				141	178	160	37
				178	224	200	46
177	355	250	178	224	282	250	58
				282	355	315	73
				355	447	400	92
355	710	500	355	447	562	500	115
				562	708	630	146
				708	891	800	183
710	1 420	1 000	710	891	1 122	1 000	231
				1 122	1 413	1 250	291
				1 413	1 778	1 600	365
1 420	2 840	2 000	1 420	1 778	2 239	2 000	461
				2 239	2 818	2 500	579
				2 818	3 548	3 150	730
2 840	5 680	4 000	2 840	3 548	4 467	4 000	919
				4 467	5 623	5 000	1 156
				5 623	7 079	6 300	1 456
5 680	11 360	8 000	5 680	7 079	8 913	8 000	1 834
				8 913	11 220	10 000	2 307
				11 220	14 130	12 200	2 910
11 360	22 720	16 000	11 360	14 130	17 780	16 000	3 650
				17 780	22 390	20 000	4 610

为了使被分析信号的频率成分不致丢失，带通滤波器组的中心频率是倍频程关系，同时带宽又需是邻接式的，通常的做法是使前一个滤波器的-3 dB 上截止频率与后一个滤波器的-3 dB 下截止频率相一致，如图 24-23 所示。这样的一组滤波器将覆盖整个频率范围，称之为“邻接式”的。

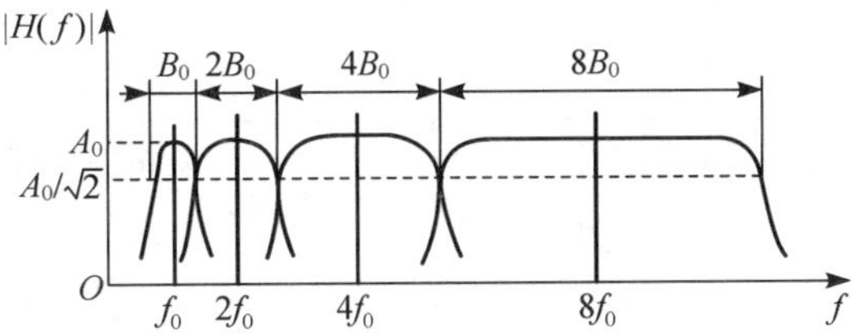

图 24-23　带通滤波器组的邻接

图 24-24 所示为邻接式倍频程滤波器，方框内数字表示各个带通滤波器的中心频率，被分析信号输入后，输入、输出波段开关顺序接通各滤波器，如果信号中有某带通滤波器通频带内的频率成分，那么就可以在显示、记录仪器上观测到这一频率成分。

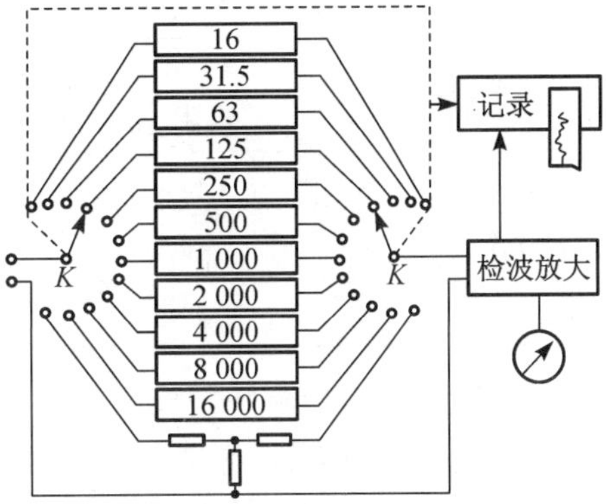

图 24-24　邻接式倍频程滤波器

24.4.5　数字滤波简介

数字滤波的作用是利用离散时间按系统的特性对输入信号波形（或频谱）进行加工处理，或者说利用数字方法按预定要求对信号进行变换，把输入序列 $x(n)$ 变换成一定的输出序列 $y(n)$（图 24-25），从而达到改变信号频谱的目的。从广义上讲，数字滤波是由计算机程序来实现的，是具有某种算法的数字处理过程。

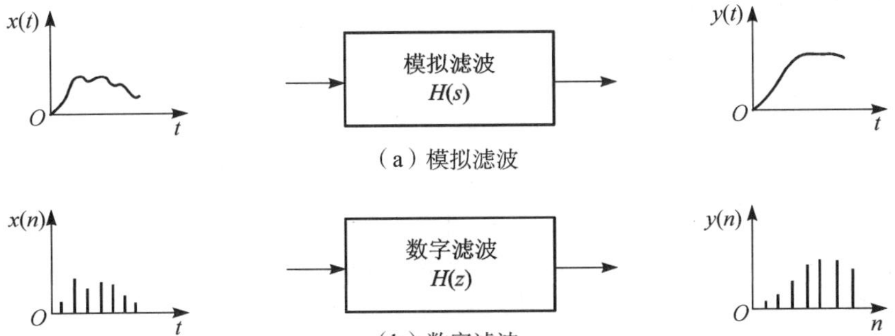

图 24-25　滤波系统

数字滤波与模拟滤波相比，它们的作用相同，而分析方法不同。数字滤波器的数学模型为差分方程式，运算内容为延时、乘法、加法运算，故构成数字滤波器的元器件为加法器、乘法器、延时器等。而模拟滤波器的数学模型为微分方程式，运算内容则为微（积）分、乘法、加法，故构成模拟滤波器的元器件为电阻、电容、运算放大器等。二者对比如表 24-3 所示。

数字滤波可用软件或硬件实现。软件实现方法是按照差分方程式或框图所表示的输出与输入序列的关系，编制计算机程序，在通用计算机上实现；硬件实现方法是把用数字电路制成的加法器、乘法器、延时器等,按框图加以连接,构成运算器,即数字滤波器来实现。

表 24-3　　数字滤波与模拟滤波对比

比较项目	模拟滤波器	数字滤波器
输入、输出	模拟信号	数字信号
系统	连续时间	离散时间
系统特性	时不变、叠加、齐次	非移变、叠加、齐次
数学模型	微分方程式	差分方程式
运算内容	微(积)分、乘法、加法	延时、乘法、加法
系统构成	分立元件 (电阻、电容、运算放大器等)	软件:程序 硬件:乘、加、延时运算块
系统函数	(s 域) $H(s)=\frac{Y(s)}{X(s)}$ $H(\omega)=\frac{Y(\omega)}{X(\omega)}$	(z 域) $H(z)=\frac{Y(z)}{X(z)}$ $H(e^{j\omega})=\frac{Y(e^{j\omega})}{X(e^{j\omega})}$

数字滤波器的应用范围与模拟滤波器相似,除了用于信息的处理和加工外,它们还广泛应用于抗干扰滤波、信号限带处理以及各种校正环节的反滤波。具体来说,数字滤波器可以设计为低通、高通、带通和带阻滤波器,以满足不同的信号处理需求。

习　题

1. 信号分析时为什么要加窗函数?
2. 请简述功率谱密度函数含义及其优点。
3. 请列举常用滤波器类型。

第 25 章

幅值域分析

在确定载荷谱、随机疲劳试验及机器寿命的预估中，载荷信号幅值统计与频谱分析是一项基础工作。在通用机械中，机械设备的载荷变化大多属于低频性质，低频载荷对机件损伤取决于载荷幅值的大小及出现的次数，而与载荷幅值的变化速率无关。因此，在测得载荷信号的时间历程后，需要研究幅值的最大值和最小值、幅值的平均值和波动程度、载荷的平均能量、载荷频次及其概率分布等。这些项目构成了载荷信号幅值域分析的内容。

25.1 信号的幅值统计

25.1.1 载荷信号的峰值和谷值

载荷信号的最大值(峰值)和最小值(谷值)是载荷的极值，超过极限有可能使机件出现一次性破坏。在机件的设计和试验中，经常取该值作为设计载荷和试验载荷。因此，信号分析过程总是首先注意载荷信号幅值的最大值。

由于测取的样本记录长度有限，可能没有包括最危险和最恶劣的工况，因此，真正的最大值有可能还未出现。这就要求在测取载荷信号时，使机器在最恶劣的工况下运转，或者根据载荷信号幅值的概率密度和概率分布推断出总体中可能出现的最大值。大量试验表明，最大值出现的概率约为 10^{-8}。

25.1.2 载荷信号幅值的平均值、方差和标准差

最大值和最小值给出了载荷变化的极限，但未给出载荷的中心位置和变化的平均水平。图 25-1 所示的两个载荷信号波形，它们的最大值相同，但是波动的中心位置却不同。因此，为了确切地描述载荷特性，就必须给出说明载荷平均位置的平均值，简称均值，又称直流(静态)分量。

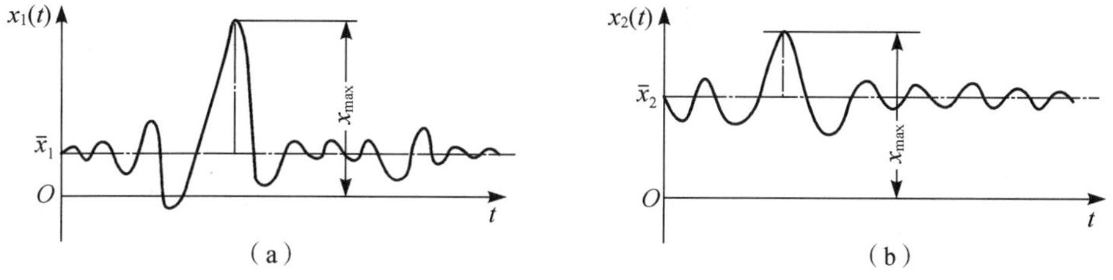

图 25-1　最大值与均值

然而,仅仅给出载荷的平均值还不能说明载荷在中心位置上下波动的情况。如图25-2所示的两个波形,它们的均值相同,但载荷在中心位置上下波动的程度则相差很大。因此,在给出均值的同时,还要给出描述波动程度的方差,它反映了载荷的动态部分。此外,任何随机载荷的一般强度,可用均方值来表述,它等于方差加上均值的平方,反映了载荷动态与静态总的平均能量水平。

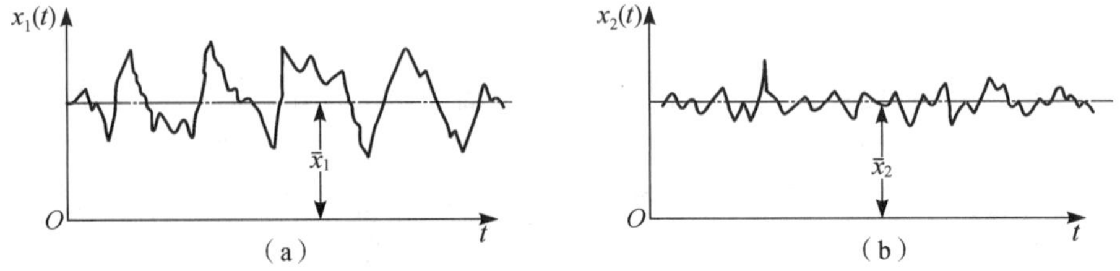

图 25-2 均值与方差

表25-1～表25-4所示为均值、方差、标准差及均方值的总体特征参数、样本统计值和总体参数估计值的计算公式,其中

$$\psi_x^2 = \sigma_x^2 + \mu_x^2 \tag{25-1}$$

表 25-1 均值的计算公式

载荷信号形式 / 参数名称	连续的载荷波形 $x(t)$	离散的载荷数据序列 x_i
总体平均值 μ_x	$\mu_x = \lim\limits_{T\to\infty}\frac{1}{T}\int_0^T x(t)\mathrm{d}t$	$\mu_x = \lim\limits_{N\to\infty}\frac{1}{N}\sum\limits_{i=1}^{N}x_i$
样本平均值$\bar{x}$	$\bar{x} = \frac{1}{T}\int_0^T x(t)\mathrm{d}t$	$\bar{x} = \frac{1}{N}\sum\limits_{i=1}^{N}x_i$
总体均值的无偏估计值 $\hat{\mu}_x$	$\hat{\mu}_x = \bar{x}$	$\hat{\mu}_x = \bar{x}$

表 25-2 方差的计算公式

载荷信号形式 / 参数名称	连续的载荷波形 $x(t)$	离散的载荷数据序列 x_i
总体方差 σ_x^2	$\sigma_x^2 = \lim\limits_{T\to\infty}\frac{1}{T}\int_0^T [x(t)-\mu_x]^2\mathrm{d}t$	$\sigma_x^2 = \lim\limits_{N\to\infty}\frac{1}{N}\sum\limits_{i=1}^{N}(x_i-\mu_x)^2$
样本方差 S_x^2	$S_x^2 = \frac{1}{T}\int_0^T [x(t)-\mu_x]^2\mathrm{d}t$	$S_x^2 = \frac{1}{N}\sum\limits_{i=1}^{N}(x_i-\mu_x)^2$
总体方差的无偏估计值 $\hat{\sigma}_x^2$	$\hat{\sigma}_x^2 = \frac{1}{T-1}\int_0^T [x(t)-\mu_x]^2\mathrm{d}t$	$\hat{\sigma}_x^2 = \frac{1}{N-1}\sum\limits_{i=1}^{N}(x_i-\bar{x})^2$

表 25-3 标准差的计算公式

参数名称 \ 载荷信号形式	连续的载荷波形 $x(t)$	离散的载荷数据序列 x_i
总体标准差 σ_x	$\sigma_x=\sqrt{\lim\limits_{T\to\infty}\frac{1}{T}\int_0^T[x(t)-\mu_x]^2\mathrm{d}t}$	$\sigma_x=\sqrt{\lim\limits_{N\to\infty}\frac{1}{N}\sum_{i=1}^{N}(x_i-\mu_x)^2}$
样本的标准差 S_x	$S_x=\sqrt{\frac{1}{T}\int_0^T[x(t)-\mu_x]^2\mathrm{d}t}$	$S_x=\sqrt{\frac{1}{N}\sum_{i=1}^{N}(x_i-\mu_x)^2}$
总体标准差的无偏估计值 $\hat{\sigma}_x$	$\hat{\sigma}_x=KT\sqrt{\frac{1}{T-1}\int_0^T[x(t)-\mu_x]^2\mathrm{d}t}$	$\hat{\sigma}_x=\sqrt{\frac{1}{N-1}\sum_{i=1}^{N}(x_i-\bar{x})^2}$

表 25-4 均方值的计算公式

参数名称 \ 载荷信号形式	连续的载荷波形 $x(t)$	离散的载荷数据序列 x_i
总体均方值 ψ_x^2	$\psi_x^2=\lim\limits_{T\to\infty}\int_0^T x^2(t)\mathrm{d}t$	$\psi_x^2=\lim\limits_{N\to\infty}\frac{1}{N}\sum_{i=1}^{N}x_i^2$
样本均方值 $\overline{x^2}$	$\overline{x^2}=\frac{1}{T}\int_0^T x^2(t)\mathrm{d}t$	$\overline{x^2}=\frac{1}{N}\sum_{i=1}^{N}x_i^2$
总体样本无偏估计值 $\hat{\psi}_x^2$	$\hat{\psi}_x^2=\frac{1}{T-1}\int_0^T x^2(t)\mathrm{d}t$	$\hat{\psi}_x^2=\frac{1}{N-1}\sum_{i=1}^{N}x_i^2$

25.1.3 载荷信号的有效值

通常，载荷测量所得的信号是电信号，即电压 $u(t)$或电流$i(t)$。从广义功率的含义而言，电功率计算式为

$$W(t)=u(t)i(t)=\frac{u^2(t)}{R}=i^2(t)R \tag{25-2}$$

式中，$W(t)$为瞬时功率。当电阻是定值时，瞬时功率 $W(t)$取决于输出电压 $u(t)$或电流 $i(t)$。假定 $R=1$，则 $W(t)=u^2(t)=i^2(t)$，而电压和电流取决于载荷信号 $x(t)$的大小，当测量仪器的转换系数为 1 时，$W(t)=x^2(t)$。 由于 $x(t)$随时间变化而变化，因此，$W(t)$也随时间变化，所求出的平均功率就是先前所说的均方值。

广义功率的量纲不一定是真功率的量纲，而是所测载荷信号的物理量纲的平方。工程上经常希望用一个恒定的当量幅值来表示整个载荷的大小，这就是有效值的概念，它是均方值的方根，故又称均方根值。

表 25-5 所示为载荷有效值的计算公式。

表 25-5　有效值的计算公式

参数名称 \ 载荷信号形式	连续的载荷波形 $x(t)$	离散的载荷数据序列 x_i
总体有效值 ψ_x	$\psi_x = \sqrt{\lim\limits_{T \to \infty} \int_0^T x^2(t)\mathrm{d}t}$	$\psi_x = \sqrt{\lim\limits_{N \to \infty} \frac{1}{N} \sum\limits_{i=1}^{N} x_i^2}$
样本有效值 x_{rms}	$x_{\mathrm{rms}} = \sqrt{\int_0^T x^2(t)\mathrm{d}t}$	$x_{\mathrm{rms}} = \sqrt{\frac{1}{N} \sum\limits_{i=1}^{N} x_i^2}$
总体有效值的无偏估计值 $\hat{\psi}_x$	$\hat{\psi}_x = x_{\mathrm{rms}}$	$\hat{\psi}_x = x_{\mathrm{rms}}$

25.1.4　载荷信号的分布特性

上述载荷信号幅值分析中的一些特征参数只涉及幅值的单个值，在机件强度设计中虽然是一些很重要的参数，然而，在寿命设计和试验中却远不能说明载荷变化机件的损伤程度。在低频载荷的作用下，机件的损伤只与载荷的大小及其出现的频次有关，因此必须研究它的分布特性。

1. 概率密度函数与概率分布函数

载荷信号的概率密度函数表示幅值 $x(t)$ 落在某一个指定范围内的概率大小。图 25-3 中，$x(t)$落在 $(x, x+\Delta x)$ 范围内的总时间为 T_x，当时间趋于无穷时，T_x/T 将趋于确定的概率。因此，概率密度函数定义为

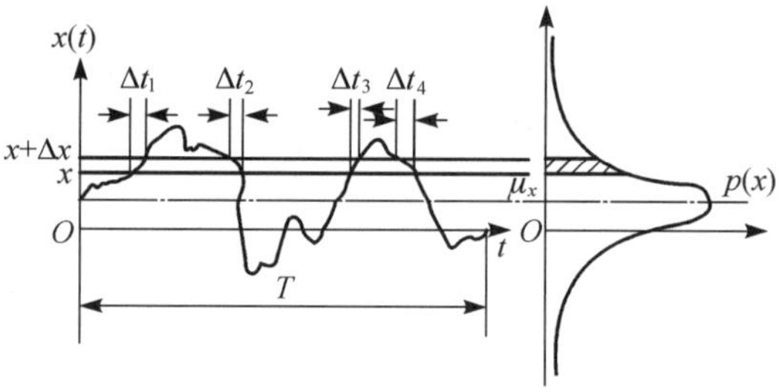

图 25-3　概率密度

$$p(x) = \lim_{\Delta x \to 0} \frac{P_{\mathrm{rob}}[x < x(t) < x + \Delta x]}{\Delta x}$$

$$= \lim_{\Delta x \to \infty} \frac{1}{\Delta x}(\lim T_s/T) \qquad (25\text{-}3)$$

对 $x(t)$瞬时值小于或等于某一值 x 的概率定义为概率分布函数，又称累积概率分布函数，可用概率密度 $p(x)$来表示，即

$$P(x) = P_{\mathrm{rob}}[x(t) \leqslant x] = \int_{-\infty}^{x} p(x)\mathrm{d}x \qquad (25\text{-}4)$$

图 25-4 中载荷信号 $x(t)$振幅小于或等于 x 的概率密度函数曲线部分所围的面积等于 x 处的概率分布函数值。

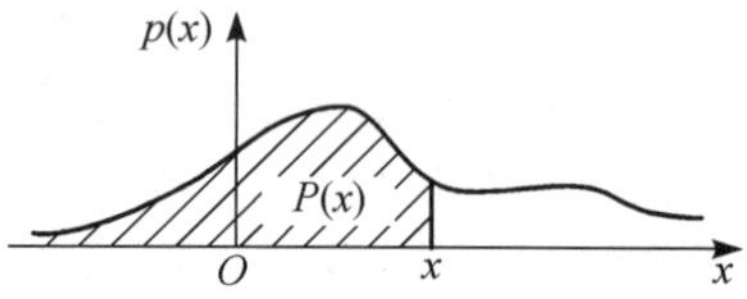

图 25-4　用概率密度函数 $p(x)$表示的概率分布函数 $P(x)$

2. 偏态参数与峰态参数

载荷信号的瞬时幅值性质可用以下两种平均特性来描述，即载荷信号的中心趋势和散布。其除了均值和方

差之外，定义

$$\mu_3^c = E\{[x(t)-\mu_x]^3\} - \int_{-\infty}^{\infty}[x(t)-\mu_x]^3 p(x)\mathrm{d}x \tag{25-5}$$

式中，μ_3^c 的大小与信号幅值分布的对称性有关。为了获得描述 $x(t)$ 非对称分布特性的无量纲的量，引入偏态系数，即

$$\sum k = \frac{\mu_3^c}{\sigma_x^3} \tag{25-6}$$

如图 25-5 所示，当 $\sum k = 0$(Ⅱ)时，则 $x(t)$ 分布是对称的；当 $\sum k > 0$(Ⅲ)时，则 $x(t)$ 分布相对于对称分布而言为正偏态；当 $\sum k < 0$(Ⅰ)时，则为负偏态。

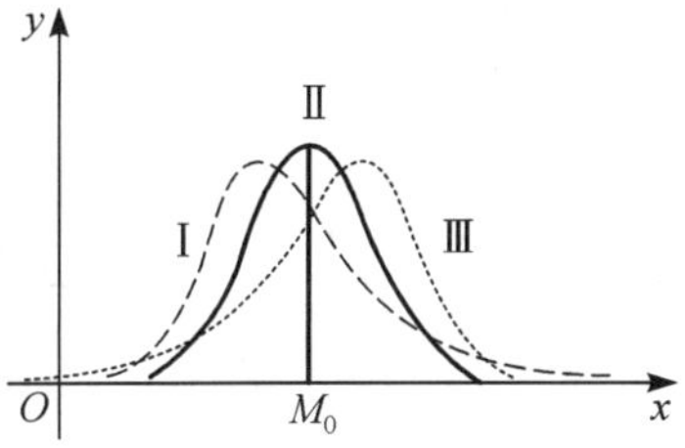

图 25-5　偏态系数

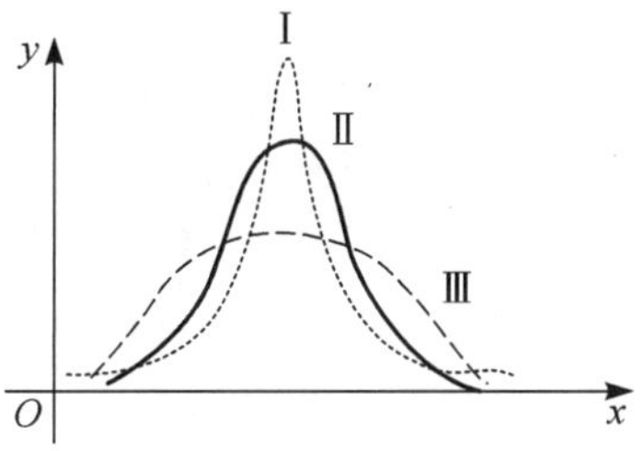

图 25-6　概率分布函数

同样还定义

$$\mu_4^c = E\{[x(t)-\mu_x]^4\} - \int_{-\infty}^{\infty}[x(t)-\mu_x]^4 p(x)\mathrm{d}x \tag{25-7}$$

μ_4^c 大小与载荷信号幅值分布的尖峭程度有关。为了用一个无量纲的量，并便于直接与正态分布比较而引入一个峰态系数，即

$$\varepsilon_k = \frac{\mu_4^c}{\sigma_x^4} - 3 \tag{25-8}$$

峰态系数 ε_k 是相对于正态分布而言的，正态分布有 $\mu_4^c/\sigma_x^4 = 3$。如图 25-6 所示，$\varepsilon_k = 0$(Ⅱ)为正态分布；$\varepsilon_k > 0$(Ⅰ)为正峰态；$\varepsilon_k < 0$(Ⅲ)为负峰态，即正峰态比正态分布尖峭，负峰态比正态分布平坦。

3. 载荷信号的幅值直方图与累计频次图

1）幅值直方图

载荷的幅值直方图是载荷谱研究和寿命预估中用得最多的一种幅值分布表示形式。通常有三种表示方法。

(1) 幅值频次图：以幅值大小为横坐标，以相应幅值出现的次数为纵坐标绘制而成。

(2) 幅值-频率图：以幅值的大小为横坐标，以相应幅值出现的近似概率为纵坐标绘制而成。如果某一幅值 x_1 出现的频次为 n_1，而样本幅值的总频次为 N，则该幅值的近似概率为

$$p(x_1)=\frac{n_1}{N} \tag{25-9}$$

习惯上亦称它为幅值大小出现的频率。

(3) 实验幅值密度分布直方图:如果上述近似概率再除以幅值区 Δx,则具有近似概率密度的含义。以幅值为横坐标,以相应幅值的近似概率密度为纵坐标绘制得近似概率密度直方图。

对于一个特定载荷数据而言,以上三种形式的直方图的形状是一样的,区别仅在于纵标的物理含义不同。对于幅值频次图,其纵坐标是次数,所有直方块的高度之和为总频次;对于幅值频率图,其纵坐标含概率的意义,其各个直方块的高度之和为 1;对于幅值密度分布直方图,其纵坐标具有概率密度的含义,其各直方块的面积为 1。应该指出,当幅值区间 $\Delta x=0$ 时就可得到载荷的概率密度函数曲线,如图 25-7 中的虚线所示。

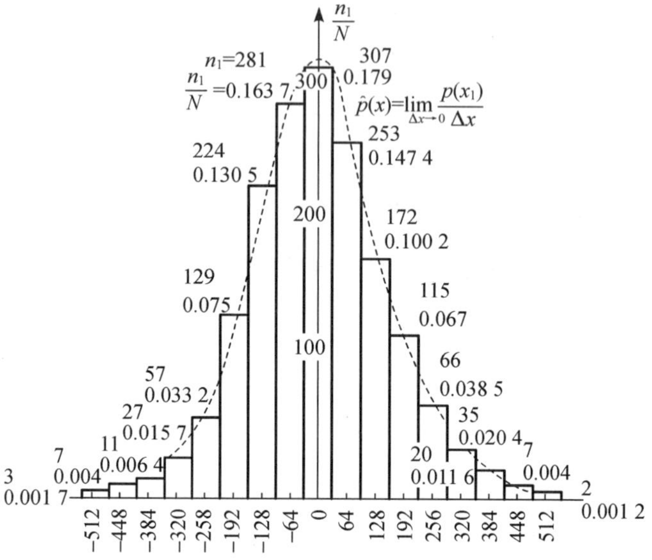

图 25-7 幅值直方图

2) 幅值累计频次图

幅值累计频次图是以横坐标表示幅值出现的累计频次,对于容量大的样本多以对数表示;其纵坐标表示幅值的大小,或者表示幅值的比 $x_j/x_{\max}$ 大小。通常,累计频次按幅值由大到小累加,如图 25-8 所示。有时正负幅值分别处理,$x_1 \geqslant 0$ 可得出一根曲线,$x_1 \leqslant 0$ 也可得一根曲线,将两根曲线画在同一坐标系中,如果正负幅值等级相当,且出现的等级次数也相当,则图形呈对称形。由于分等计量化,实验所得的图形呈阶梯形。当幅值等级分得很细,$\Delta x \to 0$ 时,则表现为一根连续的曲线。

图 25-7 和图 25-8 是根据某实际测得的载荷信号而绘制成的幅值直方图和累计频次图。

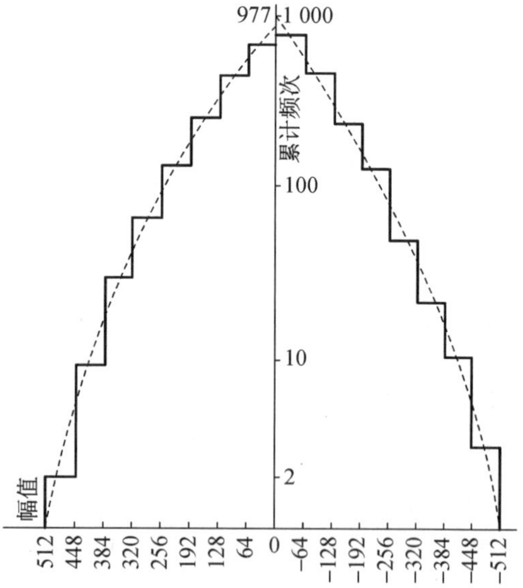

图 25-8 累计频次图

25.1.5 载荷信号幅值的计数法

在机器寿命设计和试验中,用得最多的是载荷的幅值分布特性,即载荷幅值大小及其出现的频次或频率。通常,先将载荷信号波形离散化,使其变成载荷数据序列,然后再从数据序列中找出载荷变化的幅值大小并进行计数。前者称为一次采样,常用的方法是等时间间隔采样;后者称为二次采样,又称幅值计数法。二次采样的实质是从机件疲劳损伤角度出发,研究复杂载荷波形中某些幅值出现的次数及载荷振幅所造成的损伤,最后定量地反映出来。

幅值计数法就其统计特征而言,主要有峰值计数法、振程计数法和雨流计数法三种。下面就工程技术领域常用的几种计数法,予以介绍。

1. 峰值计数法(Peak-Valley counting)

峰值计数法种类很多,常用的有三种方法。

1) 全峰值计数法

全峰值计数法对载荷波形中落在各载荷等级中的所有峰值(波峰和波谷)的数目进行统计计数,如图 25-9 所示。

这种计数方法虽然记录了载荷波动的信息,但它夸大了实际载荷时间历程中小载荷波动的幅值,若用它来编制载荷谱对机件进行疲劳试验,将夸大对机件的损伤作用。用它所预估的机件寿命,将比机件的实际使用寿命来得小。因此,此种计数法偏于保守。

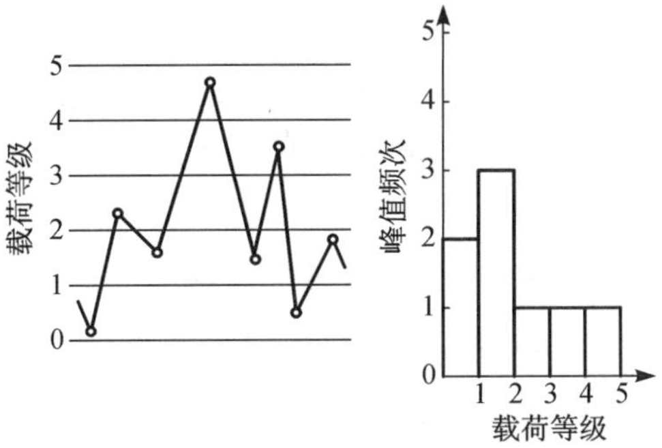

图 25-9　全峰值计数法

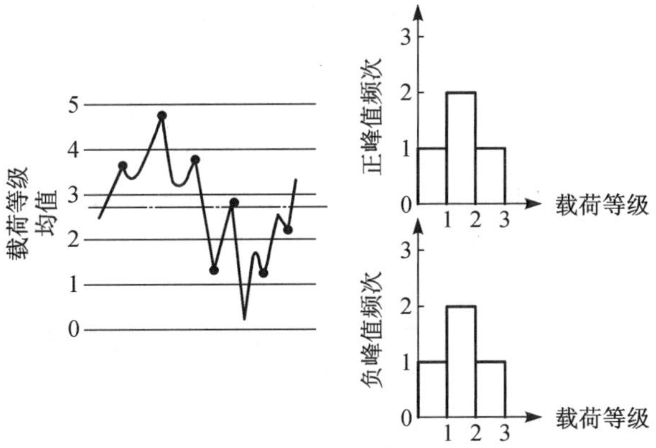

图 25-10　部分峰值计数法

2) 部分峰值计数法

部分峰值计数法如图 25-10 所示。这种方法基于均值是静态载荷分量,而动态分量叠加在静态分量上,因此,以均值 x 作为量化和计数的基点。大于均值的只计及正峰值,小于均值的只计及负峰值(谷值),并分别进行统计画出幅值直方图。

在此计数结果中将幅值相等的峰和谷的幅值配成一对循环使用。疲劳试验时,通常先加静载荷,而后再以循环数施加动载荷;在寿命预估时,可将静载荷用哥德曼图等效到变化的载荷幅值上去,然后用等效的载荷幅值去预估寿命。这种方法实际上是全峰计数法的变种形式,在一定程度上减少了小载荷波动的影响,但用它来预估寿命仍然偏于保守。

3) 跨均值峰值计数法

这种方法只计及往返跨越均值两次之间的最大正峰值或最小负峰值(谷值),而对其间的过渡峰则忽略不计。这种计数法与部分峰值计数法比较,对中间载荷的波动做了更严格的忽略,只计数了更重要的峰值,这些峰值都是实际载荷的重要循环,如图 25-11(a)所示。

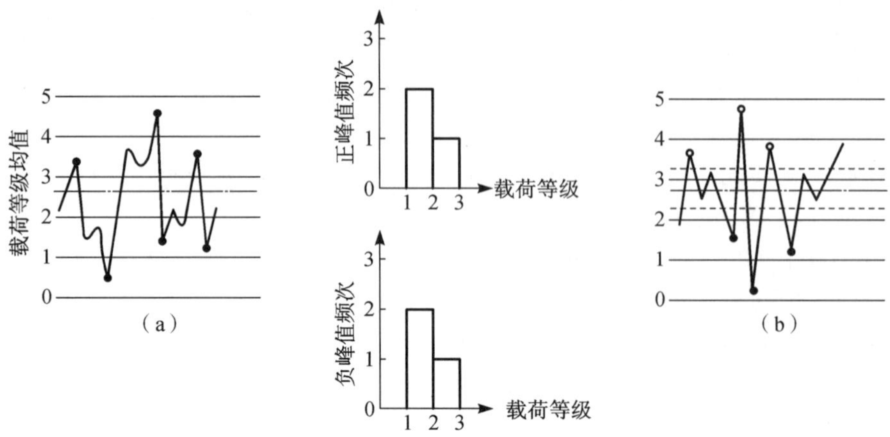

图 25-11　跨均值峰值计数法

为了能进一步略去在均值附近波动的小跨越峰值,可对此法进行改进,如图 25-11(b)所示。在均值上下一定距离选定上下起始级,这时,任何相继两次跨越上起始级间的最大正峰值被计数。同样,相继两次跨越下起始级间的最小低负峰值被计数,为此,均值附近的小跨越峰值都被略去不计。

尽管这种计数法保留了实际载荷中对疲劳损伤起重要作用的主要循环,然而它与部分峰值计数法夸大了小载荷变化的幅值相比,则恰恰把小载荷变化幅值忽略了。因此,用这种计数方法所得结果进行机件疲劳试验,对机件造成的损伤要比实际载荷造成的损伤小,用它预估的寿命将比实际载荷作用时的寿命长。

4) 设置盲区计数法

如图 25-12 所示,在各载荷等级中,规定具有一定宽度的无效幅值区——盲区(图中虚线以下),它的宽度与同载荷等级宽度之比可根据具体要求选定。正峰值的计数(图中空心点所示)规定为:穿过计数等级并越过本级盲区然后进一步返回本级时计数一次。负峰值计数(图中实心点所示)规定为:先以负斜率越过盲区和本级,然后再回到盲区时计数一次。采用这种方法,可以消除小载荷波动的影响,在统计过程中把它们略去。

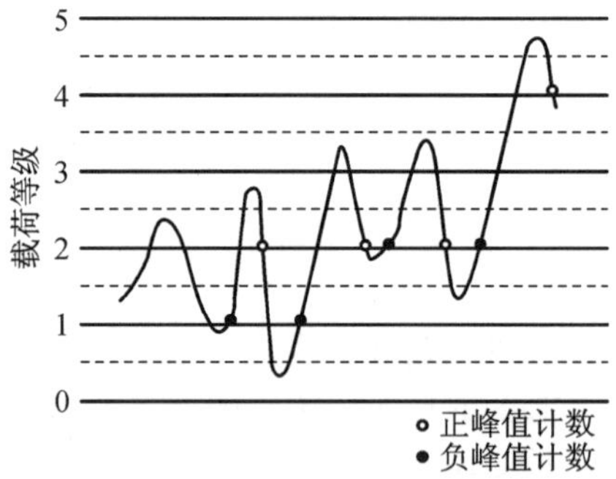

图 25-12　设置盲区计数法

2. 振程计数法(Range counting)

振程计数法认为机件的疲劳损伤主要取决于载荷变化的大小,因此,感兴趣的是载荷时间历程中相邻波峰和波谷之间的距离,称为振程。振程计数法有时也称为变程或振幅计数法。

1) 简单振程计数法

简单振程计数法又称参数振程计数法,它只计及载荷时间历程中峰谷之间的距离(图 25-13),而不考虑该振程距零载荷的距离。因此,尽管它考虑了影响机件寿命的主要因素,但却忽略了振程所处的位置，即忽略了载荷的静态分量。

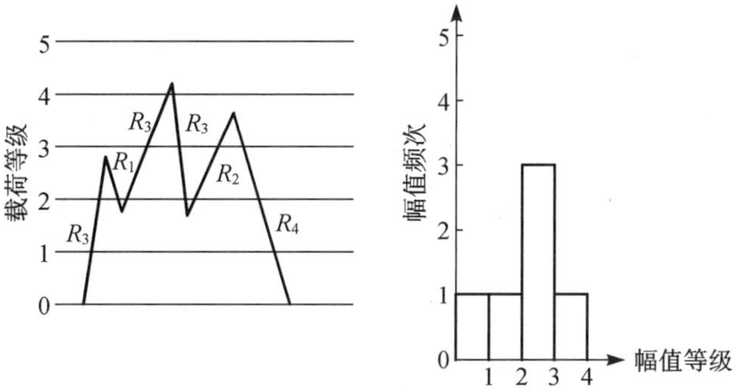

图 25-13　简单振程计数法

2）振程均值计数法

振程均值计数法不但计及载荷时间历程中的振程值 R，而且计及该振程中点（即相邻峰谷间距离的中点）至载荷零点的距离 m（即均值），这种计数法是双参数计数法，其幅值直方图是双坐标幅值直方图，如图 25-14(a)所示。在预估寿命时，将不同均值的振程幅值均用哥德曼图等效至零均值的等效振幅值，以等效幅值作为疲劳试验和寿命预估的依据。

这种方法和简单振程计数法一样，它们的缺点是经不起载荷变化过程中微小波动的影响。如图 25-14(b)所示，若原来的振程为 6，当在中间稍微波动一点，则就分成了两个振程，它们为 3 和 4，这样一来，原来大的变化幅度被两个小幅度所代替，从疲劳观点来看，二者对疲劳寿命的影响大不相同。

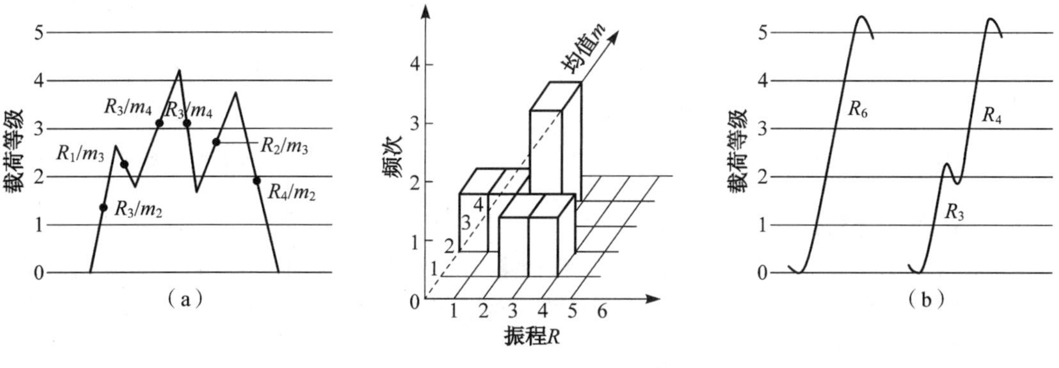

图 25-14　振程均值计数法

3）振程对均值计数法

为了克服上述简单振程计数法和振程均值计数法经不起载荷变化过程中微小波动影响的这一弱点，提出了振程对均值计数法，它既保留了小载荷波动的影响，又不至于改变大的载荷波动的振幅。

这种计数法分两步进行，如图 25-15 所示。首先从载荷时间历程中取出较小的振程对计及它的大小和重点至零线的距离，如图 25-15(a)中的振程对 R_1 和均值 m_1 所示。然后消去已被计及的振程，则得到一个新的载荷时间历程，如图 25-15(b)所示。接着再取较大的

振程对 R_2 和均值 m_2，计数后消去该振程对，得到如图 25-15(c)所示的又一新载荷时间历程。如此下去直至取尽为止，这种计数既考虑了局部的载荷循环，又不影响大的载荷循环，因此是较为理想的计数方法之一。

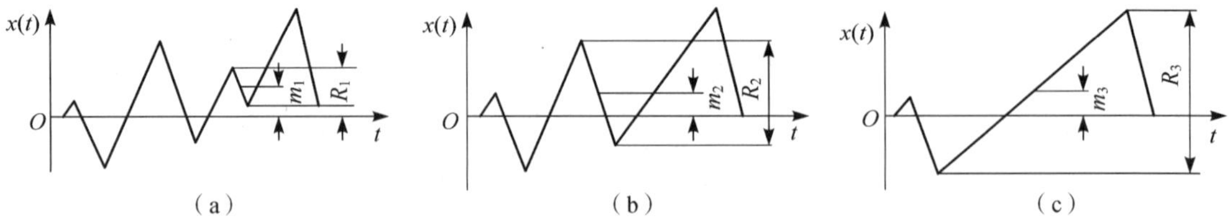

图 25-15　振程对均值计数法

3. 穿级计数法(Level crossing counting)

图 25-16 所示为穿级计数法。这种方法是，在选择好载荷等级后，每当载荷时间历程以正的(或负的)斜率穿越某载荷等级时，便在该等级上计数一次。不论是以正的或负的斜率穿过，两个计数几乎提供完全相同的结果。这种方法注意的是瞬时载荷值，而载荷图形信息反映不出来。

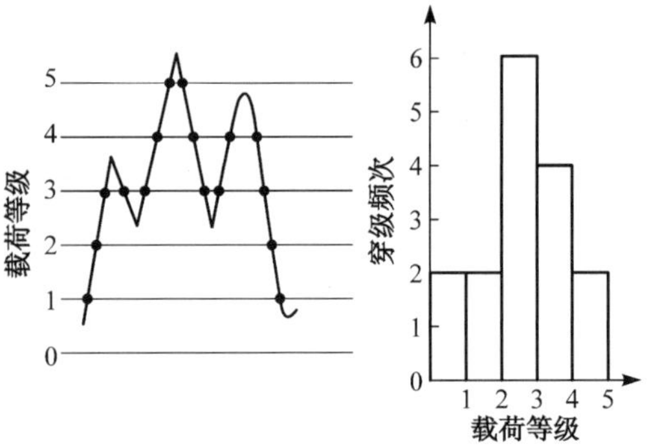

图 25-16　穿级计数法

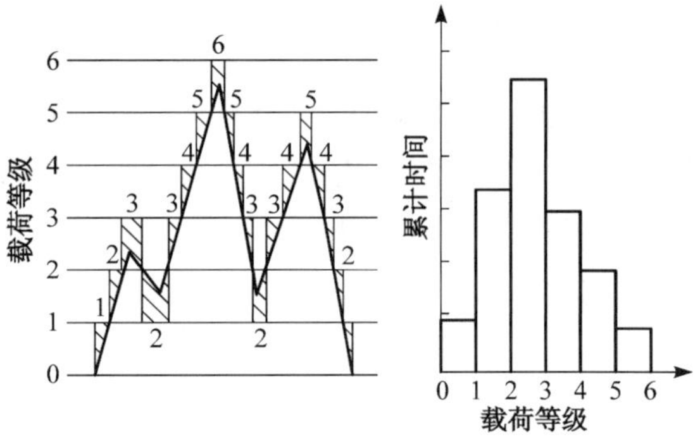

图 25-17　通过时间计数法

4. 通过时间计数法

图 25-17 所示为通过时间计数法。把载荷等级均匀分妥后，此法为记录与载荷时间历程通过某级的时间成正比的频次数。这种计数方法适用于分析处理如齿轮、轴承、车轮等每转为一次循环这一类型载荷。

5. 雨流计数法(Rainflow counting)

上述几种计数法均以名义应力作为预估寿命的出发点，机件承载后的应力水平仍处在弹性极限范围之内。近年来，随着疲劳强度研究的深入开展，提出对疲劳破坏过程的新认识：对于疲劳破坏的机件，虽然其名义应力仍处在弹性范围内，但从局部的微观角度看，由于材料的局部缺陷、加工及构造上的问题等原因，使机件上存在裂缝源或受力后产生裂缝源。裂缝源处产生应力集中，它往往超过材料的弹性极限而进入塑性区。机件承受循环载荷时，应力应变不再存在线性关系，应变总是滞后于应力，从而形成应力应变迟滞回线。为此，载荷幅值计数时应将这些迟滞回线的幅度记录下来，构成大小循环。这样就提出一种新的计数方法，称为雨流计数法。

雨流计数法是 20 世纪 70 年代起各国都比较推崇的一种新型计数方法，它有较严密的力学基础，其基本假设是：较大振程的封闭迟滞回线将不受较小应力循环迟滞回线的截断。这样就可逐次将构成较小迟滞回线的较小应力循环从整个时间历程中取出来。每取出一个应力循环后，应力时间历程曲线将重新组合，直至取完应力循环为止。这种方法的计数过程，犹如屋顶落雨一样，故称雨流法。

图 25-18(a)所示为一个实测的应变时间历程，图 25-18(b)所示为其应力应变迟滞回线。由图可知，它有三个应力应变迟滞回线，即 1-2-4-5-7、2-3-2′和 5-6-5′，其中 1-2-4-5-7 是一个大循环，2-3-2′和 5-6-5′是两个小循环。如果能将这三个循环的幅值都记录下来，则既保留了大循环，又不因切割它的小循环 2-3-2′和 5-6-5′而受到影响，并且也不丢失小循环。因此，用这种计数方法来预估寿命既考虑了大载荷循环的作用，也考虑了小载荷循环的影响。按雨流计数法所记录的循环幅值来预估机件寿命，将与实际载荷所决定的寿命等效。

雨流计数法的规则如下：

(1) 雨流依次从每个峰值的内侧开始，顺着斜坡往下流，在下一个峰值处落下，直到对面有一个比开始峰点更大的峰值时为止。

(2) 当雨流遇到来自上层斜面落下的雨流时就截止。

(3) 按照上述规定取出所有的全循环，并记下各自的幅值大小，直到剩下的载荷时间历程成为发散收敛型为止。

(4) 将剩下的发散收敛型载荷时间历程改成等效的收敛发散型，再进行第二阶段计数。总数应等于两个阶段的计数之和。

仍以图 25-18(a)应变时间历程为例，为了便于说明问题，适应雨流法的特点，将时间轴垂直向下构成图 25-19，再根据上述规则进行计数。

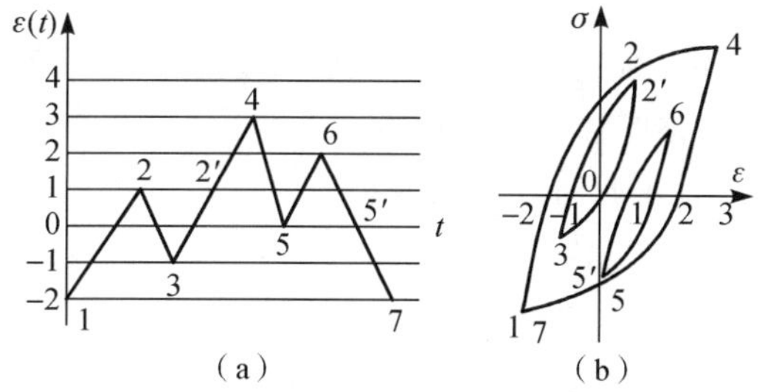

图 25-18　雨流法计数

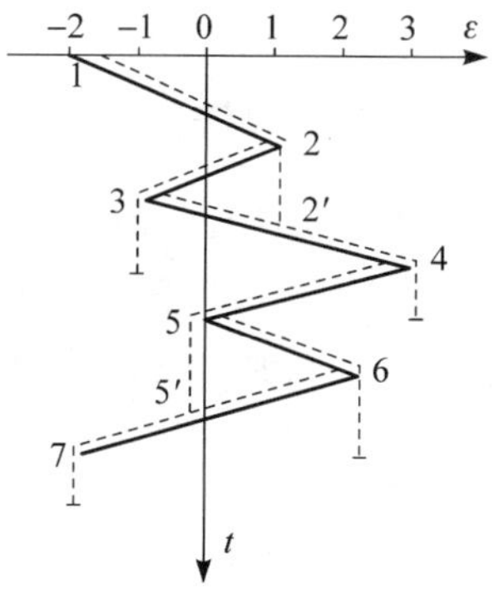

图 25-19　雨流法原理(一)

从峰 1 开始流动的雨流顺斜面 1-2 流至 2 点落下，由于对面峰 3 没有超过 1，故该雨流继续顺斜面 2′-4 流至 4 点落下直至结束，记作 1-2-4 半循环。从峰 2 开始流动的雨流顺着斜面 2-3 流至 3 点落下，由于对面的峰 4 比始峰 2 高，因此雨流终止，记作 2-3 半循环。从峰 3 开始流动的雨流顺着斜面 3-4 流至 2 点时和上层落下的雨滴相遇，雨流终止，记作 3-2′半循环。从峰 4 开始流动的雨流顺着 4-5 斜面流动至 5 点落下，由于对面峰 6 比始峰 4 小，故仍沿着斜面 5-7 流动到 7 点为止，记下 4-5-7 循环。从峰 5 开始流动的雨流顺着斜面

5-6 流动至 6 点落下,记作 5-6 半循环。从峰 6 开始流动的雨流顺着斜面 6-7 流动至 5′点时和上层 5 点落下的雨流相遇,则流动终止,记作 6-5′半循环。这样共记下六个半循环,三个向右流动,三个向左流动,常称它们为上循环和下循环,分别统计后,再组成全循环。不难看出,在上述记下的循环上,1-2-4 和 4-5-7 组成一个大循环,2-3 和 3-2′、5-6 和 6-5′分别组成两个小循环。这样如实地反映了应力应变迟滞回线的循环幅值和次数。

上述示例计数结果没有形成最后的发散收敛型,为了应用雨流计数法的(3)和(4)规则,再以图 25-20 所示的载荷时间历程为例做雨流法计数。

对原始载荷信号应用雨流计数法的规则(1)和(2),可记下 1-2、2-3、3-4-8、4-5、5-6-4′、6-7、7-6′和 8-9 等八个半循环,其中可得两个完整的全循环 4-5 和 5-6-4′、6-7 和 7-6′,则剩下的半循环构成了图 25-20(b)所示的发散收敛型载荷时间历程。

为了能继续用雨流计数,将该发散收敛型数据从 8 点拆开,改变成为图 25-20(c)所示的收敛发散型,而后按规则(1)和(2)继续进行计数,获得 8-9、9-0-2-2′、0-1、1-0′、2-3 和 3-2′等六个半循环,它们分别组成三个全循环。至此计数完毕,所得总循环数为 5。

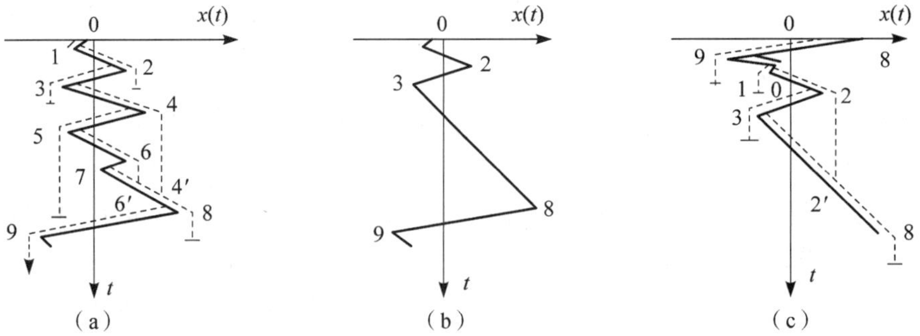

图 25-20 雨流计数法原理(二)

25.1.6 各种计数法的评价和选用

随机载荷时间历程的波形具有不同的形式,因此,应选用不同的计数法。为了便于选用并评价所选方法,需要对随机载荷时间历程的波形加以分类研究。

一般以下列不规则因数作为分类标准。不规则因数定义为

$$K = \frac{N_0}{N_p} \ (0 \leqslant K \leqslant 1) \tag{25-10}$$

式中:N_0 为以正斜率穿越给定值的次数;N_p 为大于给定值的峰值数。其中给定值可以是实测随机载荷的平均值,也可以是仪器的标定值。其物理量可以是应力、应变载荷力或加速度等。

一般机械设备承受的随机载荷的不规则因数有两种,如图 25-21 所示。

(1) $K=1$,即相邻波峰波谷均跨越载荷曲线的平均值,如图 25-21(a)所示。

(2) $K<1$,即叠加在基波之上的中间载荷的峰谷不跨越或不会跨越载荷波形的均值或给定值,如图 25-21(b)、(c)所示。

以下给出几种计数法的结果比较及一般选用原则:

(1) 简单峰值计数法的计数结果对疲劳设计而言偏于保守，即统计的载荷幅值大于实际值。而跨均值计数法忽视了较小的波动，其计数结果比简单峰值法小。

(2) 简单振程计数对疲劳寿命而言不算安全，由于对小波动十分敏感，因此其计数结果的真实性值得研究。

(3) 简单峰值法和简单振程法都不具有严格的力学依据，因此最终组成的周期循环是根据最终统计结果的试凑，而没有考虑载荷次序的影响。

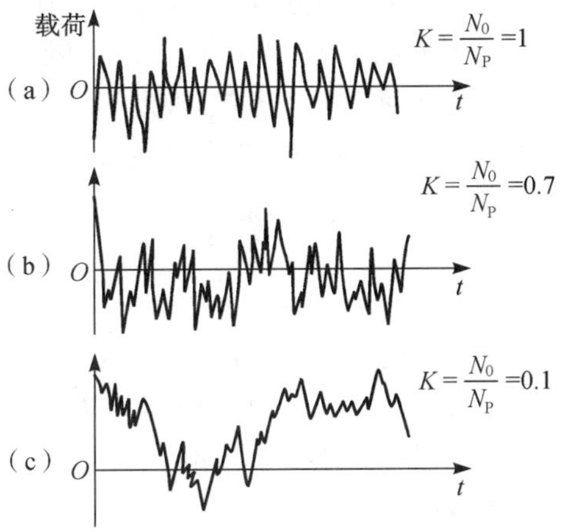

图 25-21　波形不规则因数

(4) 如果考虑振程和均值，则雨流法与振程对均值法结果相同。这两种方法都把载荷统计过程和材料的疲劳特性相联系，具有比较明确的力学基础。而雨流计数结果介于峰值法和振程法之间，更近乎实际情况。

(5) 在预估疲劳寿命时，雨流法最适用，它不但考虑大小应力循环，还考虑了均值的影响。

(6) 在上述几种计数法中，对于 $K=1$ 的第一类随机载荷，若波形对称分布，最终的结果完全一样，如果峰值波形近似于对称分布，则最终计数结果略有差异。此时，简单峰值法和跨越均值峰值法得到相同的结果；雨流法与振程对均值法得到相同的结果。若波形对称性较差，则前两种计数法的计数结果与后两种计数法的计数结果相比差异很大。因此，建议采用后两种方法。

(7) 对 $K<1$ 的第二类随机载荷过程，随着 K 的增加，几种计数结果趋于一致；当 $K=0.7$ 时，几种计数法均可采用；当 $K<0.7$ 时，计数结果的差异明显地增大。在这种情况下，建议采用雨流法或振程对均值法。

25.2　工程载荷的获得

25.2.1　平稳性检验

在随机数据分析中，平稳数据和非平稳数据的分析方法不同，且后者要复杂得多。为使分析方法正确，通常先要对载荷时间历程进行平稳性检验。

最简单的检验方法就是直接研究产生载荷数据的现象及其物理特性，如果该现象的基本物理因素是不随之时间变化的，则不用进一步研究，一般就可以认为载荷数据是平稳的。

然而，在实践中，往往不易根据简单的物理现象对数据做出平稳性与否的判断。这时，数据的平稳性必须通过载荷时间历程记录来确定。通常，运用数理统计原理中的轮次检验来检验载荷时间历程的平稳性。一般步骤如下：

(1) 把同一工况的载荷时间历程分为 N 个等时间长度区间。

(2) 计算每个载荷时间历程区间的均方值(或均值、方差)，把这些值列成以下的时间序列：$\bar{x}_1^2$，$\bar{x}_2^2$，$\bar{x}_3^2$，…，$\bar{x}_N^2$。

(3) 对这一均方值序列,用轮次检验。轮次检验为:假设均方值序列($\bar{x}_1^2$, $\bar{x}_2^2$, $\bar{x}_3^2$, …, $\bar{x}_N^2$)中的每个值,是均方值为 ψ_x^2 的随机变量的独立子样值,如果此假设成立,则子样值序列的变化将是随机的且无趋势项。因此,序列中相对于某个值(如均方值序列的中值)的轮次数,应落在由轮次分布表查到的期望值区域内。否则假设不成立,数据为非平稳性的。

25.2.2 计数法的选择

常用的几种计数法如前述。选择哪种计数法,应依据受试零部件的载荷形式和可能产生的疲劳损伤之关系。例如,齿轮、轴承、转轴和车轮等载荷为每旋转一次作为一个循环的,可用峰值计数法和通过时间计数法;而不转动的轮子芯轴、机架以及紧固件等,则可选用峰值法和振程计数法。前述的几种峰值计数法是常被选用的计数方法,近年来雨流法也得到越来越多的应用。

25.2.3 按计数法统计处理

按计数法统计处理分人工处理和用仪器处理。在无专用仪器或程序软件来处理时,人工处理也能得到较满意的结果。

1. 人工统计处理

(1) 剔除无效幅值。一般把无效幅值定义为小于样本中最大幅值的 10%;或者小于疲劳极限 5%的应力幅值。

(2) 找出载荷时间历程的最大值和最小值,确定载荷变化范围。

(3) 确定组距、组数和起始点。找出小于或等于最小值的一个数作为起始点;一般将数据分 10~15 组。组数不能太少或太多,组数太少,会掩盖各组内数据变动情况,而太多会使各组由于数据的参差不齐显不出明显的规律。

(4) 决定分点。通常,分点要比读取的数据精度高一位,以避免读得的数据恰好落在两组之间。

(5) 列出相对频次分布表,绘出相对频次直方图。对载荷时间历程按计数法要求在各载荷等级中进行统计计数后,便得到各载荷等级的频次,频次与样本总数之比为相对频次。计算出相对频次后,便可列出载荷频次分布表。为了更加直观,可把载荷分布画成直方图,在横坐标上以组距为底边,纵坐标以相对频次为高画出一系列矩形,便得到直方图。

2. 仪器统计处理

随着电子仪器的发展,上述统计计数处理完全可由幅值分布分析仪来有效地完成。仪器可以按设置盲区计数法进行处理,而且具有盲区可以人为设定的功能,从而将无效幅值剔除,迅速地统计出各载荷等级的频次分布。只要将磁带记录器录下的载荷时间历程送入仪器,按正、负峰值统计的载荷频次分布便很快得到。

25.2.4 载荷分布形的推断

在采集载荷时间历程时,只能抽取总使用寿命中载荷的一部分,以此作为研究总体载荷的样本,进一步用数理统计方法推断全部使用寿命中载荷的总体。我们已由采集的载荷样本得到载荷频次分布,进一步将据此推断载荷的分布形,即找到载荷概率密度函数,进而得到累积频次曲线图,再进行合成、扩展,便获得描述载荷总体的工作载荷谱。

通常，推断载荷分布形的做法是，依据经验和已有的资料，假设载荷频次分布是服从某种概率分布形，然后进行统计检验，检验结果若假设的分布形不能接受，应另做新假设或自行设计概率分布函数，再进行统计检验，直至假设经检验能接受为止。

常用的统计检验方法为概率纸法和 χ^2 检验法。

1. 概率纸法

由于我们碰到的载荷往往服从正态分布，因而首先用正态概率纸来检验。概率纸横坐标为载荷等级，纵坐标为累积相对频次，按已得到的统计计数结果在纸上描点，若服从正态分布，则这些点应该在一条直线上，但由于载荷样本的随机波动，多少有点偏离是允许的，一般中间点离直线的偏差不能过大，两端的点偏差可以允许稍大一些。过大的偏离，则可认为载荷总体不属于正态分布。

若经检验判定属于正态分布，则可计算正态分布的特征值，即载荷的均值 μ 和标准差 σ。

$$\mu = \frac{1}{n}\sum_{i=1}^{n} x_i \tag{25-11}$$

$$\sigma = \sqrt{\frac{1}{n-1}\sum_{i=1}^{n}(x_i - \mu)^2} \tag{25-12}$$

由于直接用上式计算较麻烦，常采用简化计算法，于是获得正态概率密度函数

$$\phi(x) = \frac{1}{\sigma\sqrt{2\pi}} e^{-\frac{(x-\mu)^2}{2\sigma^2}} \tag{25-13}$$

若不属于正态分布，则应继续在所假设的分布概率纸上进行检验，过程同前。概率纸检验法简捷直观，但不太严格。

2. χ^2 检验法

等频数方法的 χ^2 检验一般步骤如下：

(1) 当显著水平 $\alpha = 0.05$ 时，数据的最少分组区间个数可由表 25-6 查得。

表 25-6　　最少分组区间个数

N	200	400	600	800	1 000	1 500	2 000
K	16	20	24	27	30	35	39

表中，N 为数据个数；K 为分组区间个数，$K \approx 1.87(N-1)^{0.4}$。

(2) 当 K 确定后，每个区间的概率 p 必为

$$p = \frac{1}{K} \tag{25-14}$$

根据 p 值由标准正态分布概率积分表查得每个区间限所对应 Z_α 值。再由数据的均值 μ 和方差 σ，用下式

$$x = \sigma Z_\alpha + \mu \tag{25-15}$$

把区间限的 Z_α 值换成用数据 x 表示。

(3) 把统计计数结果所得数据按大小顺序排列,然后确定各区间内数据出现的数目,即确定测量频次。

(4) 计算每个分组区间测量频次 f_i,偏离期望频次 F_i 的偏差平方之和,按下式计算 X^2:

$$X^2=\sum_{i=1}^{K}\frac{(f_i-F_i)^2}{F_i} \tag{25-16}$$

(5) 确定自由度 n。

$$n=K-3 \tag{25-17}$$

由 χ^2 分布表,按自由度 n 和显著水平 α,可查得 $\chi^2_{n;\alpha}$ 值,若 $X^2\leqslant\chi^2_{n;\alpha}$,则数据为正态分布,否则不是。

若不为正态分布,可进一步假定为其他分布形,同理进行 χ^2 检验,直至假定的分布形被接受为止,则数据的分布形被确定。

分布形确定后,根据所得的概率密度函数,查正态分布表计算累积频次,绘出累积频次曲线图。图 25-22 所示为各典型工况的累积频次曲线图。

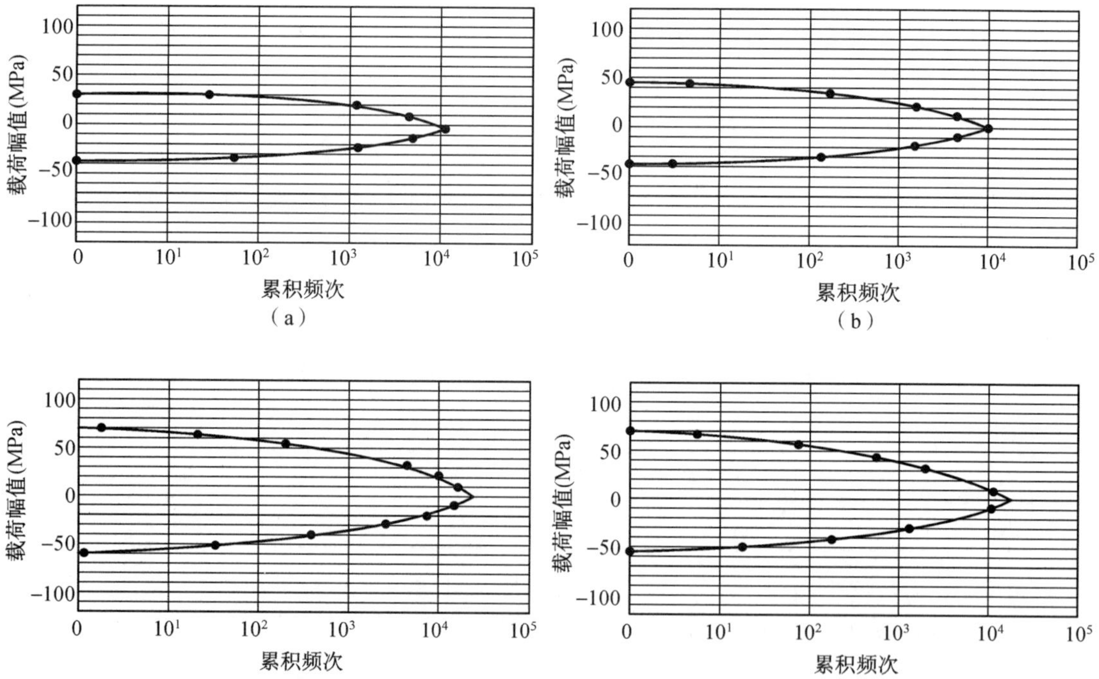

(a) 工况 A:车速 28.4 km/h,沥青路面行驶 35 km,累积总频次 1.27×10^4

(b) 工况 B:车速 11.4 km/h,田间行驶 10 km,累积总频次 9.5×10^3

(c) 工况 C:车速 12.7 km/h,砂石路面行驶 35 km,累积总频次 2.52×10^4

(d) 工况 D:车速 9.83 km/h 时,农村土路行驶 20 km,累积总频次 1.96×10^4

图 25-22　各典型工况累积频次曲线图

25.2.5　载荷累积频次图的合成

为了编制程序载荷谱和进行寿命估算，需把单一典型工况下的累积频次曲线进行合成，转化为多工况的总和累积频次曲线。如需把单一路面的累积频次曲线合成为各种路面的总和累积频次曲线，需要把典型工况的累积频次曲线合成各种工况的总和累积频次曲线。

载荷累积频次图合成方法是对各典型工况的各载荷等级中累积频次对应相加。如求某载荷等级的合成频次，等于各工况在该载荷等级中的累积频次 N_1、N_2、N_3、N_4 等相加之和，表 25-7 为一例。

由各工况的累积总频次相加后便可以得到合成的总频次，如图 25-22 中四种工况的累积总频次为

工况 A—1.27×10^4；　工况 B—9.5×10^3；

工况 C—2.52×10^4；　工况 D—1.96×10^4。

相加便得到总和累积频次曲线的总频次 N。由这些数据便可绘出总和累积频次曲线，如图 25-23 所示。

表 25-7　四种典型工况的载荷累积频次计数

载荷等级	田间 N_1		沥青路 N_2		砂石路 N_3		农村土路 N_4		合成累积频次 $N_1+N_2+N_3+N_4$	
	峰	谷	峰	谷	峰	谷	峰	谷	峰	谷
0	8 718	9 256	12 444	12 483	22 189	22 997	16 902	17 343	60 253	62 079
1	5 577	5 503	8 299	8 760	17 147	17 237	12 381	11 858	43 404	43 358
2	1 649	1 530	1 416	1 812	10 107	8 772	5 666	5 560	19 838	17 674
3	166	143	30	54	4 244	2 614	2 405	1 579	6 845	4 390
4	5	4	1	0	1 171	408	537	245	1 714	657
5	0	0	0	0	212	33	74	20	286	53
6	0	0	0	0	24	1	6	1	30	2
7	0	0	0	0	2	0	0	0	2	0

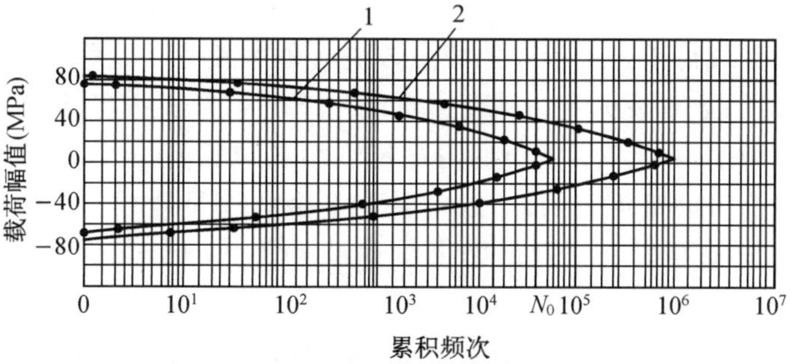

图 25-23　累积频次曲线图

1—100 km 合成的总和累积频次曲线；2—扩张载荷累积频次曲线即工作载荷谱

25.2.6 总和累积频次图的扩展

由于载荷时间历程的采集过程远小于被测机械零部件的实际寿命,在这样短的采集过程里,实际使用中发生的少数大载荷一般是不会出现的。因此,需要根据经推断已获得的概率密度函数,推断最大载荷及它的发生概率。

推断最大载荷的方法有两种:

(1) 先确定最大载荷的大小,而后由概率密度函数计算它的概率。最大载荷数值的获得方法,可以是在人为造成的极限工况下实测得到或计算得到。

(2) 先确定最大载荷的发生概率,而后由概率密度函数推断出最大载荷的大小。大量的资料累积和实践认为,10^6 次循环对于包括很少发生的最严重情况在内的全部载荷有足够的代表性,因而确定总和累积频次曲线的总频次扩展为 10^6 次循环,即最大载荷取为总累积频次 10^6 次中发生一次,相当于最大载荷发生概率为 10^{-6}。

应该指出,用上述两种方法所确定的最大载荷数值不应超过材料的屈服极限。

若采取后一种方法,在确定了最大载荷的发生频率后,需要把图 25-23 的总和累积频次曲线扩展为总累积频次为 10^6 次循环的累积频次曲线。扩展的方法是,先由扩展后的总累积频次 10^6 除以总和累积曲线的总频次 N_0 得到扩展倍数 k,即

$$k=\frac{10^6}{N_0} \tag{25-18}$$

然后各载荷等级的总累积频次 $(N_1+N_2+N_3+N_4)_i$ 分别乘以 k,得到各载荷等级的扩展累积频次 N_{Ki},$N_{Ki}=k(N_1+N_2+N_3+N_4)_i$。根据 10^6 和 N_{Ki} 便能绘出扩展载荷累积频次曲线。这一扩展载荷累积频次的曲线,称为工作载荷谱。

25.3 程序载荷谱的编制

图 25-23 所示的工作载荷谱,由于载荷幅值是连续变化的,很难在实验室内模拟重现,因此采取按一定顺序排列的若干个幅值不同的等幅载荷来模拟它,即用一个阶梯形曲线来代替这一连续曲线来编制程序载荷谱。下面介绍程序载荷谱的编制步骤。

25.3.1 载荷分级

根据同一个工作载荷谱分成不同加载级数进行程序疲劳试验所得到的疲劳寿命并不完全一致,这说明载荷级数对疲劳寿命是有影响的。试验结果表明,对同一工作载荷谱分别编制成 4～16 级的载荷谱,4 级载荷的试验寿命比 8 级的试验寿命长,而超过 8 级的载荷谱试验寿命与 8 级的寿命极为接近。因此,通常认为 8 级程序足以模拟连续的工作载荷谱。而 4 级则不够,16 级又显得多余。但是如果载荷波动不大且幅值又较小时,也可以编制低于 8 级的程序载荷谱。

分级方法:把工作载荷谱最大载荷 P_{max} 与零线(以零部件所受的平均载荷或静载荷作为零线)间变化范围,按给定的载荷幅值比 $P_i/P_{max}(i=1, 2, \cdots, 8)$ 分为 8 级,通常采用的载荷幅值比如表 25-8 所示。各载荷级 P_i 的频次为

$$\Delta N = N_{i+1} - N_i \tag{25-19}$$

$$N_{i+1} = \frac{1}{2}(N_{P_{i+1}} + N_{P_i}) \tag{25-20}$$

$$N_i = \frac{1}{2}(N_{P_i} + N_{P_{i-1}}) \tag{25-21}$$

式中，$N_{P_{i+1}}$、N_{P_i}、$N_{P_{i-1}}$ 分别为载荷幅值 P_{i+1}、P_i、P_{i-1} 对应的累积频次数。

表 25-8　载荷幅值比

载荷级	1	2	3	4	5	6	7	8
P_i/P_{max}	1	0.95	0.85	0.725	0.575	0.425	0.275	0.125

表 25-9 所示为按给定的载荷幅值比根据工作载荷谱进行分级的一例。图 25-24 所示为由工作载荷谱经分级后得到的 8 级基本阶梯程序图。

表 25-9　工作载荷谱分级计数举例

载荷级	载荷幅值比 P_i/P_{max}	载荷幅值 P_i	每级载荷频次数	累积频次数
1	1.0	81.6	1	1
2	0.95	77.5	3	4
3	0.85	69.4	38	42
4	0.725	59.2	5.75×10^2	6.17×10^2
5	0.575	46.9	8.683×10^3	9.3×10^3
6	0.425	34.7	5.7×10^4	6.63×10^4
7	0.275	22.4	2.59×10^5	3.253×10^5
8	0.125	10.2	6.747×10^5	1×10^6

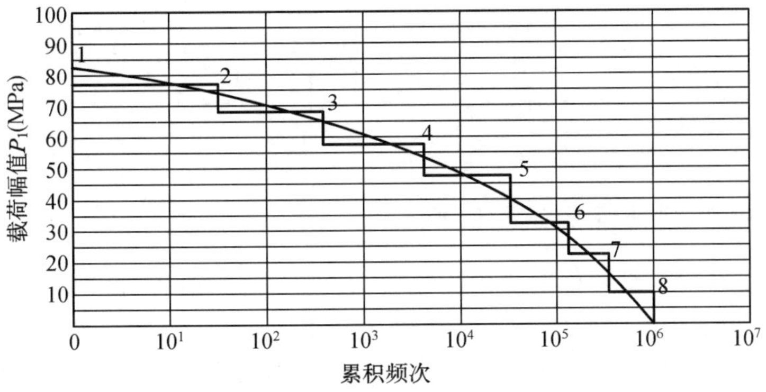

图 25-24　基本阶次程序图

25.3.2 确定试验子程序数及每个子程序的试验频次数

实践证明,程序疲劳试验的加载次序对试验寿命是有影响的,为了减少这种影响,常把编制的载荷程序进行多次重复,每重复一次为一个子程序。子程序数一般采用10~20个,通常选15个。

整个程序疲劳试验的总循环次数,由受试零部件所期望的寿命来决定。如常把汽车零件的使用寿命定为30万~40万km,常把挖掘机斗杆寿命定为10 000 h等。由此据下式便可计算出总循环次数为

$$N=\frac{N_0}{S_0}S \tag{25-22}$$

式中:N_0 为总和累积频次曲线的总频次;S_0 为与 N_0 对应的总采样里程或小时;S 为期望寿命里程或小时。于是,每个子程序的循环次数为

$$N_Z=\frac{N}{10\sim 20} \tag{25-23}$$

子程序的循环次数 N_Z 确定后,由表25-9便可得到一个子程序内各载荷级的频次数,如表25-10所示。

表25-10　　试验子程序载荷频次计数举例

载荷级	载荷幅值比 P_i/P_{max}	载荷幅值 P_i	每级载荷频次数	累积频次数
1	1.0	81.6	6	6
2	0.95	77.5	18	24
3	0.85	69.4	2.28×10^2	2.52×10^2
4	0.725	59.2	3.45×10^3	3.702×10^3
5	0.575	46.9	$5.209\,8\times10^4$	5.58×10^4
6	0.425	34.7	3.42×10^5	3.978×10^5
7	0.275	22.4	1.554×10^6	$1.951\,8\times10^6$
8	0.125	10.2	$4.048\,2\times10^6$	6×10^6

25.3.3 略去低幅载荷缩短试验时间

试验证明,低幅载荷对零件造成的损伤可以忽略不计,对零件的寿命影响很小,因此通常认为可以从疲劳试验程序中略去。由表25-10中可见,低幅载荷的频次占全部频次的绝大部分,略去后可使试验时间大大缩短,有时可以节省试验时间达90%左右。

可略去的低幅载荷为:

(1) 服从正态分布的载荷,可略去小于 1.75σ(σ 为载荷幅值分布的标准差)的载荷级 P_i,即 $P_i\leqslant 1.75\sigma$。

(2) 略去幅值小于最大载荷10%的载荷级,这通常在计数时予以去除。

25.3.4　确定加载次序

加载的次序可有五种排列：①随机次序；②先加低载荷后加高载荷；③先加高载荷后加低载荷；④先加低载荷再高载荷后再加低载荷；⑤先加高载荷再低载荷后再加高载荷。

试验证明：加载次序对试验寿命有很大影响，随机次序确定的试验寿命能反映实际情况。试验表明，低-高次序、高-低次序确定的试验寿命误差都相当大，而低-高-低、高-低-高次序确定的试验寿命比较接近于随机次序确定的结果。因此，加载次序通常采用后两种。至于最终采用哪一种次序，应根据机器的作业特点和试件的载荷特点而定。

经上述步骤编制出的疲劳试验程序载荷谱，如图 25-25 所示。

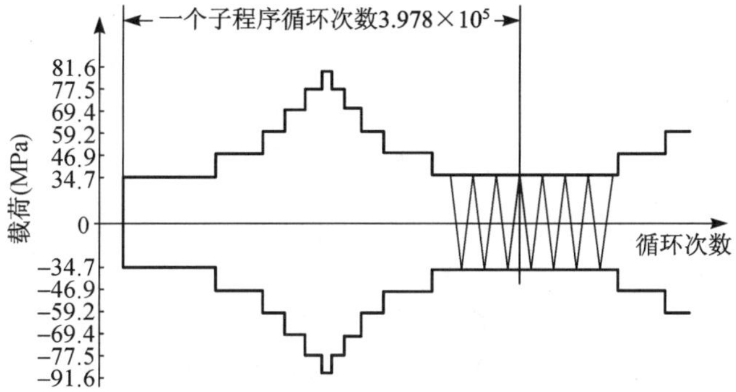

图 25-25　程序载荷谱

25.3.5　程序疲劳试验的强化及疲劳寿命推断

一般以程序载荷谱作为疲劳试验机的输入，进行疲劳试验便可以预测零件的疲劳寿命。然而，有时这种试验仍需要花费很长时间，这时可以考虑采用强化的程序疲劳试验。

1）程序疲劳试验的强化

所谓强化就是把程序载荷谱（图 25-25）中的每个程序，都以相同的倍数增加其载荷幅值。强化程序载荷谱如图 25-26 所示。

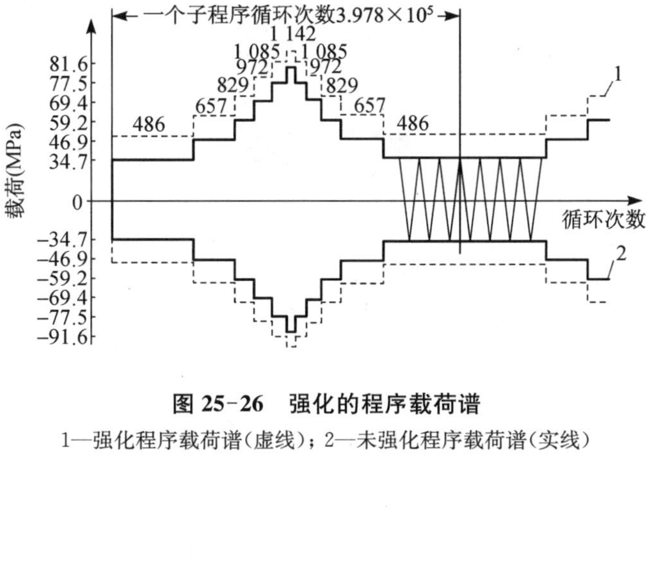

图 25-26　强化的程序载荷谱

1—强化程序载荷谱（虚线）；2—未强化程序载荷谱（实线）

如果以强化的程序载荷谱进行试验预测疲劳寿命,必须建立强化的程序载荷与破坏循环次数之间的关系。对标准试件用不同倍数的强化程度载荷进行试验,得到对应的破坏循环次数 N,这样建立的关系曲线称为混合循环 $S-N$ 曲线,如图 25-27 所示。

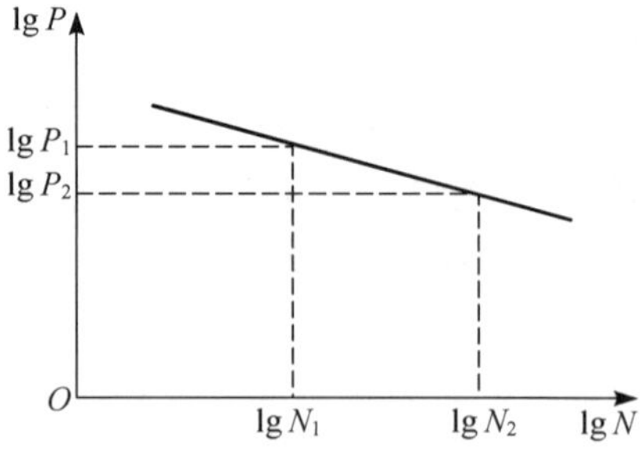

图 25-27 混合循环 $S-N$ 曲线

对于大量混合循环 $S-N$ 曲线的研究结果发现,$S-N$ 曲线的斜率几乎不发生什么变化,即曲线对 $\lg P$ 轴的斜率 K 几乎是个常数,且 K 主要取决于试件的材料,对于一般的钢制零件,K 值介于 6.5~7。

2) 疲劳寿命的推断

由图 25-27 可见,有以下关系式:

$$K=\frac{\lg N_2-\lg N_1}{\lg P_1-\lg P_2} \tag{25-24}$$

$$N_2=K\left(\frac{P_1}{P_2}\right)N_1 \tag{25-25}$$

式中:N_1 为强化后最大载荷下零件不出现屈服现象的循环次数;N_2 为预计破坏循环次数;P_1/P_2 为载荷强化系数,注意应使强化的最大载荷下零件不出现屈服现象;K 一般取 6.5~7。

现若取 $K=6.8$,$P_1/P_2=1.4$,即载荷幅值强化 40%,则 $N_2=6.8\times1.4N_1\approx10N_1$。可见,当载荷幅值强化 40%时,将使试验加快 10 倍。

利用式(25-25)可进行疲劳寿命推断,一般步骤为:

(1) 确定混合循环 $S-N$ 曲线斜率 K 值和载荷强化系数 P_1/P_2。

(2) 进行强化程序疲劳试验得到破坏循环次数 N_1。

(3) 由工作载荷谱或各累积总频次曲线确立循环次数与行驶里程或工作时间的比例关系 h,由式(25-24)关系知 $h=N_0/S_0$。

(4) 由下式推断疲劳寿命 M

$$M=KN_i\left(\frac{P_1}{P_2}\right)\frac{1}{h} \tag{25-26}$$

习 题

1. 载荷谱的表述形式有哪些?
2. 请简述雨流计数原理。

参考文献

[1] 小林明，等. 汽车工程手册：第三分册[M].《汽车工程手册》编审委员会，译. 北京：机械工业出版社，1985.

[2] 汽车工程手册编辑委员会. 汽车工程手册：试验篇[M]. 北京：人民交通出版社，2001.

[3] 郇惠乐，邱毓强. 汽车拖拉机试验学[M]. 北京：机械工业出版社，1981.

[4] 丁汉哲. 试验技术[M]. 北京：机械工业出版社，1982.

[5] 赵庆国，陈永昌，夏国栋. 热能与动力工程测试技术[M]. 北京：化学工业出版社，2006.

[6] 郑慕桥. 车辆试验技术[M]. 北京：国防工业出版社，1989.

[7] 张佳薇. 检测与转换技术[M]. 哈尔滨：哈尔滨工程大学出版社，2011.

[8] 李杰敏. 汽车拖拉机试验学[M]. 2 版. 北京：机械工业出版社，1996.

[9] 舒歌群，高文志，刘月辉. 动力机械振动与噪声[M]. 天津：天津大学出版社，2008.

[10] 郭之璜. 机械工程中的噪声测试与控制[M]. 北京：机械工业出版社，1993.

[11] 何渝生. 汽车噪声控制[M]. 北京：机械工业出版社，1995.

[12] 庞剑，谌刚，何华. 汽车噪声与振动：理论与应用[M]. 北京：北京理工大学出版社，2006.

[13] 周涌麟，李树珉. 汽车噪声原理、检测与控制[M]. 北京：中国环境科学出版社，1995.

[14] 周长城，周金宝，任传播，等. 汽车振动分析与测试[M]. 北京：北京大学出版社，2011.

[15] 蒋孝煜，连小珉. 声强技术及其在汽车工程中的应用[M]. 北京：清华大学出版社，2001.

[16] 邵宗安. 现代声学噪声测量技术[M]. 西安：西安交通大学出版社，1994.

[17] 高品贤. 振动、冲击及噪声测试技术[M]. 成都：西南交通大学出版社，2010.

[18] 靳晓雄，张立军. 汽车噪声的预测与控制[M]. 上海：同济大学出版社，2004.

[19] 余志生. 汽车理论[M]. 4 版. 北京：机械工业出版社，2008.

[20] 李杰敏. 汽车拖拉机试验学[M]. 2 版. 北京：机械工业出版社，2001.

[21] 何耀华. 汽车试验学[M]. 北京：人民交通出版社，2005.

[22] 安相璧. 汽车试验工程[M]. 北京：国防工业出版社，2006.

[23] 付百学. 汽车试验技术[M]. 北京：北京理工大学出版社，2007.

[24] 徐晓美，万亦强. 汽车试验学[M]. 北京：机械工业出版社，2013.

[25] 黄世霖，张金换，王晓冬. 汽车碰撞与安全[M]. 北京：清华大学出版社，2000.

[26] 关强，杜丹丰. 汽车试验学[M]. 北京：人民交通出版社，2009.

[27] 姚嘉凌. 汽车试验学[M]. 北京：中国林业出版社，2013.

[28] 严兆大. 热能与动力机械测试技术[M]. 北京：机械工业出版社，2000.

[29] 王子延. 热能与动力工程测试技术[M]. 西安:西安交通大学出版社,1998.
[30] 郑正泉. 热能与动力工程测试技术[M]. 武汉:华中科技大学出版社,2001.
[31] 卢文祥,杜润生. 工程测试与信息处理[M]. 武汉:华中科技大学出版社,2002.
[32] 佟德纯. 工程信息处理及应用[M]. 上海:上海交通大学出版社,1989.
[33] 张代胜. 新能源汽车试验学[M]. 北京:机械工业出版社,2023.
[34] 朱冰,杨志华. 汽车试验学[M]. 2 版. 北京:机械工业出版社,2023.
[35] 郭应时,袁伟. 汽车试验学[M]. 3 版. 北京:人民交通出版社,2022.
[36] 尹安东. 汽车试验学[M]. 合肥:合肥工业大学出版社,2011.